O MUNDO MUÇULMANO

CB030003

COLEÇÃO POVOS & CIVILIZAÇÕES

Coordenação Jaime Pinsky

OS ALEMÃES *Vinícius Liebel*
OS AMERICANOS *Antonio Pedro Tota*
OS ARGENTINOS *Ariel Palacios*
OS CANADENSES *João Fábio Bertonha*
OS CHINESES *Cláudia Trevisan*
OS COLOMBIANOS *Andrew Traumann*
OS ESCANDINAVOS *Paulo Guimarães*
OS ESPANHÓIS *Josep M. Buades*
OS FRANCESES *Ricardo Corrêa Coelho*
OS INDIANOS *Florência Costa*
OS INGLESES *Peter Burke* e *Maria Lúcia Pallares-Burke*
OS IRANIANOS *Samy Adghirni*
OS ITALIANOS *João Fábio Bertonha*
OS JAPONESES *Célia Sakurai*
OS LIBANESES *Murilo Meihy*
OS MEXICANOS *Sergio Florencio*
O MUNDO MUÇULMANO *Peter Demant*
OS PORTUGUESES *Ana Silvia Scott*
OS RUSSOS *Angelo Segrillo*

Proibida a reprodução total ou parcial em qualquer mídia sem a autorização escrita da editora.
Os infratores estão sujeitos às penas da lei.

A Editora não é responsável pelo conteúdo deste livro.
O Autor conhece os fatos narrados, pelos quais é responsável, assim como se responsabiliza pelos juízos emitidos.

Consulte nosso catálogo completo e últimos lançamentos em **www.editoracontexto.com.br**.

Peter Demant

O MUNDO MUÇULMANO

Copyright © 2004 Peter Demant

Todos os direitos desta edição reservados à
Editora Contexto (Editora Pinsky Ltda.)

Preparação de originais
Lira Neto

Projeto gráfico
Denis Fracalossi

Diagramação
Danilo Nikolaïdis

Revisão
Edna Adorno
Luciana Salgado
Texto & Arte Serviços Editoriais

Mapas
Giorgio Zoffoli

Diagramas
Gilberto Rosenberg Colorni

Fotos
Peter Demant

Capa
Ricardo Assis

Foto da capa
© Reza; Webistan/Corbis/Stock Photos

Dados Internacionais de Catalogação na Publicação (CIP)
(Câmara Brasileira do Livro, SP, Brasil)

Demant, Peter
O mundo muçulmano / Peter Demant. 3. ed., 6ª reimpressão. –
São Paulo : Contexto, 2022.

Bibliografia.
ISBN 978-85-7244-255-8

1. Islamismo – História 2. Muçulmanos I. Título

03-7454   CDD-297.09

Índices para catálogo sistemático:
1. Islã : Civilização : Religião : História 297.09

2022

Editora Contexto
Diretor editorial: *Jaime Pinsky*

Rua Dr. José Elias, 520 – Alto da Lapa
05083-030 – São Paulo – SP
PABX: (11) 3832 5838
contexto@editoracontexto.com.br
www.editoracontexto.com.br

A meus pais,
Arnold Demant
e Katja Komkommer

SUMÁRIO

NOTA DO EDITOR	11
INTRODUÇÃO	13
PARTE 1 – ONTEM	**21**
O ISLÃ NO TEMPO	23
Bizâncio, Pérsia e Arábia: o panorama geopolítico dos séculos VI-VII	23
Os primeiros cismas (632-661)	37
O Império Omíada Árabe (661-750)	40
O Império Abássida (750-1258)	43
A Idade Média Árabe (séculos XI-XV)	52
O Império Otomano (1281-1924)	56
A Era da Decadência (séculos XVII-XIX)	58
A Índia muçulmana	62
O Sudeste Asiático muçulmano	70
O islã na África até 1800	73
O ISLÃ NO ESPAÇO	77
O Oriente Médio	79
O subcontinente indiano	120
A Indonésia	135
A África	141
O OUTRO NO ISLÃ	146
Escravos	146
Mulheres	148
Minorias	162
O ISLÃ DENTRO DO OUTRO: AS DIÁSPORAS MUÇULMANAS	169
O islã na Europa	170
A imigração	173
Integração ou isolamento?	174
A reação da maioria não muçulmana	178
As Américas	181
América Latina	187
O islã no Brasil	188

PARTE 2 – HOJE	**191**
ISLÃ, (PÓS-)MODERNIDADE E GLOBALIZAÇÃO	193
O que é fundamentalismo?	194
A PRIMEIRA ONDA FUNDAMENTALISTA (1967-1981)	204
A influência de Mawdudi	206
A ideologia de Sayyid Qutb	209
O Egito entre o terror jihadista e a acomodação islamizante	213
A primeira onda do *jihad* no mundo sunita	216
A SEGUNDA ONDA (OS ANOS 1980)	220
Quem são os xiitas?	220
A Pérsia histórica entre xiismo e modernização	224
O último xá: modernização forçada contra a oposição xiita-popular	228
A revolução islâmica	231
A república islâmica	233
O impacto internacional da revolução iraniana	236
Hezbollah	240
Os xiitas do Iraque	243
A TERCEIRA ONDA ISLAMISTA (1991-2001)	245
As sete marcas do fundamentalismo atual	247
O QUE QUEREM OS ISLAMISTAS?	299
O islamismo como politização da religião	299
O islamismo como ideologia	302
O islamismo como movimento	304
Fundamentalismo como tribalismo ou nacionalismo	306
Fundamentalismo como resposta às crises da cidade e da desclassificação	309
As estratégias do islamismo	310
Entre retirada e ativismo	312
Os resultados	314
QUAIS OS MOTIVOS PARA O SUCESSO DO FUNDAMENTALISMO NO ISLÃ?	317
O mito da modernidade	317
O fundamentalismo muçulmano é uma reação contra a modernidade	319
O fracasso do desenvolvimento modernizante: como o fundamentalismo nasceu...	320
... e como ele se expande: fatores sociais e psicológicos	323
O islã é mais suscetível ao risco da "fundamentalização" do que outras religiões?	324

PARTE 3 – AMANHÃ   **331**
   CHOQUE DAS CIVILIZAÇÕES OU DIÁLOGO TRANSCULTURAL?   333
      Internalistas e externalistas: duas visões incompatíveis?   334
      Ganhadores e perdedores no debate acadêmico   336
   O ISLÃ É UMA RELIGIÃO DE VIOLÊNCIA?   340
      Os motivos da violência   342
   O ISLÃ CONSTITUI UMA AMEAÇA À CIVILIZAÇÃO OCIDENTAL?   345
      Contatos antigos   345
      Contatos novos   348
   A REAÇÃO OCIDENTAL: PRECONDIÇÕES PARA O DIÁLOGO COM O ISLÃ   352
   OS CINCO DILEMAS DO ISLÃ FUTURO   357
      A crítica das fontes   357
      Homogeneidade ou heterogeneidade?   358
      Modernidade, racionalismo e ciência   358
      A democracia   360
      A relevância do islã ocidental   362
   CONSIDERAÇÕES FINAIS   365

CRONOLOGIA   367
GLOSSÁRIO   389
NOTAS   399
BIBLIOGRAFIA   411
O AUTOR   429

NOTA DO EDITOR

O autor deste *O mundo muçulmano*, Peter Demant, aceitou o convite da Contexto para escrever um texto desmistificador. Considerado um dos grandes especialistas internacionais no assunto, tratou de tornar acessível aos leitores de língua portuguesa o resultado de anos de pesquisa e debates com interlocutores das mais diferentes correntes e nacionalidades. O resultado é uma obra vigorosa, que esclarece mal-entendidos e destrói reducionismos. Mas que também não hesita em tocar na questão central que ora aflige a civilização ocidental e os próprios muçulmanos: como compreender – e, principalmente, como evitar – a marcha crescente da violência fundamentalista?

O livro se divide em três unidades básicas: Ontem, Hoje e Amanhã. Em cada uma delas, o autor propõe um diálogo entre a história, a política e a cultura do islã, conduzindo o leitor não iniciado em uma arrebatadora viagem ao coração do mundo muçulmano. Exatamente por se destinar a um público mais amplo, não especialista, a grafia de termos e nomes próprios do árabe e de outras línguas orientais foi propositalmente simplificada. Ao final do volume acrescentou-se um alentado glossário e uma vasta cronologia. O primeiro traz o significado de todas as palavras árabes citadas ao longo do livro, enquanto a segunda oferece uma visão panorâmica da evolução histórica do islã.

O livro adota o uso consagrado em português de alguns nomes próprios tais como Nasser (no lugar de 'Abd al-Nasir), *Kadafi* (em vez de al-Qadhafi), *Hussein* (em substituição a Husayn), *Hezbollah* (em vez de Hizbullah), *Osama bin Laden* (no lugar de 'Ussama bin Ladin), além de certos termos aportuguesados, como é o caso de *ulemás* (em vez de 'ulama). Preferiu-se, em geral, a forma do árabe "padrão", evitando pronúncias dialéticas diferenciadas. Assim, o movimento egípcio *Jihad* é grafado dessa maneira (e não *Gihad* ou *Guihad*).

Cabe salientar que o leitor tem em mãos um trabalho sem precedente ou similar em língua portuguesa. Este volume confirma o projeto intelectual da Contexto, que há trinta anos tem se dedicado a publicar obras de referência para o público brasileiro. Desde já, este *O mundo muçulmano* passa a fazer parte de uma galeria de títulos fundamentais que inclui, entre outros, os consagrados *História das crianças no Brasil*, *História da cidadania* e *História das mulheres no Brasil*, já considerados clássicos em suas respectivas áreas.

O Diretor Editorial

INTRODUÇÃO

Nos últimos quinze anos, dezenas de livros têm sido publicados em inglês, francês e alemão sobre o mundo muçulmano e seu complexo relacionamento com o Ocidente. Desde os atentados terroristas contra as torres gêmeas em Nova York, em 11 de setembro de 2001, o que antes era um rio se transformou em cachoeira. No entanto, até aqui, infelizmente pouco ou quase nada de relevante se publicou em português sobre o tema. Este livro espera contribuir para preencher tão incômoda lacuna. Seu objetivo é proporcionar ao leitor brasileiro uma ideia geral da civilização do islã, tornar compreensível como e por que parcelas significativas do mundo muçulmano vêm se radicalizando, politizando sua religião e agredindo o Ocidente – uma violência que, da perspectiva dos fundamentalistas, constitui apenas uma merecida e justificável resposta às agressões recebidas.

O futuro da humanidade dependerá, em ampla medida, do êxito ou do fracasso coletivo em lidar com a dificuldade da coexistência entre as diferenças. E poucas diversidades colocam-nos um desafio mais urgente do que o fundamentalismo muçulmano. Acredito que possamos evitar o anunciado "choque das civilizações" entre o Ocidente e o islã, uma guerra na qual todos nós sofreremos, desde que ambos os lados façam as concessões e os esforços necessários. A primeira tarefa, imprescindível, é exercitar a compreensão. Ao Ocidente, cabe entender como a riqueza histórica do mundo muçulmano se vincula à sua ira atual – e como o próprio mundo ocidental é cúmplice, de certa forma, da crise contemporânea do islã. Um entendimento da dinâmica interna do mundo muçulmano, assim como de sua interação com os povos vizinhos, constitui o primeiro passo para desenhar políticas mais compassivas, e mais efetivas, frente a ele.

O mundo muçulmano abrange, nos dias de hoje, cerca de 1,3 bilhão de seres humanos, um quinto da humanidade com o qual precisamos inevitavelmente repensar a convivência. Eles se encontram concentrados num vasto arco, que se estende da África ocidental até a Indonésia, passando pelo Oriente Médio e a Índia. Em muitos países desta vasta região, os muçulmanos constituem a maioria da população local e, em outros, importantes minorias. Tal mundo é naturalmente muito diverso quanto às suas histórias, nações e etnias, línguas, maneiras de viver consigo mesmo, com seu meio ambiente e com seus vizinhos. Em comum, porém, todos os povos do mundo muçulmano têm um único e decisivo fator: o islá. Muito embora a própria religião seja para eles experienciada e praticada das mais diversas maneiras. Há contrastes não apenas nas formas visíveis, rituais e sociais, mas até no núcleo das crenças e na maneira de aplicá-las à sociedade. Não poderia ter sido de outra forma. Como veremos na primeira das três partes que compõem este livro, o islá surgiu há mais de 1.400 anos e se espalhou por três continentes e inúmeras sociedades, encontrando condições vastamente diferentes entre si.

Desde já, entretanto, faz-se necessário esclarecer a grande confusão terminológica que cerca nosso tema. Em primeiro lugar, o termo muçulmano refere-se a um fenômeno sociológico, enquanto islâmico diz respeito especificamente à religião. Desta maneira, por exemplo, pode-se afirmar que o Paquistão possui uma maioria muçulmana; mas nem por isso é um Estado islâmico. Islamismo e islamista, por sua vez, são utilizados para definir o movimento religioso radical do islá político, inspiração do que também se chama popularmente de fundamentalismo muçulmano. É, portanto, confuso e incorreto usar o termo islamismo como sinônimo de islá, como acontece ocasionalmente em português.

O termo islá é usado ainda para definir determinadas áreas geográficas e civilizacionais, como a península arábica ou o chamado Oriente Médio, onde a religião islâmica é predominante. Na verdade, se a palavra árabe refere-se a um povo específico, Oriente Médio diz respeito a uma região geográfica em particular e islá, como vimos, a uma religião. Toda essa confusão tem origem no caráter total do islá, que é mais do que um simples corpo de crenças, mas algo que influencia e determina (ou pelo menos pretende determinar) toda a vida social e mesmo as esferas da economia, da política e das relações internacionais. Ainda hoje há forte sobreposição dessas definições: afinal, raciocina-se, os árabes moram no Oriente Médio e são majoritariamente muçulmanos. Entretanto, existem no Oriente Médio importantes nações muçulmanas de povos não árabes, como os turcos e curdos, e mesmo nações não predominantemente muçulmanas, como Israel, cuja população é majoritariamente judaica.

Originalmente, os termos "árabe" e "muçulmano" coincidiam: de fato, restritos à península da Arábia, os árabes se tornaram quase todos muçulmanos. Num segundo momento, contudo, a expansão dessa população criou a esfera cultural do Oriente Médio, que adotou amplamente o idioma arábico e, em sua maioria, abraçou o islá. A essa altura, o mundo muçulmano e o chamado Oriente Médio é que eram coincidentes. Em um terceiro momento, o islá conquistou adeptos em outras partes do planeta. Assim, o Oriente Médio se reduziu a mais uma região, entre outras tantas, do mundo muçulmano – ainda que aquela com o maior peso ideológico, pelo fato da revelação e da atuação do profeta Maomé terem ocorrido ali. E também por terem partido de lá as primeiras expansões e por ser o árabe a língua sagrada do Alcorão[1].

Aliás, o próprio termo Oriente Médio, usado para definir a região geográfica que é hoje o lar de cerca de 400 milhões de muçulmanos, comporta discussões. O termo (do inglês *Middle East*) é evidentemente de cunho eurocentrista e data, justamente, do século XIX, época em que o império britânico controlou os mares e um quarto da Terra.

De todo modo, situado historicamente na encruzilhada de múltiplas influências, o Oriente Médio – expressão que utilizaremos neste livro, uma vez que já foi consagrada e incorporada ao uso geral – foi durante séculos a plataforma giratória e o ponto de comunicação, mantido por caravanas terrestres e linhas marítimas, entre a Europa e as civilizações mais orientais da Índia, da China e do sudeste asiático. Assim, não há dúvidas de que essa é a região mais complexa do mundo muçulmano, em termos das suas identidades coletivas, problemas políticos e conflitos étnico-religiosos. A interação histórica com outros povos, que nos séculos mais recentes tomou a forma de intervenções ocidentais mais diretas, fez da região exatamente um dos centros mais expressivos do sentimento antiocidental. Nas últimas décadas, o Oriente Médio (árabe em particular), tem sido a área de atuação da maioria dos pensadores e ativistas fundamentalistas. O Oriente Médio continua funcionando, assim, como ímã de tensões internacionais.

Por todos esses motivos, este livro dedica uma atenção especial a tal fração do mundo muçulmano. Contudo, é sempre bom ter em mente que, numericamente falando, menos de 30% de todos os muçulmanos no planeta se encontram ali. Na verdade, o mundo muçulmano se divide em quatro grandes blocos, geográfica e culturalmente distintos. Além do Oriente Médio, ou seja, do bloco médio-oriental, há ainda o indiano, o malaio e o africano, todos devidamente detalhados e situados historicamente na primeira parte deste volume. Essas quatro regiões englobam mais de 95% de todos os muçulmanos do mundo. Observam-se aí, de antemão, dois elementos cruciais. Por um lado, a citada interação com diferentes civilizações caminhou no sentido contrário à teoria do islã, que prescreve a unidade de todos os fiéis numa única umma (*ummah*, comunidade), o que também pressuporia uma unidade política. Mas, ao contrário, a diversidade das experiências fez com que o mundo muçulmano tenha sempre sido, e continue a ser, muito dividido.

Por outro lado, a grande maioria dos muçulmanos vive no terceiro mundo. Em outras palavras, é pobre. Num passado glorioso, as sociedades muçulmanas foram ricas e poderosas. Como veremos, sua decadência a um estado de impotência e exploração constitui parte integrante da história da colonização: é a contrapartida da emergência do Ocidente. Com economias controladas por pequenas elites, regimes não representativos e autoritários, altas taxas de crescimento populacional e altos níveis de expectativas – frustradas –, várias dessas sociedades muçulmanas aprofundam sua crítica ao Ocidente, acusado de manter as estruturas da desigualdade.

Este livro discorre mais sobre muçulmanos do que sobre o islã, ou seja, mais sobre grupos humanos específicos, suas histórias e os desafios que eles enfrentam hoje do que sobre questões teológicas. Sua abordagem é, em primeiro lugar, antropológica, histórica e política. Essa, contudo, é uma diferenciação artificial, didática, pois tanto as dificuldades quanto as possíveis opções para lidar com elas têm, pelo menos parcialmente, sua raiz na religião. Para verificar isso, basta pensar nos acirrados debates sobre o papel das leis da religião (a chamada xaria) na vida pública e privada em países como Egito, Turquia ou Irã. Ou nos movimentos terroristas que, fundamentados na sua leitura do islã, estão violentamente desestabilizando regimes e Estados que consideram corruptos ou hostis, chegando a ameaças à própria convivência internacional. Ou ainda naqueles grupos e pensadores menos conhecidos que, do Marrocos à Malásia, inspiram-se na mesma religião para lutar em prol da democracia e do diálogo pacífico com outras civilizações. Em todos esses exemplos, a religião é ponto de partida, ainda que para propostas e propósitos diferentes. Portanto, para entender o mundo muçulmano hoje, assunto da segunda parte deste volume, torna-se imprescindível compreender sua religião.

O islã, como o cristianismo, é uma fé expansionista e monopolista da verdade. Os consecutivos impérios árabes e muçulmanos expandiram a fé muçulmana, a língua árabe e padrões culturais comuns. Hoje, perto de 95% da população do Oriente Médio é muçulmana. No entanto, quando o islã ali chegou, possivelmente 95% era cristã. A diminuição do cristianismo na zona de seu nascimento gerou um conflito duradouro entre essas duas religiões rivais. Nos últimos duzentos anos, a influência do cristianismo também diminuiu na Europa, mas a relação antagônica com o Oriente Médio só se exacerbou por fatores econômicos e geopolíticos. Os Estados muçulmanos do Oriente Médio se enfraqueceram; mas a região cresceu em importância estratégica – afinal, muito do petróleo do mundo está lá – e tornou-se espaço privilegiado para as rivalidades com e entre as potências europeias.

A justaposição de tantos fatores – religiosos, estratégicos e econômicos – explica por que o Oriente Médio capta tanta atenção de políticos, jornalistas e da opinião pública internacional. As populações muçulmanas procuram reconquistar sua posição, outrora influente, no planeta. Tais reivindicações desafiam os interesses vitais das potências ocidentais e, por extensão, de todos os países capitalistas desenvolvidos do primeiro mundo. O resultado é que essa luta é o drama central das relações internacionais hoje. É uma luta que assume cada vez mais uma cor religiosa e é isso que ameaça transformar um mero confronto de interesses em um "choque de civilizações".

O confronto do islã com "a modernidade" também será tratado na segunda parte deste livro. A "volta à religião" é um fenômeno internacional que se observa entre cristãos e judeus tanto quanto entre muçulmanos. Não há dúvida de que o mundo

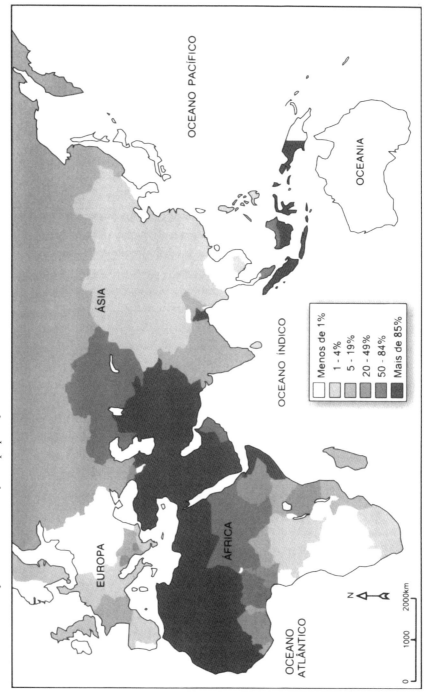

muçulmano, no Oriente Médio em particular, estava pouco preparado para os controles políticos e econômicos – e para a invasão cultural – que as potências ocidentais conseguiram impor graças à sua supremacia militar. Tal supremacia, contudo, foi em si mesma um efeito colateral da modernização efetuada nas sociedades ocidentais pelas revoluções políticas e industriais, iniciadas no final do século XVIII.

Quando os muçulmanos se viram confrontados pela superioridade ocidental, a humilhação foi provavelmente maior do que a sofrida por outras civilizações, pois o islã considera uma impossibilidade teológica a tentativa de equiparar-se, nesses termos, ao Ocidente. Houve dois tipos de reação: absorver a receita da modernidade do Ocidente e rejeitar o papel da religião; ou se refugiar num tradicionalismo religioso. Veremos como uma cadeia de derrotas militares, socioeconômicas e culturais tirou sistematicamente a legitimidade, no mundo árabe, dos regimes e projetos associados à ocidentalização. Abriu-se, então, um vácuo ideológico, que continua até hoje e está sendo preenchido pelos proponentes do projeto alternativo, o fundamentalismo muçulmano. A lógica desse pensamento autorreferencial é simples: "perdemos não porque somos religiosos demais e não modernos o bastante; mas porque tentamos imitar o Ocidente e esquecemos a religião. Deus nos abandona porque nós abandonamos a Ele".

A rejeição do modelo ocidental pelos pensadores islamistas é abrangente, incluindo não apenas uma crítica da "injusta" atuação das potências cristãs, como também uma recusa de seus modos sociais "dissolutos" que "infectam" o mundo muçulmano. Baseando-se numa leitura específica das fontes religiosas, islamistas desenvolvem um projeto para uma sociedade melhor, igual à primeira sociedade islâmica, estabelecida pelo fundador do islã, o profeta Maomé. Trata-se na verdade de uma "utopia ao contrário". Contudo, o que mais surpreende e diferencia o islamismo dos tradicionalismos anteriores é principalmente a adoção seletiva de tecnologias ocidentais, do rádio e tevê até às armas de destruição em massa.

O fundamentalismo não é um movimento unificado (ainda que a unidade dos muçulmanos esteja sempre estampada em sua bandeira); difere de país a país, de um período a outro, mas só tem crescido. Os últimos capítulos deste livro analisam essa diferenciação e expansão – e consideram suas possíveis implicações. O islamismo conquistou uma certa influência em países como o Egito ou a Síria nos anos 70, mas só ganhou notoriedade internacional pela revolução xiita no Irã e pelos primeiros sequestros e homens-bomba no Líbano. Desde os anos 80, desmentindo as previsões, expande-se continuamente, e se torna cada vez mais extremista. Na década de 1990, assistimos a uma explosão de incidentes violentos provocados por grupos islamistas, desde a Nigéria até a Indonésia. Quando o *establishment* nas comunidades atingidas reage tentando restabelecer a ordem, muitas vezes com apoio ocidental, civis inocentes sofrem as consequências, e os terroristas tendem a radicalizar ainda mais a sua ação. De modo paradoxal, as políticas oficiais usadas para reprimir a violência se tornam instrumentos em favor dos fundamentalistas.

Como então o Ocidente precisa – e pode – reagir? Há verdadeiramente perigo ou só exageros sensacionalistas? O islã é uma religião violenta ou os islamistas nos apresentam uma corrupção da bela tradição que no passado enriqueceu o Oriente – e que poderia voltar a fazê-lo? As respostas dependerão de mudanças internas no islã que podem perfeitamente ser estimuladas por meio de um diálogo entre fés e civilizações. A última parte deste livro observa os argumentos contra e a favor da coexistência ou de seu oposto, o "choque dos mundos". Numa conjuntura tão complexa, a conclusão só pode ser ambígua. Podem haver, contudo, algumas lições.

A primeira é a de que o islã é, em potência, mais flexível do que se pensa; permite e precisa do diálogo com o outro. Da mesma maneira, para não mergulhar numa guerra de religiões sem saída, o Ocidente também precisa dessa comunicação. Porém, com um islamismo violento que preconiza uma guerra para estabelecer o reino de Deus na Terra, não existe diálogo viável: ele constitui um crescente risco para a segurança de todos. A luta contra ele é não somente um interesse do mundo ocidental como também da grande maioria dos muçulmanos, que seriam suas primeiras vítimas. No entanto, sem transformações profundas na estrutura da desigualdade global que mantém essas populações presas num ciclo de empobrecimento e isolamento, não se conseguirá evitar a ampliação maciça do extremismo. A tarefa, portanto, é abrangente – e da maior urgência. A leitura deste livro pretende colaborar com ela.

Pelas complexidades inerentes ao assunto, escrever este livro implicou um trabalho árduo. Queria agradecer em particular o apoio inestimável de meus alunos Lívia Oushiro e Orion Klautau e da minha esposa, Eliane Rosenberg Colorni, que tornaram o texto final melhor e mais legível. A leitura atenta dos originais por parte deles foi, sem dúvida, fundamental.

ONTEM

O ISLÃ NO TEMPO

BIZÂNCIO, PÉRSIA E ARÁBIA: O PANORAMA GEOPOLÍTICO DOS SÉCULOS VI-VII

Ao contrário de outras importantes religiões, o surgimento do islã tem data e local demarcados: começo do século VII, na península Árabe. É bem verdade que o lugar já tinha sido palco, há séculos, da revolução monoteísta – a fé em um deus único, introduzida pelo judaísmo e pelo cristianismo – o que talvez tenha facilitado a recepção da nova crença. Contudo, é impossível compreender a fantástica expansão do islã sem estudar as condições históricas concretas em que Maomé e seus seguidores atuaram.

A Arábia vivia então à margem das duas superpotências do Oriente Médio da época: a Pérsia e o Império Bizantino. Este, cuja capital era a famosa Constantinopla (hoje Istambul), surgira com a divisão do Império Romano em dois, o do Ocidente e o do Oriente, na década de 330 d.C. Embora a estrutura bizantina absolutista não conseguisse manter o alto nível de organização social e econômica original dos romanos, esse império se mostrou extraordinariamente duradouro, sobrevivendo mais de mil anos, até a conquista turca, em 1453. Em 395, o cristianismo tornara-se a religião oficial, completando assim sua lenta transformação de fé contestatória das classes inferiores, de escravos e perseguidos, numa Igreja poderosa, cuja autoridade estava sobreposta à do Estado. Na verdade, o Império Bizantino nunca conheceu a estrita separação entre Igreja e Estado, tão característica da cristandade ocidental. As duas dimensões, a espiritual e a temporal, aglutinavam-se no chamado "cesaropapismo", fenômeno que inclusive iria servir de modelo para a sobreposição entre religião e política no islã.

Como resultado, disputas religiosas transformavam-se automaticamente em conflitos políticos. Com efeito, a fé cristã se viu à época envolvida em ásperas disputas, entre elas a discussão sobre a própria natureza de Cristo – seria Jesus um ser divino ou um ser humano? Pode parecer difícil para nós, atualmente, compreender o alcance e a intensidade de uma discussão desse tipo, mas só após vários concílios ecumênicos ficou determinada a natureza dual do Filho de Deus, a um só tempo divina e humana, doutrina aceita até hoje nas Igrejas Ortodoxa e Católica.

Essa visão oficial ganharia força nas regiões centrais do império, particularmente na Anatólia e nos Bálcãs. Entretanto, no Oriente Médio, os monofisistas – que acreditavam apenas na natureza divina de Jesus – arrebanhavam adeptos e começaram a chamar a atenção para si. Considerados hereges, logo se viram transformados em alvo da intolerância imperial. Quando o islã, vindo do deserto árabe, surgiu em cena no chamado Crescente Fértil – região em forma de meia-lua, situada entre a costa leste do Mediterrâneo e o golfo Pérsico – aproveitou-se exatamente da frustração e da insatisfação daqueles perseguidos, etnicamente mais próximos dos árabes do que dos bizantinos.

Além dos problemas e divergências internas, Bizâncio teve de enfrentar muitos inimigos externos e, com isso, sofreu reduções periódicas e significativas de seu território. As ameaças vieram, em geral, do Oriente: invasões de nômades da Ásia central e inúmeros confrontos com os persas exauriram militarmente os bizantinos. O Império Persa, herdeiro da velha civilização do zoroastrismo – antigo sistema religioso-filosófico que teve Zaratustra (Zoroastro ou Zoroaster) como seu profeta-fundador mítico, no século VI a.C, constituíra o único Estado à altura do Império Romano e do Império Bizantino.

As guerras intermináveis inviabilizaram a Rota da Seda, eixo comercial das caravanas que carregavam seda e outros produtos de luxo oriundos da China, através da Pérsia, para o mundo mediterrâneo controlado por Constantinopla. Assim, os comerciantes foram forçados a explorar caminhos alternativos para o trânsito de suas mercadorias. Entre as novas rotas, estabeleceu-se a ligação da Pérsia ao Mar Vermelho, e daí, aos portos da Síria, atravessando o Hijaz, na Arábia setentrional. O comércio de trânsito internacional beneficiou essa região semisselvagem, em particular a cidade de Meca, tradicional centro de peregrinação graças à presença de uma profusão de deidades em torno de uma estranha pedra negra – um meteorito de 30 centímetros de diâmetro, reverenciado como sagrado, junto ao qual mais tarde se ergueria uma construção em forma de cubo, a Caaba, considerada pelos muçulmanos a Casa de Deus.

A revelação islâmica

Maomé, em português, é o nome de Muhammad (570-632 d.C.), o profeta fundador do islã. Ele nasceu na época que muçulmanos de gerações posteriores denominarão de *jahiliyyah* – o período de ignorância e cegueira antes da revelação. Árabes, a esse ponto, significavam os habitantes da Península Árabe falantes da língua árabe, do ramo meridional da família semítica.[1] Nem todos os habitantes no clima severo do deserto da Arábia eram beduínos, ou seja, nômades e pastores que cuidavam de rebanhos de ovelhas, cabras e camelos, ou que traziam em caravanas o comércio de longa distância. Nos oásis, predominava a agricultura palmácea e a península tinha também pequenos centros urbanos. No Iêmen, área meridional chamada de "Arábia feliz" por ser mais chuvosa e fértil, havia mesmo reinos e civilizações avançadas e laços históricos com Estados africanos. Na era de Maomé, os árabes do Hijaz haviam acabado de sair de séculos de declínio comercial, processo que estimulou correntes de nômades, e Meca retomara sua posição predominante.

O estilo de vida beduíno valorizava acima de tudo a liberdade de movimento, a honra (ligada em particular ao controle da sexualidade feminina) e a solidariedade para com os membros do clã; valores que de resto permeavam toda a sociedade árabe. A organização social era tribal: a linhagem de uma pessoa, seu parentesco, superava quaisquer outras lealdades. Como consequência, a cultura oral desse povo enfatizava uma poesia que glorificava o próprio clã. A maioria dos beduínos era pobre e assim se faziam frequentes as brigas pelos escassos recursos disponíveis – animais e água, por exemplo –, o que provocava ciclos de vingança. A população, em geral, era politeísta, ainda que tribos judaicas e cristãs pudessem ser encontradas ao norte da península, nas regiões mais próximas à Síria e à Palestina. O islã pretendia, e parcialmente conseguiu, superar tais tradições; mas a ética beduína não desapareceria. Com as conquistas árabes sob a bandeira verde do islã, ela na verdade disseminou-se por todo o Oriente Médio.

Maomé pertenceu a um ramo menor do clã dos *Quraysh* (coraixitas), um dos mais poderosos de Meca. Foi criado como mercador e casou-se aos 25 anos com uma rica viúva, bem mais velha que ele, chamada Khadija. Supõe-se que, nas suas viagens de negócios, Maomé teria entrado em contato e sido influenciado por árabes judaicos e cristãos. Aos quarenta anos, teria começado a receber visões e ouvir vozes, que acreditou serem de origem divina: o arcanjo Gabriel (Jibril, em árabe) aparecera para lhe revelar a palavra de Deus, mandando-o recitar os seguintes versos:

> Lê em nome de teu Senhor que tudo criou;
> Criou o homem de um coágulo de sangue.
> Lê que teu Senhor é generoso,
> Que ensinou o uso do cálamo.
> Ensinou ao homem o que este não sabia.

Essas são as mais antigas linhas do Alcorão.[2] Maomé teria se assustado com a visão, mas, encorajado pela esposa, perseverou. Continuaria a receber revelações, que falavam de um deus único e onipotente, diante de quem cada ser humano é chamado a se submeter e venerar: a palavra *islam* (islã, em português) significa exatamente submissão.

Ao acreditar ter sido escolhido por Deus como veículo de sua mensagem, Maomé passou a assumir o papel de profeta. As revelações teriam continuado durante sua vida inteira. No início, as mensagens exortavam-no a pregar e a converter seus compatriotas; em seguida, passaram a guiá-lo como o organizador de uma comunidade de crentes. Contudo, o Alcorão (recitação), compilação de todas as revelações dadas a Maomé, só receberia sua versão definitiva trinta anos após sua morte. Época em que a expansão vertiginosa da nova religião – e as dissidências que já se desenhavam no seu seio – passou a exigir a redação de um texto consensual (hoje todos os muçulmanos aceitam essencialmente a mesma versão do Alcorão, apesar das divergências na sua interpretação).

Em princípio, Maomé conseguiu converter à nova fé a esposa e alguns amigos. Seu primeiro núcleo de ouvintes foi mínimo, mas o suficiente para irritar a elite comercial de Meca, cuja renda do turismo religioso foi ameaçada pela insistência de Maomé em destruir as imagens dos deuses politeístas. A repressão contra essa pequena e primeira comunidade muçulmana o levou a fugir com seus seguidores, no ano de 622, para outra cidade, mais aberta às suas demandas: Iatreb, desde então nomeada al-Medina (a Cidade), situada a 300 quilômetros ao norte de Meca. Essa fuga é conhecida como a *hijra* (hégira ou migração) e marca o início do calendário muçulmano.

Em Medina, Maomé ainda teve de enfrentar forte oposição, que resultou em algumas lutas ferozes. Porém, com o tempo, os seguidores de Maomé, os *muslimin* (submetidos, origem da palavra muçulmanos) impuseram sua superioridade militar. O Profeta pôde então reorganizar Medina como a primeira comunidade a viver sob as leis muçulmanas. De fato, seria o primeiro Estado muçulmano, ainda que pequeno. Os derrotados foram expulsos, exterminados ou convertidos, enquanto os novos fiéis se comprometeram a realizar uma guerra de expansão do islã. Desse modo, a maioria das tribos foi devidamente integrada à comunidade muçulmana, ainda durante a vida do Profeta, que insistiu em substituir as tradicionais solidariedades tribais por religiosas.

Assim, Maomé transformou-se, de pregador desprezado, em líder político e militar. Seu poder crescente levou um número cada vez maior de tribos a se aliar a ele e a aceitar a nova fé. Logo os muçulmanos derrotaram os coraixitas de Meca, que abriram as portas da cidade para o filho rejeitado. Maomé limpou a Caaba de todas as deidades pagãs, mas não afastou a posição central de sua cidade natal (outorgando inclusive altas posições a recém-convertidos da elite coraixita, o que desconcertou alguns seguidores veteranos). Pouco antes de morrer, o Profeta ainda fez uma peregrinação a Meca, lugar doravante dedicado ao Deus único. Quando da morte de Maomé, o Hijaz e a maior parte da Árabia central já estavam em mãos muçulmanas.

O que é o islã?

Superficialmente, o islã parece ser uma religião simples, com dogmas claros, obrigações e proibições. Os deveres do fiel se resumem aos cinco pilares do islã:

1. *Shahada* ou testemunho – É a confissão que efetua a conversão. O crente afirma a unidade do Deus[3] onipotente e aceita Maomé, numa fórmula que ele doravante repetirá inúmeras vezes: "Não há outro Deus e Maomé é seu Profeta". De forma ainda mais incisiva do que no judaísmo e no cristianismo, o islã enfatiza a insuperável distância entre o Criador e a criatura, e Sua absoluta unicidade: o politeísmo (*shirk*, isto é, assumir uma "companhia" igual a Ele) constitui assim o maior pecado. Daí a severidade contra a veneração de espíritos, santos e imagens, além de uma incompreensão diante do conceito de Trindade (o islã aceita, entretanto, a existência de anjos, *jinns* e demônios). Deus é eterno, inato, onisciente, onipresente. Os pensamentos mais secretos do coração Lhe são abertos. Em tal visão, a função do homem é, antes de mais nada, entregar-se e servir a Deus. Deus é incomensurável, enquanto até os melhores homens, tal como Maomé, são ainda seres mortais e Lhe devem obediência absoluta. Após a morte, finalmente chegarão o fim do mundo e o dia do julgamento, quando Deus aceitará os bons em seu paraíso, enquanto os maus serão condenados ao inferno.

2. *Salat* – É a reza que se faz cinco vezes por dia. Os muçulmanos são chamados para a recitação pelo *muezzin*, tradicionalmente do minarete (*manara*, a torre da mesquita). Atualmente, uma gravação substitui muitas vezes o chamado ao vivo. É uma veneração a Deus e não um pedido para benefícios. A submissão (representada literalmente, com a prostração) é incondicional – quaisquer vantagens que o crente receba derivam da graça divina e não de um contrato com ela. Ainda que a *salat* seja possível em qualquer lugar, ela se faz preferivelmente na coletividade dos muçulmanos. Uma vez por semana, na sexta-feira, a comunidade se reúne na mesquita para a oração comunal.

3. *Zakat* ou esmola – Corresponde à *tzedaká* judaica ou ao dízimo cristão. Todos entregam uma parcela da renda para fins sociais: assistência aos pobres, refeições comunais etc. É um símbolo da solidariedade mútua dos fiéis que constituem a umma (*ummah*), a coletividade islâmica – quase uma nação não territorial.

4. *Ramadan* (ramadã) – É o mês do jejum, entendido como purificação e ascese para Deus. Durante o mês inteiro, que comemora o recebimento do Alcorão, os fiéis se abstêm, desde o nascer até o pôr do sol, de relações sexuais, comida e bebida, inclusive água – tarefa árdua nas regiões de clima quente, onde se situam as moradias da maioria dos muçulmanos, particularmente quando o ramadã ocorre no verão.[4] Contudo, é também um período de alegria, visitas familiares e confraternizações, que ocorrem desde o anoitecer e continuam madrugada adentro.

5. *Hajj* – É a peregrinação a Meca e seus santuários, que simbolizam a supremacia divina. É uma obrigação que deve ser cumprida ao menos uma vez na vida pelo muçulmano saudável e que disponha dos meios necessários para tal. Do mesmo modo que Jesus, Maomé se viu inicialmente como reformador do judaísmo e adotou Jerusalém como cidade sagrada, local que norteia (*qibla*) a reza e é destino de peregrinação. Rejeitado pelos próprios judeus, porém, Maomé a substituiu por Meca. Na Idade Média, o *hajj* era um esforço difícil, que implicava uma perigosa viagem; ainda assim, milhares conseguiram fazê-lo, vindos de todas as partes do *Dar al-Islam*, a "Casa do islã", ou seja, do mundo muçulmano inteiro – do Irã até a Espanha, da Nigéria até a Indonésia. O encontro e a experiência espiritual compartilhada constituíram fatores cruciais para a uniformização e a manutenção da unidade religiosa. A colonização da Ásia e África nos séculos XIX-XX trouxe avanços nos meios de transporte que permitiram uma expansão espantosa da peregrinação: nos anos 1920 ela chegou a 50.000 *hajjis* por ano.[5] Nas condições físicas atuais, o *hajj* pode reunir até dois milhões de peregrinos, tendo fundamental importância política e econômica para a Arábia Saudita, atual detentora das cidades sagradas de Meca e Medina. Jerusalém, aliás, mantém sua posição de terceira cidade sagrada do Islã e, ainda que seja mencionada no Alcorão apenas uma vez, ela é associada à visão noturna do Profeta na sua visita ao Paraíso.

O islã e a sua relação com o judaísmo e o cristianismo

É notável a semelhança das duas revoluções monoteístas anteriores, o judaísmo e o cristianismo, com a crença e o ritual básicos do islã que, aliás, se considera a continuação e o aperfeiçoamento daquelas. Maomé se integra assim numa extensa linhagem de profetas enviados por Deus ao homem. Na verdade, ele é visto como o último deles, o "selo" dos profetas. O islã, em outras palavras, se considera o clímax de uma longa história de diálogos entre o Criador e a humanidade, onde Deus repetidamente chama o homem a seu autêntico destino, apesar deste repetidamente desviar-se de seu caminho.

Para os muçulmanos, Deus "desce" ao homem, pois o falível ser humano nunca poderia se elevar e chegar a Deus por seus próprios esforços (pelo menos na versão mais radical do islã). O islã, portanto, implica ao mesmo tempo numa continuidade e numa ruptura. A continuidade reflete-se na exigência de um comportamento ético do ser humano. Assim, a moral islâmica não está longe da moral judaico-cristã. Já a ruptura reflete-se na imposição do islã aos politeístas, que tinham de escolher entre a conversão ou a morte.

Contudo, o antagonismo entre "nós" e "eles" é tão arraigado em nossos dias que nem sempre se nota o fato de o islã pertencer à mesma família de religiões a que pertencem o judaísmo e o cristianismo. Todas compartilham certas crenças centrais,

Muçulmanos improvisam uma mesquita numa rua de Bombaim, na Índia, para a reza comunitária da sexta-feira

como o monoteísmo, além de possuírem uma genealogia comum. O islã, no entanto, é o caçula das três. Para destacar tanto essa ligação do islã com seus predecessores quanto sua originalidade, é útil fazer aqui um pequeno atalho histórico, que esclarecerá as linhas matrizes dessa "revolução monoteísta", em cuja tradição Maomé se coloca.

Judaísmo: a primeira revolução monoteísta

O mundo antigo, politeísta, era povoado por uma multidão de deuses e deusas, alguns representando forças naturais, outros se manifestando na forma de animais ou de seres bastante semelhantes aos homens. Além da finitude da vida, a principal diferença entre mortais e imortais consistia no poder maior destes últimos. Os deuses não eram seres melhores do que os homens, eram simplesmente mais fortes. Eles não forneciam aos mortais um sentido à vida ou mesmo um bom exemplo com seu comportamento que, como os mitos narravam, revelava-se muitas vezes egoísta e bizarro. A relação com esse panteão politeísta era, portanto, utilitarista: os homens tentavam agradar e até manipular os deuses, por meio dos sacrifícios e da magia.

A "revolução monoteísta" teve sua origem em Israel. A Terra de Israel, ou Palestina, estava situada na margem oriental do Mediterrâneo, no cruzamento das vias comerciais e militares que ligavam os dois polos do Oriente Médio antigo: Egito e Mesopotâmia (o atual Iraque). Devido a isso, a região sofreu invasões frequentes. A migração do pastor Abraão, da Ur dos caldeus (uma das principais cidades no sul da Mesopotâmia, o que aponta para influências culturais babilônicas sobre os hebreus) para Canaã, fez parte desses movimentos regulares. No entanto, excepcionalmente, Abraão (Ibrahim para os muçulmanos) acreditou estar em contato com um deus invisível mais forte e benevolente do que todos os outros. Posteriormente, os seguidores de Abraão, o primeiro dos patriarcas, negaram a própria existência das outras divindades. Nascia, assim, o monoteísmo.

A era dos patriarcas é mitológica – não há evidências textuais ou arqueológicas sobre ela –, mas é geralmente localizada em torno de 1800-1700 a.C. O êxodo do Egito por parte dos hebreus, descendentes dos patriarcas, sob a liderança do profeta Moisés, teria ocorrido em torno de 1300 a.C e a invasão, a conquista e o assentamento de Canaã, nas décadas seguintes. O mito formativo que constituiu o monoteísmo ético foi exatamente a revelação de Deus ao povo em Sinai, quando Ele teria entregue uma lei, os dez mandamentos, que formalizaria os padrões de conduta para os hebreus. Regras que, além de muito ritualismo, claramente demarcavam os territórios do Bem e do Mal. Estabelecia-se um convênio entre Deus e seu povo escolhido.

Isso significou uma verdadeira revolução, mental e social. Jeová não apenas eliminou todos seus concorrentes sobrenaturais, mas fundou também um novo tipo de relação com os judeus: um contrato com deveres e direitos mútuos. Os judeus seguiriam minuciosamente a lei sagrada e se transformariam num povo sacerdotal, voltado ao serviço divino. Em contrapartida, Deus lideraria e protegeria seu povo. Em vez da imprevisibilidade caótica de uma natureza pouco controlada, cujos acessos de raiva fatais eram atribuídos à arbitrariedade e à irresponsabilidade dos deuses, entrou em cena uma entidade onipotente, onisciente – e totalmente boa. Mesmo se as vicissitudes da vida não cessassem, doravante a responsabilidade por catástrofes individuais ou coletivas não mais podia ser atribuída a um destino cego, mas ao comportamento do próprio homem. Doenças, fome, derrotas militares tinham que ser compreendidas como punições do Céu pelo não cumprimento por parte do homem de seu lado do convênio. Esse compromisso do indivíduo e do grupo com uma vida virtuosa constitui um momento-chave no desenvolvimento da consciência.

Diz-se que o judaísmo é, como posteriormente serão o cristianismo e o islã, uma religião de revelação: o divino, o transcendente, irrompe espontaneamente no mundo visível e se revela mediante mensageiros especiais, os chamados profetas, pedindo insistentemente o compromisso irrevogável do homem com Deus – em geral por meio de uma mistura de recompensas e castigos, tais como o paraíso e o inferno. Outras religiões como o hinduísmo e o budismo carecem dessa "descida" do sobrenatural ao mundo natural: nessas, o homem é chamado a fazer o esforço de "subir" até níveis de consciência superiores; se ele não o faz, não há divindade para puni-lo, mas ele condena a si mesmo aos laços da samsara, ciclo incessante de morte e renascimento, que consequentemente produz sofrimento.

A colonização das tribos hebraicas e suas relações conflituosas com outros povos nativos, coletivamente conhecidos como cananitas, conduziram à unificação política, em aproximadamente 1025 a.C., no reinado cujo último monarca, Salomão (Suleiman ou Solimão), construiu o primeiro Templo Sagrado. Um cisma pôs fim à unidade, mas os dois reinos sucessores subsistiram durante algum tempo, sendo a Judeia o mais duradouro deles, que perdurou até a conquista pelos babilônios em 586 a.C. Na tradição judaica, aquele foi um período de profecias e de intervenção ativa de Deus no mundo. O islã aceita, com algumas variações menores, a maior parte dessa história, e até hoje venera seus heróis como legítimos profetas de Deus.

A era do exílio babilônio, entre 586-522 a.C., provocou o desejo da volta, da restauração e da ab-rogação da "injustiça" que foi a destruição do templo e da soberania judaica. Desenvolveu-se a ideia de um Messias, um ungido de Deus que realizaria essa transformação da realidade política. Ao contrário da sua interpretação posterior mais espiritual na cristandade, a visão original do messianismo no judaísmo enfatizava (e continua insistindo) no caráter humano e na atuação terrestre do Messias. Assim, Ciro, o rei meda que destruiu o Império Babilônio e permitiu a volta dos exilados judaicos, foi por algum tempo considerado como o possível Messias. Mais adiante, veremos como ideias messiânicas também não são ausentes no islã, em particular no xiismo.

No período do segundo Templo, aproximadamente do século V a.C. até 70 d.C., o judaísmo evoluiu para moldes bastante distintos do modelo anterior. Talvez se observe aqui a infiltração de ideias persas. A Pérsia estabeleceu o primeiro grande império multinacional da história e manteve uma política de tolerância religiosa para com seus súditos variados. A elite persa aderiu à sua própria religião, o zoroastrismo, cuja originalidade estava na rejeição do politeísmo costumeiro, que foi substituído por um dualismo que interpretava a história cósmica e humana como uma luta entre *Ahura-Mazda*, força da luz e do Bem, e seu oponente *Ahriman*, o diabo da Escuridão. Cada homem era chamado a se alinhar com o Bem e a lutar para sua vitória final mediante um comportamento ético: o homem milita, dessa forma, junto a Deus – pensamento que impressionou os judeus e, por intermédio do judaísmo, cristãos e muçulmanos.

Um dilema dentro do judaísmo opõe o particularismo ao universalismo, o que iria estimular duas religiões-filhas, que tentaram transcendê-lo. O contrato original comprometeu apenas Deus e um único povo, cuja identidade se realizou por meio da ocupação de uma terra só. Mas, na segunda metade do primeiro milênio a.C., desenvolvia-se uma diáspora judaica mais e mais extensa. Pensadores judaicos começaram a aplicar os valores do judaísmo a outros grupos não judaicos; judeus entraram em contato e se deixaram influenciar pelas ideias do helenismo, uma civilização que abrangia o Mediterrâneo e o Oriente Médio num ideal de fraternidade humana universal, baseado na supremacia da razão. Tais ideias atraíram boa parte dos judeus; porém, para outros, mais conservadores, sua assimilação constituía nada menos do que uma traição. Metodicamente, estes últimos foram erigindo um muro de regras religiosas que separavam os judeus dos demais (regras proibindo casamentos mistos, certas comidas, trabalho e transporte nos dias sagrados entre muitas outras) e que facilitariam sua função de povo sacerdotal, mas dificultariam a convivência com os "pagãos" – sociabilidade que conduziria (pelo menos era o que os conservadores temiam) à apostasia, ou seja, ao abandono da fé original. A política judaica se fragmentou assim em seitas de tendências opostas.

Israel vivia sob domínio de várias potências externas, com exceção de períodos relativamente curtos de independência ou autonomia. Quando essa autonomia se esvaneceu e os ocupantes romanos fizeram questão de assimilar os judeus à cultura imperial, a cena estava pronta para as grandes revoltas dos séculos I e II d.C. Essas combinaram elementos de patriotismo, de restauração religiosa fundamentalista e de esperanças messiânicas. O resultado foi catastrófico. Sua derrota culminou na destruição do

O islã no tempo | 33

Em Jerusalém, o Muro das Lamentações judaico; ao fundo o Haram al-Sharif, terceiro lugar mais sagrado do islã

Templo, na abolição da soberania e, no século II, num genocídio que pôs fim à presença física de judeus na Judeia, logo rebatizada de Palestina. Uma comunidade judaica sobreviveu na Galileia até pelo menos o século VII, mas se tornou minoria em meio a uma maioria cristã.

Cristianismo – a segunda revolução monoteísta

O cristianismo é o segundo elo da revolução monoteísta e influenciaria o islã não menos do que o judaísmo. O ano 33 d.C. é data tradicional da crucificação de Jesus (Issa) de Nazaré, reformador radical judeu, pelo exército de ocupação romana e com a conivência da elite religiosa em Jerusalém. Para seus seguidores, Jesus foi considerado o Messias, o ungido (cristo, em grego), e posteriormente, na teologia de Paulo de Tarso, uma das três expressões da própria divindade. Era uma visão que conduziu fatalmente à ruptura com o judaísmo oficial. Mas, graças ao zelo dos apóstolos, que aproveitaram a existência da diáspora judaica e de uma eficiente rede de comunicações no Império Romano inteiro, a mensagem cristã se difundiu rapidamente.

A grande virada ocorreu quando a Igreja cristã primitiva abandonou rituais e costumes judaicos, tais como a circuncisão, a comida ritualmente pura e vários tabus que regulam o sábado e outros momentos especificamente dedicados a Deus – regras que foram consideradas como um ritualismo superado pelo advento e o autossacrifício de Cristo. Sem essas obrigações, a conversão à nova fé foi muito facilitada também – e especialmente – para não judeus: as primeiras igrejas foram em geral médio-orientais e as pioneiras a se cristianizar foram as regiões mais desenvolvidas do Oriente Médio – a Síria, o Egito, o Cáucaso etc. Dentro de alguns séculos, o cristianismo se tornaria a principal religião do Império Romano, apesar das perseguições. Em 330, o imperador Constantino reconheceu a nova religião. Cinquenta anos mais tarde, todas as outras seriam proscritas.

O cristianismo manteve do judaísmo a crença no Deus único e em Seus mandamentos éticos ao crente. A grande inovação foi a universalização dos princípios do monoteísmo ético. Mesmo que mitigada por ideias greco-romanas, a ênfase na bondade e na universalidade de Deus significou uma ruptura com a ideologia clássica. A intromissão ativa do sobrenatural na história do mundo – por meio dos estágios da criação, da revelação, da salvação pelo Cristo e, no futuro, de Sua volta, do fim do mundo e do juízo final – projetou uma visão de história planejada, antagônica à visão politeísta de um mundo eterno, pontuado pela simples repetição da vida e da morte, que refletiria as temporalidades naturais. Na visão cíclica, a vida não tinha sentido definido; na visão monoteísta, a história tem uma direção e o homem possui um papel como ajudante de Deus. Para Ele, todos os seres humanos são iguais. Por isso, há autores que relacionam a conquista da dignidade pessoal trazida pelo cristianismo ao declínio da escravidão em fins da Antiguidade e ao desenvolvimento do feudalismo.

O cristianismo ainda adotou e disseminou a ideia judaica da responsabilidade individual pela escolha entre o Bem e o Mal – embora a Igreja moderasse essa proximidade com seu monopólio dos sacramentos e da sua mediação, considerada imprescindível, entre o crente e a Trindade. O islã reforçará o encontro não mediado entre Criador e criatura, abolindo a "grade" existente entre ambos e oferecida no cristianismo por instituições como a Igreja e o clero.[6]

Na ausência de uma figura mediadora entre o mundo dos homens e o divino, tal como Jesus Cristo no cristianismo, a própria palavra de Deus adquire importância ainda maior – daí o papel absolutamente central do Alcorão no islã. Escrito em árabe, língua sagrada, ele até hoje não foi traduzido no uso ritual por muçulmanos: faz-se questão da sua recitação na versão original.

Em que o islã difere do judaísmo e do cristianismo?

Se o islã se encaixa num movimento monoteísta mais amplo, ele também tem naturalmente suas características específicas: muito mais do que o cristianismo, o islã abrange todas as esferas da vida. O islã é uma religião (*din*), com tudo o que este termo implica (crença, ritual, normas, consolação etc.), ao mesmo tempo em que é uma comunidade (*umma*) e um modo de viver ou tradição (*sunna*) que regulariza todos os aspectos da vida: o indivíduo e as etapas de seu desenvolvimento; a educação; as relações entre homens e mulheres; a vida familiar e comunal; o comércio e o governo, a justiça e a filosofia.

Ou seja, tudo se concentra num sistema jurídico-religioso total: a xaria (*shari'a* ou caminho certo), que se edificou, com base nas fontes sagradas, nos primeiros séculos do islã, mas cujo desenvolvimento não cessou até hoje, reagindo a circunstâncias sempre novas. Tal complexidade levou à emergência de uma classe prestigiosa de legistas-intérpretes especializados, os ulemás (*ulama*). A consequência dessa onipresença da religião, que penetra todos os desvãos da vida cotidiana, é que o islã se tornava um (senão "o") principal elemento formativo da identidade coletiva das populações subjugadas a ele. Quão formativo, exatamente, eis um ponto de discussão entre os especialistas cuja resposta traz repercussões na atualidade.

A relativa não diferenciação entre religião e política é também um outro resultado disso. Na comunidade de Medina, regida por Maomé, Estado e Igreja se confundiam, e essa confusão se transferiu depois para o Estado-império muçulmano, imensamente maior que a comunidade primitiva dos fiéis. Após a morte do Profeta, seu tenente ou suplente (*khalifa* ou califa) combinava a autoridade militar, jurídica e religiosa sobre a umma. A complexidade da interpenetração religião-política se prolonga até hoje. Mesmo sendo um exagero afirmar que não há nenhuma diferença entre religião e política, o islã inclui em seu bojo muito mais do que um corpo de crenças. Correspondências na maneira de viver criam semelhanças entre as mais distantes sociedades muçulmanas.

Outra marca original do islã é a igualdade dos fiéis, talvez uma herança das tradições independentes beduínas. Não há no islã pecado original, nem salvação do fiel pela fé no sacrifício do Salvador (como na morte de Jesus, no cristianismo), nem sacerdotes com sacramentos imprescindíveis para o resgate da alma do crente. O estrato dos ulemás, legistas especializados, não tem o papel do clero institucionalizado da Igreja católica: eles são apenas intérpretes, e não mediadores. Essa igualdade, contudo, logo se tornou teórica por causa das sangrentas lutas internas que, como veremos, iriam fragmentar o islã.

Finalmente, é preciso destacar o conceito ambíguo do *jihad*, comumente traduzida como guerra santa. Literalmente, *jihad* quer dizer "esforço em favor de Deus". Abraçar o islã implicava, desde o começo e até hoje, tanto para o indivíduo quanto para a comunidade, assumir um compromisso total – para reger a própria vida nos moldes prescritos por Deus, para imbuir a sociedade com a letra e o espírito da lei divina e para propagar a verdadeira religião no mundo inteiro. *Jihad*, então, pode apontar para a disciplina da transformação interior (o grande *jihad*) tanto quanto para o empenho na guerra de conversão dos infiéis, externa e, se necessário, violenta (o pequeno *jihad*). "Luta" ou "militância" aproximariam melhor o sentido da palavra.

De fato, o islã (tanto quanto o cristianismo) sempre se considerou o único portador da verdade, combinando esse exclusivismo com o impulso de disseminá-la com o uso da palavra e/ou da espada. Sangrentas guerras religiosas não faltaram na história do cristianismo; porém, o elemento militar é ainda mais presente no islã, cujo Profeta – em vez de ser imolado como o pacífico fundador do cristianismo – funcionou também como líder guerreiro e expansionista de sua comunidade. Ora, o Profeta logo se tornou o exemplo perfeito, o ideal a ser atingido. Continuando o modelo posto em prática por Maomé, o islã, nos séculos VII e VIII, se expandiu rapidamente pelas armas. A umma que se estabeleceu tinha, pelo menos na teoria, uma mobilização permanente dos muçulmanos para participar em mais conquistas em nome da fé.

Na verdade, essa expansão não foi tão contínua nem inspirada somente por motivos idealistas. Após um período de expansão militar, o império muçulmano se estabilizou. Embora houvessem episódios de guerras religiosas na história ulterior do islã, em geral seu crescimento contínuo prosseguiu de forma gradual e pacífica, por meio de contatos pessoais, comerciais, culturais etc. Manteve-se intacta, todavia, uma visão geopolítica que partilha o mundo em duas dimensões antagônicas: a "Casa do islã", isto é, onde o islã vigora, contra a "Casa da guerra", onde ele ainda não predomina. Entre ambas, armistícios são possíveis, mas nunca a paz completa, até a absorção final da segunda pela primeira. A ideia do pequeno *jihad* (guerra de conversão) nunca morreu, e está presente para novas mobilizações – ou para novas interpretações.

A expansão muçulmana

A expansão era inerente ao islã e, em algumas décadas, levou à conquista do Oriente Médio e da África do Norte, seguida pela incorporação islâmica de outras regiões: Espanha, partes da Índia, da Indonésia, China, África negra entre outras. O islã é hoje a religião em mais rápida expansão e, com cerca de 1,3 bilhão de seguidores, representa aproximadamente 20% da humanidade.[7]

A história do islã coincide com o fluxo e refluxo da expansão e retrocesso do mundo muçulmano. Distinguimos, esquematicamente, quatro estágios. Numa primeira onda, nos séculos VII a XI, os árabes expandiram o islã para o Oriente Médio e a África do Norte e estabeleceram não somente o mais extenso Estado do mundo, mas desenvolveram uma civilização original e avançada: é a fase clássica. Num segundo estágio, nos séculos XI-XIV, o islã sofreu reveses no Oriente Médio, mas continuou sua expansão na Ásia central e Índia: é a Idade Média muçulmana. O terceiro estágio, do século XV até o século XVIII, viu a renovação do dinamismo numa série de eficientes "impérios da pólvora" muçulmanos, baseados na supremacia conferida por seus canhões – o otomano no Oriente Médio, o safávida no Irã, os grão-mughals (imperadores muçulmanos) na Índia entre outros – com a propagação da fé para a África e o sudeste asiático. No século XIX e na primeira metade do século XX, período que corresponde ao quarto estágio, o mundo muçulmano caiu sob a influência das potências europeias. As tentativas recentes de descolonização – e de repensar um novo equilíbrio do islã em seu confronto com a modernidade ocidental – abrem o que provavelmente será uma quinta época.

OS PRIMEIROS CISMAS (632-661)

A primeira fase da história do islã foi a dos califas ortodoxos ou "bem-guiados" (*rashidun*), assim chamados porque seu reino correspondeu a uma época de relativa unidade entre os muçulmanos. Esse período foi testemunha não só da forte impressão provocada pela mensagem de Maomé, como também do gênio político e militar da primeira geração de muçulmanos. A construção erigida pelo Profeta não desmoronou após sua morte em 632, mas se manteve, e em algumas décadas se transformou de um Estado ainda primitivo no mais poderoso império do mundo. Esse processo, no entanto, não foi fácil.

Maomé morreu sem deixar uma clara indicação sobre quem o sucederia. Uma tensão se manifestou imediatamente entre duas tendências. A primeira, minoritária, preferia reservar essa honra da linhagem profética à própria família do Profeta – seu pretendente era Ali ibn Abi Talib, genro de Maomé, casado com sua filha Fátima. Na opinião da segunda tendência, porém, qualquer fiel poderia ser um candidato adequado, desde que fosse consensualmente aceito pela comunidade. Esse antagonismo teria gravíssimas implicações dentro de poucas décadas.

O consenso se reuniu sobre a figura de Abu Bakr, velho companheiro de Maomé, que consolidou o poder muçulmano sobre os árabes. Ele foi sucedido em 634 por Umar ibn al-Khattab, que conquistou vastas áreas fora da península, principalmente do Império Bizantino: Egito, Síria, Palestina, Mesopotâmia e partes do Cáucaso caíram nas mãos dos muçulmanos. Em todos os lugares conquistados, guarnições militares árabes foram erguidas; porém, a população local, majoritariamente cristã, em geral não foi coagida a aceitar o islã. Para os próprios muçulmanos, entretanto, Umar introduziu regras de severidade exemplar.

Se os bizantinos sobreviveram, ainda que abatidos, o Império Persa, por seu lado, não dispunha de reservas territoriais e militares adequadas, e foi derrotado, conquistado e islamizado – processo que foi completado sob o terceiro califa, Uthman ibn Affan (644-656). Com a expansão e a exploração dos territórios ocupados pelo islã, riquezas começaram a fluir para as mãos dos clãs árabes mais favorecidos. As diferenças de renda se tornaram cada vez mais marcantes e a competição pelo controle do espólio se acirrou.

Quando Ali ibn Abi Talib finalmente assumiu, em 656, as divisões já eram profundas demais para que ele conseguisse impor sua autoridade, contestada por Umawiyya – um pretendente ao califado que pertencia aos Banu Umayya, outro ramo dos coraixitas. Uma guerra civil se seguiu, e Ali foi assassinado em 661. Mu'awiyya fundou a primeira dinastia califal, a dos Omíadas. Como símbolo da transição da liderança – ainda mais ou menos colegiada entre os muçulmanos da primeira geração, que haviam conhecido o Profeta pessoalmente – e para exercer o poder de forma mais moderna e adequada a um vasto império, Mu'awiyya se mudou para Damasco, capital da nova potência mundial.

O derramamento de sangue desmanchou a ilusão de unidade entre os muçulmanos e os chocou profundamente. Iniciou-se então uma nova leitura da época do Profeta e de seus sucessores imediatos, idealizada como era de religiosidade, proximidade

O islã no tempo | 39

As Principais Divisões do Islã

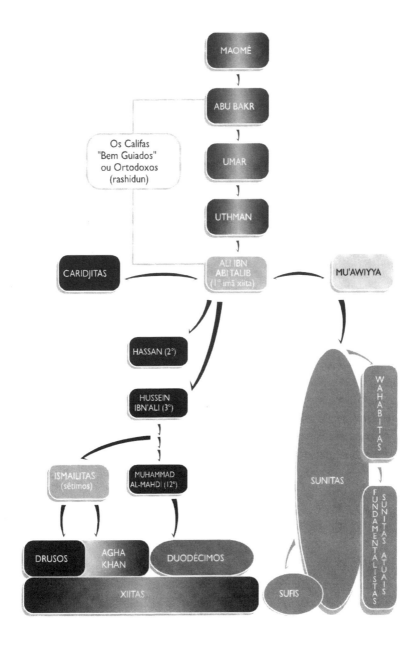

a Deus e, portanto, de sucessos tanto espirituais quanto mundanos. Após a *fitna* ou guerra civil, a maioria dos árabes aceitou a pacificação sob Mu'awiyya. Hassan, filho mais velho e sucessor de Ali, abandonou a pretensão pela liderança de seu povo em troca de uma aposentadoria tranquila. Contudo, terminou assassinado, em 669. Ali teve seguidores leais, para quem Mu'awiyya era um usurpador: eles formaram o partido ou facção de Ali, a xia (*shi'a*), de onde surgem os xiitas, ramo do islã que insiste na legalidade da sucessão hereditária original. Para tanto, depositavam sua esperança no segundo filho de Ali, Hussein.

Em 680, quando Mu'awiyya foi sucedido por seu filho Yazid, consagrando assim um novo princípio hereditário e uma nova dinastia, uma rebelião dos xiitas eclodiu sob a liderança de Hussein. Entretanto, a minoria xiita foi facilmente esmagada em Karbala, no Iraque, e Hussein, decapitado no dia 10 (*ashura*) do mês *Muharram*. Desse modo, consolidou-se a supremacia da ala dos omíadas, que se tornaram seguidores da "normalidade" e da tradição (*sunna*). Doravante o sunismo se tornou a ortodoxia conformista – o *establishment*. Não obstante, o partido derrotado, a xia, não foi erradicado, mas se desenvolveu em seita opositora, com suas próprias tradições – glorificando o sacrifício (supostamente voluntário) de Hussein, contestando perenemente a legitimidade dos califas e conspirando em vão para a restauração do descendente de Ali, o Imã.[8] Enquanto tradição contestatória, o xiismo acabou se desenvolvendo como ideologia milenarista, que enfatizava valores de justiça social e de martírio.

O IMPÉRIO OMÍADA ÁRABE (661-750)

De 661 até 750, a dinastia omíada governou um império que se expandia da Espanha até o rio Indo. Para o ainda jovem mundo muçulmano, esse foi um período de transição de uma comunidade religiosa para um Estado centralizado. Nessa estrutura multiétnica, o monopólio do poder permanecia em mãos árabes, e foi exercido por guarnições, inicialmente fronteiriças. Quando mercadores não árabes se assentaram ao lado dessas guarnições, estas gradualmente se transformaram em cidades: é a origem de Fustat-Cairo, Kairouan, Bagdá, Basra e outras. Essa casta dominante, em princípio, só tinha o controle militar, mas logo adquiriu terras e passou a explorar o trabalho de uma população nativa, majoritariamente cristã ou zoroastrista. Gradativamente, a camada árabe se integrou nos países de colonização e sua língua se expandiu por meio da administração e da religião. Os laços dos árabes com as elites locais nativas se aprofundaram enquanto a solidariedade interárabe se enfraqueceu: quando expressões de regionalismo foram reprimidas pelo califado, a

O islã no tempo | 41

A expansão do Islã no tempo dos omíadas (661-750)

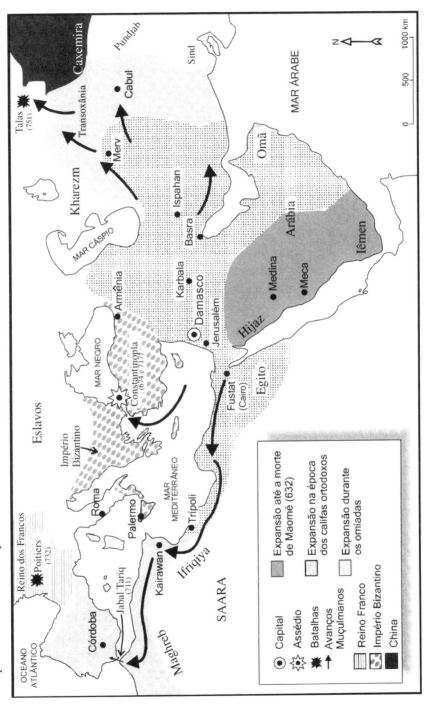

submissão ao centro minou a tradição peninsular igualitária, e um absolutismo califal se instalou, beneficiado pelo trauma deixado pelos cismas originais: "Melhor cem anos de tirania do que uma hora de anarquia".

Isso nos leva à relação, muito debatida, entre o islã e outras religiões e culturas. O islã praticava, em princípio, uma tolerância em relação aos "Povos do Livro" (*Ahl al-Kitab*) – outras religiões monoteístas que possuíam um livro sagrado, uma revelação profética anterior: judeus, cristãos e sabeanos[9] (o conceito foi posteriormente ampliado para incluir mesmo politeísmos óbvios como o hinduísmo). Nos territórios bizantinos ocupados, os cristãos constituíam inicialmente a maioria. Como vimos, não houve, em princípio, pressões para a conversão. Os não muçulmanos recebiam o *status* de comunidade protegida ou *dhimma*. Contudo, eles precisavam aceitar certos símbolos externos, como determinado tipo de vestuário, marca de sua inferioridade. Mediante o pagamento da *jizya*, imposto cobrado, por pessoa, em sinal do reconhecimento da primazia do islã, e espécie de resgate do serviço militar (ou seja, a não participação no *jihad*, reservada aos muçulmanos), os *dhimmis* podiam continuar professando livremente sua religião e também participar da sociedade. Muitos até ocuparam posições de destaque na administração, na economia e nas artes.

Esse sistema tinha algumas implicações significativas. A desmilitarização dos *dhimmis* deixava-os numa posição vulnerável. Com o decorrer dos anos, mais e mais "infiéis" migraram para a religião predominante e, assim, os cristãos se tornaram minoria. Vale ressaltar que, em comparação com a posição de minorias não cristãs na cristandade, a dos *dhimmis* no islã era em geral bem mais suportável. Todavia, embora fossem relativamente bem tratados, eles nunca estiveram seguros. Houve períodos de coexistência e intercâmbio cultural assim como períodos de discriminação e perseguição. Outro aspecto curioso diz respeito ao fato de a conversão incluir um bônus econômico, pois novos muçulmanos já não precisavam pagar a *jizya*. Dessa forma, o império muçulmano – cuja razão de ser se confundia com a expansão do islã – desenvolvia um interesse econômico paradoxal na não conversão dos *dhimmis*: afinal, convertê-los significava deixar de arrecadar o dinheiro proveniente dos impostos pagos por eles. Não obstante, quando convertidos, ou "libertos", passavam a participar do exército, e essa perda era compensada com o aumento dos espólios de guerra.

Mas, além da atração intrínseca da nova religião, havia fortes incentivos paralelos à conversão: o poder político era, praticamente, monopólio muçulmano. Muitos, portanto, deram esse passo em direção ao islã para usufruírem desse poder. Porém, no período omíada, os não árabes que se converteram ao islã ainda não se beneficiaram automaticamente com direitos iguais ao do grupo muçulmano original, totalmente árabe. Os recém-chegados continuaram sendo discriminados e foram obrigados a se vincular às tribos árabes ocupando posição inferior, clientelista. Manifestações de insatisfação desses clientes (os *mawali*), portanto, não seriam surpreendentes, particularmente nos antigos territórios persas, já que uma antiga e orgulhosa tradição cultural conferia à Pérsia um forte sentimento de identidade. Por outro lado, o zoroastrismo não conseguiu a mesma resistência religiosa, uma vez derrotado politicamente. Muitos persas se converteram ao islã, e logo começaram a participar da cultura e a entrar na própria administração do Império Muçulmano.

O IMPÉRIO ABÁSSIDA (750-1258)

Com a integração de funcionários nativos, mais desenvolvidos, o Império Omíada absorveu nítidas influências gregas e persas.[10] No entanto, a institucionalização do poder imperial afetou a "pureza muçulmana" primordial. O califa se tornava monarca semidivino, absoluto e distante, processo que se completaria sob uma nova dinastia.

O descontentamento dos novos muçulmanos provocou nos anos 740 uma revolta dos *mawali* sob a liderança de Abu al-Abbas, parente distante do Profeta, que derrotou os omíadas e tomou posse da maioria de seus territórios. Apenas o último herdeiro omíada conseguiu escapar para a Espanha, onde um ramo dessa dinastia se manteve até 1031. A revolução abássida estabeleceu no poder uma nova dinastia, que igualou os direitos de todos os muçulmanos – árabes e não árabes. Tal virada produziu amplas consequências. Por um lado, pôs fim à supremacia árabe, que havia sido a costura que manteve o imenso território unificado. A ortodoxia religiosa se tornou então o único cimento político-social; questões teológicas teriam doravante peso político ainda maior. Por outro lado, o novo regime deu chances iguais a muçulmanos não árabes, e logo se viu o influxo deles nas elites – persas, especialmente, facilitado pela mudança da capital para Bagdá, mais próxima da Pérsia.

Apesar de conflitos e revoltas ocasionais, o califado conseguiu em geral garantir uma prolongada época de paz interna, além de um mínimo de justiça e tolerância para com seus súditos. Esses fatores explicam a aceitação e satisfação com o império, o mais poderoso e avançado do mundo em sua época. Na Europa, a expansão muçulmana foi parcialmente freada em 732, por Carlos Martel, na Batalha de Poitiers. Mas, no Mediterrâneo, a Sicília foi tomada. Em 755, os abássidas derrotaram a China da dinastia Tang, expansionista, na Batalha de Talas – estabelecendo na Ásia central uma delimitação duradoura entre as duas esferas de influências, a chinesa e a muçulmana. Por volta do ano 800, Carlos Magno mantinha uma correspondência diplomática com o califa Harun al-Rashid, imensamente superior a ele em território e recursos. Os dois primeiros séculos abássidas, até 945, foram um período de prosperidade e florescimento cultural sem precedentes: a clássica época de ouro da civilização muçulmana.

É nessa época que parecem ter-se acelerado dois processos paralelos, que se combinaram para gerar o Oriente Médio em seus moldes demográficos e étnicos atuais: a arabização e a islamização, movimentos contínuos durante séculos, mas graduais e nunca completos. No fim da Época de Ouro, a maioria da população do império já era provavelmente muçulmana; as etnias religiosas minoritárias cessaram de ser culturalmente produtivas, embora seus idiomas sobrevivessem, por exemplo, nas liturgias (caso do siríaco e do copto). A expansão linguística também foi impressionante, mas teve limitações maiores: nem os persas nem os turcos (que no século X começaram a se infiltrar no Oriente Médio) adotaram a língua árabe como vernáculo. Contudo, tanto o assentamento, após as conquistas, de soldados árabes e seus familiares quanto a própria expansão da religião foram fundamentais para a disseminação dessa língua. Como resultado da arabização contínua, o mundo árabe é constituído em nossos dias por uma vasta área da África do Norte e do sudoeste da Ásia, do Oceano Atlântico até o Golfo Pérsico, e das fronteiras turca e iraniana até o Sudão. Além disso, o árabe se mantém como língua sagrada para os muçulmanos em todo o mundo.

Contudo, os dois processos de assimilação não estiveram sobrepostos em todo lugar, deixando até hoje três tipos de minorias no seio do mundo árabe: 1) arabófonos não muçulmanos (como os maronitas no Líbano); 2) muçulmanos não arabófonos (caso dos curdos e dos berberes no Marrocos); e 3) grupos nem muçulmanos nem árabes (os armênios, por exemplo). Tais minorias se encontram em bolsões demográficos territorialmente delimitados – os *cabiles* argelinos, os curdos no Iraque, no Irã e na Turquia etc. – ou dispersas em diásporas, tais como os judeus até 1948, antes da criação de Israel. Poderia ser adicionado aí um quarto grupo minoritário: os cismáticos muçulmanos, muitos deles reunidos em seitas xiitas mais ou menos radicais e esotéricas (druzos, ismailitas, nusairis, alawitas etc.), além de caridas, bahai e outros. Vale dizer que a tolerância para com os "traidores internos" era, em geral, bem menor do que a praticada em relação aos não muçulmanos.

De todo modo, o relacionamento das minorias com a maioria árabe-muçulmana tem sido complicado até hoje, resultado de pressões, intermitentes e desiguais, impostas pelos sucessivos regimes muçulmanos. Pressões para a uniformização cultural sempre existiram. Entretanto, os reinos muçulmanos nunca dispuseram dos recursos (nem do impulso ideológico) que a Espanha, a França ou a Inglaterra forjaram na Idade Moderna com essa finalidade, tais como a limpeza étnico-religiosa implementada em Castela e Aragão pelos reis católicos nos séculos XV e XVI ou, na França, por Luís XIV no século XVII. Como resultado, o mundo muçulmano é heterogêneo. Atualmente, a única sociedade do Oriente Médio mais ou menos homogênea é a Turquia; mas tal unidade só foi garantida à custa de genocídios e de trocas forçadas de população no século XX.

O islã no tempo | 45

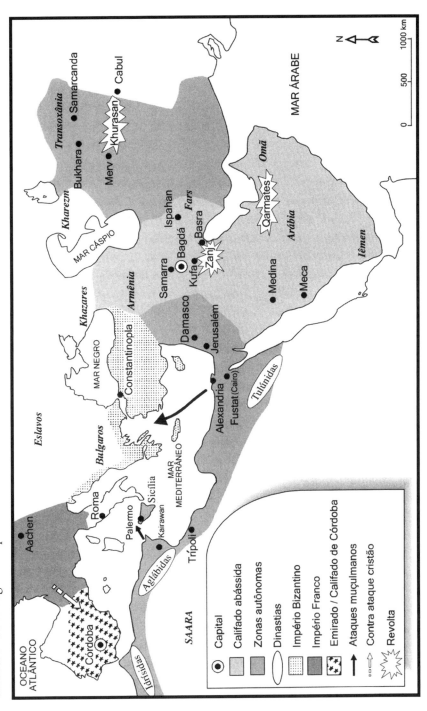

Oriente Médio: auge do império abássida

Os padrões culturais: a ortodoxia

O período abássida aproveitou a interrupção das antigas rotas comerciais para tomar para si o papel de entreposto internacional, mediador do comércio de longa distância feito por caravanas entre a China e a Europa. O resultado foi uma crescente unificação econômica do Oriente Médio, baseada no poder da classe mercantil, os bazaris. Estes se tornaram a classe dominante no império – e também o suporte da sua ortodoxia religiosa.

Na verdade, a expansão do islã trouxe um confronto com os costumes que vigoravam nos novos territórios. Isso levou, consequentemente, a novos dilemas de interpretação. As últimas testemunhas do Profeta haviam desaparecido há muito tempo. Para fazer frente às tendências centrífugas e manter a uniformidade da religião, desenvolveu-se o *fiqh*, técnica semijurídica de interpretação das fontes religiosas, para determinar as regras de conduta religiosa e social.

Como fazer as abluções rituais no deserto onde falta água? Quem tem direito à herança? Como uma mulher precisa se vestir? Os juros são aceitáveis na vida econômica? Sob quais condições um juiz muçulmano é qualificado para condenar à morte assassinos ou adúlteros? O objetivo, contudo, não era inventar novas leis, pois somente Deus pode legislar. O desafio era deduzir e aplicar a vontade d'Ele em circunstâncias novas e mutáveis, para assim chegar-se a uma classificação de atos em obrigatórios, recomendáveis, neutros, rejeitáveis e proibidos (as cinco categorias da xaria) e, em caso de transgressão, impor as duras e dissuasivas punições previstas.[11] Para obter as respostas, os legistas aceitaram a autoridade de quatro fontes.

A primeira fonte da jurisprudência era, naturalmente, o Alcorão, considerado como eterno, não criado e anterior à Criação. No entanto, os ditames do livro sagrado eram por vezes obscuros e contraditórios. O uso do vinho, por exemplo, era permitido, não recomendado e proibido em diferentes versículos. Os *faqihs* concluíram que o trecho com a proibição derivava de uma revelação posterior às outras e por isso cancelava as anteriores. Além desse tipo de dificuldade, a revelação era tácita em relação a muitas questões. Nesses casos, os legistas tiveram de vasculhar os atos e palavras de Maomé (os *hadiths*) enquanto exemplo de compromisso para o fiel. Como ao longo dos séculos muitas lendas se acumularam acerca do fundador da religião, uma ciência crítica foi desenvolvida para conferir a autenticidade dessas tradições. Para as questões em que nem assim foi possível achar a resposta, aplicava-se o raciocínio analógico (*qiyas*).

Retomando o mesmo exemplo: se o vinho é proibido, o que fazer com o uísque, que não existia no tempo de Maomé? Foi deduzido que a proibição se aplicava a todas as bebidas inebriantes. Por fim, em casos muito controvertidos, o *ijma'*, ou consenso entre

O islã no tempo | 47

Arabização, islamização e bolsões minoritários

Populações muçulmanas não árabes
- Curdos
- Balutchis
- Turcos / túrcicos
- Afegãos / pashtus
- Farsi / pérsicos
- Armênios
- Berberes
- Outros
- Urdus

Minorias Religiosas
- J Judeus
- M Maronitas
- ✠ Cristãos
- ● Muçulmanos

- Maioria árabe
- Islã - minoria não árabe
- Limite atual do islã
- Limite atual da língua árabe
- Zonas perdidas pelo islã

0 700 1400km

MAR ÁRABE

Línguas e etnias indianas
Índia
Caxemira
Punjabis
Sindis
Afegãos
Balutchis
Persas
Pérsia/Irã
Azeris
Armênios
Curdos
Turcos
Bósnios Balcãs
Albaneses
Sicília
Cabiles
Andaluz
Maronitas
Judeus
Coptos
Coptos

OCEANO ATLÂNTICO

Berberes
Tuareg
Berberes

Línguas e etnias africanas

os ulemás, foi aceito como fonte competente em si, segundo um *hadith* (tradição sobre ato ou fala de Maomé) que assegurava: "Deus nunca fará minha comunidade concordar com um erro".[12] Desse modo, cresceu um corpo jurídico-religioso abrangente do qual já falamos, ou seja, a xaria (*shari'a*, o caminho certo).

Cristalizou-se um islã oficial, baseado nas fontes escritas originais, representado por quatro *madhhabs* ou escolas de jurisprudência ortodoxas, com diferenças relativamente marginais, e predominando até hoje no mundo muçulmano:

1 - Abu Hanifa (699-767) estabeleceu a escola hanifita, que hoje vigora no Oriente Médio, na Ásia central e no subcontinente indiano;

2 - Malik ibn Annas (711-795) fundou a escola malikita, mais conservadora, atualmente predominante nos territórios africanos ocidentais do islã;

3 - Muhammad ibn Idris al-Shafi'i (767-820), cuja escola shafiita é a mais disseminada: Egito inferior, África oriental, Arábia meridional, Indonésia;

4 - Ahmad ibn Hanbal (780-855) desenvolveu uma interpretação mais rigorosa, voltando às origens: o hanbalismo. No século XIV, o teólogo Ibn Taimiyya tomou por base o hanbalismo para estabelecer seu pensamento fundamentalista, que inspirou os wahhabitas ultratradicionalistas na Península Árabe no século XVIII, mantém sua posição na Arábia Saudita, e é retomada em nossos dias pelos seguidores do egípcio Sayyid Qutb, um dos principais ideólogos fundamentalistas contemporâneos.

Com a expansão da xaria, a formação de juristas se profissionalizava em academias especializadas, desde o século XI chamadas de madrasas, os protótipos de nossas universidades. As quatro *madhhabs* acabaram por monopolizar a lei islâmica no universo sunita – não sem uma dura luta cultural.

A *falsafa* – a teologia racionalista – e sua derrota

O período árabe clássico testemunhou o surgimento de novas formas de organização econômica (com a implantação do crédito, das companhias marítimas etc.), além de avanços científicos significativos, na medicina, matemática, ótica, astronomia, filologia, náutica, e artísticos na arquitetura, nas artes ornamentais, na literatura etc. Junto com esse progresso, veio a discussão sobre as próprias bases filosóficas da sociedade muçulmana, desencadeada pelas traduções para o árabe de Platão, Aristóteles e outros pensadores clássicos. O redescobrimento dos grandes filósofos gregos provocou dúvidas sobre os dogmas islâmicos – a criação do mundo, a ressurreição física pós-morte, a onipresença de Deus –, em contraste com as leis objetivas da natureza.

O confronto de duas epistemologias dentro do islã – a alcorânica e a racional, o determinismo contra a livre escolha – gerou tensão entre a revelação sobrenatural e a racionalidade (essa tensão prefigurava problemas paralelos na escolástica cristã medieval, alguns séculos depois). Desenvolveram-se, então, escolas concorrentes cuja rivalidade produziu consequências em longo prazo. Simplificando, poderíamos definir, de um lado, a xaria como a escola conservadora – em relação ao domínio dos aspectos do culto, ela rejeitava em princípio quaisquer dimensões não controladas pela religião, rigorosamente do modo que era interpretada pela xaria, ou seja, nos moldes do "serviço a Deus".

Do outro lado, o ponto de partida de sua concorrente intelectual, a escola progressista, era "conhecer Deus" antes de servi-Lo. Essa enfatizava o poder do livre pensamento: corretamente aplicada, a razão, por força própria, pode alcançar os mesmos entendimentos sobre o mundo, visível e invisível, que a revelação divina. A ênfase na razão conduzia a uma religião bem intelectualizada (*qalam*). Os mutazilitas chegaram à conclusão de que o próprio Alcorão era algo criado e, portanto, não eterno, o que abriu caminho para a crítica histórica da própria religião.

Tal *falsafa*, ou filosofia racionalista, é claro, condizia com o progresso da ciência e da tecnologia, pré-condição, em última instância, da proeminência muçulmana no mundo. Não obstante, a dominância dessa escola progressista, que chegaria a ser a doutrina oficial em 827, não foi duradoura e, a partir de 891, a reação antirracionalista levou a violentas perseguições. No século X, Abu al-Hassan al-Ashari escreveu uma síntese que se tornou depois a ortodoxia, e que enfatiza a incomensurabilidade e incompreensibilidade de Deus para meros humanos: o fiel tem que seguir Seus preceitos sem questioná-los – o famoso "não há como" (*bila kaif*), que pede a obediência absoluta ao Criador. O reverso dessa aceitação, todavia, era um fatalismo que nos séculos por vir destruiria a criatividade muçulmana.

Ao lado desses dois moldes culturais, xaria e *falsafa*, distinguem-se ainda três outras perspectivas: a mística (sufista), a esotérico-revolucionária (xiita) e a agnóstica (*adab*), que veremos a seguir.

Sufismo

A ortodoxia que hoje em dia constitui a versão normativa do islã conquistou tal posição gradualmente, mediante lutas, muitas vezes radicais, contra o que originalmente era uma religião mais pluralista. Ao longo de sua história, o islã desenvolveu uma variedade de estilos religiosos que constituíam opções para os fiéis. Uma dessas era o misticismo movido pelo "amor a Deus", o qual, carregado de influências monásticas cristãs e gnósticas, buscava a reunião da alma com o Criador. A ênfase do islã na distância entre Deus e suas criaturas (associada à ausência de tendências ascéticas) não parecia predispô-lo à meditação. Contudo, havia sempre indivíduos a quem uma religião primariamente ritual e social não satisfazia.

Tentativas para estabelecer um laço mais íntimo e individual com Deus apareceram desde o século VIII. Místicos desenvolveram uma gama de técnicas espirituais para alcançar a experiência da proximidade e da união com Ele (a mais conhecida é o *dhikr*, lembrança, que consiste na repetição dos nomes divinos para alcançar um estado de êxtase). Contudo, as expressões de certos místicos afirmando sua identidade com o divino logo escandalizaram ortodoxos mais preconceituosos, que as consideraram como blasfêmia e, portanto (num contexto de não diferenciação entre religião e política), desafio à autoridade. Isso chegou a provocar fortes perseguições: em 922 o místico al-Hallaj foi martirizado. Após esse evento os místicos se voltaram a formas mais sóbrias e cautelosas. No entanto, a mística em si não morreu, recebendo novos impulsos. No século XI, por exemplo, o neoplatonista Ibn Sina (Avicenna) e, um século depois, Ibn al-Arabi, baseados em visões místicas, desenvolveram a *wahdat al-wujud* (unidade da realidade), teoria herética e panteísta sobre emanações divinas sustentando o cosmos inteiro.

A ortodoxia da xaria acabou por integrar a mística numa posição minoritária, submetida à teologia oficial na síntese operada por al-Ashari. Mas, nas circunstâncias turbulentas que vigoravam desde o século XIII, cada vez mais muçulmanos buscaram um abrigo na sombra de certos mestres, místicos cuja reputação de santidade e de poderes milagrosos atraíam seguidores. Foi a origem de escolas em torno de líderes religiosos místicos, que se chamavam *sufis* – talvez por causa de suas vestimentas de lã (*suf*). Os sufis se tornaram populares entre muçulmanos não árabes, principalmente entre persas e turcos recém-convertidos. Seus seguidores costumavam se encontrar (e em parte, moravam) em prédios especiais, os *khanqas*. Entre os berberes da África do Norte, os túmulos de tais santos se tornaram locais de veneração e peregrinação – desaprovados, é claro, por muçulmanos mais rígidos.

Os sufis entregaram suas doutrinas esotéricas e exercícios secretos aos discípulos. Desenvolviam-se dessa maneira dinastias ou linhagens: no decorrer do tempo, os seguidores do caminho (*tariq*) de determinado mestre se organizavam em irmandades separadas, os *tariqas*, marcadas pelo relacionamento espiritual entre guia e aluno.

Algumas das ordens sufis mais conhecidas são os *naqshibandis*, os *bektashis*, a *qadiriyya*, a *tijaniyya* e a *sanusiyya*. Sua ortodoxia, entretanto, sempre causou suspeitas: existia uma tensão permanente entre as irmandades próximas do islã popular, com suas "aberrações" supersticiosas, e o alto islã, puritano e menos emocional, que periodicamente inspirava movimentos de "limpeza". Mas esse campo de tensão não foi sempre antagônico: embora as irmandades sufis se mantivessem em geral longe da política, houve também casos em que elas se politizaram e se tornaram reformistas militantes, às vezes violentas. Em outros casos, como na Turquia atual, elas influenciam a política nos bastidores. O espectro da atuação mística no mundo muçulmano é, portanto, extremamente amplo. Nos últimos séculos, tais ordens sufis têm representado um papel absolutamente central na expansão do islã, particularmente na Ásia central, Indonésia e África. Sem seu impacto, não se explicaria a recente retomada de crescimento do islã.

Xiismo

O xiismo continuou como movimento contestatório da legitimidade califal. Após o martírio do *sayyid* (senhor, ou descendente do Profeta) Hussein ibn Ali, o terceiro imã, uma linha de imãs da sua família o sucederam, quase todos martirizados pelas autoridades sunitas. Os sucessos políticos foram raros. Após o assassinato, em 740, de Zaid, o quinto imã, seus seguidores, os zaiditas, conseguiram temporariamente o controle do Irã setentrional. Depois, instalaram-se no Iêmen, onde se mantiveram no poder até o século XX. A morte do sexto imã, Ja'far al-Sadiq, em 765, coincidiu com uma nova onda de perseguições aos xiitas pelo regime abássida. Os xiitas passaram a adotar a *taqiya*, negação oportunista de suas verdadeiras crenças, tática que permitiu sua sobrevivência e reemergência periódica.

O xiismo se mostra mais suscetível à fragmentação sectária e mística do que a corrente principal sunita. Isma'il, o filho de Ja'far, causou uma nova secessão; seus seguidores, os ismailitas, consideram-no o sétimo imã legítimo e desenvolveram suas próprias teorias esotéricas neoplatonistas. A maioria dos xiitas, no entanto, seguia a linhagem do irmão de Isma'il, Mussa al-Kazem. Eles se denominam xiitas duodécimos por aceitar essa sucessão até o desaparecimento, em circunstâncias suspeitas, do décimo segundo e último imã, em 874.

Na teologia xiita, tal desaparecimento, a Grande Ocultação, permite ao imã esperar por tempos melhores. Durante o milênio seguinte, o xiismo viveu da esperança messiânica do retorno do imã oculto Muhammad al-Mahdi (o Esperado). Nesse ínterim, legistas xiitas assumiram a liderança da comunidade. A partir daí, o xiismo oscilaria entre uma quietude cautelosa – típica dos duodécimos, visto que não havia mais um imã a defender – e o impulso revolucionário, sempre perto dos ismailitas, que continuavam acreditando na presença de um imã, o que provocou a emergência de falsos imãs. Os ramos xiitas mais esotéricos pesquisaram o significado velado (*batin*) do Alcorão, e algumas seitas secretas chegaram até a deificação de Ali.

A cultura letrada

O *adab*, ou estilo de vida das classes dominantes, incluía o cultivo dos saberes acessíveis na época – história, geografia, ciência entre outros. Porém, a habilidade social mais prezada era a expressão oral. O *adib* ou homem educado não somente dominava as formas poéticas, mas sabia tecer histórias, expressar-se numa conversa polida, cuidando da etiqueta. Num contexto de cortes luxuosas e mercadores que aspiravam a tornarem-se cavalheiros, as artes, a caligrafia e a ilustração floresciam: tudo expressava uma elegância que (muito implicitamente) refletia certo desinteresse pela religiosidade[13]. Marcas da cultura árabe clássica que quase desaparecerão no islã posterior.

A época abássida é considerada o auge da civilização muçulmana-árabe, mas desde aproximadamente o ano 900 iniciou-se seu lento desmoronamento. A causa principal foi a fragmentação política. Ficou cada vez mais difícil manter a unidade do império, que se tornou vítima da praga que assolou os impérios pré-modernos: a impossibilidade, em vista dos meios de comunicação e transporte primitivos da época, de controlar áreas mais distantes a partir de seu centro. A eficiência do poder dependia de generais encarregados de governar províncias distantes e de arrecadar os impostos. Pouco se podia fazer contra governantes ambiciosos que atrasavam a remessa dos tributos e aumentavam seu próprio poder às custas da capital do império – salvo mandar contra eles outros generais, cujos filhos e netos, em secessões provinciais frequentemente disfarçadas de reivindicações religiosas, acabavam utilizando-se do mesmo artifício.

Cismáticos chegaram ao poder em vários pontos do mundo muçulmano. O partido xiita alcançou seu maior sucesso quando a dinastia ismailita dos fatímidas (970-1150; o nome deriva de Fátima, a filha do Profeta) se consolidou na Tunísia e, posteriormente, também tomou posse do Egito, onde construiu Cairo como capital. A perda desse trunfo foi crítica para Bagdá, onde um clã de usurpadores, os buídas, reduzia o califa a um caráter meramente cerimonial. Os abássidas se mantiveram no poder *pro forma* até meados do século XIII. Mas, na verdade, o centro do império sofreu um vácuo de poder. Sem dúvida, as divisões ideológicas dentro do islã tiveram papel importante nesse declínio.

A IDADE MÉDIA ÁRABE (SÉCULOS XI-XV)

A história do mundo muçulmano no segundo milênio cristão apresenta um aspecto muito menos coerente do que na época de ouro, mas a tradicional visão dualista de emergência seguida de decadência é simplificadora demais para defini-la. É verdade que uma série de invasões externas e calamidades internas produziram imenso impacto negativo no Oriente Médio, levando a um declínio aparentemente inexorável de seu centro – o mundo árabe. Em outras partes, porém, o islã viveu uma nova onda de expansão, a exemplo do subcontinente indiano, do sudeste asiático e da África.

Desde essa época, a história do mundo muçulmano ultrapassa os limites geográficos do Oriente Médio. Praticamente contemporâneos do Renascimento na Europa, três "impérios da pólvora" se consolidaram no Oriente: o Império Otomano, nos antigos territórios bizantinos e no mundo árabe; o Império Safávida, na Pérsia; e o Império dos Grão-Mughals, na Índia. Sultanatos menores existiram em outras regiões da Índia, em partes da África, em Java e na Sumatra entre outras. Esses impérios muçulmanos (como os impérios confuncionistas da China, Coreia e Japão, na Ásia oriental) mantiveram uma paridade de poder que as potências europeias não conseguiram superar até que a virada do século XIX lhes fornecesse recursos imbatíveis para tal. Somente as revoluções política, industrial, demográfica e militar que sacudiram e transformaram o mundo ocidental permitiram-lhe ultrapassar o mundo muçulmano. Seguiram-se a penetração econômica, política e cultural, as colonizações – e o fracasso do desenvolvimento pós-colonial que, como veremos mais adiante, constitui o pano de fundo do atual agravamento das relações entre Ocidente e islã.

Por causas ainda não completamente compreendidas, o século X e os seguintes produziram na Ásia central uma série de mudanças, que impuseram a tribos nômades repetidas invasões aos povos sedentários e suas ricas terras cultivadas. O fenômeno teria gravíssimas consequências, da China até a Europa central. Essas infiltrações – último ato de uma interação entre pastores e agricultores que começara na época de Abraão – ocorreram em ondas e suas consequências foram diferenciadas. A curto prazo, porém, prevaleceu a devastação, com consideráveis prejuízos para o delicado equilíbrio ecológico e político da época.

No século XI, por exemplo, ocorreram destruidoras migrações de beduínos árabes *hilali* para a África do Norte. Chegando até a Argélia, essas incursões foram provavelmente um fator de desertificação e de declínio da agricultura, tradicionalmente rica no Magreb. Já os turcos, imbuídos de um espírito guerreiro alienígena à cultura urbana das elites árabes e persas de Bagdá e Cairo, entraram no mundo muçulmano tanto como tribos quanto como indivíduos – neste último caso, foram aproveitados como escravos e mercenários, e se tornaram os "guardas pretorianos" dos líderes político-religiosos. Confiar o controle das armas a escravos estrangeiros, gente de fora sem ligações pessoais ou familiares e sem compromissos locais, era aparentemente uma política sábia – entretanto, como diz o provérbio latino, *"quis custodiet ipsos custodes?"* (quem vigiaria os vigias?).

Os intrusos turcos concentraram o poder real em suas mãos. Logo derrubariam seus mestres e estabeleceriam suas próprias dinastias – do tipo específico de soldados-escravos destribalizados. Na teoria absolutista em vigor, todos os servidores do sultão – *sultan* significa poder –, inclusive os militares, eram seus escravos. A escravidão, entretanto, não era vista como algo humilhante; a ponto desses escravos (*mamluk* ou mamelucos) se tornarem até mesmo reis, sendo a sucessão em geral organizada pela adoção clientelista. Em fins da Idade Média, houve várias dessas dinastias mamelucas, em diversas partes do mundo muçulmano.

Frente aos infiéis, os turcos eram de um dinamismo feroz. A Batalha de Manzikert, em 1071, foi uma histórica derrota bizantina que desestabilizou o equilíbrio geopolítico local. Ela permitiu aos turcos seljúcidas o estabelecimento de um sultanato que posteriormente incorporou a Síria e a Palestina. Foram os obstáculos colocados pelos novos sultões a peregrinos cristãos que forneceram o pretexto para expedições militares ocidentais no Oriente Médio. A conquista cristã de Jerusalém pelos cruzados em 1099, com o massacre de toda sua população, assim como outros sucessos iniciais dessas invasões na região central do islã, alarmou o mundo muçulmano. Eram as primeiras perdas territoriais significativas desde o início do islã.

Com o tempo, a queda de Jerusalém se tornou símbolo da agressão cristã contra o islã. No entanto, as Cruzadas de 1099 a 1187 não foram mais do que um interlúdio, seguido pela reconquista muçulmana da Palestina por Saladino (Salah al-Din), expoente de uma nova dinastia sunita egípcia, os aiúbidas. O episódio das Cruzadas traduziu a agressão ocidental e o êxito da resistência muçulmana a esta. O impacto dessas batalhas foi muito mais profundo na cristandade do que no islã. Contudo, a perda de Andalus, a península ibérica, foi bem mais grave e definitiva para os muçulmanos.

A verdadeira devastação, no entanto, veio do extremo Oriente, com as invasões mongólicas. Aspirando ao poder universal, Genghis Khan e seus sucessores puseram fim, no século XIII, aos reinados muçulmanos turcomanos, ao Império Abássida (já reduzido à Mesopotâmia e Pérsia), quase aniquilaram Kiev e os principados russos, e ainda ameaçaram a China. Em 1258, seu neto Hulagu invadiu Bagdá, executou o último califa e massacrou a maior metrópole daqueles tempos.[14] Comparando, foi o equivalente à destruição, multiplicada por mil, das torres gêmeas de Nova York – tanto pelas perdas materiais e humanas quanto pela aniquilação do maior centro da civilização na época.

Dois anos mais tarde, os mamelucos, nova dinastia que sucedera aos aiúbidas, conseguiram derrotar os mongóis na Batalha de Ayn Jalut, a Fonte de Golias, na Palestina. Todavia, as destruições no Iraque, inclusive de seu sistema milenar de irrigação, causaram o declínio irreversível do que outrora havia sido o centro da economia e da cultura muçulmanas – o que, por outro lado, permitiu a emergência do Egito como centro alternativo.

Os mongóis se estabeleceram no mundo muçulmano oriental, mas seu império foi efêmero, e a pequena elite militar mongol foi culturalmente absorvida. A nova geração se islamizou e tornou-se mecenas das artes. Mas as destruições, com terrível custo de vidas humanas, não cessaram. No final do século XIV, Timur Leng (Tamerlã) empreendeu uma série de campanhas destrutivas na Pérsia. Derrotou os turcos otomanos, que erigiam um novo sultanato sobre as ruínas dos seljúcidas, e massacrou Déli, pondo fim à glória do sultanato indiano.

O século XIV, resumidamente, foi catastrófico para o mundo muçulmano, pelo menos tanto quanto para o Ocidente cristão. A fragmentação política provocou guerras civis, instalando a insegurança geral, com grande prejuízo para o comércio. O Oriente Médio, zona de trânsito por excelência, foi duramente atingido pela peste negra e outras pandemias, resultando num declínio demográfico mais severo do que na Europa. O mundo muçulmano ressurgiria no século XV, sob o ímpeto turco em particular, mas ao preço de uma marcada rigidez do islã.

As consequências da intromissão turca na Idade Média árabe foram, contudo, mais duradouras do que a mongólica. O declínio do comércio solapou a economia. O Oriente Médio entrou num processo de feudalização: em troca da promessa de cobrar os impostos, militares leais recebiam terras com os rendimentos que dela provinham. A nova classe de latifundiários turcos, os timariotes, sucedeu os comerciantes, ruralizando a economia. Mesmo tendo adotado o islã e protegendo a cultura árabe-persa, os turcos criaram uma profunda dicotomia entre as velhas e as novas elites. A distância entre a classe dos letrados-administradores tradicionais e o novo poder político legitimado pelo entusiasmo islâmico, mas etnicamente alienígena e sem a sanção religiosa, levaram a repetidas crises políticas.

Por fim, ambos aprenderam a coexistir e a cooperar. Uma coalizão entre a camada militar turca e a administrativo-judicial de cultura árabe-persa estabeleceu um novo equilíbrio. O preço cultural-religioso, porém, foi elevado: efetivou-se a restauração sunita, baseada numa ortodoxia muçulmana que se tornou mais dogmática, escolástica e distante da religiosidade popular. Esta, desconsiderando o rigor da xaria, refugiou-se, nessa época de incerteza e confusão, cada vez mais em seitas místicas sufis: o equivalente sunita da exaltação xiita. A crescente dicotomia religiosa entre o "islã alto" dos bazaris e dos ulemás e o islã popular se tornou uma marca permanente das sociedades muçulmanas. Nos dias de hoje, essa divisão funciona como suporte para a atuação de fundamentalistas, que tentam impor a versão "pura" do islã às classes populares.

O período pós-clássico é marcadamente mais intolerante frente aos *dhimmis* do que o precedente, mas a retração religiosa interna foi ainda mais importante, expressada pelo "fechamento das portas da *ijtihad*" (a reflexão e o esforço interpretativo individual do fiel). Na Idade Média árabe, teólogos sunitas chegaram à conclusão de que, como a distância temporal da época da revelação havia aumentado, era mais prudente que os fiéis se ativessem aos preceitos das escolas ortodoxas existentes, as quais, pensava-se, já tinham exaurido com sua sabedoria a possibilidade da livre interpretação dos textos sagrados. Com base nisso, inovações religiosas (*bid'a*) teriam que ser evitadas. É exagerado dizer que o Oriente Médio mergulhou num estupor espiritual. Mas não há dúvida de que a virada teológica afetou negativamente a capacidade muçulmana para reagir aos desafios lançados posteriormente pelo Ocidente.

O IMPÉRIO OTOMANO (1281-1924)

O Oriente Médio se divide hoje em três grandes zonas culturais: a árabe, a turca e a persa. Embora essas compartilhassem (em graus diferenciados) a identidade muçulmana e a interação e influência mútua entre elas tivessem sido intensas, a evolução histórica criou também rupturas e inimizades inegáveis. O século XVI pode ser considerado como um "divisor de águas". Foi quando um novo império muçulmano turco, o Otomano, sucedeu o antigo califado, e saindo de sua base na Anatólia conquistou a maior parte do mundo árabe.

Os otomanos implantaram firmemente a supremacia sunita. A Pérsia, contudo, não foi derrotada, e uma nova dinastia (também de origem turca), a safávida, estabeleceu um império persa que foi impregnado pela imposição do xiismo. Durante séculos, os dois impérios hostis continuaram uma guerra, ora fria ora aberta, que se desdobrou de uma rivalidade ideológica. O resultado é que o Irã (o novo nome da Pérsia desde os anos 1930) é hoje solidamente xiita, enquanto no resto do Oriente Médio – exceto em alguns redutos isolados – o sunismo é a religião predominante.

Os otomanos construíram um império notavelmente duradouro – até mesmo seu processo de decadência, extraordinariamente longo, é prova disso. Foi também um império tolerante e, em função de sua identidade religiosa, bastante aberto a todos os sunitas, independente de sua língua ou nacionalidade. O nacionalismo o infectou tarde – mas, quando chegou, inviabilizou a convivência turco-árabe. Desde pouco antes da Primeira Guerra Mundial, ambas as nações seguiram seu próprio caminho.

A primeira expansão otomana aconteceu no século XIV. Na Anatólia, onde o Império Bizantino estava se encolhendo, a queda dos seljúcidas abriu espaço para

O islã no tempo | 57

O império otomano: expansão e auge

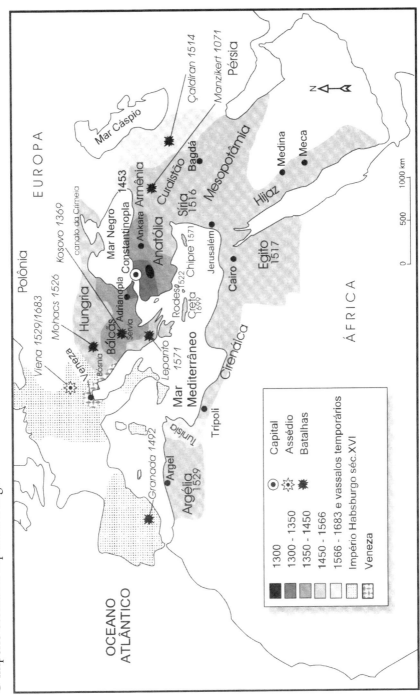

a invasão da tribo turca de Osmã, filho de Orhan, que deu seu nome à dinastia. A longa guerrilha dos *ghazis* otomanos os transformou nos detentores do poder central na região. Sua tenacidade e valor militar os tornaram legendários. Ultrapassando Constantinopla, os otomanos se expandiram nos Bálcãs. Em 1389, eles destruíram a resistência sérvia no Campo dos Pássaros Negros, em Kosovo. No entanto, a expansão otomana foi interrompida quando Tamerlã, líder mongol islamizado, os derrotou em 1402.

A restauração demorou uma geração. Em seguida, começou uma segunda expansão do tipo "império da pólvora". Os sultões do século XV subjugaram o que restara do Império Bizantino. Penúltima fortaleza, Constantinopla caiu em 1453, tornando-se Istambul, a nova capital otomana. As possessões venezianas e genovesas no Mar Negro e no Mediterrâneo oriental, cadeias de ilhas que constituíam um verdadeiro império comercial, foram gradualmente recuperadas. Seguiram-se a conquista do Oriente Médio, do Iraque à Arábia – incluindo os lugares santos do islã –, da África do Norte até as fronteiras do Marrocos e dos Bálcãs até as portas de Viena.[15]

No século XVI, o Império Otomano alcançou seu auge sob o sultão Solimão (Suleiman), o Magnífico. Numa série de guerras em duas frentes, conseguiram simultaneamente conter dois fortes inimigos: os safávidas na Pérsia e os habsburgos na Europa. A cristandade considerou os turcos como a maior ameaça desde a expansão original de Maomé; contudo, o rei da França, pressionado por Carlos V, aliou-se a eles – as razões de Estado superaram as antipatias religiosas recíprocas.

A expansão otomana devia muito à excelência de seu exército, cujo núcleo era constituído pelos janízaros, jovens cristãos recebidos, a título de tributo, como escravos das aldeias *dhimmi* e educados como soldados muçulmanos, completamente devotos ao sultão. O sistema funcionou durante séculos, até os próprios janízaros se tornarem uma casta corrupta. A administração do imenso império era razoavelmente efetiva – pelo menos nos tempos de prosperidade – e se baseava em dois elementos: uma nobreza militar assentada nos timariotes turcos, inicialmente não hereditários; e uma "instituição religiosa" de *qadis* (juízes ou magistrados que aplicavam a xaria) e ulemás, formada nos moldes árabes.

A ERA DA DECADÊNCIA (SÉCULOS XVII-XIX)

O Império Otomano foi o último grande poder muçulmano (mas não árabe) a unificar o Oriente Médio, além de parte da Europa. Viveu três séculos de expansão, seguidos de três séculos de estagnação e encolhimento, até seu desfecho final, após a Primeira Guerra Mundial. Além do islã e da força militar, sua emergência e decadência foram influenciadas por fatores econômicos distantes. Assim, a restauração de ligações comerciais imediatas entre a Europa e a China após a unificação pelos mongóis estimulou o apetite dos europeus pelas riquezas (e mercados) orientais. Ora, quem controlava o mundo muçulmano controlava, por consequência, o acesso ao Extremo Oriente.

Os avanços territoriais otomanos entravavam esse comércio do Ocidente com o Oriente, e terminariam por ocasionar, involuntariamente, as "viagens de descobrimento" ao continente americano. Quando os portugueses finalmente acharam o caminho marítimo para as Índias, a nova rota prejudicou, por sua vez, o comércio egípcio-turco. Durante sua época mais poderosa, os otomanos perderam então o domínio marítimo, não só do Mediterrâneo, mas também do Oceano Índico — então conhecido como o "lago muçulmano" —, devido à emergência dos impérios português e espanhol, que a própria expansão muçulmana provocara.

No século XVI, otomanos e espanhóis constituíram as superpotências rivais do Mediterrâneo. No entanto, o influxo da prata americana (seu descobrimento em si mesmo foi um efeito colateral do mesmo processo geopolítico) produziu efeitos nefastos para os otomanos, causando uma forte inflação e minando-lhes o artesanato. Já se manifestavam as primeiras indicações de problemas estruturais. No século seguinte, o Império Otomano ainda seria gigantesco, mas se encontraria em visível estagnação militar e social. As tentativas, na década de 1670, de reformar e retomar o dinamismo original não obteriam êxito.

O fracasso do segundo assédio de Viena em 1683 assinalou uma virada: no século XVIII, houve o lento encolhimento territorial turco ao norte do Mar Negro e nos Bálcãs — e a correspondente expansão russa e austríaca. Paralelamente, a expansão do comércio transoceânico tornou irrelevantes as caravanas na Rota da Seda e outras importantes vias terrestres. No século XIX, os sultanatos turcos que controlavam os caminhos da Ásia central foram absorvidos pela Rússia. Nos Bálcãs, o declínio otomano criou a Questão Oriental: a disputa por seus territórios, que opôs as potências europeias umas às outras. O império sobreviveu mais graças à desunião da Rússia, Áustria, França e Grã-Bretanha do que em virtude de suas próprias forças. Sua posição geopolítica entre a Europa e o Oriente Médio, cobiçada zona de trânsito imprescindível para as Índias, tornou-se na verdade uma desvantagem.

Fraquezas internas pioraram a capacidade de reação do gigante turco. Em seu auge, a economia otomana não era menos desenvolvida do que a habsburgo-ibérica, e por muito tempo esteve mais avançada do que a russa. Mas não foi capaz de resistir ao comércio capitalista e à produção manufatureira das potências sucessoras, a França e a Grã-Bretanha. O Império Otomano não produziu invenções, não renovou sua estrutura, não foi curioso quanto à vida ocidental. A supremacia do islã como molde organizacional era incontestável, mas a religião praticamente não evoluiu mais. Mercadores franceses e outros, beneficiando-se de privilégios extraterritoriais, as capitulações, assumiram cada vez mais o controle do comércio. A classe turca dos agregados feudais, os *a'yan*, tornou-se uma camada usurária de latifundiários provinciais, pouco interessados no bem comum.

No século XVIII, cresceu não só a descentralização territorial, como também a fragmentação social-religiosa. O império aperfeiçoou o sistema islâmico de "tolerância na desigualdade" em relação às comunidades não muçulmanas. No Oriente Médio, cristãos e judeus constituíam minorias dispersas, mas nos Bálcãs a esmagadora maioria da população nativa era cristã, as conversões relativamente raras (com exceção dos albaneses e dos bogomiles bósnios e búlgaros; como veremos mais adiante) e a colonização turco-muçulmana limitada a uma camada tênue de *aghas* (irmão, título otomano militar).

Ora, para o bom funcionamento do império, a pacificação dos *dhimmis* (ou no falar otomano, de seu *rayya*, ou seja, gado) era uma pré-condição vital. Os otomanos organizaram a convivência da maioria com as minorias por meio do sistema dos *millets*, ou seja, de nações religiosas: cada comunidade religiosa tinha sua autonomia interna reconhecida e funcionava como uma nação não territorial, ou seja, uma pessoa jurídica coletiva, uma corporação dispersa, livre em seus regulamentos internos, participando das trocas econômicas com as outras comunidades e cujo líder espiritual era responsável frente ao sultão pelo bom comportamento de seus correligionários.[16]

Sunitas constituíam a maioria que legitimava a estrutura inteira. Os gregos ortodoxos eram reconhecidos e representados em Constantinopla por seu patriarca; os judeus pelo *Hakham Bashi*, o rabino-mor. Havia ainda os armênios e outras Igrejas-nações desse tipo. A maioria sunita e as minorias cristã e judaica, aliás, se especializavam em certas funções econômicas: os muçulmanos (árabes, turcos e outros) eram em geral camponeses e pastores, e no mundo árabe, também artesãos; os turcos monopolizavam as elites militares e burocráticas; as funções comerciais, desprezadas, eram deixadas aos infiéis. Assim, os serviços mercantis e financeiros se concentravam nas mãos de gregos, armênios e judeus. Concomitantemente, os contatos com o Ocidente mais avançado eram cada vez mais intermediados por essas minorias.

O sistema consociacional[17] dos *millets* permitia a coexistência de vários grupos dentro de uma mesma estrutura político-econômica. As seitas tinham seus preconceitos recíprocos e pouco socializavam entre si, mas, em geral, mantinham a paz interna. Contudo, os *millets* provocavam também a formação de guetos sociais. Sua posição ambígua, politicamente vulnerável, mas na vanguarda educacional e econômica, tornava-os alvo da inveja dos sunitas – a massa muçulmana que, na teoria, constituía a coluna vertebral e o orgulho do império, mas cujos *fellahin* (camponeses) e artesãos estavam na prática entre os mais pobres e explorados. Tal situação piorou com a integração otomana ao mercado global.

No século XIX, as tensões aumentaram e as relações intercomunitárias deterioraram. Na era do surgimento dos nacionalismos, as minorias aceitaram cada vez menos sua posição desigual, e começaram a traduzir sua identidade religiosa em termos nacionalistas. As Igrejas-nação se tornaram incubadoras de sentimentos nacionalistas, e acolheram os novos movimentos que buscavam mais privilégios, mais autonomia e até a independência para seus conacionais na secessão do império. Em outras palavras, os *millets* se transformaram em entidades protonacionais. Tal transição foi mais fácil onde tais minorias ocupavam territórios contínuos (como os romenos na Moldávia), e mais complicada e conflituosa onde elas se encontravam dispersas entre outras populações (a exemplo dos armênios na Anatólia oriental). Esse processo coincidiu com a penetração imperialista ocidental dentro do império, o que o enfraqueceu ainda mais.

Assim, o pluralismo do *millet*, outrora avançado em seu tempo, virara obstáculo na disputa com o Ocidente. Quando as elites otomanas tomaram consciência do perigo, introduziram mudanças para modernizar o império. Em 1856, o sultão aboliu os *millets* e decretou a igualdade perante a lei. Mas as tentativas de reforma do império nesta época das *tanzimat* (ordenações) foram tardias e tímidas demais – ou talvez as forças internas centrífugas que levariam à sua dissolução (e as forças externas, decididas a partilhar o espólio) já estivessem fortes demais. De qualquer forma, a tentativa de enxertar um conceito jurídico de cidadania, numa sociedade dividida e socialmente impregnada de definições religiosas, não frutificou.

O Império Otomano estava condenado? A fragmentação e a colonização do Oriente Médio, centro histórico e religioso do mundo muçulmano, era inevitável? É simples demais especular, com nosso conhecimento *a posteriori*, o que afinal aconteceu e pontificar que a implosão em 1914-1918, que pôs fim ao império, fosse a única saída possível. Entretanto, na época, poucos observadores acreditaram na sua viabilidade enquanto estrutura religiosa: a maioria dos próprios pensadores muçulmanos optava por uma ocidentalização, ainda que parcial. Não há dúvida de que as crescentes reivindicações comunitárias – religiosas, étnicas e nacionais – estavam entre os principais elementos responsáveis pelo sepultamento do último império muçulmano.

Com isso, nossa análise já ultrapassou a linha da modernidade, que iria mergulhar o Oriente Médio na Idade Contemporânea – confronto que veremos com detalhes no próximo capítulo. Antes é preciso, todavia, considerar a expansão do islã em outras partes da Ásia.

A ÍNDIA MUÇULMANA

Como vimos, a expansão muçulmana no período pós-abássida contribuiu para a fragmentação do mundo muçulmano. No último milênio, três grandes novas concentrações muçulmanas se desenvolveram: o subcontinente indiano, o arquipélago malaio e a África negra. Ao lado destas três, havia outras zonas recém-islamizadas menores, ou menos populosas, ainda que importantes, tais como a da Ásia Central – lar de escassas populações pastoralistas, estendidas através de gigantescas regiões inóspitas, mas também de algumas sociedades muçulmanas mais complexas nos oásis agrícolas férteis (em particular na Transoxânia, atualmente Uzbequistão) que permitiam o desenvolvimento de poderosos reinos. A enorme extensão deste mundo muçulmano preveniu, na idade pré-contemporânea, sua unificação política, embora relações religiosas existissem por meio do *hajj*. As interações com a Índia eram mais tênues do que as dentro do Oriente Médio, a zona central muçulmana – mesmo que estas fossem hostis, como por exemplo a otomana-persa. A Indonésia estava ainda mais afastada. É legítimo, portanto, analisar estas regiões separadamente.

Os muçulmanos conquistaram a Índia em ondas que começaram no século VIII e que continuaram até o XVIII, começando nas regiões próximas do Passo de Khyber, ponto de entrada tradicional de invasores vindos do oeste, junto à atual fronteira afegã-paquistanesa. O islã quase chegou ao ponto extremo meridional mil anos mais tarde, para em seguida perder o poder para os ingleses, colonizadores ultramarinos.

Quando do começo do islã, a Índia apresentava a imagem de uma alta e venerável civilização, de economia vibrante. Carecia, no entanto, de unidade política, possuindo apenas uma vaga consciência política comum. Sua agricultura e artesanato bem desenvolvidos possibilitavam uma população densa, em particular no vale do Ganges, e geravam riquezas que sustentavam reinos fragmentados e em perpétua competição. A atomização política, contudo, pouco atrapalhou o desenvolvimento cultural. A coesão da civilização indiana se assentava, em primeiro lugar, em ideais religiosos e normas sociais comuns, base que diferia muito mais profundamente da islâmica do que esta em relação a seus concorrentes cristãos além do Mediterrâneo. Afinal de contas, como já vimos, bizantinos e latinos compartilhavam muito com o islã: o monoteísmo; uma concepção linear da história; a ideia da primazia na sociedade de uma única religião, portadora monopolista da verdade; a convicção de que a vida constitui a única oportunidade dada ao homem, cujo comportamento terrestre irá determinar sua eterna salvação ou perdição; entre outros aspectos.

Já os princípios da civilização hindu não poderiam lhe ser mais diferentes: um panteão pluriforme cujas divindades emanam, em última instância, de uma essência

A expansão do islã na Ásia meridional, séculos XII-XV – Época do sultanato de Déli

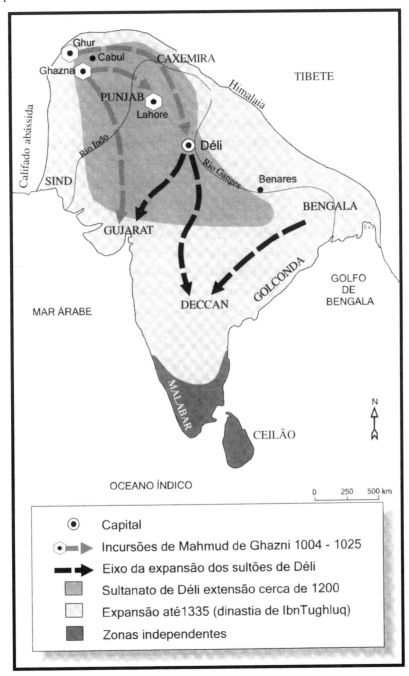

panteísta que permeia o mundo inteiro; o conceito de um cosmos eterno e cíclico – não há verdadeira criação e, portanto, não há uma esmagadora superioridade do Criador sobre suas criaturas. Para escapar ao sofrimento inerente à samsara, ou ciclo de reencarnações, o ser humano não precisa entregar-se à graça divina que desce à terra, mas é chamado a se esforçar pessoalmente por meio de técnicas de meditação para elevar-se a um nível superior de consciência, e desse modo alcançar a libertação.

A sociedade que desenvolveu tais ideias se mantinha e se reproduzia mediante o sistema de castas, que integra e atribui a cada indivíduo seu papel social, profissional e ritual específico, supostamente em função de seu carma (*karma*) acumulado em vidas anteriores. Tal sistema é simultaneamente hierárquico e rígido nas demandas que faz ao indivíduo que nele se encontra preso, e infinitamente flexível na sua capacidade de assimilar quaisquer novos elementos, imigrantes e conquistadores, proporcionando-lhes novos nichos, subcastas. Isso funcionou até a chegada do islã, fundado em princípios diametralmente opostos, quando o conflito tornou-se inevitável.

A onda expansiva inicial árabe incorporou o Sind, o Baluchistão e o Afeganistão ao mundo muçulmano, mas em 711 se deteve, limitando o rio Indo como fronteira. A primeira incursão na própria Índia aconteceu somente três séculos mais tarde. Em 1018, Mahmud de Ghazni, líder de uma tribo turca recém-islamizada, que estabelecera um Estado sunita extremista ao redor de Cabul, conseguiu conquistar o Punjab setentrional, numa série de ataques destruidores e traumáticos contra Estados e templos hindus. Não obstante, os ghaznávidas se retiraram, e houve um período de calma relativa até 1175, quando um novo líder turco vindo do Afeganistão, Muhammad de Ghuri, derrotou a liga dos *rajputes* (príncipes hindus), conquistou a planície do Indo e do Ganges até o Golfo de Bengala e estabeleceu o sultanato de Déli. Dessa vez, os invasores ficaram na Índia, onde se desenvolveu um regime teocrático muçulmano.

Desde o início, os muçulmanos que se assentaram na Índia se viram diante de um problema duplo: uma população imbuída de uma religião tão díspare dos preceitos islâmicos que sua integração numa *dhimma* se tornava difícil, e tão numerosa que sua conversão ao islã – concomitante à transformação da religião original em minoria – era utópica. A solução desse dilema foi bem diferente da do Oriente Médio: os conquistadores muçulmanos – não árabes, mas de linhagem mongol-turca e de cultura persa – tornaram-se a camada dominante, mas não assimilaram (nem foram assimilados) à sociedade hindu majoritária: a distância religiosa, social e política permaneceu.

O tratamento religioso dado aos hindus foi ambivalente: às vezes vitimados por perseguições religiosas (com massacres e destruição de templos, apesar de serem sempre numerosos demais para exterminar), às vezes aceitos como *dhimmis*, pagando o imposto *per capita*, sendo que este "bom" tratamento causava sentimentos de culpa em muçulmanos mais rígidos, que os consideravam idólatras. Como resultado, a relação era permanentemente marcada por ambivalências e, durante séculos, a coexistência foi complicada.

Os sultões de Déli se mantiveram no poder até o fim do século XV. Cinco dinastias consecutivas construíram um estilo de vida luxuoso para seus oficiais e cortesãos muçulmanos, erigido sobre a exploração dos camponeses hindus, com pesadíssimos impostos, e do comércio com o Oriente Médio. Na década de 1340, o sultanato chegou à sua maior extensão sob Muhammad ibn Tughluq, quando este controlou a parte setentrional do subcontinente inteiro. Entretanto, suas conquistas apenas reproduziram o dilema do regionalismo, que por via de regra afetava todos os impérios pré-modernos. Secessões criaram em seguida novos reinos independentes. O saque de Déli por Tamerlã em 1398 quebrou a espinha dorsal do sultanato, ainda que este sobrevivesse, na forma de uma fraca restauração, por mais um século.

Os Grão-Mughals

Em 1525, um bisneto de Tamerlã, Babur (o Tigre) liderou uma nova "descida" à Índia, a partir da Ásia central, e acabou com os restos do sultanato de Déli. Ele pacificou o enorme território e estabeleceu em Agra a capital do novo império dos grão-mughals. Babur também instaurou o estilo de uma das dinastias mais glamourosas da história: destruiu santuários hindus, mas construiu mesquitas e palácios, gostava de jardins e poesia, legou um diário pessoal, socializava-se com aristocratas hindus – uma mistura de fanatismo obscurantista e de tolerância quase cosmopolita.[18] Sob seu neto, o lendário Akbar (1556-1605), contemporâneo mais jovem do otomano Solimão, o Magnífico; de Abbas, o Grande, da Pérsia; de Felipe II, da Espanha; e de Isabel I, da Inglaterra, o império chegou ao auge do poder, graças a novas e extensas conquistas.

Com estimados cem milhões de habitantes, esse "império da pólvora" ultrapassou – com exceção da China longínqua – todos seus contemporâneos em população e riqueza. Akbar modernizou a administração, introduzindo em todas as províncias uma vasta e hierárquica burocracia de *mansabdars* militares, obrigados a manter seus próprios exércitos – na maioria, compostos de muçulmanos estrangeiros de talento e lealdade comprovados – e que foram acompanhados por juízes e arrecadadores de impostos. Akbar ordenou uma classificação precisa das terras, para servir de base aos impostos a serem cobrados pelos *zamindars*, responsáveis locais hindus. Sua reforma uniformizou a administração, foi posteriormente adotada pelos ingleses e, em sua essência, sobrevive até hoje. Politicamente, Akbar, o mongol muçulmano de cultura persa, pode ser considerado o "inventor da Índia", que por mais de mil anos nunca fora antes unificada.

Um pequeno salto da imaginação também permite vê-lo como o idealizador da Índia na forma como ela entende a si mesma: nação pluralista e tolerante à diversidade – ao contrário do Paquistão, como se verá. Akbar tentou unificar a nação tanto territorial quanto culturalmente, enfatizando uma política de tolerância muçulmana e de aproximação religiosa frente à maioria hindu. Multiculturalista precoce como Alexandre Magno, sua política étnico-religiosa pretendia conciliar as elites nativas derrotadas. Ele se casou com princesas *rajputas* e estimulou casamentos mistos em geral; diminuiu as desqualificações dos hindus, integrou-os em seu governo, aboliu o imposto *per capita*, respeitou as leis hindus. A civilização resultante misturava elementos muçulmano-persas e indiano-hindus, principalmente na arquitetura e na arte das miniaturas, além da poesia em urdu, língua mista, de vocabulário persa e gramática indiana.

Akbar foi também uma personalidade mística. Porém, seu projeto mais ambicioso, a tentativa de gerar uma nova religião oficial sincrética (a Fé Divina), insultou os ulemás, fracassou e provocou, após sua morte, uma reação ortodoxa sunita. Desde esse episódio, e com poucas exceções – a mais significativa sendo a do sikhismo, outra tentativa de combinar o islã e o hinduísmo, tão diferentes –, as duas religiões iriam para caminhos opostos, enfatizando suas diferenças e se tornando cada vez mais fechadas e intransigentes.[19] Entre os hindus, as regras e costumes de casta ficaram mais rígidos e opressores, particularmente para castas inferiores e desprezadas, párias, viúvas etc. O processo, por fim, alienou muitos hindus pobres de suas próprias raízes religiosas, provocando conversões para o islã.

Do lado muçulmano, uma reação anti-hindu se manifestou já sob os próximos sultões e chegou ao ponto mais extremo sob Aurangzebe (1668-1707). Impelido por uma religiosidade fanática, ele conquistou até a Índia meridional, e por toda parte destruiu templos, reintroduziu a xaria e a coação religiosa, restabeleceu a *jizya* e outras desqualificações para os hindus. Uma longa revolta dos maratas, população hindu na Índia ocidental, foi a resposta. E ainda que os príncipes hindus confederados nunca conseguissem se unir, a resistência evitou as perdas hindus por conversões. Foi o início do fundamentalismo hindu, sempre antimuçulmano.

Assim se desenhara, desde fins da época mughal, um cenário de tensão religioso-comunitária entre hindus e muçulmanos, que em grandes linhas continuaria durante o período britânico. Os muçulmanos foram os primeiros invasores que a cultura hindu não conseguiu assimilar. Inversamente, a Índia constituiu a primeira conquista que o islã não conseguiu absorver. A consequência dessa incapacidade recíproca foi uma islamização e uma persianização muito graduais e parciais. Dentro do sistema hinduísta, os muçulmanos permaneciam uma "casta" estranha em relação à cultura persa, cuja fraqueza demográfica os obrigava a controlar a maioria hindu por meio de

O islã no tempo | 67

A expansão do islã na Ásia meridional. O Império grão-mughal, séculos XVI-XVIII

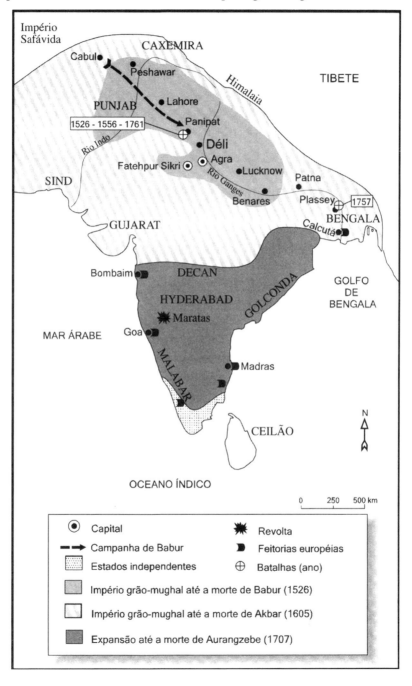

um feudalismo militar. Os impostos sobre os camponeses (majoritariamente hindus) sustentavam cortes extravagantes (majoritariamente muçulmanas). Dessa forma, o islã conseguiu controlar, e parcialmente integrar, as elites e as cidades. Mas as aldeias, lar da esmagadora maioria, geralmente continuavam hindus.

Isso não quer dizer que conversões não acontecessem. Sob o sultanato de Déli, o processo de islamização afetou algumas elites – hindus de castas superiores empregados por muçulmanos ocasionalmente optavam pelo islã para avançar em sua carreira. Já sob os mughals houve muito mais conversões entre hindus de castas inferiores e párias, motivados – além da coação direta – pela esperança de escapar aos preconceitos de casta e à vitimização imposta a eles pelo hinduísmo. Nesse processo de islamização, é interessante destacar o papel fundamental de irmandades sufis. Entre algumas delas, como os chistis, a mística islâmica se desenvolveu numa direção cada vez mais compatível com o panteísmo hinduísta.

A veneração de mestres com poderes sobrenaturais e certas práticas devocionais eram comuns a ambas as religiões, ao contrário de suas incompatibilidades dogmáticas. Nos séculos XV-XVI, observam-se várias tentativas sincretistas de encurtar a distância entre elas. Contudo, ao invés de "indianizar" o islã, a conversão, em geral, antes "desnacionalizou" os convertidos, uma vez que a lealdade dos muçulmanos era mais voltada para a umma supranacional do que para o próprio país. Maiorias muçulmanas criaram-se localmente no ocidente da Índia, no Sind – região fronteiriça ao Afeganistão –, em partes do Punjab e na Bengala oriental. Mas muçulmanos se encontravam por toda parte – enriquecendo (ou complicando) o mosaico étnico-religioso indiano. A transformação dos hindus em "cidadãos de segunda classe" pela classe dominante muçulmana, assim como a interação social hindu-muçulmana limitada pelos tabus e preconceitos religiosos vigentes em ambas as comunidades, acabou gerando duas nações separadas.

Aurangzebe foi o último grande líder da dinastia. No século XVIII, o poder mughal foi se enfraquecendo. Ainda que a legitimidade do regime se mantivesse simbolicamente, de fato o império desmoronou numa série de reinos autônomos e rivais entre si, enquanto a economia entrou em decadência e o país empobreceu. Novos invasores afegãos travaram batalhas contra poderes locais hindus até a exaustão mútua. O vácuo político-militar facilitou a ocupação inglesa. Desde suas primeiras feitorias em Bombaim, Madras e Calcutá, a Companhia das Índias Orientais conseguiu, dentro de poucas décadas, estabelecer a hegemonia britânica sobre o subcontinente inteiro. No século XVIII, a glória da Índia muçulmana já pertencia ao passado. Os muçulmanos indianos, colonizados ao lado de seus compatriotas hindus, foram obrigados a tomar uma atitude frente ao Ocidente, infiel, no entanto mais poderoso do que a umma. Em 1857, os ingleses aboliram os últimos vestígios da autoridade grã-mughal.

"Império da pólvora", em miniatura do ano de 1600: o imperador grão-mughal Akbar assedia uma cidade hindu com seus canhões

O SUDESTE ASIÁTICO MUÇULMANO

Mais ainda do que a Índia, o sudeste da Ásia é uma mera expressão geográfica – dividida em duas grandes zonas: a Indochina continental e o mundo malaio insular – em vez de uma unidade de coerência histórico-civilizacional. Grosso modo, o islã é relevante apenas no arquipélago e na península malaia: hoje, a Indonésia é a mais populosa nação muçulmana do mundo, a Malásia se considera quase como Estado muçulmano e nas Filipinas, etnicamente aparentadas, encontram-se minorias muçulmanas politicamente ativas. O islã chegou tardiamente nesses locais – os mais antigos achados muçulmanos em Sumatra, ilha da islamização mais antiga, são inscrições que datam do século XIII. O processo de islamização é incompleto mas continua, com ímpeto, em nossos dias.

Os muçulmanos encontraram na Indochina insular uma situação política e cultural muito diferente daquela na Índia, e a conversão se deu também de forma muito diversa. Em consequência, o islã indonésio diverge hoje significativamente de seus irmãos indiano-paquistaneses e mediorientais. Na península e no arquipélago malaios, cuja população manteve por muito tempo uma economia tribal de pesca, sociedades sedentárias e Estados se desenvolveram muito mais tardiamente do que na Ásia meridional e ocidental. Onde os recursos naturais permitiam, líderes regionais estabeleceram Estados baseados na agricultura irrigada e nos impostos de trabalho, de colheita e de serviço militar ao rei absoluto. Este era visto como intermediário entre o mundo sobrenatural e por isso gozava de um *status* divino e inviolável. Como as pré-condições foram melhores em Java, essa ilha se tornou um centro historicamente mais relevante. Superpovoada, ela conta hoje com a metade de toda a população indonésia. Traços do animismo, espiritismo, magia, objetos e montanhas sagradas sobrevivem até hoje, tanto na Indochina budista quanto no Bali hinduísta ou na Java muçulmana.

A abundância de especiarias e outros produtos tropicais e, por outro lado, a posição geopolítica das ilhas e dos estreitos privilegiavam a pirataria e a exportação em benefício de potentados locais. Movimentos comerciais e migratórios de indianos e chineses, que possuíam conhecimentos mais avançados, trouxeram influências culturais e religiosas. O ponto nevrálgico era (e continua a ser) o Estreito de Málaca, entre a Península Malaia e a Sumatra, que controla o trânsito entre os mundos índico e sino-pacífico. Até hoje, o estreito controla a única via marítima entre os Oceanos Índico e Pacífico.

No primeiro milênio d.C., comerciantes e brahmanas indianos introduziram ali o hinduísmo e o budismo. As religiões foram adaptadas na região para legitimar o projeto ideológico de poder absoluto de novas monarquias: as mais famosas foram a do Khmer em Camboja, de Srivijaya na Sumatra oriental e Malásia ocidental, de Shailendra e Majapahit em Java. Mas o alcance desses reinos era limitado. Uma Indonésia nunca

O islã no tempo | 71

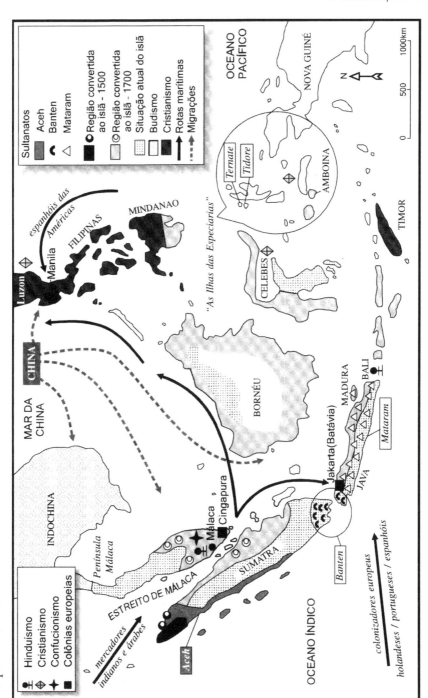

A expansão do islã no sudeste asiático

existiu antes da colonização holandesa. Sem unificação política e sem religião comum, a identidade da região ainda era vaga e indefinida quando os primeiros mercadores indianos muçulmanos do Gujarat chegaram nos séculos XII-XV – seguidos um século mais tarde por exploradores e missionários católicos portugueses e espanhóis e, logo após, por colonizadores protestantes holandeses e ingleses, e comerciantes chineses confuncionistas. Os conflitos atuais de identidade coletiva na região refletem essas múltiplas influências culturais.

Como em muitas outras regiões, as migrações mongóis dos séculos XIII-XIV sacudiram também o sudeste asiático, conduzindo à desestabilização dos Estados numa reação em cadeia. No século XV, a cidade de Málaca, na península malaia, herdou a posição estratégica de Srivijaya e controlava o cobiçado comércio dos tecidos e especiarias. É nesse contexto que se coloca a gradual islamização da Malaia, das ilhas Sumatra, Java, Bornéu e das Filipinas meridionais.

Às vezes, a conversão de algum soberano por motivos políticos conduziu à islamização de uma população inteira; mas o pluralismo era mais frequente (Málaca teve um governo muçulmano, mas uma população cosmopolita e multiconfessional). Em geral, o movimento foi pacífico e seguiu os rumos dos comerciantes árabes e indianos mais do que as trilhas de conquistadores militares. A conversão traçou um amplo movimento do oeste para o leste, e do litoral das grandes ilhas para o interior. Até hoje a implantação muçulmana é bem mais forte em Sumatra e Java ocidental do que na parte oriental da Indonésia – onde os pregadores itinerantes sufis que propagavam a fé islâmica sofreram a concorrência da agressiva missão cristã ibérica. O efeito disso é que as Filipinas e o Timor Leste são hoje os únicos países asiáticos majoritariamente católicos; além da maioria cristã existente também nas Ilhas Molucas.

A islamização envolveu o arquipélago num sistema de comunicação malaio comum. As circunstâncias da sua disseminação explicam o caráter específico do islã malaio, mais tolerante e menos austero do que o mediooriental, com fortes elementos místicos que se aliaram, na consciência religiosa popular, à sobrevivência subterrânea de elementos mágico-animistas e hindus. Outra peculiaridade é a posição da mulher, bem melhor do que no Oriente Médio ou na Ásia meridional muçulmana. É somente num segundo momento, quando os ulemás se consolidaram, que se iniciou a pressão para uma "purificação" do islã local. Isso, porém, já aconteceu no contexto da colonização holandesa e da resistência contra ela.

Fonte de especiarias lucrativas, protegidas por estruturas políticas menos sólidas do que os Estados estabelecidos da Índia, e com uma localização estratégica, essas ilhas se tornaram no século XVI objeto da competição entre Portugal e Espanha, que erigiram ali uma cadeia de fortalezas. Posteriormente, piratas holandeses aproveitaram a fragmentação dos sultanatos, que lutavam entre si, para tomar posse dos pontos comerciais estratégicos e caçar os portugueses. Nos dois séculos seguintes, a holandesa Companhia das Índias Orientais (VOC) explorou e exerceu sua hegemonia sobre as "ilhas das especiarias" e sobre regiões progressivamente mais amplas de Java, cujos sultanatos ficaram gradualmente sob seu controle.

A Companhia das Índias Orientais obrigava a aristocracia *priyayi* javanesa a garantir a entrega de tributos de safra regulares, mas deixava em geral intactas as estruturas sociais locais. A islamização de grupos cada vez maiores nas ilhas prosseguiu em paralelo às exigências holandesas. A imigração chinesa também se intensificou, produzindo uma camada habilmente interposta de empresários, agiotas e cobradores de impostos. As diferenças religiosas se adicionaram às distinções étnicas e ao antagonismo econômico, fazendo com que os chineses se tornassem alvo de perseguições.

Em fins do século XVIII, o controle territorial holandês estava completo em Java. No contexto das guerras napoleônicas, porém, a Grã-Bretanha se apropriou temporariamente das possessões holandesas (ficando com a Malaia). A restituição da colônia indonésia a seus mestres holandeses inaugurou um período imperialista de modernização administrativa, consolidação territorial e uma exploração brutal por meio do "sistema de cultivação", que impôs cotas de produção à população. Tais políticas provocaram, no século XIX, várias revoltas, brutalmente reprimidas: a dos Padri na Sumatra (1803-1837), a do príncipe Diponegoro em Java (1825-1839), as guerras de Aceh no norte da Sumatra (1873-1910) e outras – com o islã sempre representando a ideologia de resistência.

A exploração continuou, embora suavizada desde a segunda metade do século XIX. Nas ilhas periféricas em particular, a transformação da estrutura social pré-colonial se acelerou, criando uma nova pirâmide de classes, com os colonizadores europeus no topo, no papel de gerenciadores. O trabalho dos indonésios nativos ficava abaixo, explorado nas plantações de café, borracha e na extração do estanho, ficando os chineses espremidos entre ambos como intermediários – uma situação que lembra a dos judeus no Magreb e na Europa oriental, ou a dos imigrantes indianos na África oriental. Como também aconteceu em outras sociedades muçulmanas, o islã começou a enfrentar na Indonésia o duplo dilema de lidar com a aparente impossibilidade teológica de explicar a supremacia dos não muçulmanos e de desenvolver respostas a esta situação para ele insuportável.

O ISLÃ NA ÁFRICA ATÉ 1800

Ao lado do Oriente Médio, da Índia e do sudeste asiático, as três grandes esferas de expansão do islã, a África representa um quarto espaço – menos central no passado muçulmano, mas ganhando cada vez mais relevância. O número de muçulmanos na África subsaariana é hoje avaliado entre 111 e 400 milhões[20]. A incerteza reflete três fatores: estatísticas pouco confiáveis, que apontam para a fraqueza dos Estados africanos, muitos deles em crise permanente; a feroz competição pelas almas entre missionários cristãos e muçulmanos e a rápida expansão do islã no continente negro. De qualquer forma, negros africanos constituem hoje em dia um componente significativo do mundo muçulmano.

A islamização da África lembra mais a da Indonésia do que a do Oriente Médio ou da Índia: ela se difundiu muito mais pelo comércio, pela migração e pela influência pessoal de professores e místicos do que propriamente pela conquista militar. A expansão do islã no continente africano começou tarde e seguiu três direções: do Magreb ela atravessou o Saara e alcançou a África ocidental, trazendo a tradição malikita; rio Nilo acima, foi do Egito para a África setentrional-oriental; por fim, mercadores do Iêmen e Omã e migrantes do subcontinente indiano fundaram assentamentos no litoral da África oriental e, dali, estabeleceram a presença muçulmana no interior – incluindo alguns xiitas. De todas essas direções, tal penetração continua até nossos dias.

A islamização da África se explica por alguns fatores peculiares ao continente. Com exceção da franja setentrional-mediterrânea, obstáculos naturais – a geografia inóspita das montanhas, desertos e florestas, o clima, as doenças – dificultaram a colonização humana. Sociedades tribais baseadas na colheita, caça ou pastoreio se expandiram, mas as condições para a agricultura eram geralmente problemáticas. Estados territoriais com exércitos e impostos regulares, administração escrita etc. se desenvolveram mais tarde e menos extensivamente do que na Eurásia, o que tornou os africanos vulneráveis à interferência de predadores externos. As interferências eram principalmente ditadas pelo que a África produzia: em primeiro lugar o ouro, depois escravos e, ultimamente, as safras da plantação e mineração tropical – amendoins, palmeiras, nozes, peles, madeira, marfim. Essa lógica comercial determinou as três etapas de influências externas na Idade Média, Moderna e Contemporânea da África – vindas tanto do mundo muçulmano quanto da Europa cristã.

A África do Norte foi uma das primeiras regiões a ser conquistada pelos árabes, desde o Egito até o atual Marrocos (séculos VII-VIII). Nos próximos séculos, seguiu-se a conversão das populações berberes – algumas destas estabeleceriam, nos séculos XI e XII, dinastias puritanas próprias, os almorávidas (*al-murabitun*) e almóadas (*al-muwahhidun*), que se estenderam até a Espanha. Os berberes cuidavam do comércio que ligou os reinos árabes e mediterrâneos com as fontes de ouro na África ocidental, por trilhas de caravanas através do Saara. Em contrapartida, traziam sal aos africanos.

Dos séculos X a XVI esses mercadores muçulmanos exerceram influência significativa na emergência de alguns reinos impressionantes da África ocidental, que floresceram graças ao comércio trans-saariano pelas savanas do Sudão ocidental ao

O islã no tempo | 75

A expansão do islã na África até 1800

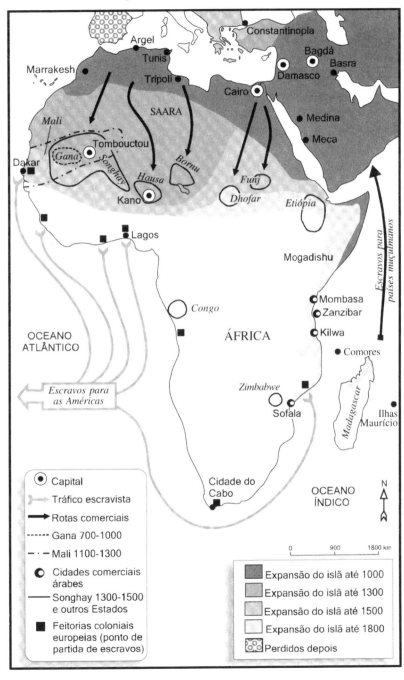

rio Níger: Gana, Mali e Songhai (localizados essencialmente na Mauritânia, Mali e Níger atuais). A população desses Estados era majoritariamente politeísta. Colônias de muçulmanos ficavam separadas da corte real – muitos combinando as funções comerciais e de ulemás –, entretanto, sua cultura logo se comprovou útil para os monarcas, que os empregavam como administradores letrados e se beneficiavam da suposta superioridade mágica dos rituais do islã para ganhar batalhas e consolidar sua legitimidade. Essa eficiência conduzia a uma certa adoção do islã; todavia cultos animistas anteriores continuavam concorrendo e se misturando com a nova fé. Os prósperos Estados da África medieval tiveram episódios de fama curiosa no mundo muçulmano: quando o rei do Mali, Mansa Mussa, visitou Cairo em 1324 a caminho de Meca, sua generosidade em distribuir ouro causou uma depreciação deste metal precioso no Egito.

A conversão de certos reis fez o islã avançar. Timbuktu era no século XIV uma cidade conhecida pelo alto nível de suas centenas de escolas islâmicas, que atraíam intelectuais do mundo muçulmano inteiro – mas retrocessos lá também ocorreram. Outras sociedades muçulmanas emergiram mais a leste: Kanem, Funj e outras. Entrementes, na África oriental, comerciantes árabes conseguiram se instalar apenas no litoral, levando à gradual conversão da atual Eritréa e Somália. Reinos cristãos no Nilo superior bloquearam por séculos o avanço muçulmano. Assim, a Etiópia se manteve como forte Estado cristão. Nos próximos séculos, contudo, a cultura árabe-muçulmana influenciaria fortemente os bantus que foram gradualmente colonizando a África oriental e meridional (isto se vê, por exemplo, no *swahili*, sua língua comum que integra muitas palavras árabes).

Em paralelo, mercadores árabes atravessaram o Oceano Índico e estabeleceram do Chifre da África até o atual Moçambique uma cadeia de cidades-Estado e fortalezas litorais e insulares (sendo Zanzibar a mais importante), cujo comércio de ouro se manteve até a colonização portuguesa no século XVI. Às vésperas da colonização europeia, o islã constituiu a principal presença "importada" no continente negro – uma presença, contudo, já fortemente integrada nas sociedades africanas nativas.

O ISLÃ NO ESPAÇO

O mundo muçulmano tem hoje um alcance global e, mais do que uma religião, é uma civilização. No entanto, não existe um único islã, mas vários "islãs", bastante diversos entre si. Como vimos no capítulo anterior, a civilização muçulmana se diversificou à medida em que avançava para novas regiões do planeta. Assim, o islã no Oriente Médio é bem diferente do que encontramos na Índia, que, por sua vez, difere bastante daquele que existe na Indonésia, por exemplo. Para podermos compreender as diferenças entre essas configurações tão variadas que o islã assumiu, precisamos inicialmente procurar responder a quatro perguntas básicas – Qual foi a religião que o islã substituiu em cada um dos locais para onde se expandiu? De que forma específica o islã foi implantado nessas regiões? Qual era a relação demográfica original entre muçulmanos e não muçulmanos em cada caso em particular? E qual a relação histórica e geográfica dessas três esferas? A riqueza das combinações possíveis para as respostas a tais interrogações foi o que permitiu a surpreendente diversidade do islã.

Vejamos o caso do Oriente Médio, por exemplo. Ali, a população pré-muçulmana era majoritariamente cristã, com bolsões judaicos, maniqueístas, sabeanos[1] e zoroastristas – religiões que, como também já vimos, tinham muito em comum com o islã. Tais semelhanças naturalmente facilitaram a transição de uma para outra. Como nova religião predominante na sociedade, o islã foi imposto por uma nova elite militar e política, ainda que a conversão individual, em geral, não tenha se dado à força. O islã gradualmente absorveu a grande maioria das populações do Oriente Médio, muito mais do que ele foi assimilado à cultura anterior dessas populações. Esse processo aconteceu num período quando o Oriente Médio constituía o total do *Dar al-Islam* (a Casa do islã). Por outro lado, ocorreu próximo à cristandade, religião militantemente universalista e antimuçulmana. O Oriente Médio, região da revelação alcorânica e da atuação de Maomé e dos primeiros Estados muçulmanos, serviu de modelo para o resto do mundo muçulmano.

O resultado do duplo processo de assimilação e do *jihad* (a luta em favor de Deus) foi uma sociedade onde a ortodoxia islâmica tinha – e tem – clara superioridade ideológica, embora nem sempre aplicada. A interação entre o puritanismo, com sua supremacia e autoconfiança ideológica, e a sobrevivência ou ressurgimento de práticas populares do "baixo islã" e da "lassidão" religiosa urbana causou, periodicamente, movimentos de purificação. Na geografia médio-oriental, esses muitas vezes assumiram a forma de um conflito entre nômades e a população sedentária.

Somente o impacto imperialista ocidental conseguiu abalar o sentimento de superioridade muçulmana no Oriente Médio. E pelas mudanças socioeconômicas que trouxe consigo, diminuiu a relevância da tensão dialética entre as cidades, controladas pelo poder político-militar, e as estepes e desertos com suas tribos distantes do alcance da autoridade central. As elites otomanas (e os nacionalismos turcos e árabes que se desenvolveram baseados nelas) optaram por uma secularização e conseguiram em geral subjugar os ulemás – uma exceção a essa regra é, sem dúvida, o Irã.

Já na Índia ocorreu um processo bem diferente. Embora a penetração do islã fosse também resultado de conquistas militares, as ideias-chave do hinduísmo estavam muito mais distantes da fé islâmica, além do fato de a população local ser imensamente mais numerosa. Isso dificultou a islamização. Em muitas regiões o islã nunca transcendeu a posição de religião minoritária – seja das elites ressentidas, seja das classes mais pobres e desprezadas. Em reação, em vez de tendências de intercâmbio cultural, uma rígida ortodoxia ali permaneceu como o elemento predominante na comunidade muçulmana, mas sem jamais se aproximar da unificação religiosa preconizada nos Impérios Otomano e Safávida. Essa comunidade estava permanentemente numa posição defensiva – situação que foi ainda agravada pela colonização pela Grã-Bretanha, que começou já no século XVIII, bem antes da do Oriente Médio, e se prolongou durante dois séculos.

Os muçulmanos indianos se viram assim obrigados a travar uma luta triangular, tanto contra a influência ocidental quanto contra a maioria hindu. Como os muçulmanos constituíam uma minoria, suas elites modernizadoras não puderam contemplar uma saída pela secularização (tal como o fizeram seus correlatos turco e árabe). Como alternativa, optaram pelo separatismo territorial e a "nacionalização" da identidade muçulmana – solução que desperta o mesmo gênero de dilema que aflige Israel, pensado como "Estado dos judeus", ou seja, Estado para a segurança dos judeus, mas desafiado, desde sua independência, pelo contramodelo do "Estado judaico" ou seja, Estado de estrutura religiosa. Paralelamente, desde a partilha da Índia britânica, em 1947, Paquistão e Bangladesh não têm conseguido equilibrar as reivindicações do "Estado islâmico" contra o "Estado dos muçulmanos".

Na Indonésia, por sua vez, a islamização seguiu um rumo completamente diverso. O islã nunca foi imposto por novos conquistadores, mas trazido pacificamente por viajantes, mercadores e sufis ambulantes. As elites pré-existentes o adotaram não no lugar de, mas ao lado de práticas anteriores, animistas, hindus e budistas – primeiramente como meio de legitimação para com seus súditos, depois como instrumento de resistência contra a penetração europeia-cristã (portuguesa e holandesa), que começou apenas um século depois da chegada do islã. O Oriente Médio, centro do mundo muçulmano e fonte de suas mais fortes tendências ortodoxas, estava longe e, portanto, sua influência foi reduzida.

A distância entre a mentalidade do islã e das outras religiões era teoricamente intransponível na Indonésia. Na prática, porém, foram adotados do islã elementos mágicos e panteístas compatíveis com as religiões anteriores. O resultado foi um islã sincrético e pouco ortodoxo, que facilmente converteu a grande maioria da população. Neste contexto, os muçulmanos ortodoxos eram minoritários, ainda que sua influência tenha crescido nos últimos duzentos anos – em parte pelas vantagens que conquistaram na resistência contra o Ocidente, em parte como consequência de contatos mais fáceis e intensos entre os islãs malaio e médio-oriental, resultado do desenvolvimento de meios modernos de transporte e comunicação.

Em seguida, analisaremos em mais detalhes o desenvolvimento nos três grandes espaços do mundo muçulmano, começando com seu núcleo ideológico e sua região mais complexa: o Oriente Médio.

O ORIENTE MÉDIO

No Império Otomano, as reações contra o enfraquecimento muçulmano começaram por tentativas frustradas de modernização, militar e administrativa, por parte de alguns vizires e sultões. Mas essas aspirações reformistas despertaram a oposição dos interesses e privilégios dos pilares do antigo regime otomano, os paxás corruptos nas províncias e os janízaros e ulemás na capital. Em 1807, por exemplo, o sultão Selim III (1789-1807) pagou com a vida pela tentativa de estabelecer um outro exército, mais profissional. Seu sucessor, Mahmud II (1808-1839), somente em 1826 conseguiu liquidar os janízaros, enviar alunos turcos para estudar em Paris e abrir academias para ensinar os "segredos militares" do Ocidente.

Com isso, abriu-se o caminho para as *tanzimat*, série de reformas que em meados do século XIX iriam transformar o império numa estrutura mais moderna. A propriedade privada da terra substituiu o caos feudal anterior e possibilitou investimentos agrários racionais. *Millets* e súditos sem direitos cederam à igualdade nominal entre civis de várias religiões. Impostos foram racionalizados e o recrutamento militar introduzido. Os liberais exultaram, enquanto os ulemás ficaram escandalizados. Contudo, as *tanzimat* não conseguiram frear a penetração ocidental, embora o Império

Otomano formalmente mantivesse sua independência. Como consequência, a incapacidade do Estado de proteger sua população afetou sua legitimidade.

Uma tentativa parlamentarista terminou, em 1876, com o "autogolpe" de Abdul Hamid II, sultão que aboliu a constituição e restaurou o despotismo interno. Com o apoio dos ulemás, Abdul Hamid II impediu a entrada de influências ideológicas do Ocidente, apesar de continuar importando outros produtos e invenções ocidentais desde ferrovias a metralhadoras. Para consolidar o império, promoveu o pan-islamismo e tentou ser aceito como novo califa, beneficiando-se para isto dos serviços de Afghani, primeiro grande modernizador do islã. Entretanto, foi incapaz de frear novas perdas territoriais frente ao Ocidente.

A transição do século XVIII para o século XIX iria introduzir o mundo muçulmano no mais traumático estágio de sua história. A expedição egípcia de Napoleão Bonaparte, em 1798-1799, com a fácil vitória sobre os mamelucos na Batalha das Pirâmides, é tradicionalmente vista como o começo de um novo tipo de intromissão ocidental no mundo muçulmano. Cem anos mais tarde, na virada do século XX, a maior parte do mundo muçulmano estaria sob controle europeu, direto ou indireto. O Império Otomano sofrera derrotas dos russos e povos cristãos dos Bálcãs que, um a um, chegaram à independência. Mercadores franceses, italianos e belgas controlavam o comércio do Egito e do Império Otomano, enquanto os ingleses exerciam o poder político e guardavam o Canal de Suez, de importância vital por assegurar o caminho para a Índia.

Os otomanos, persas, egípcios, tunisianos e marroquinos se endividaram com financiadores ocidentais: suas alfândegas foram sequestradas como garantia. Em vários casos, isso foi apenas uma etapa frente à imposição de um protetorado europeu. Missionários católicos e protestantes propagavam sua fé com o uso de escolas, hospitais e universidades. Soldados britânicos e franceses reprimiam revoltas e mantinham a ordem e a segurança pública; funcionários públicos europeus supervisionavam a construção de ferrovias, instalações portuárias, canais e obras de irrigação. Financiados por investimentos vindos de Londres, Paris, Berlim e de outras metrópoles do Ocidente, colonos europeus se assentavam na Argélia, na Palestina, nas Índias Orientais holandesas e em outros lugares.

Há até hoje fortes divergências sobre como avaliar a experiência "imperialista", mas não sobre sua inevitabilidade. Nos séculos anteriores, todas as sociedades muçulmanas acumularam atrasos; agora elas foram destituídas de meios para se proteger contra a investida ocidental. Faltavam, simplesmente, os recursos militares e administrativos e, não menos importante, as defesas culturais e psicológicas. A história do mundo muçulmano no século e meio passado é essencialmente, portanto, a narrativa das tentativas de restauração das forças depauperadas e da retomada da iniciativa do

Ocidente. As opiniões muçulmanas diferiam quanto a recuperar o terreno perdido e o que fazer depois. Os resultados têm sido, em geral, deficientes em comparação com as esperanças suscitadas. Nessa turbulência ideológica e política, o islã ocuparia um posto cada vez mais expressivo.

Entre a intervenção napoleônica e a Guerra dos Bálcãs de 1912, o império perdeu sucessivamente os territórios da Grécia, Egito, Argélia, Áden, Tunis, Sérvia, Moldávia e Vlachia, Montenegro, Armênia, Geórgia e outras partes do Cáucaso, Kuwait, Bulgária, Bósnia-Herzegovina, Albânia e Líbia. Além disso, o Líbano se tornou autônomo sob a proteção francesa. Como consequência do encolhimento territorial, o império se reduzia, às vésperas da Primeira Guerra Mundial, a uma estreita zona na Trácia europeia, à Anatólia e ao Mashriq árabe. Cresceu, então, a oposição interna.

Essa sequência se repetiu com variações nos outros países do Oriente Médio. O Egito, antiga província otomana, no começo do século XIX caiu nas mãos de Mehmet Ali (Muhammad Ali), um aventureiro albanês que se tornou autônomo de Constantinopla e iniciou um programa ambicioso de modernização militar e econômica. Ele introduziu o algodão e tentou, com menor sucesso, industrializar a região com fábricas têxteis. Entretanto, quando suas ambições territoriais começaram a ameaçar os próprios turcos, as potências europeias intervieram. Seus descendentes não conseguiram manter a solvência financeira e a independência do Egito: em 1882, a Grã-Bretanha esmagou a revolta nacionalista do coronel Urabi e instalou um protetorado. O algodão acabou sendo o maior produto de exportação, tornando o outrora celeiro do Mediterrâneo um consumidor dependente de importações de alimentos ocidentais.

A Pérsia passou por uma evolução semelhante, só que com um certo atraso. Após os safávidas desaparecerem, os fracos xás da dinastia Qajar (1794-1925) governavam uma sociedade religiosamente homogênea (xiita), mas com uma economia mais primitiva do que a otomana. O país manteve sua independência com dificuldade frente à luta da Grã-Bretanha e da Rússia pela influência na região – a última conquistou o Azerbaijão e a região de Merw, fronteiriça com o Afeganistão. Em 1907, elas partilharam a Pérsia em esferas de influência. No entanto, já havia acontecido a Revolução Constitucionalista de 1905, reação nacionalista contra concessões tabagistas ao estrangeiro e à primeira concessão petrolífera outorgada à *Anglo-Persian Oil Company*. O absolutismo, contudo, não pereceu.

É útil lembrar, nesse contexto, que a expansão ocidental no Oriente Médio – essencialmente uma rivalidade entre Grã-Bretanha e França, com participações menores reservadas à Alemanha e à Itália – se complementou com uma expansão concomitante, menos noticiada, mas não menos imperialista, por parte da Rússia. Esta não somente penetrou e anexou partes dos impérios Otomano e Safávida como também conquistou a quase totalidade da Ásia Central e setentrional. O processo se acelerou no século XIX, liquidando as "ordens" cazaques e os canatos independentes de Khiva, Bukhara e Khokand, além de outras unidades muçulmanas centradas no comércio da Rota da Seda. Em paralelo, mas partindo do leste, a China da dinastia Qing (Manchu) se expandiu também e obteve o controle do Turquestão oriental, logo renomeado Xinjiang (Nova Província). Na virada de 1900, essas duas potências gigantescas partilharam entre si a quase totalidade da Ásia Central. No processo, herdaram vastas populações muçulmanas, que se tornaram doravante minorias a serem colonizadas.

As reações intelectuais à penetração ocidental

O domínio tecnológico-militar do Ocidente desmascarou a decadência interna dos impérios muçulmanos e logo estimulou reflexões a respeito. Pensadores emergiram para criticar a supremacia ocidental, e mais ainda a impotência dos próprios muçulmanos para fazer frente à penetração europeia. Os vários "diagnósticos" e "terapias" propostas desde o final do século XIX iriam traçar as linhas matrizes do mundo muçulmano no século XX. E continuam relevantes até nossos dias.

Desde o início, a recepção do Ocidente no Oriente Médio ficou marcada por uma profunda ambivalência. Por um lado, houve admiração pela tecnologia e pela indústria europeias, ferramentas eficientes para subjugar inimigos. Isso conduzia a um desejo de imitar a ciência e as técnicas do Ocidente. Por outro lado, o Ocidente despertou repugnância: o sucesso da cristandade parecia ameaçar a própria identidade muçulmana, condicionada pela vitória que Deus prometera aos fiéis. Afinal de contas, o Alcorão garantira o poder na terra aos muçulmanos e instruíra-lhes como alcançá-lo. O desprezo para com os cristãos fazia parte, desde há muito tempo, do repertório muçulmano. A ambivalência se encontra nos três tipos de respostas que se desenvolveram com essa base: a ocidentalização liberal, o nacionalismo secular e o modernismo muçulmano.

Por uma variedade de razões cuja análise escapa à nossa discussão, relativamente poucos pensadores e políticos médio-orientais abraçaram valores liberais ocidentais: constitucionalismo, parlamentarismo, democracia, direitos humanos e individualismo permaneceram como a opção de minorias. Em geral, tais princípios foram considerados incompatíveis com a identidade tanto muçulmana quanto árabe ou turca.

Muito mais importantes foram as tentativas para uma reforma modernista do islã. Para os reformistas, a causa da decadência muçulmana não podia residir no islã, presente divino perfeito à humanidade. Portanto, eles buscaram a raiz do mal no

O islã no espaço | 83

O desmoronamento do Império Otomano – a Questão Oriental

comportamento dos muçulmanos. A solução, dizia-se, podia ser encontrada numa volta à religiosidade mais pura, isenta de acréscimos superficiais e interpretada de maneira criativa e assertiva. Rejeitando a imitação cega (*taqlid*) das tradições escolásticas e autoritárias que prevaleciam na educação religiosa, eles pediam o retorno ao Alcorão, e reivindicavam para cada crente o direito de interpretar por si as palavras sagradas; ou seja, o *ijtihad*, uma porta fechada desde a Idade Média. A tríade mais conhecida entre os intelectuais dessa corrente é a formada por Afghani, Abdu e Ridda.

Jamal al-Din al-Afghani (1838-1897) alegou uma identidade sunita com o uso do nome al-Afghani (o Afegão), mas foi mais provavelmente um persa que viveu uma vida de propagandista e conspirador andarilho. Suas experiências numa série de países muçulmanos o convenceram da ubiquidade do "perigo ocidental". No Egito e na Índia (onde criticou o pensador muçulmano indiano modernista Sayyid Ahmed Khan) na corte otomana e em outras capitais, ele pregou a necessidade da volta à religião como precondição do renascimento muçulmano. Crítico do imperialismo e imbuído de ódio aos ingleses, foi o primeiro autor a contrapor o islã ao Ocidente. Afghani foi um representante precoce do movimento anticolonial e preconizou a unificação da umma num pan-islamismo sob liderança otomana. No entanto, como os outros reformistas, Afghani não se opôs à tecnologia ocidental – ela precisava apenas ser importada cautelosamente, descontaminada das ideias sociais e religiosas dos infiéis. Na verdade, ele acreditava na compatibilidade do islã com a ciência moderna.

Afghani foi o primeiro a convocar uma clara política islâmica. Entre outros atos, criticou a tirania do xá iraniano, a luxúria do *khedive* (o rei egípcio) e pediu – indo contra as *tanzimat* – o Alcorão como base da legislação, além de denunciar a moda de vestidos ocidentais. Durante o exílio em Paris em 1883, Afghani trabalhou com seu aluno mais jovem, o egípcio Muhammad Abdu (1849-1905), e ambos desenvolveram suas ideias conjuntamente no periódico *al-Urwa al-wuthqa* (O laço indissolúvel). Abdu, contudo, era muito mais moderado que Afghani. Mantinha contatos com intelectuais ocidentais e tendia a ver o islã, antes de mais nada, como civilização, instrumento para a paz e harmonia social e, portanto, precondição para a integração dos muçulmanos no mundo moderno.

Abdu concluiu que o pan-islamismo era um sonho idealista. Aceitando implicitamente as novas fronteiras traçadas pelas potências colonialistas, ele se reconciliou com o controle inglês do Egito, voltando em 1889 a seu país onde atuou como juiz e *mufti* (legista perito na xaria). Nessa função, ele criou leis que regulam a vida pessoal, adotadas no Egito e outros países árabes, entretanto sem todo o rigor original da xaria. Durante o resto de sua vida, publicou a influente revista *al-Manar* (O farol), junto com seu aluno Ridda, com um comentário bastante racionalista do Alcorão, próximo da *mu'tazila*, a escola filosófica racionalista e progressista, derrotada no século IX. Como fizeram os modernistas cristãos meio século antes, Abdu e seus seguidores enfrentaram a contradição entre uma fé revelada e definitiva e a ciência objetiva, base do poder europeu.

Essa questão não era nova, mas se apresentou de forma um tanto distinta no islã em relação ao cristianismo. Para os teólogos protestantes do século XIX, o desafio lançado pela crítica histórica (filológica e arqueológica) da Bíblia, os avanços da astronomia, a teoria da evolução de Darwin etc. – que pareciam abalar a veracidade das Escrituras – foi resolvido numa leitura figurativa, não literal ou simbólica. Se cada um dos seis dias da criação no livro da Gênese pudesse ser entendido como uma era paleontológica de dezenas ou centenas de milhões de anos, por exemplo, então seria possível salvar a narrativa bíblica. Mas o cristianismo modernista que se desenvolveu fundamentado nessa operação teológica, embora retivesse sua função de "cimento social" e continuasse a servir como base ética, carecia de inspiração espiritual. As Igrejas não conseguiram estancar o êxodo de fiéis e até a emergência de novas teologias – seja por meio da reinterpretação subjetiva e projetiva do Evangelho (como Karl Barth), seja por meio de uma tentativa de resgatar a revelação na rejeição abrangente da própria modernidade que gerara esta ciência "blasfema" e, portanto, necessariamente falsa: o fundamentalismo.

No islã, no entanto, uma tal historização da fé era – e amplamente permanece – um tabu. Lembremos que na ortodoxia islâmica (que Abdu contestou, mas não atacou frontalmente) o profeta Maomé é o ser humano perfeito, além de qualquer crítica; o Alcorão não foi criado, ele é eterno ao lado de Deus; seu texto, em consequência, não é suscetível a uma análise histórica que levaria a dúvidas quanto à sua autenticidade.[1] Seus dizeres – inclusive contradições internas, milagres, preceitos que parecem absurdos – precisam, portanto, de uma reinterpretação sem que o comentarista se distancie demais do significado literal; tarefa esta que Abdu tentou concluir mediante uma leitura que "vê", no texto sagrado, sinais e premonições de invenções e eventos contemporâneos.

Abdu não chegou ao exagero de certas "exegeses científicas" posteriores, que acharam no Alcorão descrições da bomba nuclear e de viagens interestelares. Todavia, nem mesmo ele podia modernizar certas normas jurídicas explicitamente enunciadas no texto, e portanto consideradas como imutáveis (como leis penais, a vestimenta da mulher, a proibição do álcool etc.). Para o fiel, o texto do Alcorão constitui um limite; não há como alterar ou suavizar suas exigências. Abdu foi também importante como educador e modernizador do pensamento islâmico: sua islamização do conceito de democracia, invenção ocidental, mantém um potencial não exaurido até hoje.

Por meio de discípulos ocidentalizados tais como o líder nacionalista Saad Zaghloul, Abdu influenciou o rumo que o Egito seguiria após a Primeira Guerra Mundial. Chegando à independência, o país adotou uma constituição secularista e uma linha política pró-ocidental. A esperança era que o islã se integrasse sem maiores problemas no mundo "civilizado" ocidental.

Paradoxalmente, o pensamento do mesmo Abdu também chegou a fertilizar a oposição religiosa conservadora, por intermédio de seu aluno Muhammad Rashid Ridda (1865-1935), sírio-libanês enraizado no Egito, o país muçulmano mais progressista na época. Ridda, ao contrário de seu professor, nunca viveu pessoalmente a proximidade à cultura europeia, e reinterpretou a teoria de Abdu de modo salafista – ele convocava a imitação dos *salaf al-salih*, os pios ancestrais contemporâneos do Profeta e sua comunidade pristina. Seguindo o hanbalismo, a escola mais rigorosa da xaria, Ridda deduziu as regras para o comportamento muçulmano na modernidade a exemplo dessa primeira comunidade do século I da hégira. Envolvido em 1920 no Conselho Sírio Nacional da revolução árabe, Ridda escreveu o primeiro projeto do futuro Estado islâmico – estrutura califal, com prioridade religiosa árabe, que entretanto incluiria uma boa dose de legislação moderna, onde o líder precisaria do consenso (*ijma*) de representantes de todas as seitas da comunidade e seria passível de demissão, caso se desviasse dos preceitos religiosos.

Ridda, que preconizava o califa como intérprete criativo da tradição islâmica (*mujtahid*), nunca conseguiu identificar seu candidato ideal ao califado. Em 1924, em Istambul, o governo turco destituiu sumariamente Abdulmecid II da sua posição de califa e a função foi repentinamente abolida. O mundo muçulmano estava em crise.[2] No entanto, isso leva nossa narrativa muito para frente. Para entender esses desdobramentos é preciso abordar a terceira reação ao declínio dos impérios muçulmanos: o nacionalismo secular. Este afetou em particular o frágil edifício otomano em suas últimas décadas.

Numa das análises contemporâneas mais pertinentes, o pesquisador inglês Benedict Anderson define o nacionalismo como expressão de uma "comunidade imaginada" (não imaginária) que consiste em sujeitos que, sem jamais se conhecerem pessoalmente, sabem reciprocamente da sua existência. Com o uso das mídias em seu vernáculo, imaginam-se participantes, com seus "conacionais", de uma fraternidade que preenche o vazio deixado pelo declínio desta outra comunidade imaginada anterior: a religião.[3] O modelo andersoniano funciona relativamente bem para explicar a emergência dos nacionalismos na América espanhola do século XVIII e na Europa do XIX – mas fracassa no Oriente Médio otomano, onde nação e religião estavam intrinsecamente vinculados pelo sistema de *millets* e onde nunca houve um processo de secularização comparável ao ocidental.

Como resultado, os nacionalismos médio-orientais nunca foram seculares, indiferentes à religião: eles sempre se vincularam a ela num tenso relacionamento. Isso é verdade até para os chamados "nacionalismos secularistas". Numa estrutura política multiétnica tal como a otomana, o nacionalismo só pôde ter uma função desintegradora. De fato, os nacionalismos foram a força primária por trás do desmoronamento nos Bálcãs do século XIX. Por sua vez, no que restou do império otomano, os nacionalismos árabe, grego, armênio e judaico competiram com o próprio nacionalismo turco. Por sua vez, o otomanismo, construção identitária abrangente mas artificial, teria poucos ecos.

No Oriente Médio, o nacionalismo árabe é anterior ao turco. Não surpreende que sua origem estava, em meados do século, entre os intelectuais das comunidades cristãs do Líbano, que começaram a "limpar" e exaltar a língua e a literatura árabes como expressão de uma nação árabe, conceituada agora pela primeira vez. Esse *nahda*, ou renascimento cultural, lhes proporcionou o meio para entrar numa futura sociedade livre. Tal critério de identidade nacional abraçaria cristãos e muçulmanos como parceiros iguais numa coletividade comum. Se o critério fosse religioso, por outro lado, maronitas e gregos ortodoxos permaneceriam para sempre como *dhimmis* de segunda categoria. Esse despertar nacional árabe teve uma segunda consequência: coincidiu com o nacionalismo judaico na Europa, desencadeando entre ambos uma concorrência pela posse da Palestina, cujos efeitos colaterais continuam a envenenar as relações muçulmano-ocidentais até nossos dias.

O nacionalismo turco era algo mais complicado, pois os turcos constituíam a elite militar e administrativa do império (com exceção da Anatólia rural, onde eles formavam uma comunidade inteira). Por algum tempo, mesmo a oposição turca à autocracia do sultão ainda aderiu ao ideal otomano. Sociedades secretas promoveram o retorno à legalidade constitucional e, em 1908, oficiais reformistas nacionalistas do Comitê para Unidade e Progresso tomaram o poder: a Revolução dos Jovens Turcos forçou o sultão a restituir a constituição de 1874, demitindo-o posteriormente.

Infelizmente, o breve momento de entusiasmo e confraternização entre os povos e religiões remanescentes no império – principalmente turcos e árabes – passou sem trazer uma solução aos problemas, que logo impossibilitaram o funcionamento do parlamento, e o otomanismo desapareceu como ideologia sem ter sido capaz de dar coesão ao império. Foi substituído por um nacionalismo turco que exaltava os laços com os turcomenos e outras populações túrcicas da Ásia central. O governo, cada vez mais ditatorial, iniciou uma política de centralização e turcificação obrigatórias, que alienou completamente as outras nacionalidades e minorias.

A Primeira Guerra Mundial e o fim do Império Otomano

A Primeira Guerra Mundial e seu desfecho constituíram a ruptura que está na origem da maioria dos conflitos que hoje afetam o Oriente Médio. Enver Pasha, o líder da tendência bélica no Império Otomano, levou seu país à guerra ao lado das potências centrais da Europa (Áustria e Alemanha) contra a Rússia, antigo inimigo, e seus aliados da Entente (França e Grã-Bretanha). Os otomanos perderam a disputa. Militarmente, os anos iniciais da guerra lhes foram razoavelmente favoráveis: os turcos derrotaram invasões dos aliados na Mesopotâmia e em Galipoli nos Dardanelos.

No mesmo período, ataques por guerrilheiros armênios apoiados pela Rússia serviram de pretexto para a deportação em massa e genocídio dos armênios no império. Entretanto, o califa apelou em vão à guerra santa e os ecos de solidariedade que se ouviam entre os muçulmanos nas colônias britânicas (como na Índia) e francesas (como na África do Norte) foram rapidamente controlados. Em 1915-16, eclodiu na Península Arábica a Revolta Árabe contra o poder de Constantinopla, chefiada pelo xarife Hussein de Meca, alto funcionário religioso otomano da família dos hachemitas, incumbido de guardar os lugares sagrados do islã. Os hachemitas alegavam descendência do Profeta e Hussein ambicionava a liderança de um Estado árabe. A Grã-Bretanha apoiou a revolta e prometeu um reino independente aos árabes. A confluência de interesses resultou, em 1916-17, na conquista conjunta árabe-inglesa da Palestina, Síria e Mesopotâmia.

Apesar disso, a independência árabe não se realizou: o território se tornou objeto de várias promessas contraditórias. O acordo secreto de Sykes-Picot, que recebeu este nome devido aos sobrenomes de seus principais negociadores, o inglês Mark Sykes e o francês Georges Picot, anteviu a partilha dos territórios árabes do Império Otomano entre franceses e ingleses. Em 1917, num esforço para mobilizar os judeus na guerra ao lado da Entente, a Grã-Bretanha prometeu na Declaração de Balfour um "lar nacional judeu" na Palestina ao movimento sionista. A disposição pós-guerra das áreas árabes se chocaria, portanto, com reivindicações incompatíveis. O único dado concreto foi a retirada otomana. Quando as potências centrais assinaram o armistício, sobrevivia do Império Otomano somente o centro turco na Anatólia. A derrota dos impérios da Europa central levou, como efeito colateral no Oriente Médio, à ruína do penúltimo império multinacional do mundo – o último seria a Rússia czarista, que se reinventou como URSS, englobando nas suas experimentações comunistas e na engenharia social de Stálin as populações muçulmanas da Ásia Central, tendo sobrevivido por mais 75 anos.

O arranjo colonial após a Primeira Guerra Mundial

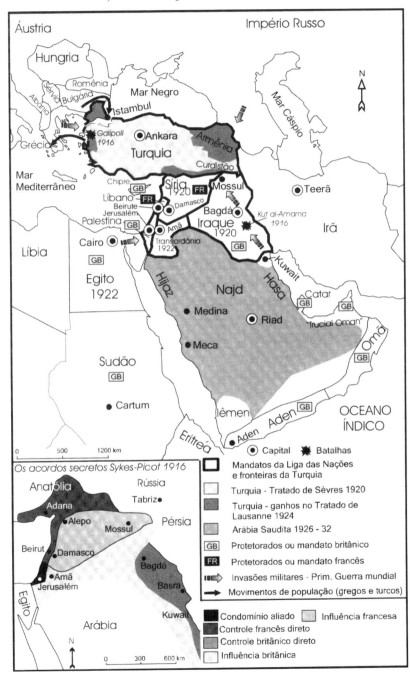

A Turquia: A primeira revolução anticolonial bem-sucedida

Os vencedores da Primeira Guerra também planejaram a partilha do núcleo turco em esferas de influência. Além dos projetos britânico e francês, gregos, italianos, curdos e os sobreviventes armênios reivindicaram partes do império moribundo. Frente a esses desdobramentos, o sultão foi obrigado a aceitar o Tratado de Sèvres, que fez parte da paz desigual imposta em 1919-20 aos perdedores da Primeira Grande Guerra. De imediato, o maior perigo veio do lado dos gregos. Um estado grego independente coexistira com o império otomano desde o século XIX. Mas os gregos tinham comunidades milenares na Jônia e seus políticos nacionalistas sonhavam com a *megali idea*, o "grande ideal" da restauração do Império Bizantino.

Nessa altura, Mustafá Kemal, o herói turco de Galipoli, rejeitou o acordo de armistício imposto ao império e reanimou uma resistência nacionalista turca à ocupação do território da Anatólia pela forças da Entente. Em 1922, os turcos tomaram o controle da Anatólia, expulsando os gregos da Jônia. O massacre dos gregos de Esmirna pôs fim a uma coexistência de quase mil anos. Os nacionalistas turcos chegaram ao poder com um programa secularista: foram abolidos o Império Otomano e o sultanato. Kemal, o idealizador da resistência e presidente da nova República turca, negociou em 1924 um novo acordo, o Tratado de Lausanne, que reconheceu internacionalmente a soberania turca sobre o território libertado.

No mesmo ano, a Turquia independente estabeleceu a separação entre o Estado, neutro, e a religião, abolindo o califado e proibindo as irmandades sufis. A transferência mútua de populações gregas e turcas – na realidade, definidas mais por critério religioso do que nacional – prosseguiu de maneira pacífica, tornando a Turquia muito mais homogênea do que outros Estados do Oriente Médio. Agora os muçulmanos constituíam a esmagadora maioria da população, mas o islã quase desapareceu da vida pública.

O país embarcou em políticas autoritárias de modernização e de secularização. O barrete e o véu foram proibidos em favor de vestimentas europeias, "civilizadas". Quando Kemal morreu, em 1938, as bases para a industrialização, a emancipação da mulher e a alfabetização haviam sido estabelecidas. Um novo alfabeto em caracteres latinos causaria uma ruptura cultural das novas gerações com seu passado otomano-muçulmano. Seus compatriotas, em reconhecimento, lhe outorgaram o título de Atatürk, pai dos turcos. Mesmo que a secularização da sociedade turca se comprovasse depois menos profunda do que parecia no período entreguerras, os caminhos da Turquia se separaram definitivamente daqueles do mundo árabe.

O Oriente árabe no entreguerras

A colonização direta chegou tarde ao Oriente Médio árabe e durou relativamente pouco tempo. Nos anos 60 do século XX, ela terminou. Seria possível argumentar que seu impacto foi relativamente superficial? Quando britânicos e franceses se estabeleceram em Bagdá, Damasco e Jerusalém, o auge do colonialismo já havia passado; o novo colonialismo, tardio, foi minado por oscilações e incoerências, e pontuado por rebeliões por parte dos povos médio-orientais. Contudo, esse interlúdio constituiu um preparo para as independências – e seus desapontamentos. O pan-arabismo, os patriotismos locais, o islamismo e as outras ideologias e conflitos que continuam moldando a realidade médio-oriental tiveram sua raiz naquela época.

Podemos dividir tal colonização em três etapas geopolíticas. A primeira vai do fim da Primeira Guerra até o começo dos anos 1930, quando os ex-aliados Grã-Bretanha e França, agora pouco amistosos, estabeleceram e consolidaram seu controle. A segunda começou na década de 30 com os imperialismos alternativos das potências fascistas, e terminou com sua derrota em 1945. A última fase ocorre quando as duas potências europeias sobreviventes, Grã-Bretanha e França, travaram uma luta inútil para manter seu controle contra os movimentos nacionalistas, sendo estes últimos apoiados (por motivos diversos) pelas duas novas superpotências, os EUA e a URSS – em consequência, as novas independências árabes estiveram imediatamente integradas na Guerra Fria.

Nos anos 1920, o interesse colonial no Oriente Médio era predominantemente estratégico. Para a Grã-Bretanha, a questão era assegurar a comunicação com a Índia, ainda sua principal colônia. Já para a França, a proximidade com a África do Norte era fundamental. Motivos econômicos ainda eram secundários: o petróleo já despertava um interesse crescente, mas sua exploração como fonte energética imprescindível só se tornaria um ponto central no estágio seguinte.

Na partilha do Crescente Fértil, a Grã-Bretanha e a França se fizeram outorgar os territórios árabes como mandatos da recente Liga das Nações, a primeira recebendo o Iraque e a Palestina e a segunda ficando com o Líbano e a Síria. Na teoria, o mandatário era encarregado de preparar o território tutelado para uma futura autodeterminação. Porém, os beneficiários involuntários dessa imposição experimentaram uma situação de puro imperialismo.

É importante destacar o caráter artificial dessas novas colônias, Estados inexistentes, inventados com base no acordo de Sykes-Picot. O mundo árabe tinha suas divisões internas: entre agricultores e citadinos; entre abastados *effendis* (proprietários) e mercadores e um proletariado urbano e rural faminto; entre muçulmanos, judeus e cristãos das várias congregações e seitas; entre nacionalistas e aqueles que continuavam ligando sua identidade coletiva a critérios religiosos. Havia também dialetos e costumes diferentes. Entretanto, nada havia preparado o terreno para a partilha de 1920. As novas fronteiras cortaram em pedaços o que fora uma sociedade milenar, com uma economia comum, e que passava, justamente, pelo processo da conscientização de possuir um destino comum.

A amargura e a raiva pelas promessas não cumpridas de unidade e independência foram profundas; protestos e revoltas antiocidentais foram reprimidos antes que a autoridade colonial pudesse se estabelecer. Essas convulsões fizeram parte da onda revolucionária internacional que, desde 1917, estava desafiando o sistema capitalista mundial. Em 1920, uma assembleia pan-árabe em Damasco ofereceu a coroa da pretensa monarquia árabe ao filho do xarife de Meca, Faissal. Os nacionalistas foram desalojados e bombardeados pelo exército francês. As revoltas foram esmagadas com sangue, mas o descontentamento continuou.

Desde essa época, o sentimento antiocidental ferveu de forma latente. Se os governos coloniais começaram com um enorme déficit de legitimidade, seus sucessores, independentes, herdaram em grandes linhas o mesmo problema, ainda que a pátina da sua mera sobrevivência produzisse, ao longo das décadas, uma certa respeitabilidade. Desse nascimento ilegítimo dos Estados árabes, seguiu-se uma tradição de intromissão e intervenção mútua através de fronteiras consideradas – no melhor dos casos – provisórias. A proximidade linguística, religiosa e de costumes facilitava o intercâmbio de ativistas entre um Estado e outro, tendência que continua em voga até hoje.

Os anos 1920

Os colonialistas não deixaram uma boa reputação atrás de si. Apesar disso, a atuação das potências coloniais mandatárias não foi completamente negativa. Elas construíram uma infraestrutura mais moderna, estimularam a educação e melhoraram o padrão de vida. Na vida comunitária, entretanto, franceses e britânicos praticaram a política de "dividir para governar", com resultados nefastos. Para manter a ordem, as potências desarmaram a maioria (sunita), e a discriminaram em favor das minorias – às vezes, armando uma para policiar as demais: assírios no Iraque, *alawitas* na Síria, coptas no Egito, judeus sionistas na Palestina etc. (embora os últimos também militassem em favor de sua própria independência).

Assim, armênios, judeus, xiitas, druzos e outros se associaram, na percepção da maioria, aos colonizadores, e se tornaram objeto do ódio da maioria: os muçulmanos. Os resultados, conflituosos, variaram. Os assírios iraquianos foram depois vitimados em pogrons, ataques físicos violentos contra minorias étnicas, enquanto os *alawitas* sírios tomaram o poder após a independência, mas as políticas coloniais posteriormente sempre complicaram a integração das minorias com a maioria numa nação árabe.

Frente a essa instabilidade endêmica, a Grã-Bretanha logo optou por uma devolução gradual do poder, raciocinando que a interferência direta era desnecessária, contanto que pudesse manter um efetivo controle sobre pontos estratégicos. Todavia, o processo não foi fácil, por falta de parceiros: os árabes insistiram na independência completa e total, conseguindo-a gradualmente. O Egito foi o primeiro, em 1922, a ganhar a independência, e talvez fosse o caso mais bem-sucedido da estratégia inglesa: a influência britânica continuou predominante na monarquia, e o Canal de Suez se manteve nas mãos da Grã-Bretanha.

No mesmo ano, para apaziguar os ânimos nacionalistas, os ingleses coroaram dois filhos do xarife Hussein como monarcas pró-ocidentais em suas outras possessões médio-orientais: Abdallah, no emirado da Transjordânia (que foi separado do mandato palestino), e Faissal I, no Iraque. Este último, a antiga Mesopotâmia, constituía um caso particularmente complicado. A província espremida entre as fronteiras das esferas otomana e persa nunca gozara de uma independência e, na forma territorial que foi definida nos arranjos pós-guerra, se comprovou uma aberração demográfica quase inviável.

Bagdá, capital de cultura literária sofisticada, dominava uma zona central sunita na confluência intermediária dos rios Tigre e Eufrates. Em direção à foz, as cidades sagradas xiitas de Karbala e Najaf, locais do martírio de Ali e Hussein, sofreram influência persa. Os sunitas desprezavam os xiitas, considerando-os como praticamente não árabes, mas a diferença era ainda maior com os habitantes do Iraque setentrional. No norte, a província de Mossul, rica em petróleo, fora cedida com relutância pela Turquia. Sua população curda não era mais bem-vinda sob o teto iraquiano do que dentro da nação turca.

Para consolidar seu poder, os ingleses deram autoridade artificial a chefes tribais. No Iraque, uma tradição parlamentar quase não se desenvolveu – ao contrário do Egito, da Índia e de outras colônias inglesas. Desde que chegou à independência, em 1932, o país conheceu somente a instabilidade. Na mesma época, as tensões cresciam continuamente entre judeus sionistas e árabes palestinos na Palestina, onde a devolução da autonomia era inviável: ela era bloqueada pelos sionistas, que queriam antes obter uma maioria judaica no país, ao mesmo tempo em que era reivindicada pelos palestinos, que se recusavam a compartilhar o poder com os judeus.

Os franceses eram muito menos abertos à perspectiva de autodeterminação política árabe, portanto a descolonização de suas possessões se deu mais vagarosamente.

A Síria, extremamente dividida entre comunidades étnico-religiosas, se tornou o centro do nacionalismo pan-árabe – liderado pelos sunitas – e de protestos contra a partilha do mundo árabe. Para enfraquecê-la, a França separou do corpo sírio o Vale do Bekaa e alguns outros territórios costeiros povoados por muçulmanos, juntando-os ao Monte Líbano: esta região também era de composição complexa – a maioria do campesinato e da burguesia era composta de maronitas e druzos, mas as tensas relações entre eles proporcionaram o pretexto para uma intervenção francesa em 1860. A ampliação do Líbano com novos territórios muçulmanos criou ali um frágil equilíbrio demográfico – garantia de tensões adicionais, que por sua vez justificaram a ordem mantida pela presença francesa. A Síria, obviamente, recusou esta "cirurgia territorial" e nunca aceitou a existência separada do Líbano – tampouco de seus outros vizinhos árabes, a Palestina e a Jordânia.

A única parte do mundo árabe a não ser colonizada foi a fonte do islã: a Península Árabe. Ainda que a Grã-Bretanha estabelecesse sua influência nos portos do Golfo – Kuwait, Catar, Costa do Tratado (*Trucial States*), Mascate e Omã, Áden etc. – o Hijaz e o Najd desérticos permaneceram não colonizados, sendo considerados como principados primitivos e pobres demais para justificar uma ocupação ocidental. No entanto, nem nas dimensões reduzidas da Arábia peninsular realizou-se o sonho de Hussein em Meca, o de liderar uma independência árabe. Na região vizinha de Najd, o líder tribal Abdul Aziz ("Ibn Sa'ud" – 1876-1953), puritano extremo, renovou nos anos 1920 a coalizão histórica de sua tribo, os *sa'ud*, com pregadores *wahhabitas*. Os *wahhabitas*, seguidores do pregador puritano Muhammad ibn Abd al-Wahhab (1703-1792) são uma seita muçulmana extremista que no começo do século XIX conseguira, numa aliança com os líderes sauditas do Najd, conquistar as cidades sagradas do Hijaz. Ali destruíram os túmulos de santos e depois o de Maomé, venerados no islã popular mas considerados pelos *wahhabitas* como superstições. Em 1818, Muhammad Ali do Egito derrotou os sauditas, mas a experiência *wahhabita* foi posteriormente retomada por Ibn Sa'ud.

Com o apoio da irmandade *wahhabita* dos *Ikhwan*, ele conquistou o Hijaz em 1924 e expulsou Hussein dos lugares sagrados. Nos anos seguintes, expandiu seu controle sobre os outros xeiques de quase toda a península, estabelecendo em 1932 a monarquia absolutista da Arábia Saudita. O novo Estado se tornou o exemplo precoce de um regime fundamentalista. Inspirados pela conduta do Profeta e seus companheiros, os *Ikhwan* – beduínos leais à dinastia saudita – viviam em comunas militares ultrapuritanas e fechadas ao mundo moderno, a seus valores e tecnologias suspeitas. Os ulemás bloquearam até mesmo a introdução do rádio, considerado por eles uma invenção do diabo – pelo menos até Ibn Sa'ud mostrar que ele também podia transmitir o Alcorão, a palavra de Deus. Desde essa época, as tendências conflitantes entre conservadores (liderados pelos ulemás) e modernizadores (apoiados por partes da família real) determinam os parâmetros da política saudita.

O reino de Ibn Sa'ud permaneceu durante algum tempo como um exemplo marginal e peculiar, num mundo rumo à modernização. Entretanto, em 1933, reservas gigantescas de petróleo foram descobertas no deserto e o potencial estratégico da Arábia Saudita aumentou. Na Segunda Guerra Mundial, ainda que Ibn Sa'ud mantivesse a neutralidade, a influência norte-americana cresceu. A companhia petrolífera Aramco se tornou o canal de um acordo que garantia acesso norte-americano desenfreado à maior fonte petrolífera do mundo. Posteriormente, os EUA se comprometeram a proteger militarmente a monarquia contra tribos concorrentes e outros inimigos internos e externos. O acordo se mantém até hoje.

Dos anos 1930 à Segunda Guerra Mundial

O fracasso da implantação, bastante artificial e baseada em elites minoritárias, de regimes parlamentares liberais em alguns países árabes – Egito, Iraque, Líbano etc. – ficou evidente nos anos 1930, quando a Itália fascista e a Alemanha nazista se tornaram fontes de inspiração para nacionalistas árabes mais radicais. Vários fatores se combinaram para criar esse polo de atração. A posição das potências europeias revisionistas, insatisfeitas com o desfecho da Primeira Guerra Mundial e com a Paz de Versalhes, antibritânica e antifrancesa de antemão, encontrou eco entre os árabes: o princípio universal das relações internacionais de que "o inimigo de meu inimigo é meu amigo" facilitou a aproximação. Além disto, o antissemitismo nazista encontrou ali solo fértil, em vista da luta que se travou entre árabes e judeus pelo controle da Palestina.

O alinhamento foi bem além da mera conveniência política e também produziu ressonância ideológica. O modelo da mobilização nacional totalitária de tipo alemã agradou ao nacionalismo pan-árabe. Como o nacionalismo alemão, o pan-arabismo ou *qawmiyya* é um nacionalismo étnico que pretende reunir todos os integrantes da nação, por mais dispersos que estejam, sob um único teto político. A *qawmiyya* tem como objetivo todos os árabes, dispersos de forma não contígua em muitos Estados. Como (ainda) não existia um Estado nacional, o critério para participar da nação não podia se encontrar em valores que seriam comuns a todos os cidadãos do território nacional: ainda não havia tal território.

O critério se baseava, portanto, numa identidade coletiva surgida de fatores não territoriais, herdados e supostamente imutáveis com o tempo: língua, ancestralidade, tradições. A teoria pan-árabe teve seus principais ideólogos em Sati al-Husri, Michel

Aflaq e Salahuddin Bittar, e atraiu durante o entreguerras e nas décadas seguintes, grande número de jovens árabes – intelectuais, pequeno-burgueses, oficiais entre outros. Nos anos 1950 e 1960, o pan-arabismo chegaria ao poder em vários países árabes: no Egito de Nasser, na Síria e no Iraque do Partido Ba'ath, por exemplo. Contudo, ele iria sofrer de quatro inconvenientes que por fim causariam – após um período de oportunidades perdidas – a sua derrota:

1) Monismo - Intolerante diante das diferenças entre árabes, o pan-arabismo enfatizava o que todos os árabes têm em comum, como a língua árabe, uma história compartilhada que incluía tanto a glória da Época de Ouro muçulmana quanto a humilhação pelo Ocidente, certas tradições e costumes sociais etc. Ao mesmo tempo, negligenciava as diferenças entre eles. Não só a língua havia se dividido em inúmeros dialetos mutuamente incompreensíveis. Havia ainda o peso de tradições e histórias muito diferenciadas entre países distantes: o árabe do Sudão ou da Argélia não só falava uma língua diferente da Síria ou Iraque, mas suas histórias divergiam há quase mil anos. Além disso, a partilha colonial criou novas unidades administrativas, artificiais, cujos quadros burocráticos e militares desenvolveram interesses e uma identidade comuns ao longo das décadas. Por negar as diferenças inegáveis dentro das populações árabes, o pan-arabismo se despojava de meios para integrá-las ou suavizá-las. O fiasco da República Árabe Unida, experimento de unificação entre o Egito e a Síria entre 1958 e 1961, decorreu dessa lacuna.

2) Intolerância a minorias - O pan-arabismo negava direitos ou proteção a minorias não árabes que vivem em seu seio – berberes, judeus, curdos, armênios, entre outros. Várias dessas minorias desenvolveram seu próprio nacionalismo e a tolerância tornou-se difícil de ser praticada. Onde o pan-arabismo chegou ao poder, ele centralizou fortemente sua autoridade. Em certos casos, discriminou ou perseguiu minorias. A incompatibilidade entre sionistas e nacionalistas árabes, e entre estes e os curdos, são dois exemplos conhecidos.

3) Autoritarismo - Ainda que o fascismo e o nazismo exercessem uma atração indiscutível, após a Segunda Guerra Mundial essa fonte perdeu a sua legitimidade. O socialismo soviético assumiu, de certo modo, esse papel de inspiração externa. Nasceu então o "socialismo árabe". O ponto comum era a rejeição ou, mais corretamente, a indiferença para com o modelo democrático. Na visão pan-arabista, a vontade do povo se expressa mediada pelo partido nacionalista. Outros partidos expressam interesses alheios, hostis ou (no melhor dos casos) uma "consciência falsa" a ser erradicada (às vezes, juntamente com o portador da consciência). O que se instalou então foi uma ditadura com pretensão monolítica, oprimindo as oposições em graus variáveis de brutalidade. Os regimes pan-árabes sofreram do desgaste que fatalmente acompanha regimes que precisam usar grande proporção de seus recursos na repressão interna e nas

agressões externas, e que carecem dos mecanismos homoestáticos autocorretores, que são o segredo do sucesso das democracias: igualdade frente à lei, acesso à participação política, separação dos poderes entre outros.

4) Secularismo - O pan-arabismo enfrentava no islã um desafio que não sabia assimilar. Vimos anteriormente como o arabismo foi originalmente "inventado" por cristãos libaneses que nele viam uma ideologia não muçulmana a qual, portanto, permitiria sua integração. De fato, o *qawmiyya* nunca negou suas raízes secularistas. Para Aflaq e seus companheiros, o islã não era a base da civilização árabe histórica e ainda menos ditaria os moldes da vida social nos dias de hoje. Explicavam seu papel enquanto "expressão do espírito árabe", enfatizando este aspecto do islã e diminuindo seu universalismo. Essa redução ideológica, porém, nunca condizia com a realidade das sociedades árabes, que são quase todas sociedades muçulmanas, e nenhuma pode ser considerada como secularizada.[4] O nacionalismo secular sempre manteve um relacionamento incômodo com a religião, louvando-a apenas na aparência, mas nunca levando a sério suas reivindicações com receio de afetar sua própria legitimidade.

Patriotismos locais competiam com o pan-arabismo. Baseando-se no conceito de território (*watan*), a *wataniyya* (territorialismo) chegou a um critério por um lado mais abrangente, pois incluía por princípio todos seus habitantes, mas por outro lado mais limitado, pois excluía todos os outros árabes. Pensadores dessa tradição do nacionalismo territorial enfatizavam o patrimônio local às custas de uma lealdade mais ampla. No Egito, por exemplo, o autor Taha Hussein preconizou o caráter faraônico de seu país, considerando a ligação com o mundo árabe e muçulmano como acréscimos históricos contingentes (os pan-arabistas replicariam que as múmias estavam mortas e os árabes vivos). Já o libanês Antoine Saadeh propunha um fenicianismo, localizando a identidade autêntica de sua nação numa "sirianidade" que englobava as tradições aramaicas antigas de Tiro e Damasco.[5] Aliás, pan-arabismo (*qawmiyya*) e *wataniyya* nem sempre se excluem mutuamente. Num período mais próximo ao nosso, o ditador iraquiano pan-arabista Saddam Hussein tem se utilizado também de motivos *watanis* – nesse caso, mesopotâmicos – comparando-se imodestamente a Sargão, Hamurabi e Assurbanipal.

Se falamos aqui, um tanto detalhadamente, da promessa do pan-arabismo e do desapontamento que causou é porque exatamente o vazio que essa ideologia deixou abriria um espaço para o islamismo – cuja emergência, na verdade, começa com a bancarrota do nacionalismo secular. Na realidade, o islã parece se perder um pouco (com a exceção da Arábia Saudita) no panorama ideológico do Oriente Médio muçulmano do entreguerras até os anos 1960. Essas décadas, em retrospectiva, parecem constituir o auge do secularismo nessa parte do mundo muçulmano. Um islã político, islamista ou fundamentalista no sentido atual ainda não existia, e mesmo o islã modernista era relativamente minoritário.

Ainda assim, no Egito, o conflito com uma modernidade que usurpava cada vez mais o espaço da tradição religiosa entrou em cena mais rapidamente do que em outros países do Oriente Médio árabe. É ali que, pela primeira vez, um radicalismo islamista tomou forma no entreguerras. Em 1928, Hassan al-Banna (1906-1949), um devoto professor na cidade de Ismailia, próxima ao Canal de Suez e, portanto, sob controle britânico, estabeleceu a Irmandade Muçulmana (*al-Ikhwan al-Muslimun*) para combater a influência ocidental, preponderante nessa época no Egito. Banna era um reformista mais radical que Ridda, insistindo no Alcorão e em alguns poucos *hadiths* como únicas fontes de autoridade. Mas, ao contrário do seu mestre, levava a sério o ideal de restabelecer a sociedade islâmica – não apenas pelo paciente trabalho educacional num quadro colonial, mas também rejeitando a presença do Ocidente no Egito, e defendendo, se necessário, o uso da violência.[6]

Aqui se vê a afirmação do islã político: a política como caminho e campo de batalha central para a islamização da sociedade. Se as implicações dessa postura eram abrangentes, a Irmandade, no entanto, era uma organização multifária – tanto partido político quanto clube social, que disciplinava jovens egípcios com o uso do esporte e do escotismo contra as tentações do sexo. Contudo, transformou-se num autêntico movimento de massa, que começou a preocupar as autoridades do *Wafd*, o partido nacionalista-burguês no poder. A Irmandade operava em geral por meios pacíficos, mas em 1948 se distinguiu nas batalhas contra a comunidade sionista na Palestina, que considerou um *jihad*.

Quando o regime se desestabilizou em 1948, após a derrota da intervenção egípcia na guerra contra Israel, as autoridades reprimiram a Irmandade. Banna morreu assassinado, apesar dos "irmãos" terem participado ao lado de soldados nacionalistas nessa campanha catastrófica. De sua frustração compartilhada surgiu, em 1952, a Revolução dos Oficiais Livres. A Irmandade Muçulmana foi parcialmente integrada ao novo regime, mas de suas centelhas radicais surgiria o fundamentalismo sunita contemporâneo.

O panorama ideológico do Oriente Médio muçulmano apresenta, portanto, três ideologias dominantes desde o entreguerras. As duas inicialmente predominantes são seculares: o pan-arabismo, não territorial, e os patriotismos territoriais. (Poderíamos acrescentar uma terceira ideologia secularista: o comunismo, que nos anos 1950 e 1960 conseguirá mobilizar setores proletários, intelectuais e minorias cristãs e judaicas no Egito, no Iraque e em áreas próximas; mas a abrangência de seus seguidores nunca chegou à amplitude necessária para desafiar as ideologias rivais.) Há, além dessas, um projeto religioso, enérgico mas minoritário, a Irmandade Muçulmana.

Já era evidente que a questão da identidade coletiva constituía no Oriente Médio um quebra-cabeça quase insolúvel. Qualquer alternativa parecia excluir de sua definição quase tantas pessoas quanto incluía. Pan-arabistas nunca integrariam minorias não árabes; nacionalistas regionais tinham pouco a dizer sobre algum comunalismo civilizacional; comunistas e islamistas propunham programas coerentes e contestatórios, mas que assustavam mais gente do que atraíam. O que parecia óbvio, no entanto, era que o futuro seria rumo à modernização. Poucos observadores teriam antevisto a emergência e a hegemonia ideológica de uma religiosidade politizada e frontalmente antimoderna.

A Segunda Guerra Mundial tornou o Oriente Médio um campo de batalha (com a exceção da Turquia, que permaneceu neutra). Os nazistas cobiçaram o petróleo e os Aliados, por sua vez, tentaram protegê-lo. A estratégia do Eixo (Alemanha, Itália e Japão) foi alcançar essa fonte, cuja possessão decidiria possivelmente a guerra, por meio da conjunção de duas frentes armadas: a primeira, forçando seu caminho pela África do Norte através do Egito em direção ao leste; a segunda, indo da Rússia através do Cáucaso em direção ao sul. Caso tivesse tido êxito, a aniquilação da comunidade sionista na Palestina não teria sido mais do que uma nota de rodapé na história.

Mas para apaziguar os espíritos árabes, o governo britânico, em 1939, já se distanciara preventivamente de seus compromissos pró-sionistas anteriores. Pouco adiantou. Os movimentos nacionalistas, principalmente o Partido Ba'ath (Renascimento), tinham muitos motivos para suas inclinações pró-Eixo: a queda da França e a fraqueza britânica frente a Hitler só incentivaram a agitação nacionalista no Oriente Médio. Para evitar o alinhamento da Pérsia com o Eixo, a URSS e a Grã-Bretanha forçaram a demissão do xá, admirador confesso de Hitler, e o país foi ocupado pelos Aliados. Em 1941, um golpe colocou uma conspiração militar pró-nazista no poder no Iraque. Somente após um ano a Grã-Bretanha conseguiu derrubá-la. Algo parecido poderia facilmente ter acontecido no Egito. Porém, em 1942, o destino da guerra mudou, e os alemães foram derrotados em El Alamein. A vitória aliada poupou os árabes de uma ocupação nazista. Mas o preço em troca foi amargar a presença militar reafirmada das potências ocidentais.

Da Segunda Guerra Mundial aos nossos dias

A história do Oriente Médio muçulmano nos últimos sessenta anos é a história do fracasso do desenvolvimento. A descolonização, meramente formal, nunca se desdobrou em emancipação política, social, econômica e cultural das populações. Essa história se pontua por alguns anos-chave e muito se entenderá se lembrarmos que todas as grandes rupturas foram pontuadas por derrotas. Em 1948, por exemplo, a primeira guerra israelo-árabe sinaliza a falência dos regimes pró-ocidentais em lidar com o desafio sionista. Na verdade, a importância do estabelecimento de Israel enquanto Estado judeu no coração do mundo muçulmano tem valor simbólico mais do que estratégico.

Israel é pequeno e, ainda que localizado inconvenientemente na conexão terrestre entre a Ásia e a África, sua presença em si não impossibilitaria a unidade árabe. Tampouco os problemas e injustiças causados por seu estabelecimento são tão insolúveis quanto parecem. O que incomoda é o seu desenvolvimento, a sua orientação cultural abertamente não médio-oriental e a incapacidade absoluta e repetida do mundo muçulmano em chegar a um equilíbrio de poder que levaria a um meio termo menos desonroso. Daí a centralidade das guerras israelenses na consciência árabe.

Já outro ano-chave, 1956, e a Guerra de Suez simbolizam o desaparecimento da influência ocidental e o auge do pan-arabismo. Ainda assim, os novos regimes, secularistas e modernizadores, fracassaram tanto interna quanto externamente. Em junho de 1967 ocorre a terceira guerra entre Israel e a frente árabe, a chamada Guerra dos Seis Dias, que simboliza esse fracasso. A próxima data-chave não trata mais de Israel: 1978/79 e a Revolução Iraniana apontam para a nítida emergência de uma alternativa islamista ao secularismo árabe. Este, porém, vivido como um sinal de esperança pelas massas árabes, acontece fora do próprio mundo árabe. E no lugar de se expandir e trazer o esperado renascimento que outorgaria aos muçulmanos árabes os recursos psicológicos, sociais e militares para se emancipar de imposições estrangeiras (tanto as reais quanto as imaginárias), a exportação da revolução islâmica provoca, no âmbito árabe, somente repressões e novas guerras perdidas.

Como consequência, a próxima data-chave, 1990-91 e a Guerra do Golfo contra a ocupação iraquiana do Kuwait, tem conotações múltiplas. A agressividade e prepotência do regime iraquiano arabista, o entusiasmo que ele evoca entre as massas árabes e, ainda, sua humilhante incapacidade militar frente à coalizão internacional (mas essencialmente ocidental) que restaurou as fronteiras herdadas do período colonial, tudo nela indica a irreversibilidade das derrotas: as perdas contra o Irã, a vaidade das lideranças e a ingenuidade das populações, o isolamento e a crescente irrelevância do mundo árabe na era da globalização, a exaustão de todos os modelos coerentes – com exceção do islamista, imune a críticas racionalistas. É exatamente esse que crescerá na última década, não obstante (e talvez graças às) repressões. É também o que se radicalizará na que parece ser a única estratégia para a qual nem o sionismo nem o Ocidente têm oferecido uma resposta efetiva.

Por outro lado, 1991 é também o ano que inicia entre Israel e os palestinos um processo de paz que – ao contrário das esperanças que ele despertou nos meios racional-progressistas ocidentais, judaicos e árabes – significou no entender de milhões de outros palestinos, árabes e muçulmanos uma rendição vergonhosa às forças irresistíveis do materialismo, da modernidade e das imposições alheias. Em outras palavras, uma nociva acomodação diante da injustiça. Os últimos anos expressam de modo inegável o explosivo "não" desse mundo muçulmano. A nova intifada (levante palestino), que traz a violência para dentro dos lares israelenses, e os ataques terroristas do 11 de setembro de 2001, entre outros que se seguiram, são conduzidos por grupos islamistas relacionados e seguem lógicas paralelas: a dor, a vergonha e a raiva alcançam tal ponto que o único incentivo que resta é o de infligir a dor máxima ao inimigo, mesmo ao preço da própria vida e da certeza de uma resposta ainda mais dolorosa.

O terrorismo e os homens-bomba conseguiram provocar – quase que de propósito – as reocupações da Cisjordânia e de Gaza, e as recentes invasões norte-americanas no Afeganistão e no Iraque. Podemos ter a certeza de que essas reações não adiantarão – a menos que sejam acompanhadas por uma mudança igualmente radical nos programas de políticas sociais e culturais do Ocidente. Mas não apressemos o rio. Isso, na verdade, será assunto para o último capítulo deste livro.

Independência e fracasso do arabismo secular (1945-1967)

Entre 1945 e 1967, quase todos os países árabes ainda dominados chegaram à independência política. Contudo, os caminhos para essa liberdade foram dramaticamente diferentes. Os impérios coloniais da França e da Grã-Bretanha seguiram rumos distintos na sua liquidação (que foi estimulada pelas novas superpotências, os EUA e a URSS). O Líbano e a Síria, ocupados conjuntamente pela França e Grã-Bretanha, chegaram à independência em 1943, ainda que desacordos adiassem sua implementação até 1946. Fora da Transjordânia, onde a influência inglesa continuou preponderante, a maior possessão colonial remanescente da Grã-Bretanha após a Segunda Guerra foi a Palestina, cuja administração se tornou cada vez mais inviável devido à luta entre a sociedade autóctone árabe (que logo após a guerra ainda constituía dois terços da população do mandato) e a comunidade sionista de imigrantes. Ambas ambicionavam agora a independência: os palestinos preferindo talvez se fundir a um Estado pan-árabe futuro, enquanto os sionistas militavam em favor de um Estado judeu separado. Nenhum dos dois aceitou a legitimidade do outro, e em ambos a maioria rejeitou soluções de meio-termo.

Os judeus haviam sofrido terrivelmente com o holocausto perpetrado pelos nazistas. A miséria dos sobreviventes junto ao sentimento de culpa dos Aliados, no entanto, outorgou em fins dos anos 1940 um crédito de simpatia internacional aos sionistas.

Israel-Palestina: o plano de partilha da ONU - 1947

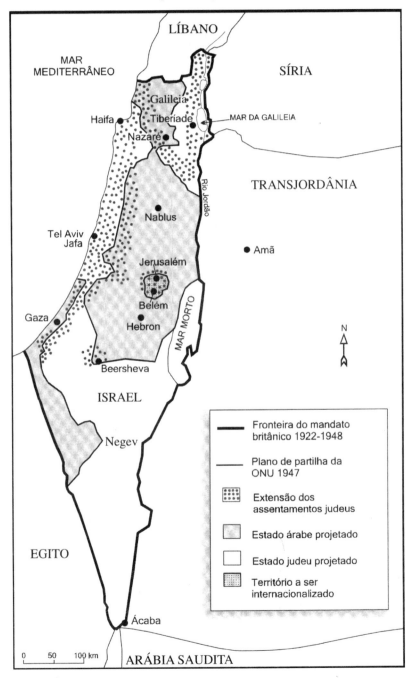

Israel-Palestina: a independência de Israel (1948-1967)

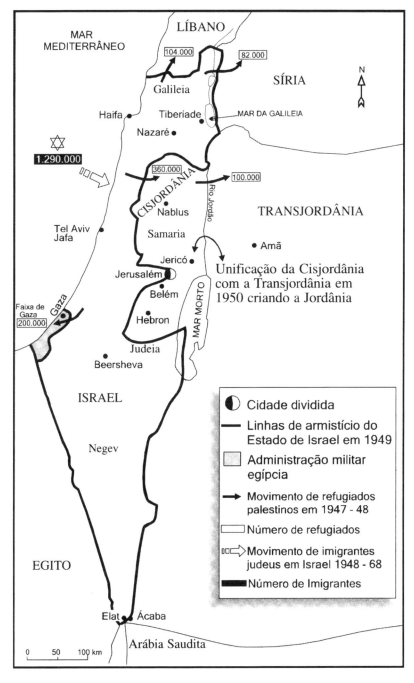

Quanto aos palestinos, estes conseguiram tornar seu conflito local uma causa pan-árabe (e cada vez mais pan-islâmica). Na percepção do mundo árabe, o assentamento judeu da Palestina se confundia com o colonialismo ocidental, ambos destinados à erradicação. Entretanto, a Grã-Bretanha entregou a possessão à ONU, sucessora da Liga das Nações, que ordenou, em 1947, a partilha do território em dois Estados independentes, um para cada comunidade.

O Estado judeu projetado sobrepunha mais ou menos os assentamentos sionistas já existentes. Mesmo assim, incluía uma "minoria" palestina árabe hostil, que na verdade representavam 49% da população. Num país minúsculo, a proposta só teria alguma chance, evidentemente, se ambas as comunidades inimigas se comprometessem a uma estrita coordenação. A Agência Judaica aceitou, o lado árabe recusou. Na guerra que se seguiu, o *yishuv* (comunidade judaica na Palestina) derrotou os palestinos, declarou sua independência e expulsou os exércitos de sete Estados árabes, que imediatamente declararam guerra.

Já o Estado independente palestino nunca se tornou realidade. A maior parte dele, a Cisjordânia, foi conquistada e, em 1950, anexada pela Transjordânia (a partir de então, Jordânia), enquanto o Egito passou a administrar a Faixa de Gaza. Cerca de 750.000 palestinos fugiram em circunstâncias controversas para os países vizinhos, onde sua presença se perpetuou ano a ano e logo constituiu um problema humanitário e político de grande magnitude. Armistícios foram assinados em 1949, mas a tensão não diminuiu.

Com a significativa exceção da Palestina, no entanto, o mundo árabe completaria seu processo de descolonização nos anos seguintes. A Líbia se viu compensada por sua resistência à Itália e chegou à independência em 1952. Na mesma época, a onda de liberdade chegou ao império francês na África do Norte. A Tunísia e o Marrocos se tornaram independentes em 1956. A Argélia chegou à emancipação somente em 1962, após uma longa e cruel guerra liderada pela FLN (Frente de Libertação Nacional). E após o fiasco da Guerra de Suez em 1956, a Grã-Bretanha começou a liquidar suas últimas colônias "a leste de Áden", no Golfo Pérsico, o que conduziu às independências, entre 1961 e 1971, do Kuwait, Barein, Catar e dos "Estados do Tratado" que se reuniram nos Emirados Árabes Unidos.

Omã, que nunca fora colônia, precisou de apoio militar britânico para subjugar uma revolta esquerdista nos anos 1970. Desde essa época tem se mantido aliado do Ocidente. Iêmen, a única região relativamente fértil da península, havia sido partilhada no século XIX entre o Império Otomano e a Grã-Bretanha, que quis controlar o Áden, porto de trânsito vital. A parte setentrional do Iêmen conquistou sua independência após a retirada otomana e se tornou uma monarquia religiosa (xiita zaidita) semelhante ao vizinho sunita saudita. Nos anos 1960, uma guerra civil entre o rei e a oposição republicana modernizadora provocou ali intervenções do Egito de Nasser e da Arábia Saudita. Por fim, estabeleceu-se uma república pouco estável. O sul colonizado pelos ingleses, no entanto, obteve a independência em 1967, mas se radicalizou num curso socialista pró-soviético. Esta República Democrática Popular do Iêmen, porém, não sobreviveu à implosão do bloco soviético. Ambos os Iêmens finalmente se unificaram em 1990.

Se desde os anos 1960 (no mais tardar) quase todos os Estados árabes eram independentes, cabe ressaltar, todavia, que a maioria deles eram criações artificiais e recentes, que só paulatinamente conseguiram construir a lealdade de seus súditos. A maioria também permaneceu economicamente dependente, seja do Ocidente, seja do bloco soviético. Tampouco o Oriente Médio escapou à geopolítica da Guerra Fria. Quando a URSS exerceu pressões sobre a Turquia e o Irã, estes países da Bancada Setentrional reagiram integrando as alianças militares pró-ocidentais, ou seja, a OTAN (Organização do Tratado do Atlântico Norte) e o Pacto de Bagdá.

Nos anos 1950 e 1960, a Guerra Fria teve efeitos tanto internos quanto regionais, e dividiu o mundo árabe em dois blocos antagônicos de Estados. Os chamados conservadores, tais como a Arábia Saudita, os sultanatos e emirados peninsulares, além da Jordânia e do Marrocos, entre outros, constituíam em geral monarquias sob forte influência ocidental – agora, mais precisamente dos EUA, após a retirada britânica e francesa. Por outro lado, houve uma série de regimes ditos progressistas, originários de revoluções antiocidentais. Foi o caso do Egito, Síria, Iraque, Argélia e Líbia, alinhados à URSS, onde se estabeleceram orientações pan-arabistas e "socialistas". Tais governos tentaram um desenvolvimento estatal, mas os resultados dessas "ditaduras de desenvolvimento" foram desapontadores. Entre esses dois grupos de Estados, não houve amizade. Tentativas para promover a unidade árabe, tais como a Liga Árabe, estabelecida em 1945, foram incapazes de superar as diferenças e suspeitas mútuas. Forças centrífugas também operaram dentro de cada um dos grupos e contrariaram as tendências rumo à unificação.

Os anos 50 testemunharam o auge do pan-arabismo, cuja base social se encontrava no exército. A revolução mais radical ocorreu sem dúvida no Egito, onde o golpe dos Oficiais Livres em 1952 levou à emergência de Gamal Abdul Nasser. Político árabe mais carismático do século XX, Nasser se tornou emblema do pan-arabismo, tanto em seus êxitos quanto em seu fracasso final. Nasser era progressista sem ser antirreligioso nem marxista, mas levou a cabo, de fato, a industrialização e o desenvolvimento econômico da agricultura egípcia sem sacrificar um certo ideal de justiça social. Seus planos logo o puseram em um curso de colisão contra os velhos interesses imperiais.

Para financiar seus ambiciosos projetos de irrigação no Nilo, Nasser nacionalizou, em 1956, o Canal de Suez, provocando uma aliança entre França, Grã-Bretanha e Israel – este último inclusive sofreu incursões de *fedaiyin* palestinos de Gaza, apoiados pelo Egito. Na Guerra de Suez, o Egito foi derrotado e a Península do Sinai, ocupada. Porém, a pressão conjunta dos EUA e da URSS logo obrigaram sua devolução. Nasser conseguiu transformar uma derrota militar numa vitória política, e se tornou, da noite para o dia, o ídolo das massas no mundo árabe inteiro. Aproveitando o prestígio, o Egito pouco depois se uniu à Síria na República Árabe Unida (RAU). No entanto, foco de profunda instabilidade política e centro de turbulência pan-árabe, a Síria se sentiu insatisfeita e desfez a unificação em 1960.

Uma nova onda revolucionária afetou o mundo árabe em 1957-58, desestabilizando os regimes pró-ocidentais na Jordânia, no Líbano e no Iraque. Nos dois primeiros casos, os governantes conseguiram restabelecer seu poder. Mas, no Iraque, uma revolução anti-hachemita derrubou a monarquia e estabeleceu um regime nacionalista de esquerda, sob a liderança de Abdul-Karim Qasim (Kassem), que se baseava nos curdos e nos comunistas, fortemente inseridos na população xiita do sul. A radicalização continuou nos anos seguintes. O regime de Qasim, entretanto, nunca conseguiu se consolidar. A pequena burguesia sunita, com tendência pan-arabista, queria aderir à RAU, mas Qasim enfatizava a nacionalidade iraquiana por meio da igualdade entre árabes e curdos. Em 1963, ele foi executado e os comunistas perseguidos; mas os oficiais que o derrubaram discordavam entre si, divididos entre arabistas e grupos mais à esquerda.

Em 1968, um novo golpe colocou no poder o Ba'ath, o partido pan-arabista. Graças à nacionalização do petróleo em 1972, o Ba'ath esperava montar as bases de uma sociedade de bem-estar. Ao mesmo tempo, suprimiu progressivamente todas as oposições internas: curdos (uma revolta foi esmagada em 1975), xiitas e comunistas. Os Ba'athistas iraquianos também brigaram com seus copartidários na Síria, no poder desde 1963. Em 1979, como veremos mais adiante, um de seus líderes, Saddam Hussein, concentrou o poder em torno de si.

Na Argélia, o Acordo de Évian de 1962 conduziu à independência sob Ahmed Ben Bella e à repatriação de um milhão de colonos franceses (os *pieds-noirs*, pés negros). O regime optou por uma política de "socialismo árabe" que inicialmente evocou simpatias da esquerda internacional. No entanto, nem aqui as promessas se realizaram. O islã inseriu-se novamente no discurso oficial, os direitos das mulheres foram restringidos e – como no Egito, Iraque e tantas outras sociedades pós-revolucionárias – a geração heroica da resistência anti-imperialista se transformou numa elite burocrática ineficaz e cada vez mais corrupta.

Israel-Palestina: a Guerra dos Seis Dias (junho de 1967) e suas sequelas

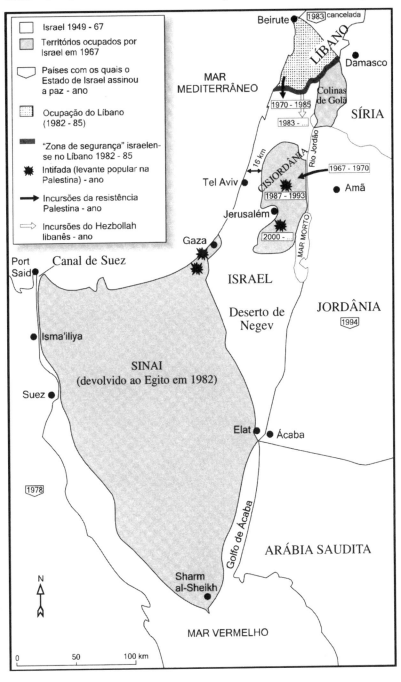

Desde as independências, portanto, os regimes no Oriente Médio se dividiram em três tipos – monarquias conservadoras; ditaduras monopartidárias populistas, inicialmente de esquerda mas essencialmente pequeno-burguesas com forte elemento militar; e regimes islamistas. Na realidade, estes últimos foram um novo fenômeno cuja primeira expressão só ocorreu em 1969, quando Mu'ammar Kadafi (al-Qadhafi) promoveu um golpe na Líbia e ali iniciou uma islamização bastante atípica: na época o modelo era ainda considerado como uma exceção mas, como veremos, seria o arauto de uma nova tendência. Essa tríplice divisão se mantém até hoje. Uma quarta espécie, a república democrática parlamentar de tipo ocidental, é mais rara. Israel (não muçulmano), a Turquia (não árabe) e, menos intensamente, o Líbano, são praticamente os únicos exemplos.

Nos outros regimes, independentemente das ideologias, o autoritarismo foi a regra: os parlamentos eram um mero adereço, as mídias eram canais de propaganda serviçais, as prisões encontravam-se cheias de dissidentes. Tanto nas monarquias quanto nas repúblicas, as elites no poder eram secretamente ligadas a minorias – caso dos circassianos na Jordânia e dos *alawitas* na Síria – ou a clãs e tribos, como a de Tikrit no Iraque.

Fracasso do desenvolvimento e islamização incipiente (1967-1990)

No tubo de ensaio das conjunturas médio-orientais destila-se uma segunda periodização que vai desde 1967 até 1990. Ou seja, da última tentativa árabe secular (distinta, portanto, da muçulmana) abrangente de aniquilar Israel até a primeira tentativa árabe secular de desafiar militarmente a supremacia ocidental no mundo pós-Guerra Fria. Ambas as tentativas demonstram o fracasso dos Estados árabes mais fortes em atingir seus objetivos regionais – devido, entre outros fatores, à atuação de forças locais opostas.

A incapacidade dos Estados árabes em alcançar suas metas internas não foi menos grave. Embora não houvesse rupturas dramáticas, exceto a Revolução Iraniana, o fracasso se lê nas estatísticas de crescimento populacional e de pobreza econômica, na crescente pressão da falta de um recurso cada vez mais raro – a água –, na estagnação dos processos democráticos e no contraste entre os números cada vez maiores de jovens saindo das escolas associados à incapacidade do Estado de gerar empregos. A combinação de derrotas externas e internas com o sentimento de que "todas as receitas já foram tentadas" explica o desgaste e a deslegitimização do Estado árabe secular e a atração do apelo islamista. Pode-se dizer, portanto, que a linha de tensão principal desse período opôs um arabismo moribundo e uma variedade de regionalismos particulares a uma nova proposta universalista: "O islã é a solução".

Em síntese, quatro questões expressaram com essa base os dilemas do Oriente Médio: 1) a crescente força de Israel, que explicitava o fracasso da emergência palestina; 2) a riqueza do petróleo, que não conseguiu provocar o desenvolvimento econômico; 3) a guerra civil libanesa, que realça a incapacidade de autotransformação democrática secular; 4) a guerra entre o Irã e o Iraque, que teve êxito em frear temporariamente o avanço islamista, graças a um apelo racista à solidariedade árabe, mas que levou à guerra do Kuwait, o que dividiria ainda mais o mundo árabe. De maneiras diferentes, a não solução destes quatro problemas, que analisaremos de forma mais detalhada a seguir, contribuiu para a decadência dos modelos políticos vigentes no Oriente Médio e, por consequência, para o surgimento do islamismo como alternativa.

O conflito Israel x Palestina

Um jogo feito de concepções errôneas, de manipulações recíprocas interárabes e de lances demagógicos levou Nasser, em maio de 1967, a renovar a ameaça militar contra o Estado judeu. A facilidade com que a guerra fria entre Israel e seus vizinhos se reacendeu ilustra a instabilidade deste quadro: aqui não houve contenção, dissuasão, nem cálculos racionais como os observados entre os EUA e a URSS. Israel não ambicionou a expansão territorial, mas temeu um novo Holocausto; os árabes estavam despreparados para uma nova guerra, mas sua honra já havia sido comprometida. Para os árabes, os resultados foram catastróficos de imediato; para Israel, a longo prazo. Na Guerra dos Seis Dias, Israel ocupou o Sinai, do Egito; dos restos do Estado palestino definido em 1947 mas nunca erigido, Israel ocupou a Cisjordânia jordaniana (inclusive Jerusalém oriental, terceira cidade sagrada do islã, que foi anexada) e a Faixa de Gaza; e da Síria, ocupou as Colinas do Golã.

Israel sobreviveu e se expandiu, mas ficou com um milhão de palestinos atravessados no caminho, cuja presença no decorrer dos anos reanimou o dilema insolúvel entre Estado democrático e Estado judaico – dilema que a "limpeza étnica" dos árabes palestinos de 1948, com a retirada dos palestinos do território israelense, parecia ter evitado.[7] Um efeito colateral seria o surgimento de um fundamentalismo judaico. De imediato, a humilhação árabe foi total e provocou duas respostas. Nasser se demitiu – e foi chamado de volta numa manifestação pública de pesar que, se sincera (o que não se sabe), é pungente em sua inocência. Em seu impasse, a massa egípcia não viu outra saída a não ser se agarrar a quem a conduzia à catástrofe. Quando Nasser morreu em 1970, sem recuperar o território perdido (tarefa que deixou para seu sucessor Anwar Sadat), milhões choraram pelas ruas. Com Nasser, falecia uma época e uma cosmovisão; a nação inteira se sentiu órfã. Líderes futuros nunca mais conseguiram preencher esse vazio, e os árabes buscariam em vão o líder mágico que lhes mostraria o caminho. Saddam Hussein tentou preencher o cargo; mas sua crueldade e megalomania foram evidentes demais.

Os Estados árabes reagiram se armando novamente e preparando a próxima investida. Esta veio em 1973, com a Guerra de Outubro (Guerra de Yom Kipur). A primeira guerra onde os árabes não foram derrotados lhes abriu espaço psicológico para uma acomodação com Israel. Começando pelo Egito, as elites chegaram gradativamente à conclusão de que o conflito com Israel era caro demais e impossível de ser ganho. Em 1977, Sadat iniciou o processo de paz que lhe custaria a vida (ele seria assassinado em 1981, por islamistas egípcios). Suas ações individuais afetaram a solidariedade árabe e conduziram ao isolamento temporário do Egito. Aos poucos, no entanto, outros líderes árabes, vulneráveis demais para uma atuação pioneira, seguiriam seus passos.

Essa adesão, aliás, foi gradual e lenta demais para prevenir a guinada direitista no Estado judeu; e distante demais das preocupações populares, que ficaram encantadas, durante alguns anos, com a resistência palestina. A ocupação tornara o Davi sionista (até 1967 elogiado pela opinião internacional) num Golias imperialista, logo desafiado pelas pedras de um Davi palestino. A simpatia internacional, consequentemente, voltou-se para a vítima. Contudo, a resistência palestina, que nos anos 70 e 80 foi amplamente secularista, estava fadada ao fracasso, devido a um mecanismo trágico em sua simplicidade e que se tornaria o protótipo de enredos semelhantes em outros conflitos: a menos que o Estado judeu fosse completamente destruído, qualquer solução seria necessariamente parcial. O próprio processo de moderação, todavia, provocou reações extremas contrárias, cuja violência sufocou o início da conciliação recíproca.

A OLP (Organização para a Libertação da Palestina) tornou-se famosa pelas ações – entre militares e terroristas – de comandos palestinos: atentados e sequestros vistosos, mas militarmente impotentes. Politicamente, portanto, os palestinos conquistaram um lugar no mapa; militarmente, eles nunca ameaçaram Israel. O que de fato afetou Israel (e ainda apenas marginalmente) foram os contatos políticos de israelenses com líderes palestinos dos territórios ocupados. Tendo aprendido essa lição, a OLP de Yasser Arafat se engajou cautelosamente no caminho político; mais uma vez, cautelosamente e devagar demais para frear a radicalização de Israel, que se alimentou dos próprios atos terroristas palestinos que nunca cessaram completamente.

Ao final do longo período de preparo que agora analisamos, uma combinação de circunstâncias favoráveis proporcionou, em 1991, a oportunidade para negociar um processo de paz oficial. Não obstante, ao longo de seu caminho, os palestinos tiveram que deixar de lado boa parte de sua bagagem ideológica. O que a liderança propunha já não era mais a libertação inteira da pátria árabe perdida, mas um pequeno Estado que provavelmente seria bastante dependente de Israel. Junto aos seus princípios ideológicos, os generais palestinos moderados perderam boa parte de seus soldados rasos. Para os mais radicais, o ganho possível no novo programa político era pequeno demais e parecia não justificar a perda do ideal e da honra implicada nas duras barganhas com o adversário.

Uma erosão paralela enfraqueceu a ala pró-paz da política israelense. Deste modo, originou-se a fatal associação entre intransigência e idealismo honroso de um lado, e, de outro, entre as concessões mútuas incluídas no programa da "terra pela paz", o derrotismo e o cansaço. O resultado foi que uma fração mais extremista tanto entre os palestinos quanto entre os israelenses estava pronta a se utilizar da violência para descarrilar o processo de paz. Estes indivíduos e grupos foram recrutados majoritariamente entre os fundamentalistas de ambas as religiões.

Mas ao olhar das populações civis vitimadas pelos atos de terrorismo, tal distinção parecia sutil e irrelevante demais. Elas atribuíam a violência não a uma oposição desesperada à aproximação transreligiosa e transnacional que minava as próprias bases de sua identidade sectária, mas à perversidade "inata" da outra comunidade. Ou ao próprio processo de paz, "ingênuo" demais em relação ao inimigo. Como resultado, o conflito reincidiria em condições muito piores do que antes do começo do processo de paz, numa atmosfera amarga, sem ilusões e propícia às fáceis ideias essencialistas e às "soluções finais" radicais.

Nos anos 70 e 80, esse mecanismo ainda estava longe de sua resolução trágica, mas a direção já estava traçada. Tanto no âmbito dos Estados árabes quanto no da OLP, os moderados que buscaram uma convivência com o Estado judeu chegaram a tal opção porque entenderam que algum tipo de pacificação era a precondição para o desenvolvimento de sua nação. Na maioria dos casos, esses políticos e pensadores eram secularistas. A oposição a eles rejeitou o próprio conceito desenvolvimentista como uma armadilha ocidental. Eles se encontravam entre a extrema esquerda secularista, cada vez mais marginalizada, e os islamistas, cada vez mais numerosos.

O petróleo

Se o conflito com a "entidade sionista" (como os oponentes da coexistência com Israel faziam questão de chamar) constituiu o lado mais visível da inaptidão do mundo árabe em solucionar seus problemas, o fracasso do desenvolvimento socioeconômico não era menos penoso. Também nesse âmbito, o período pós-1967 semeou as bases da situação atual. A pobreza do mundo árabe se tornou mais embaraçosa porque outras regiões outrora exploradas colonialmente conseguiram, por sua parte, avanços reais impressionantes. Em particular, os Tigres asiáticos e certas partes da América Latina, ambas não muçulmanas, onde ocorreram uma forte industrialização e um crescimento da prosperidade.

As economias do Oriente Médio, a exemplo dessas ex-colônias, também eram amplamente baseadas na exportação de matérias-primas ao primeiro mundo e pouco integradas entre si. Mas o Oriente Médio não só dispunha de reservas incomparáveis da mais importante matéria-prima, o petróleo, como também conseguiu nessa época completar seu controle nacional da exploração e exportação. Entretanto, paradoxalmente, isto não resultou numa prosperidade geral.

Até os anos 50 e 60, o petróleo do Oriente Médio muçulmano era bombeado e exportado para nutrir as indústrias do norte global a preços irrisórios. As Sete Irmãs, as maiores companhias petrolíferas do mundo, pagavam um tributo que permitia um estilo de vida glamouroso aos sultões detentores dos poços, mas muito aquém de seu real valor econômico.[8] Tentativas nacionais de tomar posse do recurso foram reprimidas. No Irã, por exemplo, a nacionalização do petróleo pelo líder nacionalista Muhammad Mossadeq em 1953 acabou num golpe arquitetado pela CIA e que colocou no trono o jovem xá Muhammad Reza Pahlevi, mais suscetível aos interesses norte-americanos. Mas a tendência nacionalista não pôde ser indefinidamente contida. A Organização dos Países Exportadores de Petróleo (OPEP), estabelecida em 1960, pressionou para existir uma partilha mais equitativa dos espólios. O Iraque ba'athista foi o primeiro a nacionalizar o petróleo em 1972. O Kuwait, a Arábia Saudita e outros logo seguiram o exemplo. Desta vez, os governos ocidentais já não mais arriscaram intromissões abertas, preferindo buscar arranjos mutuamente aceitáveis.

Escondendo-se habilmente por trás da demagogia bélica da Guerra de Outubro, a OPEP forçou em 1973-74 uma quadruplicação do preço do barril, provocando a primeira crise do petróleo no planeta. As consequências para a economia internacional foram profundas e, por vezes, paradoxais. De imediato, a expansão causou o enriquecimento maciço dos Estados petrolíferos e, com isto, uma oportunidade única para impulsionar o desenvolvimento do mundo árabe. Infelizmente, os líderes não aproveitaram esta chance.[9] Deixando de lado algumas exceções positivas, pode-se afirmar que a esmagadora massa desse dinheiro foi usada para três tipos de gastos improdutivos: luxo para poucos felizardos, importações de armas e, por fim, investimentos especulativos nos centros financeiros.

Os resultados foram contrastes ainda mais escandalosos entre ricos e pobres, uma região hipermilitarizada e um mar de petrodólares a serem reciclados por meio de empréstimos a países em desenvolvimento, mas sem petróleo. Não resultou, evidentemente, na modernização das infraestruturas econômicas (para não falar das políticas) do mundo árabe. O influxo monetário permitiu aos clãs no poder (tais como os al-Sabah no Kuwait) subornar classes inteiras da sua população com o fornecimento de energia, educação e sistemas de saúde baratos. Não proporcionou, contudo, o desenvolvimento. Muito menos se beneficiaram aqueles países "irmãos", destituídos do petróleo, mas cheios de populações sem recursos: Egito, Síria, Marrocos etc. A divisão do mundo árabe em Estados separados já estava enraizada demais. Apelos pan-arabistas para compartilhar a renda como recurso nacional foram rejeitados. O petróleo aprofundou as diferenças entre pobres e ricos entre Estados e dentro deles.

Os detentores do petróleo (e do gás natural, que na Argélia representou papel semelhante) não eram todos secularistas. Ao lado de cada Saddam Hussein ou Houari Boumedienne, o líder esquerdista argelino que depôs Ben Bella em 1965, houve vários reis, xeiques e emires religiosos: a Arábia Saudita exemplifica bem o paradoxo. O importante é que o petróleo não serviu como alavanca do desenvolvimento, mas acabou facilitando uma integração desigual no mundo capitalista desenvolvido. Facilitou a importação de produtos e serviços ocidentais considerados imorais, mas deixou que as massas permanecessem miseráveis. Na visão dos islamistas, a religiosidade dos xeiques petroexportadores era mera hipocrisia. Por fim, da mesma forma que a prata das Américas que chegava à Espanha, a riqueza petrolífera deixou o mundo árabe mais pobre do que antes de sua exploração. Mas trouxe mais um fermento que iria islamizar a massa árabe.

A guerra civil libanesa

A guerra civil que dilacerou o Líbano, entre 1975 e 1991, é um outro exemplo de crise aguda que nem todos os recursos do mundo muçulmano foram capazes de solucionar ou mesmo aliviar. Os detalhes dessa luta multifrontral são extremamente confusos, mas suas linhas gerais são bastante claras. Entre os anos 40 e 70 do século XX, o Líbano foi amplamente considerado a "Suíça árabe". Um mundo comercial, próspero e pacífico. Esta percepção, entretanto, era enganosa. O Estado libanês conseguiu manter, desde a independência, uma frágil democracia graças ao Pacto nacional de 1944, que estabeleceu e perpetuou a dominação maronita. Essa dominação era condicional e se baseou numa partilha do poder com as outras comunidades, que receberam, cada uma, uma certa proporção de vagas (funcionários públicos, posições de poder etc.), reservadas em função de um censo dos anos 40. A maior taxa de crescimento dos muçulmanos, no entanto, abalava o equilíbrio comunitário. Esse equilíbrio, excepcionalmente, previnia a dominação de um grupo ou seita, e abria no Líbano um espaço maior para a liberdade de expressão do que em outras partes. Beirute era o centro de todos os grandes debates literários e políticos. Mas essa liberdade também propiciou intromissões que acabariam minando tal construção.

Nos anos 60 e 70, o arranjo de 1944, que partilhara o poder entre as comunidades religiosas que constituíam a república libanesa, mas que favoreceu os maronitas e prejudicou os muçulmanos (e seitas cristãs), foi gradualmente minado pelo crescimento demográfico mais intenso dos muçulmanos. Contudo, os maronitas não estavam dispostos a reabrir a negociação.

Uma fachada de prosperidade superficial e de vivacidade intelectual não pôde esconder que as tensões intercomunitárias estavam se aprofundando. O catalisador da guerra civil foi a presença de algumas centenas de milhares de refugiados palestinos, majoritariamente muçulmanos, que eram rejeitados e discriminados. O influxo, desde 1970, de milhares de guerrilheiros fugitivos da Jordânia, que usaram o sul do Líbano como novo trampolim para incursões em Israel – provocando assim retaliações israelenses – desequilibrou o frágil sistema. O Estado, destituído de órgãos neutros e quase sem exército funcional, ficou indefeso.

Alguns incidentes entre milícias em 1975 foram suficientes para desencadear um ciclo repleto de massacres e atrocidades mútuas. A guerra civil opôs inicialmente um bloco direitista de maronitas a um esquerdista de sunitas, druzos e palestinos. Teoricamente, a esquerda quis reforçar os laços do Líbano com o mundo árabe (e foi então apoiado pela Síria "pan-arabista"), enquanto a direita enfatizou seu caráter idiossincrático (e foi aplaudida por Israel). Mas os rótulos ideológicos mascararam mais do que desvendaram. Logo ficou claro que a situação era muito mais complexa: os maronitas eram divididos em clãs hostis; as elites sunitas privilegiadas algumas vezes se alinharam com os maronitas; cristãos ortodoxos árabes[10] se alinharam em geral com a esquerda; os xiitas, tradicionalmente a parcela mais atrasada da população, originalmente concentrada no sul mas que a miséria e as guerras trouxeram parcialmente para Beirute, radicalizaram-se e participaram com suas próprias milícias. E os palestinos, também divididos em facções opostas, eram odiados por todos os outros.

Potências vizinhas mais fortes aproveitaram o caos para se intrometer em prol de seus próprios interesses. A Síria, apesar da sua retórica radicalmente pró-esquerda, não pôde suportar a ameaça de uma supremacia militar dos palestinos, mais progressistas, e mandou seu exército contra eles, o que facilitou às milícias maronitas massacrá-los em Tell al-Za'atar, Beirute, 1976. Israel interveio em 1978 para expelir os palestinos do sul do Líbano, e repetiu sua ação, muito mais maciçamente, em 1982. Nessa guerra, Israel conseguiu afastá-los de suas bases no sul e exilou a liderança da OLP de Beirute na Tunísia, provocando uma nova invasão síria na maior parte do Líbano – muito mais duradoura do que a própria invasão israelense.

Nos campos de refugiados de Sabra e Shatila, em Beirute, palestinos agora desarmados foram massacrados por milícias fascistas cristãs, enquanto o exército israelense

As comunidades do Líbano

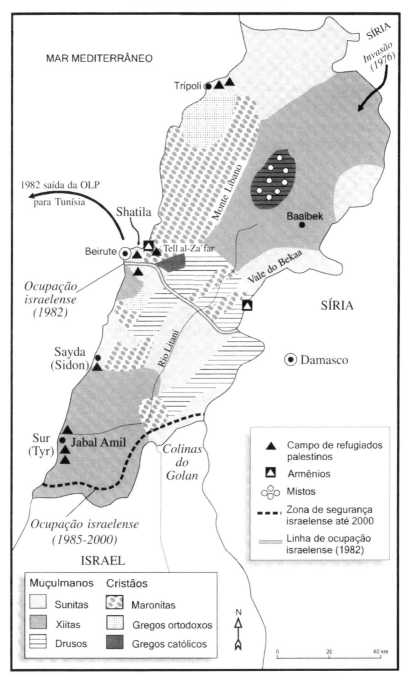

fazia vistas grossas. O escândalo que se seguiu provocou uma crise moral e política em Israel, o que acelerou a retirada israelense. Os EUA e a França intervieram mas, tanto para eles quanto para Israel, o Líbano virou um Vietnã: xiitas do sul organizaram uma resistência mais eficaz do que a palestina. Os primeiros homens-bomba conseguiram matar centenas de soldados ocidentais. Todos então se retiraram – Israel, contudo, manteve uma estreita "faixa de segurança" além de sua fronteira setentrional.

Mas a guerra civil não terminou. Após a revolução antixá de 1978-79, o Irã se tornou um Estado islamista radical e mandou voluntários para combater os sionistas. Os próprios xiitas libaneses se radicalizaram. Os anos 80 se tornaram o período crítico do terrorismo xiita. Na "guerra dos campos", o Hezbollah (o Partido de Deus, fundamentalista) e outros grupos sequestraram alguns estrangeiros ocidentais, mas muito mais cidadãos libaneses. Beirute, que uma vez se gabara de sua alcunha de "Paris do Oriente", tornou-se a cidade mais perigosa do mundo. Todas as regras da convivência humana foram violadas.

O Líbano foi o laboratório do "choque de civilizações" que depois iria infernizar áreas cada vez mais extensas do mundo muçulmano, e além dele. Quanto mais a luta se prolongava, mais ela se tornava cruel. Grupos maronitas rivais travaram batalhas urbanas. Quem podia foi embora. A diáspora já ultrapassava em algumas vezes a população local.[11] Quando o ditador sírio Hafez al-Asad aproveitou a crise do Golfo, que chamou a atenção mundial em 1990, para completar sua conquista do infeliz país exaurido e ali estabelecer um ferrenho protetorado sírio, a pacificação imposta finalmente acabou com o banho de sangue que custara aproximadamente duzentas mil vidas e impelira oitocentas mil pessoas a abandonar o país.[12] Só então uma gradual reconstrução pôde começar, com base em uma nova fórmula de poder que limitou os privilégios dos maronitas.

Foi assim que o Líbano constituiu-se num precedente da onda islamista. Em primeiro lugar, na guerra civil libanesa, grupos fundamentalistas muçulmanos, em particular xiitas, pela primeira vez se manifestaram como força considerável. O microcosmo libanês funcionou como experimento, onde eles ganharam legitimidade política (hoje o Hezbollah é representado no parlamento libanês e goza de ampla legitimidade). A segunda relevância é mais indireta e mais profunda. A guerra civil que destruiu o que foi uma das sociedades árabes economicamente mais desenvolvidas, intelectualmente mais criativas, socialmente mais livres e (aparentemente) seculares ilustrou o fiasco total do projeto de um mundo árabe moderno, pluralista e aberto a outras civilizações.

Lutas sangrentas não menos brutais também aconteceram em outros lugares antes e depois da Guerra do Líbano: Vietnã, Argélia, Colômbia, Bósnia, Timor Leste,

Chechênia são alguns dos nomes em nossa memória. Há, porém, diferenças cruciais. A maior parte dessas foram, de alguma forma, guerras de descolonização. O problema do Líbano não era a colonização: o país era livre (a solução que por fim se impôs, pelo contrário, equivalia a uma recolonização). O problema era a incapacidade das populações heterogêneas de concordar sobre qualquer fórmula de coexistência, numa das regiões mais heterogêneas do mundo.

Intervenções externas, por mais interesseiras que fossem, pioraram mas não causaram o conflito. O Estado cessou de funcionar; milícias sectárias tomaram posse de mil pedacinhos territoriais. Uma sociedade urbana, letrada e sofisticada, pós-moderna sob certos aspectos, mergulhou numa fragmentação quase feudal de lealdades pré-modernas. Nenhuma proposta prevaleceu para superar as divisões e estabelecer um espaço político comum a todos, o que condenou a sociedade libanesa à subjugação por um ditador externo. A Guerra do Líbano não significou uma questão mal resolvida de uma sociedade primitiva em sua transição para a modernidade, mas a incapacidade da sociedade árabe secular em proporcionar um modelo viável de coexistência. Embora a metade dos libaneses fossem cristãos, uma tal conclusão não pôde senão reforçar o argumento islamista.

A primeira Guerra do Golfo (1980-1988)

A quarta crise conduz imediatamente à emergência do islamismo e à conjuntura atual: é a Revolução Iraniana e seus prolongamentos no Iraque e, baseando-se nele, no mundo árabe inteiro. Em 1979, quando afastou o regime extremamente repressivo e prepotente do último xá, a revolução muçulmana no Irã entusiasmou a opinião pública árabe e, assim, ameaçou os regimes existentes no mundo árabe que repetiam as características da ditadura posta a pique – mas modernizadora e secularizante – no Irã.

Ao final dos anos 70, o fracasso do desenvolvimento tanto estadista quanto neoliberal já ficava claro, expondo a ilegitimidade dos regimes. Os múltiplos fracassos analisados nos tópicos anteriores abriram uma crise generalizada, que abrangia todas as dimensões – social, econômica, cultural e política. Recursos críticos, tais como alimentos e água, se tornavam escassos. O Oriente Médio passou por uma verdadeira explosão demográfica, que exacerbou o deslocamento social maciço causado pela rápida urbanização. As escolas, superlotadas e ineficientes, produziam cada vez mais jovens repletos de valores materialistas e expectativas de um futuro próspero, que nem o Estado nem o setor privado tinham condições de absorver.

Nem o velho clientelismo ou as promessas neoliberais adiantaram: o desemprego cresceu e, com ele, a frustração. Assim começou uma crise que se aprofunda até hoje, e que torna a governabilidade a cada ano menos sustentável – a menos que seja mediante a aplicação de força repressiva. Dessa forma, não é de se admirar que enquanto a onda de democratizações envolveu inúmeros países nos anos 80 e 90, o mundo árabe permaneceu em águas paradas. É exatamente nesse cenário que precisamos situar a rejeição dos modelos ocidentais (inclusive o comunismo, que se tornou irrelevante), a virada antissecular e a volta à religião como panaceia.

A revolução islamista no Irã de 1978-79, ainda que ocorresse num país não árabe, evocou grandes esperanças entre as massas do mundo árabe e, concomitante, instilou pânico entre os regimes existentes. Por um lado, os limites do potencial emancipador daquela revolução não ficaram logo claros. A face repressiva do regime de Khomeini levou tempo até se manifestar. No início, a situação era mais flexível, e uma saída democrática ou até a transformação socialista da economia e da sociedade iranianas não pareciam impensáveis. A revolução, ainda que atípica por sua cor religiosa, foi tida como progressista.

Mas logo os novos líderes do Irã incitaram os muçulmanos no mundo árabe a depor seus governos "traiçoeiros" e a instaurar regimes autenticamente islâmicos. O vento revolucionário soprou no Oriente Médio. Movimentos islamistas então cresceram no mundo árabe, desafiando os governos por toda parte. Até na Arábia Saudita, fundamentalistas tomaram a Grande Mesquita em 1979, acusando o governo corrupto de ser insuficientemente islâmico. O líder Juhaiman al-Utaybi foi devidamente decapitado, mas a turbulência continuou clandestinamente.

A invasão do Afeganistão pela URSS, também em 1979 – os soviéticos foram apoiar um hesitante regime pró-comunista – despertou uma guerrilha muçulmana anticomunista que, em alguns anos, tornaria o país uma armadilha para os russos, que se retirariam, derrotados, em 1987-89. Os EUA apoiaram os afegãos, com dinheiro, e o Paquistão, com armas e ajuda logística. Os *mujahadin* afegãos, divididos entre si em inúmeros partidos de variável puritanismo fundamentalista, mobilizaram o apoio de milhares de voluntários do mundo muçulmano inteiro. Os combates no árduo território afegão e a fraternização com idealistas islamistas de muitos países constituíam uma experiência formativa na trajetória pessoal dos voluntários. O Afeganistão se tornou um incubador de fundamentalistas. Voltando para casa depois da "libertação" do país, esses combatentes "afegãos" iniciariam depois novos *jihads* no Egito, na Argélia, no Paquistão e em muitos outros territórios.

Em 1981, no entanto, o Jihad assassinou o presidente egípcio Sadat. No ano seguinte, o regime Ba'ath sírio sobreviveu a um levante da Irmandade Muçulmana, que foi esmagado com o massacre de aproximadamente vinte mil civis na cidade de Hama, que foi quase destruída. O regime correlato em Bagdá desencadeou uma feroz repressão contra os xiitas, suspeitos de ser traidores instigados pelo vizinho Irã. Em 1980, Saddam Hussein (que acabara de eliminar seus rivais no topo do *Ba'ath*), julgando explorar um momento de fraqueza do Irã, atacou o país vizinho sob pretexto de uma disputa fronteiriça sobre o rio Shatt al-Arab (na confluência do Tigre e Eufrates, comum a ambos os Estados).

Saddam, cujo regime era baseado na repressão e na mobilização nacionalista agressiva e necessitava dessas aventuras externas, apostou numa vitória fácil e rápida, esperando o colapso do regime dos aiatolás, ainda mal consolidado. Em vez disso, a guerra se prolongou durante oito anos (tornando-se uma das mais longas e mais letais guerras do século XX). Numa estimativa conservadora, quatrocentos mil iranianos e trezentos mil iraquianos foram mortos nessa guerra inútil que, ao estilo da Primeira Guerra Mundial, na França, se travou na lama e nas trincheiras, com o uso de armas químicas, com ganhos territoriais mínimos.

Após perdas iniciais, os iranianos retomaram a iniciativa com o uso de terríveis "ondas humanas", onde milhares de crianças foram lançadas para se sacrificar nos campos minados. Khomeini viu a guerra como meio de exportação da revolução islâmica e, ainda mais obstinado do que Saddam, antecipou em vinte anos a doutrina Bush de "mudança de regime" no Iraque, recusando-se a qualquer paz antes do desaparecimento do "infiel" Saddam. A esta altura, potências externas providenciaram apoio para evitar a derrota iraquiana. A França, os EUA e a URSS deram ajuda militar; países árabes tais como o Kuwait, o minúsculo mas riquíssimo vizinho do Iraque, emprestaram bilhões. O Iraque, aliás, em lugar de ser grato, considerou o dinheiro apenas como contribuição mínima ao "líder natural" da nação árabe. Em 1988, a ONU intermediou um armistício, com a consequente volta ao *status quo* anterior. Pouco depois, Khomeini morreu e com ele, a fase mais agressiva da Revolução Iraniana. O dinamismo do islã político parecia estar estilhaçado.

Haveria muito a se comentar sobre os motivos da Guerra do Iraque, que incluíram razões de fortalecimento do regime e ideias de hegemonia regional, com a utilização de racismo confesso antipersa e anticurdo, bem como sobre suas consequências dentro do próprio país, mas este não é o propósito aqui. O que nos interessa é o apoio árabe (e ocidental) a Saddam: as elites árabes temiam mais o islamismo do que o imperialismo pan-árabe ba'athista, e pretenderam usar a força bélica do Iraque para conter e, se possível, destruir o Irã islamista. Para frear a expansão do islamismo, nenhuma nova ideia foi proposta. Os meios mais cruéis foram utilizados; lançou-se mão das ideologias como mera manipulação.

A "vitória" contra o Irã foi paga com a desmoralização do mundo árabe. E o fortalecimento do Iraque provocaria uma reação em cadeia ainda mais perigosa para os regimes árabes. É importante destacar que regimes como o sírio, o líbio, o saudita, o egípcio, o iemenita, o argelino etc. diferem do iraquiano em grau, mais não em qualidade – são quase todos autoritários. Amedrontados com a perspectiva de uma revolução, que nas condições atuais só poderia ser uma revolução islamista, eles não ousam abrir espaço para uma autêntica democratização. Com isso, comprometem as chances de sua própria sobrevivência. No médio prazo, também estão condenados.

O preço da contenção iraniana foi, portanto, elevado. É improvável que o Iraque houvesse sobrevivido sem o apoio ocidental e soviético. Os Estados árabes liberaram um *jinn* que não mais voltou à sua garrafa. Dentro de dois anos, o Iraque invadiria e anexaria o Kuwait, com a intenção simultânea de "roubar os cofres" e iniciar uma nova tentativa de obter o controle da região inteira – inclusive de suas fontes petrolíferas. O ataque quase explodiu o sistema de Estados árabes independentes, em cuja defesa ele havia sido criado. Além disso, as massas árabes se identificaram amplamente com o ditador expansionista, em particular quando este desafiou a comunidade internacional (leia-se o Ocidente) e vinculou uma retirada iraquiana à retirada paralela israelense dos territórios palestinos. Mais uma vez, o mundo árabe precisou de uma intervenção internacional para se salvar. A "cruzada internacional" que derrotou o Iraque foi extremamente impopular no mundo árabe, e deslegitimou ainda mais esses governos.

O próprio Iraque foi submetido a uma série de sanções que mergulharam os seus cidadãos numa miséria sem precedentes. Isto se adicionou ao ódio do mundo muçulmano contra o Ocidente e foi uma das três acusações lançadas por Osama bin Laden contra os EUA. Acusações que o levaram a condenar à morte toda a população norte-americana, militar ou civil.[13]

O SUBCONTINENTE INDIANO

O estabelecimento do poder britânico e as reações muçulmanas

O século XVIII trouxe consigo a perda do poder político e militar que os muçulmanos exerceram sobre a quase totalidade da Índia. Após os fúteis esforços de Aurangzebe, o declínio foi rápido: forças desagregadoras reduziram paulatinamente o território controlado pelos imperadores mughals, o sistema administrativo e militar entrou em decadência, e províncias outrora controladas pela autoridade central se tornaram autônomas sob *nawabs*, que apenas nominalmente reconheciam o imperador. Simultaneamente, revoltas protofundamentalistas de hindus maratas chegaram a controlar boa parte da Índia ocidental. No entanto, os príncipes maratas não desenvolveram nenhuma ideologia pan-indiana; como consequência, houve uma fragmentação interna, que em meados do século atraiu invasões e rázias afegás.

O caos e a insegurança empobreceram o país. Em 1761, maratas e afegãos se destruíram mutuamente na Batalha de Panipat, resultando num vácuo de poder. Neste intervalo, as potências marítimas europeias entraram na Índia. Dentro de pouco mais de meio século, três quartos do território estavam sob controle britânico – ou mais exatamente sob a Companhia das Índias Orientais, cuja voracidade e corrupção foi tamanha que o próprio governo britânico se viu obrigado a gradualmente assumir a responsabilidade administrativa.

Para a maioria hindu, um domínio estrangeiro do país não era senão "costumeiro". Na conquista, os europeus usaram exércitos sipaios de indianos para derrotar outros indianos, com a colaboração de elites locais. Não houve resistências nacionais: uma consciência pan-indiana só viria à luz muito mais tarde, paradoxalmente sob o impacto da colonização inglesa. Já para os muçulmanos, a perda de "seu" Estado, desde há séculos comprometido com a proteção do islã, foi um evento traumático.

Na primeira metade do século XIX, as políticas britânicas trouxeram à Índia amplo declínio. As necessidades da economia britânica, no auge de sua industrialização, transformaram a Índia, civilização com uma antiga tradição artesanal, de exportadora de têxteis e outros produtos em fornecedora de matérias-primas para a indústria algodoeira britânica. Os ingleses introduziram a propriedade privada e estabeleceram outras pré-condições do capitalismo; essas arruinaram grande parte da elite rural muçulmana. À exploração econômica logo se somou o desprezo cultural. Na primeira época de sua estadia, quando a Índia ainda era forte, os comerciantes ingleses foram poucos e tenderam a assimilar a cultura indiana. Mas desde os anos 1820, no clima antirrevolucionário e pró-religioso que vigorava na era pós-napoleônica, não houve mais espaço para os ingleses socializarem com colegas nativos, e cresceu a distância social entre mestres e servidores.

O século XIX foi aquele das tentativas de evangelização dos "pagãos", da disseminação das vantagens da civilização racionalista dos liberais utilitaristas e – cada vez mais – de noções racistas. A "superioridade branca", a "degeneração" da cultura indiana e o "fardo do homem branco" pouco condiziam com o respeito ao qual os ex-senhores muçulmanos estavam acostumados e que eles sentiam ter o direito de receber. A língua inglesa substituiu o persa como língua oficial e a lei britânica substituiu a xaria. O empobrecimento não poupou nem as antigas elites muçulmanas. As políticas britânicas geraram, por fim, tanta alienação que em 1857 estourou a Grande Revolta dos Sipaios. Desencadeada por queixas religiosas entre os soldados indianos – tanto muçulmanos quanto hindus – essa revolta logo se expandiu por todo o norte do país. Porém, a rebelião fracassou por não ter um programa concreto nem liderança comum. O elemento retrógrado muçulmano foi bastante claro: um último descendente dos grão-mughals se viu aclamado como novo imperador e os britânicos tiveram dificuldades em afastá-lo. A partir de então, uma nova era começou na colônia, agora diretamente administrada pela Grã-Bretanha.

A combinação do enfraquecimento nativo e da prepotência colonialista não foi exclusiva à Índia. Tais fatores se encontram (com variações) em uma gama de colonizações. Mas, talvez porque sua cultura não conduzira ao desenvolvimento de um sentimento "nacional", talvez porque ela já estivesse acostumada por tanto tempo a controles externos, a Índia se comprovou mais vulnerável a seu impacto. Assim, os muçulmanos viveram ali uma perda mais brutal do que em outras sociedades. Como em outros casos – o otomano, o persa etc. – os muçulmanos indianos se viram desafiados a desenvolver respostas à situação de decadência e vulnerabilidade. Mas eles não constituíam na Índia uma sociedade coerente: o pluralismo era grande demais e o controle estatal da religião, fraco demais. Como, então, continuar vivendo uma vida muçulmana na ausência de um poderio muçulmano? A frustração de um grupo outrora dominador e agora marginalizado produziu ao longo do século XIX três tipos de reações: a tradicionalista, a reformista e a política.

(1) Os tradicionalistas não acreditavam na necessidade de mudanças substanciais dentro da comunidade muçulmana. Conservadores, eles incluíam muitos sufis, líderes de santuários e ulemás, e tendiam a se submeter ao domínio inglês. Outros, "protofundamentalistas" mais militantes, como Sayyid Ahmad Barelwi, rejeitaram a coexistência com infiéis numa zona sob controle não muçulmano, agora revertida à "Casa da guerra", e convocaram uma nova hégira, uma migração para países ainda islâmicos – ou tentaram um *jihad* contra *sikhs* e ingleses, por conta própria (já que não se esperava mais nada da aristocracia feudal muçulmana).

(2) Os reformistas – muitas vezes ulemás na linha de Shah Waliallah, pensador islâmico conservador do século XVIII, mas também sufis tais como os *chistis* panteístas – explicavam a perda política como consequência da não obediência dos muçulmanos ao islã, o que provocara a ira divina. Daí a necessidade de purificar as práticas da fé, afastando cultos de santos e de seus túmulos, além de outras "superstições" e supostas influências hindus. Seu conceito de identidade era de uma comunidade muçulmana puramente religiosa, liderada por um "clero" de ulemás. Os reformistas rejeitaram a cooperação com os britânicos, e também propuseram iniciativas mais norteadas para uma atuação futura. Sua escola de Deoband, por exemplo, pretendia proteger jovens muçulmanos mediante o ensino ortodoxo, que combinava uma rigorosa educação religiosa conservadora com ciências exatas, preparando seus alunos para cargos públicos.

(3) Os modernistas – a terceira opção originou com (mas não se limitou à) camada de proprietários e funcionários públicos que queria recuperar por meio de uma acomodação com os britânicos parte de sua influência e privilégios perdidos. Isso pressuporia a criação de uma identidade muçulmana moderna, a modernização e a anglicização – daí que sua atuação mais marcante foi educacional. Na verdade, o poder colonial já introduzira, há algum tempo, escolas de moldes britânicos para desenvolver uma pequena elite pan-indiana anglófona, a ser integrada na administração da colônia. Porém, os hindus aproveitaram essa oportunidade muito mais do que os muçulmanos. A socialização comum de jovens de lugares distantes da Índia em meio aos valores e à cultura anglófila criou uma intelectualidade modernizadora e se tornou fator crítico no nascimento de um sentimento nacional pan-indiano.

Agora muçulmanos liberais tentariam recuperar o terreno perdido. Esta terceira corrente teria maior impacto histórico, sendo sua figura predominante sir Sayyid Ahmad Khan, hoje considerado como o pai espiritual do Paquistão. Khan acreditava na compatibilidade da fé com a modernidade, do islã e da civilização trazida pela Grã-Bretanha, e sempre manteve sua lealdade pró-inglesa. Sua criação mais influente foi a escola de Aligarh, em 1875, que não só combinava estudos islâmicos com uma educação ocidental, mas (como algumas escolas para jovens hindus) também incutia os valores e o estilo do *english gentleman*, bom debatedor, amante dos esportes, competitivo, mas leal aos colegas – cultura política e social que continua marcando a Índia e o Paquistão.

Khan também esperava preparar uma futura cooperação entre elites inglesas e muçulmanas mediante uma nova leitura da religião. Bastante secularizado, bem como muitos de seus colegas, ele acreditava firmemente na ciência ocidental, e tentou tornar o islã mais aceitável e racionalista, optando por uma reinterpretação simbólica do Alcorão. Esta abordagem, contudo, despertou forte oposição entre seus correligionários e hoje não é mais popular no Paquistão.

No fim do século XIX e na primeira metade do XX, a nova situação demográfica e politicamente minoritária dos muçulmanos indianos os obrigou a travar uma luta multipolar – contra hindus, ingleses e entre si mesmos – que acabou transformando uma comunidade dispersa em blocos políticos e territoriais muçulmanos homogêneos. Isso gerou uma redefinição mais política da identidade coletiva. Até o século XVIII, o islã constituía presumivelmente apenas um dos elementos da identidade daqueles indianos que pertenciam a um dos múltiplos ramos do islã indiano. Até 1947, completou-se um realinhamento coletivo acerca dos símbolos do islã como centro desta suposta essência coletiva. Qual islã, porém? Sobre este ponto, não havia consenso.

O comunalismo britânico reforça a alienação muçulmana-hindu

Neste quadro de profundas transformações, as atitudes e políticas britânicas após a Revolta dos Sipaios de 1857 teriam grandes consequências. Inicialmente os ingleses viam seus súditos muçulmanos como um perigo maior do que os hindus, pois, segundo seu raciocínio, a antiga classe dominante poderia se ver tentada a reconquistar o poder. Por outro lado, o poder colonial reconheceu que os muçulmanos constituíam no país uma ordem política separada, com interesses próprios, e com direito a uma certa proteção institucional. Baseada nesta compreensão, a Grã-Bretanha instalou o sistema de "dividir para governar", o comunalismo, outorgando privilégios políticos ou econômicos a certas comunidades religiosas, e negando-os a outras.

Assim, a Grã-Bretanha mudou sua política antimuçulmana. Os britânicos logo tentaram apaziguar os muçulmanos discriminando em favor destes e contra os hindus em seu sistema administrativo e na distribuição de cargos. Mais tarde, quando os ingleses testaram órgãos parlamentares no governo da Índia, determinaram que os muçulmanos constituiriam um distrito eleitoral separado e lhes outorgaram uma representação desproporcional. Há autores que alegam terem os ingleses quase inventado a nova identidade muçulmana na Índia, só depois adotada e assumida pelos próprios muçulmanos.[14]

Se verdade ou exagero, os mestres coloniais não conseguiram conter a radicalização nem de hindus nem de muçulmanos. Do ponto de vista da composição de sua população, a Índia britânica estava pouco preparada para a independência enquanto Estado nacional: a civilização indiana promovia a coexistência de grupos que se mantinham autossegregados, não só muçulmanos e hindus, mas também *sikhs*, *parsis*,[15] cristãos etc. Etnias, tribos e três mil subcastas hindus viviam numa interdependência econômica, mas com pouca interação social. Tabus culturais recíprocos reproduziam a distância social a cada geração.

O meio século que vai desde aproximadamente 1885 até os anos 1940 viu a separação progressiva das duas comunidades, hindu e muçulmana, processo que se fez acompanhar da transição dos debates de clubes elitistas para a ação de massa, até o sangrento divórcio em 1947. O estabelecimento, em 1885, do Congresso Nacional Indiano problematizou a relação dos muçulmanos tanto com a comunidade hindu quanto com a Inglaterra. O Congresso inicialmente foi elitista e moderado, mas no final do século XIX e começo do XX, se radicalizou. Desapontados com os resultados escassos de sua estratégia gradativa, congressistas mais radicais reivindicaram a independência total, o que os colocou em rota de colisão com o poder colonial.

Os hindus enfrentaram dilemas culturais paralelos aos dos muçulmanos. Modernizadores que acreditavam num renascimento da Índia mediante a adoção de modelos ocidentais se opuseram aos tradicionalistas que procuravam se inspirar na revitalização de tradições religiosas. Os progressistas, contudo, tiveram mais força entre os hindus do que entre os muçulmanos. O Congresso nunca tomou posições abertamente hindus. Ainda que incluísse uma ala neo-hinduísta, sempre seguiu a ideia de um Estado indiano secular e neutro para todas as religiões. Ele se considerava como expressão de uma nacionalidade indiana que transcendia divisões sectárias, regionais, linguísticas etc. Entretanto, poucos muçulmanos participaram dele, e assim o Congresso sempre foi visto como um partido composto essencialmente por hindus.

Na virada do século uma jovem e culta geração muçulmana mais radical, constituída por advogados, jornalistas e funcionários públicos, chegou à maturidade, e optou por uma organização à parte. Em 1906, foi fundada a Liga Muçulmana Pan-Indiana, cujo líder mais expressivo seria Ali Jinnah, que inicialmente não reivindicou a independência para seu povo. O que os muçulmanos pediam eram distritos eleitorais separados, para se distinguir e se proteger da esmagadora maioria hindu. Cortejando os muçulmanos, os ingleses introduziram esses eleitorados exclusivos em 1909. Incentivando os subnacionalismos das minorias, e em particular o dos muçulmanos, os britânicos conseguiram aumentar o antagonismo entre maioria e minoria. Apesar de suas manobras entre as duas comunidades, os britânicos por fim se indispuseram com ambas.[16] Em vez de ganhar a cooperação de uma elite indiana "moderada" por meio de concessões superficiais, os britânicos foram obrigados a reprimir a oposição radical, "revolucionária", do Congresso.

Contudo, não faltaram tentativas para achar uma concordância. A principal tentativa de aproximar politicamente ambas as comunidades ocorreu às vésperas da Primeira Guerra Mundial e teve clara conotação islâmica: foi a adesão do Congresso, sob inspiração do líder nacionalista hindu Mahatma Gandhi, ao movimento Khilafat – tendência em favor do califa turco Abdul Hamid II e, portanto, pró-otomana, mas também anti-imperialista. O movimento contou com o apoio até mesmo de partes dos ulemás e dos sufis politizados.[17] Em contrapartida a esse apoio bastante paradoxal de um Congresso secularista e majoritariamente hindu ao califado, Gandhi obteve o fim da cooperação dos muçulmanos com a Grã-Bretanha e sua participação no movimento indiano nacionalista.

O movimento não sobreviveu à guerra – os britânicos o reprimiram como sendo colaboração com o inimigo – e à abolição do califado por Atatürk na Turquia, em 1924. Mas o efeito da participação maciça em protestos em favor do pan-islamismo e contra os britânicos foi de longo alcance: pela primeira vez, a massa indiana muçulmana heterogênea (dividida por regiões, facções políticas, línguas e até castas) se transformou numa força política coerente, com sua própria identidade coletiva.

O mesmo período se tornou igualmente formativo para a consciência nacional da maioria hindu e sua desavença com os ingleses. Mas o entreguerras foi também uma época de mais e mais incidentes e excessos entre as comunidades, opondo as duas religiões. Ambas ficaram progressivamente presas numa espiral negativa: cada ato violento reforçou a identidade separada tanto da comunidade vitimada quanto da vitimadora, e pareceu comprovar as teorias dos extremistas dos dois lados de que "a convivência com o outro é impossível" e que "eles" só "entendem a linguagem da força". Os muçulmanos temiam a subordinação sob a maioria hindu, e estes temiam que, numa futura Índia independente, os muçulmanos retomassem o controle. Apesar de toda sua autoridade moral, Gandhi foi incapaz de frear essa evolução.

Depois do Khilafat, os muçulmanos indianos nunca mais conseguiram formar um movimento político unificado – não só com os hindus, mas nem mesmo entre si. A reação ao fracasso do movimento político se diferenciou entre tendências conservadoras e religiosas reformistas, que doravante preconizariam em geral uma "volta à religiosidade pessoal" (*tabligh*), enquanto a tendência muçulmano-nacionalista se moveu rapidamente em direção a um movimento separatista, pró-Paquistão – nome do futuro Estado imaginado para os muçulmanos.

Em 1924, a Liga Muçulmana exigiu a autonomia e o controle político por muçulmanos daquelas províncias onde eles constituíam a maioria. Contudo, Jinnah ainda apoiou um federalismo com autodeterminação muçulmana regional. Já em 1930, o influente poeta e intelectual Muhammad Iqbal rejeitou publicamente a ideia de que a Índia constituísse uma nação. Na mesma época, o Congresso se transformou num movimento de massa e as políticas não violentas de Gandhi de não cooperação e de desobediência civil cada vez mais minaram o governo britânico: a única saída era a negociação com o Congresso, agora o principal poder político no país.

À vitória eleitoral do Partido do Congresso, em 1937, seguiu-se uma tentativa de organizar os muçulmanos juntamente com hindus com base em interesses políticos e econômicos compartilhados. No entanto, o medo da "dominação hindu" já estava implantado profundamente nos corações muçulmanos. Até 1945, a Liga conseguiu conquistar um controle quase unânime do voto muçulmano e convencer seus líderes locais da "teoria das duas nações". Em 1938, a reivindicação de um Estado separado se tornou política oficial. É significativo que o projeto de controle político sobre blocos territoriais muçulmanos para a "proteção de seu estilo de vida" refletia um conceito de Paquistão ainda bastante secularista, promovido por intelectuais com educação ocidental que enfatizavam o aspecto político da questão muçulmana – denominador comum de uma comunidade muito fragmentada, cuja prioridade se tornou a segurança política.

Nos anos 40, caminhou-se para um desfecho aparentemente irreversível, que a Segunda Guerra Mundial só acelerou: sem uma firme promessa de independência, o Congresso boicotou o auxílio bélico inglês, provocando uma brutal repressão. A cooperação renovada da Liga Muçulmana com a Grã-Bretanha destruiu a confiança dos hindus. Exausta, Londres não pôde mais resistir após a guerra; a partilha inevitável estabeleceu dois Estados: a Índia, hindu mas formalmente não religiosa; e o Paquistão muçulmano, formado por dois pedaços territoriais separados por 1.600 km. Os Estados nasceram em 1947 num dos piores genocídios do século passado. Sete milhões de hindus fugiram das regiões muçulmanas para a Índia. E cinco milhões de muçulmanos, das zonas hindus para o Paquistão. Nessa confusão migratória, mais de meio milhão de pessoas foram massacradas entre ambas as comunidades. Uma difícil coexistência de quase mil anos que produzira uma alta civilização compartilhada pereceu na violência.

O Paquistão

O problema central deste país de 157 milhões de habitantes, situado culturalmente na zona de transição entre a Índia e o Oriente Médio, é a ausência de uma identidade nacional. Os muçulmanos indianos estabeleceram esse Estado enquanto "nação". Não obstante, as diferenças linguísticas, raciais, regionais e religiosas geraram uma heterogeneidade que – mesmo após a secessão de Bangladesh em 1971 – se tornou complexa demais para gerenciar. Entre a maioria sunita e a minoria xiita há graves tensões (ao lado da discriminação de minorias cristãs e hindus menores). Etnicamente, a hegemonia dos *punjabis*, mais educados, é contestada por outras etnias: *sindis*, *baluchis*, *pashtus* etc. Estes últimos estão próximos dos *pashtus* afegãos; além disso, uma comunidade de refugiados afegãos continua a sobrecarregar o Estado paquistanês.

Como em outras sociedades muçulmanas, a definição da identidade coletiva é estritamente ligada ao papel da religião na sociedade. Desde a independência, dois conceitos se enfrentam, por enquanto sem solução visível, causando instabilidade política, vulnerabilidade das instituições democráticas e, concomitantemente, as intervenções do exército com o uso de repetidos golpes ou manipulações. Opõem-se aqui o conceito de "Estado da nação muçulmana" ao "Estado islâmico". A primeira opção, preconizada por uma elite de proprietários, intelectuais e oficiais, e por muito tempo predominante, imagina o islã como identidade simbólica da comunidade política, mas não como compromisso religioso.

A segunda opção, a das massas tradicionalistas e de boa parte dos ulemás, enxerga um Estado "autenticamente islâmico", ou seja, com o islã como base obrigatória da vida política, social etc., e com imposição da xaria. O Jama'at-i Islami, partido fundamentalista liderado por Maulana Abul Ala Mawdudi, desenvolveu um projeto para uma nova sociedade que excluiria politicamente os infiéis e imporia uma supervisão clerical à vida pública. A falta de consenso entre muçulmanos liberais e conservadores tornou inevitável o fracasso das várias tentativas constitucionais. Como os modelos são incompatíveis, o Paquistão vive essencialmente uma crise constitucional desde seu estabelecimento há 55 anos, resultando numa instabilidade onde as acomodações não trouxeram nenhuma resolução definitiva. Na prática, um autoritarismo se tornou necessário para manter a unidade. De 1958 a 1969, o ditador Ayub Khan conduziu uma "democracia guiada", seguido, de 1969 a 1971, por Yahya Khan – mesmo assim, o país não conseguiu preservar a integridade territorial. Bangladesh, que durante um quarto de século fez parte do Paquistão, se separou em 1971. Resultado: as duas partes herdaram o mesmo problema.

A amputação territorial de 1971 só parcialmente solucionou a heterogeneidade étnico-linguística (o urdu oficial é uma língua falada apenas por uma minoria), e não aliviou as pressões islamizantes do Paquistão Ocidental. Desde os anos 70, o Paquistão tem se tornado mais dependente de países árabes petrolíferos como a Arábia Saudita, que usam seu apoio econômico para fazer pressão em favor da islamização. Zulfikar Ali Bhutto, que de 1971 a 1977 liderou um regime populista e fez tentativas de industrialização, alienou as elites conservadoras. Foi executado após o golpe militar de Zia ul Haq.

Por sua vez, Zia prometeu introduzir o Alcorão como constituição, mas morreu em 1988, antes de completar tal projeto. Por trás da orientação mais fundamentalista que dá feição à política paquistanesa desde essa época estão o exército e grupos recém-urbanizados e radicalizados. A posição dos militares, em particular, é ambígua, dada a sensível posição geopolítica do país. Desde a independência, de fato, a hostilidade contra a Índia constitui uma constante da política exterior; mas o inimigo "hindu" foi sempre superior, dispondo de recursos muito maiores. Três guerras foram travadas, sempre focalizando o controvertido território da Caxemira e todas ganhas pela Índia. O revanchismo está, portanto, impelindo os espíritos.

Durante a Guerra Fria, o Paquistão integrara alianças anticomunistas e teve uma nítida orientação pró-ocidental, beneficiando-se do apoio militar dos EUA (além de boas relações com a China). Enquanto isso, a Índia flertava com a URSS. Desde 1980, a ocupação soviética do Afeganistão tornou o vizinho Paquistão a via real para o apoio americano à resistência fundamentalista muçulmana anticomunista – a CIA ajudou a milícia da resistência afegã com dinheiro; o próprio Paquistão ajudou com armas, treinamento e outros recursos.

O conflito Índia-Paquistão e a Caxemira

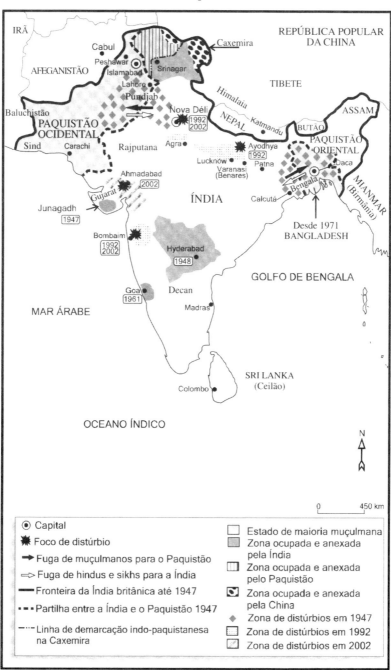

Porém, nos últimos quinze anos, uma situação que parecia clara e demarcada se tornou cada vez mais complicada. O Paquistão se transformou no abrigo de milhões de refugiados afegãos, mas também a porta de entrada para um vasto contrabando de armas e drogas. Em 1998, quando o Talebá (*Taliban*, ou seja, Alunos, grupo fundamentalista extremista afegão) conseguiu estabelecer um regime fundamentalista no Afeganistão, a Guerra Fria há muito terminara, e a Índia se aproximava dos EUA. Tanto a Índia quanto o Paquistão desenvolveram armas nucleares e mísseis, que em duas ocasiões (até agora) quase levaram a uma guerra nuclear. Mas diferentemente da Índia, um governo representativo nunca se consolidou em Islamabad, a capital paquistanesa. Logo esfriou seu relacionamento com os EUA, que temiam a proliferação nuclear. Durante os anos 90, o grupo populista em torno de Benazir Bhutto (filha do líder enforcado em 1979) e os conservadores conduzidos por Nawaz Sharif se alternaram no poder. Contudo, o exército mantinha a última palavra, e por fim afastou a ambos.

Ao mesmo tempo, tendências islamistas se expandiram baseadas numa rede de madrasas, colégios religiosos, entre grupos de oficiais. Elas se infiltraram em particular no serviço de espionagem *Inter Services Intelligence* (ISI).[18] Em 2000, um novo golpe militar, de Pervez Musharraf, que representava tais tendências, abriu uma nova fase ditatorial. O exército paquistanês considerou o regime talebá uma hinterlândia útil no esperado confronto com a Índia – o Paquistão foi um de apenas três países a reconhecer o regime do líder talebá Mulla Muhammad Omar.

Contudo, Musharraf estava há pouco tempo no poder quando, no 11 de setembro de 2001, o ataque contra as torres gêmeas e o Pentágono pela al-Qaeda colocou o Paquistão no centro de pressões diplomáticas e militares. Para sobreviver, Musharraf acomodou os americanos e ajudou a desalojar o regime afegão, mas ao preço de alienar os setores mais radicais – pró-islamistas e/ou antiocidentais – da própria população. No meio de uma tensa situação interna, é difícil superestimar o papel-chave do Paquistão no "choque das civilizações" que se apresenta cada vez mais insistentemente.

Bangladesh

Até a secessão de 1971, a Bengala Oriental – então Paquistão Oriental – sofreu discriminação pelo irmão um pouco menos pobre e politicamente predominante. Um exemplo foi a repressão da língua bengali. Ora, a Bengala possui uma forte identidade cultural, compartilhada com a Bengala Ocidental indiana. Por outro lado, a extrema densidade demográfica (atualmente 130 milhões de habitantes, numa superfície equivalente à metade da área do Estado de São Paulo), a propensão a catástrofes naturais (o país é essencialmente um enorme estuário dos rios Ganges e Brahmaputra, suscetível a repetidos ciclones e inundações destrutivas), e a dependência da monocultura da juta e do chá para exportação mantêm Bangladesh entre os países mais pobres do mundo. A concentração desigual de propriedade de terras cria uma sociedade meio feudal, rural e amplamente analfabeta.

O subdesenvolvimento estrutural teve papel central na independência. A Liga Awami já estava militando pela autonomia nos anos 60. Em 1969, seu líder, o xeique Mujibur Rahman, ganhou as eleições mas foi preso pelo homem forte paquistanês daquele momento, Yahya Khan. Pouco depois, um tufão e uma inundação em 1970 causaram quinhentas mil mortes. A ajuda da capital chegou tarde: o atraso provocou uma guerra de independência. O apoio militar indiano foi crítico para assegurar a vitória contra a tentativa do Paquistão ocidental de esmagar o cisma. Mujibur voltou para estabelecer uma república "secular". No entanto, dez milhões de refugiados foram para a Índia, e até hoje mais de um milhão permanece ilegalmente no país vizinho.

Politicamente, Bangladesh sofre do mesmo dilema de identidade que o Paquistão. Após 1971, a tendência nacionalista pareceu inicialmente superar a islamizante; mas o país não chegou à estabilidade. A proximidade cultural da Bengala Ocidental, indiana, logo colocava a questão da especificidade islâmica. A minoria hindu, substancial, constituía uma complicação adicional. Bangladesh depende da Índia, mas nem por isso a relação é suave. Em 1975, uma tentativa de Mujibur Rahman para estabelecer um regime ditatorial provocou seu assassinato. O país mergulhou, a partir de então, em uma série de golpes militares. Apenas nos anos 90 se iniciou um difícil processo de democratização. Atualmente Hasima Wajeb, da Liga Awami, é a primeira-ministra do país. O futuro caminho de Bangladesh não é claro, e sua posição relativamente baixa no mundo muçulmano é paradoxal e pode ser alterada.

A Índia e conflito da Caxemira

Desde a independência, a Índia consegue manter uma democracia parlamentar de cunho ocidental razoavelmente viável. No terceiro mundo, isso constitui uma exceção ainda mais impressionante quando se considera o tamanho e a extrema diversidade da nação indiana, que há um século nem sequer possuía uma consciência coletiva articulada. Após o assassinato de Gandhi, Jawaharlal Nehru dirigiu o país competentemente até sua morte em 1964. Nehru dedicou seus maiores esforços ao desenvolvimento socioeconômico, mas nem por isso negligenciou a problemática coexistência das diferenças. Para viabilizar o governo, ele introduziu um sistema federalista que dividiu a Índia em estados baseados na língua. Em linhas gerais, esse modelo continua funcionando até hoje.

Também na questão das relações com os muçulmanos, a convivência que a Índia tem praticado não é tão negativa – apesar de algumas crises agudas. Entretanto, a partilha de 1947 deixou duas chagas abertas. A primeira foi o deslocamento, as fugas maciças e os massacres que acompanharam a cirurgia territorial. A Índia conseguiu reassentar milhões de refugiados (majoritariamente hindus e *sikhs*, particularmente no Punjab), mas a tragédia humana deixou, até os dias de hoje, um trauma profundo. A segunda foi a questão da Caxemira. A linha fronteiriça entre os dois futuros Estados independentes, a Índia secularista e o Paquistão muçulmano, foi traçada em 1947, em caráter de urgência mas de modo relativamente tranquilo, ainda sob indicação britânica. Os marajás, porém, constituíam uma exceção.

Em aproximadamente um quarto do território indiano, a Grã-Bretanha havia deixado os príncipes locais governar, e se satisfizera com um controle indireto. Essas regiões estavam relativamente isoladas e foram menos afetadas pelos movimentos nacionalistas concorrentes. Em 1947, cada marajá pôde optar com quem iria se unir – seja à Índia seja ao Paquistão. Isso causou problemas em alguns casos. O *nizam* de Hyderabad, príncipe muçulmano de uma população amplamente hindu, optou pelo Paquistão. A Índia não aceitou essa decisão, e como a região, no sul do Decan, estava cercada por ela, houve pouca dificuldade em conquistá-la e anexá-la.

O caso da Caxemira se comprovou muito mais intratável. Essa bela província, contígua ao Paquistão ocidental, contava com uma maioria muçulmana de dois terços da população, sendo o restante hindu. Porém, seu marajá, hindu, optou pela Índia. A escolha provocou a invasão paquistanesa, que por sua vez trouxe um contra-ataque do exército indiano. A guerra terminou em 1949, com uma partilha que deixou os dois terços mais populosos e ricos da Caxemira nas mãos indianas; o outro terço foi anexado pelo Paquistão.[19] A ONU, que negociou a partilha, convocou um referendo entre a população, mas a Índia nunca permitiu sua realização para que não perdesse o Estado – ou, pior ainda, abrisse um precedente para outras secessões da nação tão heterogênea.

Em 1957, a Caxemira integrou oficialmente a União indiana. O resultado tem sido um impasse que talvez tivesse chances de ser resolvido se as políticas por parte do governo de Déli tivessem sido mais sábias. Quando, em 1965, o Paquistão atacou a Índia na Segunda Guerra da Caxemira, a população muçulmana não se levantou, causando uma humilhante derrota paquistanesa. Em 1971, um novo ataque paquistanês contra a Caxemira indiana, durante a guerra de Bangladesh, não trouxe melhores resultados.

O que se estabeleceu na Caxemira, no entanto, foi um regime de legitimidade questionável, satélite do Partido do Congresso. Nos anos 80, a decadência desse partido que conduzira a Índia à independência se expandiu e alcançou também a controvertida região. A eleição fraudulenta de um aliado de Rajiv Gandhi, então primeiro-ministro indiano, provocou uma revolta muçulmana fundamentalista em prol da independência e de um Estado islâmico. Apoiada pelo Paquistão, que atribuiu a si próprio o papel de "protetor dos interesses muçulmanos" na Índia (uma intromissão, do ponto de vista indiano), a guerrilha atraiu parte dos jovens e resultou numa ocupação militar pela Índia. Nos últimos anos a guerra civil separatista tem se aquecido ainda mais.

Dezenas de milhões de muçulmanos ficaram na Índia após a partilha de 1947. Para muitos, a fronteira com o Paquistão estava simplesmente longe demais; outros discordaram da separação forçada. Essa população soma hoje 120 milhões, e constitui a quarta concentração muçulmana, após a Indonésia, o Paquistão e Bangladesh, e a maior minoria muçulmana no mundo – mas apenas um décimo da população da Índia, sendo esta 80% hindu. Além disso, eles são em média mais pobres do que o restante da população indiana.

A posição dessa comunidade é complicadíssima sob vários aspectos. Descendentes do grupo que dominou a sociedade indiana por meio milênio, os muçulmanos estão desde 1947 sob a permanente suspeita de serem traidores, de sonhar com uma "revanche" ou secretamente pactuar com o Paquistão. Tais patéticas acusações não refletem a política oficial de um Estado que (ainda) se considera a expressão da vontade de todos seus habitantes, e não de uma comunidade só – por majoritária que seja. Todavia, socialmente, os preconceitos dificultam a integração muçulmana na sociedade geral; e uma certa autossegregação realimenta, por sua vez, os preconceitos, criando um ciclo vicioso.

Religiosamente, a minoria muçulmana indiana tende ao conservadorismo: a prioridade se concentra em uma via religiosa muçulmana, em lugar da independência da comunidade. A opção foi definida pela Jami'at al-Ulama-i Hind (União dos ulemás da Índia), cujo programa, antissecularista, previa uma coexistência de muçulmanos e hindus como membros da mesma nação. Concorrendo com a Liga Muçulmana nos anos 40, a Jami'at preconizava um federalismo com autogoverno dos grupos religiosos, na certeza de que é "melhor uma diáspora muçulmana forte do que uma pátria muçulmana fraca".

A posição muçulmana foi igualmente defensiva no que diz respeito à intervenção federal na lei pessoal. Nesse aspecto, ela conseguiu já em 1955 e, mais claramente, em 1986 vitórias importantes: a lei da emancipação legal das mulheres indianas que outorgou direitos em questões de divórcio, herança etc. foi – sob pressão dos ulemás – restrita somente às mulheres hindus. Para poupar os interesses muçulmanos conservadores, foi acordado que a xaria continuaria vigorando nas comunidades muçulmanas nas questões de *status* pessoal. Mesmo Jawaharlal Nehru, secularista convicto, teve que se submeter a essa decisão, embora ela solapasse o princípio de igualdade.[20] Mas em consequência, os muçulmanos indianos optaram doravante por uma cooperação com o Partido do Congresso.

O período de Indira e Rajiv Gandhi assistiu ao declínio do Partido do Congresso, cada vez mais uma corrupta "máquina eleitoral". Paradoxalmente, ele podia agora contar com os muçulmanos como um seguro "banco de votos". Juntamente com o Congresso, sua visão social-democrata de desenvolvimento estadista igualmente declinou. Os anos 80 e 90 foram aqueles do surgimento dos hindus fundamentalistas, que promoveram uma nova consciência do "*ethos* hindu", com ênfase nas tradições hindus. Eles se consideravam "discriminados na própria pátria" e pressionavam pela transformação da Índia secularista num Estado hindu.

A rejeição de valores universalistas parecia anunciar a desqualificação política dos não hindus. O BJP nacional hindu (*Bharatiya Janata Party*, Partido Popular Indiano) representa tais ideias direitistas. Explorando a erosão do Congresso, chegou ao poder nacional em 1998, mas anos antes já havia emergido como oposição, controlando os Estados hindófones da Índia setentrional. A agitação hinduísta se acompanhou de crescentes tensões e crises entre as comunidades, que chegaram ao clímax na crise de Ayodhya, cidade onde – num passado mitológico – nascera Rama. O templo deste deus fora destruído pelos conquistadores muçulmanos, onde Babur estabeleceu uma mesquita em 1528.

Em 1992, extremistas hindus destruíram a mesquita Babri e desencadearam em toda a Índia a pior onda de violência antimuçulmana desde 1947. Em particular o *Shiv Sena* (exército do deus Shiva), de caráter fascista, se destacou por suas atrocidades. Junto às vítimas do terrorismo anti-hinduísta que surgiu como resposta, os pogrons em Bombaim, Déli e outras cidades de população mista custaram a vida de um número estimado em dez mil indianos – eis um hinduísmo bem distante da visão pacífica e tolerante de Gandhi. As atrocidades causaram um choque que provavelmente freou, por algum tempo, a emergência eleitoral do BJP. A vitimação muçulmana provocou a ira no Paquistão, a qual foram atribuídas a deterioração da situação na Caxemira e a corrida nuclear entre ambas as potências.

Apesar de Atal Behari Vajpayee, do BJP, ter assumido o poder, no entanto, as expectativas sombrias não estão se realizando. O próprio BJP se moderou razoavelmente, e a situação se abrandou. Mas as tensões entre as comunidades não se acalmaram e grupos extremistas hindus continuam pressionando pela implementação de seu programa.

A INDONÉSIA

Dois fatores explicam porque o islã indonésio é tão diferente daquele de outros centros: o modo de sua expansão – por meio de contatos pacíficos, por mercadores ou sufis ambulantes, mais do que por conquistas; e a sobrevivência, de modo sincretista, de valores pré-islâmicos. O resultado histórico foi um islã mais místico, menos militante, em uma acomodação "orgânica" com outras crenças locais. Essa imagem, por mais correta que seja, é, contudo, parcial. No último século, a Indonésia tem também presenciado movimentos reformistas, tanto modernistas quanto fundamentalistas. Hoje o islã é uma das principais forças políticas que moldam o arquipélago – e nem sempre da forma mais pacífica.

Lembramos que a virada para o século XIX introduziu mudanças significativas na Indonésia. O arquipélago ainda não existia enquanto entidade política coerente. Após as guerras napoleônicas, a Holanda recebeu de volta suas possessões, mas mudou totalmente a administração. Enquanto os primeiros impérios europeus eram primariamente veículos comerciais e tributários, que pouco intervieram na evolução das sociedades locais que exploravam, o novo imperialismo conduziu ao controle territorial e logo interferiu nas atividades econômicas e nos costumes sociais da população. Java e as ilhas Molucas já estavam sob controle holandês. Ao longo do século, todas as outras ilhas também foram subjugadas. Entretanto, a conquista enfrentou forte resistência, em particular em Aceh, região muçulmana ortodoxa no norte de Sumatra, onde o controle holandês só se completou em 1908, após quarenta anos de guerrilha de inspiração muçulmana. Aceh sempre manteve seu particularismo, e luta novamente em nossos dias pela sua liberdade. Em Java, a resistência no Banten eclodiu em 1825 na famosa revolta do príncipe Dipanegara, também de tendência islamista e apoiado por camponeses e *kiyayi* (os ulemás indonésios).

Tais explosões, difíceis de serem reprimidas, não surpreendem à luz das novas políticas holandesas para com seus súditos. Após a restauração de seu poder, a Holanda introduziu o cruel sistema de cultivação, que obrigou os camponeses javaneses a dedicar uma porção de seus campos a especiarias, índigo, chá, tabaco ou outros produtos coloniais pagos no lugar de impostos. Em consequência, a fome assolou a ilha nos anos 1840. A situação mudou após a revolução liberal de 1848 na Holanda. A partir de então, os javaneses passaram a pagar seus impostos em moeda. Porém, a anulação das entregas obrigatórias e a introdução do capitalismo quase não melhoraram o padrão de vida. A produção alimentícia aumentou, mas o crescimento populacional, ainda mais. A ilha continua superpovoada até hoje. Java conta com a metade de toda a população da Indonésia, de 212 milhões, e seu peso político, econômico e cultural desproporcional gera tensões com as outras ilhas. Nelas, o impacto colonial trouxe profundas mudanças sociais. As novas plantações e mineração criaram na Sumatra um proletariado, mas estimularam igualmente o crescimento de uma classe mercantil intermediária, fortemente islamizada.

É digno de nota que a resistência anti-holandesa era muito claramente marcada pelo islã, ainda que – como vimos – essa religião não tivesse nas ilhas malaias o mesmo monopólio sobre o pensamento de seus seguidores que em outras sociedades muçulmanas. A antiga classe aristocrática, mais imbuída de valores hinduístas-javaneses do que islâmicos, que perdera seu poder, talvez seria – com seu prestígio social – a candidata mais adequada para liderar tal resistência. Contudo, esses príncipes *priyayi* foram integrados como funcionários na administração colonial. Isso deixou os *kiyayi* rurais, que encarnavam valores islâmicos e comunitários, como última força independente. O contraste entre essas duas elites, uma representando valores nativos javaneses e a outra expressando influências universais islâmicas, marcaria o futuro desenvolvimento político da Indonésia.

Pode-se dizer que o islã indonésio era bastante compartimentado. Ao contrário dos Impérios Otomano e Safávida, os sultões muçulmanos aqui exerceram pouco controle sobre a vida religiosa de seus súditos; portanto, esta se desenvolveu mais sob a influência de fatores autônomos sociais. Nas aldeias, escolas independentes incutiam a memorização do Alcorão e de fórmulas mágicas.[21] Porém, o tradicionalismo seria logo desafiado. No século XIX, a expansão europeia no sudeste asiático resultou paradoxalmente num reforço do islã.

O transporte marítimo, facilitado pela tecnologia náutica ocidental, permitiu a mais muçulmanos indonésios fazer a peregrinação a Meca. Ali encontravam outros devotos muçulmanos do mundo inteiro – em geral mais ortodoxos do que eles próprios – e eram influenciados pelos ventos modernistas que sopravam no Oriente Médio. Os *hajjis* voltavam para casa mais islamizados do que quando partiram, e se tornaram no âmbito local uma força em prol da islamização. Paralelamente, a Indonésia foi atingida pela esperança do *mahdi*, tipo de messias que salvaria os muçulmanos da opressão e estabeleceria o reino do Bem. Preparando a chegada do *mahdi*, pregadores sufis ambulantes chamavam para uma observância mais rigorosa das leis islâmicas. Sentiu-se um despertar islâmico.

Na necessidade de tomar uma posição frente ao islã, que logo se tornou o desafio mais significativo a seu poderio, o governo holandês foi asssessorado por um dos maiores islamólogos da virada do século XX, Christiaan Snouck Hurgronje. Ele aconselhou uma política dupla, diferenciando, por um lado, o islã como religião e como modo de viver e, por outro, o islã enquanto reivindicação política antiocidental: o primeiro deveria ser tolerado, o segundo, reprimido. Nessa linha de pensamento, as autoridades holandesas dificultaram o *hajj*, considerado como motor da politização. Na mesma época, a exploração ilimitada da colônia – criticada por liberais progressistas, missionários e humanistas – recuou em favor da "política ética", opção que (pelo menos na teoria) pretendeu compartilhar com os próprios indonésios os frutos da colonização.

Na prática, essa versão holandesa do "fardo do homem branco" conduziu a resultados paradoxais. No começo do século XX, uma política intervencionista de desenvolvimento estabeleceu uma rede de escolas para formar funcionários dentro da população nativa. A modesta participação política no Conselho Consultivo (o *Volkskraad*, Conselho do Povo) introduziu leis de modelo europeu. Porém, como na Índia, a educação ocidental trouxe uma conscientização nacional e, logo, algumas atividades políticas. Estas se dividiram em três direções, que determinariam o discurso público indonésio até 1965: nacionalista, comunista e islâmica. As duas primeiras eram amplamente articuladas pelos descendentes da aristocracia *priyayi* javanesa, enquanto a última se baseava nas camadas comerciais e nos *kiyayi*, e também representava interesses não javaneses. A massa de camponeses foi cobiçada por ambas.

Os novos *priyayi* constituíram uma nova classe intermediária de funcionários e médicos, engenheiros, advogados, professores e outros profissionais ocidentalizados mas não aceitos como iguais pelos brancos. A experiência de discriminação os tornou anti-holandeses. Surgiu a ideia da independência da Indonésia – conceito que, na realidade, só fazia sentido por causa da ocupação holandesa. Para alguns, essa ideia abrangeria um pan-malaioismo incluindo também os habitantes da Malaia britânica. Os mais radicais dos *priyayi*, além de estudantes, de alguns trabalhadores e "indos" (mestiços branco-malaios) tenderam ao comunismo. Porém, revoltas comunistas foram reprimidas nos anos 1920 e, posteriormente, nacionalistas tanto da esquerda quanto conservadores – estes últimos inclusive tentaram revitalizar as culturas das cortes javanesas hindu-budistas – se uniram no Partido Nacionalista Indonésio, cujo líder carismático Sukarno conduziu o país rumo à independência.

O que os jovens militantes dessas tendências divergentes tinham em comum era uma visão essencialmente secularista da imaginada futura nação. Ainda que nominalmente muçulmanos, a maioria deles considerava o islã como opção individual válida, mas que não comprometia a sociedade como um todo. O islã como uma escolha pessoal para a vida privada, entre outras religiões possíveis e coexistindo em pé de igualdade sob a proteção de um Estado neutro: eis um programa atatürkista e quase ocidental, rejeitado veementemente pelo terceiro elo do movimento nacional indonésio – o islâmico.

O caráter heterogêneo do islã indonésio gerou uma diversidade de movimentos. Podemos distinguir entre eles duas tendências principais: os reformistas ou neo-ortodoxos, e os tradicionalistas, que tiveram sua base social, respectivamente, entre mercadores devotos e chefes de aldeias conservadores aliados aos ulemás.

A classe média muçulmana não era imune à influência da urbanização e dos modelos ocidentais, mas elaborou esse desafio de maneira diferente dos neo-*priyayi*. Os comerciantes das cidades litorâneas de Java e Sumatra eram integrados num sistema comercial e cultural internacional que também englobava a Malásia, Cingapura e outros portos. Nesta rede ocorreu um renascimento da vida cultural malaia, muito mais abrangente do que a cultura da corte javanesa. Ali, um internacionalismo muçulmano superava as múltiplas diferenças locais. O papel dos mediadores do *hajj* – mercadores árabes ou mestiços malabaro-malaios (os Jawi Peranakan) era fundamental neste processo.

Outro fator era a influência de ordens sufis tais como os *naqshibandi* e os *qadiri*. Como seus correligionários no Oriente Médio, os reformistas malaios não negaram a supremacia ocidental, mas chegaram à conclusão que "o declínio do islã se devia à negligência da xaria". Daí a ênfase nos esforços educacionais para "recuperar" os fiéis "relapsos" (o *tabligh*) ou adaptar costumes locais à xaria. O resultado desses esforços se viu na virada do século, por exemplo, no movimento Padri entre a população *Minangkabau* na Sumatra, lançado por *hajjis* entre trabalhadores do café. Até aqui se manifestou a influência de Muhammad Abdu, que na época publicava seus escritos no Egito. A cidade sumatrana Penang se tornou importante centro reformista. Assim, o mundo muçulmano, tão diverso e díspar, assinalou um novo movimento centrípeto. Não demorou muito até que o movimento reformista começasse a desafiar os holandeses.

Em Java, no entanto, o movimento reformista Muhammadiya preconizou uma religiosidade individual que incluía também a possibilidade de um *ijtihad* individual. Este se opôs à práticas mágicas (inclusive à tradição do famoso *wayang*, epopeia de bonecos de sombra repletas de "valores hindus"). A Muhammadiya também rejeitou o nacionalismo secularista, mas o movimento foi antes educacional que político, estabelecendo escolas religiosas modernas cuja abordagem era racionalista. De certo modo, lembrava o calvinismo, enfatizando o controle dos desejos "baixos", preconizando o autocontrole, a purificação e a virtude pessoal. Porém, de uma ideologia de mudança pessoal e de responsabilidade social para uma de "melhoramento" da sociedade foi um passo: a saber, a independência política constituía a precondição do desenvolvimento social.

Esse passo foi dado em 1912 pelo Sarekat Islam, que teve êxito como o maior movimento indonésio graças à combinação popular de reivindicações islâmicas e políticas com iniciativas práticas para promover a agricultura, participar em eleições, construir escolas, orfanatos e hospitais, além de integrar a juventude em atividades de escotismo: tudo para aproximar a utopia islâmica. Após um cisma em 1923, entretanto, o Sarekat

Islam se tornou mais radical, anti-holandês tanto quanto anticomunista, e perdeu terreno por alienar parte de seus seguidores. Estes foram cooptados pelos tradicionalistas que, enraizados no campo rural, recusaram o racionalismo inerente ao modernismo do Sarekat, e continuaram buscando a harmonia comunitária com um cosmos tido como imutável. Os conservadores foram tardios em se institucionalizar, mas em 1921 o Nahdatul Ulama se constituiu – mantendo seu conteúdo sufi, mas adotando formas organizacionais modernas para proteger seus interesses frente aos avanços dos reformistas. O partido atraiu parte dos camponeses javaneses.

A politização, que se ampliou durante o entreguerras, teve duas consequências importantes. Por um lado, dividiu aldeias e comunidades existentes em novas unidades sociais, com ideologias totalizantes e mutuamente incompatíveis, de nacionalistas, comunistas e islamistas. O fato traria gravíssimas implicações para a coexistência das diferenças. Por outro lado, a mobilização e as revoltas puseram fim à "política ética" holandesa: a repressão substituiu a tolerância. Essa repressão não somente não conseguiu frear como também radicalizou o movimento independentista. Em 1942, tal situação beneficiou os japoneses.

A ocupação japonesa causou, tanto nas Índias Orientais Holandesas como no resto do sudeste asiático, uma dramática ruptura que constituiu o prelúdio imediato da independência. A derrota repentina dos impérios francês, britânico e holandês desmentiu o mito da invencibilidade branca. Uma vez tomado o lugar dos imperialistas europeus (agora presos em campos de detenção), o Japão se esforçou para manipular os movimentos nacionalistas para seus próprios fins. Na Indonésia, o Império do Sol Nascente estimulou – mas manteve sob seu controle – movimentos muçulmanos e propagou a identificação do *jihad* com a guerra antiocidental que o Japão travava. Em 1943, os japoneses estabeleceram o *Masyumi*, que se pretendia uma organização para abrigar todas as correntes muçulmanas, mas que na verdade expressava apenas os interesses urbanos e das ilhas periféricas. No entanto, os movimentos muçulmanos e nacionalistas escaparam do controle japonês. Em 1945, logo após a derrota japonesa, uma coalizão de nacionalistas, comunistas e islamistas, liderada por Sukarno, proclamou a independência. Ainda foram necessários quatro anos para sufocar as últimas investidas holandesas visando à restauração de seu império. Em 1949, a Indonésia se tornou finalmente livre, mas profundamente dividida a respeito de sua própria identidade coletiva. Até hoje ela não resolveu esse impasse.

A Indonésia se encontra numa situação que lembra a do Paquistão antes da secessão de Bangladesh – só que com dezenas de Bangladeshes dentro dela. É um país com maioria muçulmana mas onde apenas uma minoria – ainda que muito substancial – opta pelo Negara Islam, o Estado islâmico. Existem muitas diferenças internas e não há consenso. Em 1945, os nacionalistas resumiram sua ideologia na fórmula da *pancasila*, mistura de cinco princípios que deveriam subjazer a nova nação: nacionalismo, humanismo, democracia, justiça social e fé em Deus (mas sem especificar qual Deus).

Isso não foi suficiente para os islamistas que insistiram no islã como base do governo, com poder de revisão legislativa pelos ulemás. Eles não obtiveram mais do que a "carta de Jacarta", documento de meio-termo que colocou Deus à frente dos outros quatro pontos, mas não anulou a *pancasila*. Houve, porém, uma "cláusula de escape" islamista – a aceitação do princípio de que "muçulmanos são obrigados a viver segundo a xaria". Princípio que, se fosse implementado, teria minado a liberdade da religião e o Estado secular, e implicaria em um compromisso para forçar a maioria dos indonésios – muçulmanos *abangan*, ou seja, apenas formalmente muçulmanos – a usar a camisa de força ortodoxa destinada a eles pelos *santri*, a minoria observante.

Na realidade, tal fanatismo pouco condizia com o tradicional pluralismo da sociedade javanesa, e o acordo permaneceu letra morta. O que ocorreu de fato foi o estabelecimento de um poderoso Ministério de Religiões que administrava a justiça pessoal muçulmana, os *waqfs* (as fundações religiosas beneficentes), as mesquitas, o *hajj* e, em particular, uma rede de instituições educacionais que fomentaria a vida muçulmana praticante. Tal "missão interna" estava longe de constituir uma coerção religiosa, mas no longo prazo contribuiu para a islamização da vida pública. Por outro lado, a proselitização fora da própria comunidade era proibida – provavelmente uma precaução sábia numa sociedade tão diversa, com milhões de cristãos, hindus, chineses e seguidores de crenças animistas.

Fora de Java, islamistas contestaram amplamente esse consenso. O *Darul Islam*, prolongada revolta islamista, eclodiu imediatamente em 1945 em algumas regiões periféricas que temiam a dominação javanesa: Aceh, Minangkabau, partes de Celebes e Bornéu. O Estado islâmico alternativo proclamado pelos rebeldes reservou constitucionalmente o governo somente aos muçulmanos, e se manteve até os anos 1960.

Nesta altura, a situação interna mudara completamente. Em 1955, uma eleição dissensora mas inconcludente não apontou para nenhum partido vencedor. Todos os partidos islâmicos juntos chegaram a 42,5%. Sukarno explorou o impasse para estabelecer a "democracia guiada", regime autoritário que ele empurrou para a esquerda, instigando nacionalizações e expropriações, e se identificando internacionalmente com uma linha antiocidental. A tentativa foi um fracasso, e a Indonésia mergulhou num declínio econômico. Pior ainda, porém, foi a polarização interna. Sukarno introduziu a censura, amordaçou os sindicatos e partidos políticos, desmantelou o *Masyumi* islâmico-periférico e encorajou a cooperação oficial com os comunistas.

O PKI foi na época o maior partido comunista fora do mundo comunista; sua força quantitativa escondeu significativas fraquezas internas, mas a *komunistofobia* (neologismo sukarniano) bastou para forjar uma aliança entre muçulmanos e o exército. Em 1965, uma inábil tentativa de golpe esquerdista lançou o país numa terrível guerra civil. No impasse triangular entre comunistas, nacionalistas e islamistas, sem nítido vencedor, o exército tomou as rédeas da situação. O general Suharto destituiu Sukarno e estabeleceu um governo militar. A contrarrevolução custou a vida de aproximadamente quinhentos mil comunistas – um dos genocídios esquecidos do século XX.

Suharto implementou uma clara virada para a direita. Na política econômica, o exército efetuou uma liberalização que pôs fim a quaisquer experimentos socialistas. Internacionalmente, a Indonésia integrou o campo pró-americano. Politicamente, partidos foram apenas gradativamente tolerados e o exército manteve o controle. Em termos culturais, porém, o regime controlou os partidos muçulmanos tanto quanto os outros, guiando todos a um novo partido muçulmano "oficial" mas mantendo a exclusão do Masyumi. Assim, tanto Sukarno quanto seu sucessor Suharto pareciam reciclar a velha política holandesa de diferenciação entre um islã religioso e um político.

Suharto continuou a *pancasila*, e o regime estimulou um renascimento do javanismo hindu-místico contra as reivindicações islamistas. Nos anos 90, em fins do regime suhartista – modernizador, mas corrupto – prevaleceu uma situação de embate. Ao contrário das preferências oficiais, o poder dos grupos muçulmanos se manteve significativo: uma islamização da vida pública e privada de muçulmanos nominais se expandiu por meio da *da'wa*, a missão islâmica promovida pelo Ministério da Educação. Nas aldeias, a importância dos *kiyayi* não foi tirada; nas cidades, a *Muhammadiya* e outros reformistas eram fortes. Grupos mais radicais fundamentalistas, pouco observados, germinavam nas sombras: por detrás da reivindicação do Estado islâmico havia a ameaça de violência.

A ÁFRICA

Uma nova fase da islamização começou no século XVIII, também auge da época escravista. A servidão já existia em várias sociedades altamente hierarquizadas da África ocidental, e inclusive sustentava assentamentos de sábios muçulmanos. Porém o rapto de seres humanos se acelerou e novos Estados tais como Dahomey e Ashanti (atual Gana) surgiram no litoral em resposta à crescente demanda europeia por escravos africanos – na sua maioria trazidos para as Américas. Os fuzis que os vendedores indígenas de escravos receberam em troca da mercadoria humana facilitava novas caças que vitimaram populações inteiras, enquanto transformavam os grupos caçadores e mercadores em novas elites. Parte dos escravos vendidos eram muçulmanos. Foram eles que trouxeram os primeiros núcleos do islã para as Américas. No entanto, da África oriental, escravos comercializados pelo sultão de Zanzibar foram para o próprio Oriente Médio.

Dois fatores interligados explicam a nova expansão do islã, que nessa época converteu populações tais como os hausa e os yoruba, chegando até o Oceano Atlântico. O primeiro foi o estreito vínculo entre comércio e religião. Com o declínio dos grandes Estados como Songhai, corporações de mercadores dependiam mais de suas redes de contatos a longa distância, baseadas na confiança mútua e em valores comuns. Aqui as redes muçulmanas tinham uma vantagem comparativa, o que promovia conversões. Ademais essas redes se justapunham frequentemente a irmandades sufis tais como os *qadiriyya* e *tijaniyya*, que pregavam a honestidade e um estilo de vida virtuoso e puritano. Essas irmandades se tornaram cada vez mais ativas, e seus contatos integravam países distantes um do outro. No âmbito local, homens-santos prestigiosos providenciavam serviços rituais, mediavam questões matrimoniais e conflitos econômicos, e acumulavam prestígio pelos poderes mágicos que lhes eram atribuídos. Tais líderes sufis não raramente se tornavam focos de influência política.

O segundo fator é que as ordens místicas funcionaram não apenas como instrumentos da expansão do islã, como também para seu aprofundamento. Na verdade, a conversão se fazia em etapas: num primeiro momento, a aceitação da nova fé costumava se limitar a superficialidades rituais, que coexistiram com velhas práticas politeístas. Espíritos "pagãos" foram adequados a *jinns* islâmicos (um pouco como o sincretismo pelo qual a Igreja Católica aceitou na América Latina, inclusive no Brasil, a sobrevivência de práticas religiosas preexistentes para facilitar sua gradativa cristianização). Com a proliferação de mesquitas, de escolas alcorânicas e da doutrinação por certas *tariqas*, contudo, a pressão para uma prática religiosa mais ortodoxa começou a crescer.

O resultado disso foi, no final do século XVIII e durante o XIX, uma militância protofundamentalista mais acentuada: pressões para proibir o álcool, para cessar a veneração de túmulos de santos e outras "superstições", para enclausurar as mulheres etc. Em certos casos, isso se traduziu em guerras religiosas. Assim o *jihad* do líder Uthman Dan Fodio resultou, na atual Nigéria, no estabelecimento do emirado puritano de Sokoto (1804). Outros Estados puritanos emergiram no Senegal e Guiné. Essas guerras implicavam em conversões forçadas.

No século XIX, o impacto colonial mudou dramaticamente o quadro. Franceses e britânicos (além de potências como Bélgica, Itália e Portugal) construíram na África impérios concorrentes que puseram fim aos Estados islâmicos independentes.

A expansão do islã na África a partir de 1800

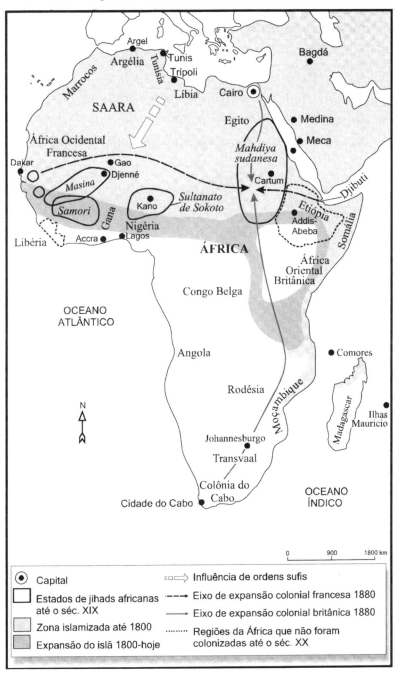

Os ingleses (que no século anterior haviam sido os principais operadores do tráfico negreiro) agora impunham o seu fim e, onde puderam, aboliram a escravidão. A diminuição do comércio escravista trouxe consequências negativas para as elites comerciais (amplamente muçulmanas), desestabilizou os Estados existentes e preparou o terreno para sua transformação numa economia de plantio. Os ingleses acabaram com a independência de Sokoto, logo integrado na colônia da Nigéria. Contudo, na sua tradição de administração indireta (*indirect rule*), eles continuaram usando elites islamizadas como correia de transmissão da exploração colonial. No entanto, a maior parte da África ocidental caiu nas mãos dos franceses, que – a partir do Senegal – deixaram menos intacta a estrutura social.

A Grã-Bretanha concentrou suas energias colonizadoras na África oriental, seguindo o eixo norte-sul, "do Cairo até a Cidade do Cabo". Para conseguir tal continuidade, precisaram eliminar antes um Estado islâmico militante no Sudão, erigido em 1885 pelos seguidores do (autoproclamado) *mahdi* (messias muçulmano), o xeique Muhammad Ahmad. Seu governo puritano lembrava os *wahhabitas* da Arábia, e foi esmagado na Batalha de Omdurman, em 1898. Em seguida, os britânicos tentaram manter seu controle jogando uma seita sufi, a *khatmiyya* comodista, contra outra, os *ansar*, ou seja, os mahdistas, derrotados mas ainda militantes. Esse antagonismo continuou após a independência e divide a política sudanesa até nossos dias. O norte arabizado do Sudão constituía um sólido bloco muçulmano; o sul, no entanto, contava com populações negras animistas ou (crescentemente) cristianizadas – contradição que infernizaria o futuro da colônia.

As outras colônias da África oriental incluíam minorias muçulmanas mais ou menos substanciais. Migrantes muçulmanos chegaram das Índias britânicas para Uganda, África do Sul e outras possessões britânicas (na África do Sul eles se uniram a uma minoria muçulmana já presente, os malaios da Indonésia holandesa). A influência muçulmana estava se expandindo da costa para o interior.

Em muitas regiões da África o que se destacou na era colonial, a grosso modo de 1880 até 1960, foi, justamente, o paradoxo de que os muçulmanos tinham perdido o poder enquanto o islã estava crescendo num ritmo sem precedentes. Tribos inteiras se converteram. Em parte, isto se explica pelo eficiente uso feito pela missão islâmica dos modernos meios de comunicação introduzidos pelos colonialistas. Porém, a islamização mais impressionante ocorria no contexto das rápidas transformações socioeconômicas impostas pela colonização. A urbanização e o enfraquecimento dos tradicionais laços familiares e sociais, tão importantes no contexto da cultura africana, geraram um ambiente de confusão que beneficiava o islã, religião que combina o universalismo de sua mensagem com uma latente oposição ao Ocidente imperialista.

O colonialismo ocidental acabou com quase todos os reinos ainda independentes do continente. A reação muçulmana à ocupação estrangeira não foi uniforme, variou de acordo com as circunstâncias. Nas sociedades com maiorias muçulmanas movimentos populares ao redor de líderes islâmicos se cristalizavam e constituíam uma oposição (mais ou menos leal, conforme o caso) à colonização. Contudo, a luta pela independência foi em geral conduzida – como aliás no resto do terceiro mundo – por elites secularizadas e ocidentalizadas, consequência da educação e enquadramento administrativo introduzidos nas colônias pelos europeus. Na maioria dos casos, muçulmanos participaram ativamente, mas não necessariamente enquanto muçulmanos.

Até 1960 a maioria das colônias se emancipou dentro das fronteiras artificiais marcadas pelas potências coloniais. Mas em quase nenhum dos mais de quarenta Estados as esperanças se realizaram. Na maioria, regimes autoritários ou militares tomaram posse, e se tornaram máquinas corruptas e incapazes de realizar as promessas de desenvolvimento e da "formação da nação". Muitos países africanos mergulharam em tensões internas e guerras tribais e civis, agravadas pela combinação de outras pragas – deterioração ambiental, desertificação, seca e fome, epidemias – e pela indiferença da comunidade internacional, que já não manifesta mais interesse desde que o continente perdeu sua relevância geopolítica após o fim da Guerra Fria.

Esses desapontamentos constituem o pano de fundo da islamização, que sobreviveu à virada das independências. Seu crescimento não cessa mais. A crise generalizada que engloba a maioria desses "Estados fracassados" motiva a busca para alguma cosmovisão que consiga dar sentido à "involução permanente" que atinge essas sociedades, maciçamente excluídas dos benefícios da modernidade. Na África, o islã está numa posição ideal para aproveitar a crise – tanto em termos de sua mensagem quanto pela densidade e qualidade de suas redes sociais. Séculos de contato africano com o islã têm resultado em duas configurações típicas: por um lado, há sociedades completa ou amplamente muçulmanas como a Mauritânia, o Senegal, a Somália etc., onde as irmandades ou outras redes religiosas continuam poderosas, sendo o principal instrumento de integração social. Em muitos desses países, se observam variações dos mesmos debates acerca de projetos de islamização que encontramos em outras partes do mundo muçulmano. Por outro, há sociedades (Tanzânia e Malawi, por exemplo) onde muçulmanos são apenas uma minoria, muitas vezes mais educada, mas sem condições (nem ambição) de impor à maioria a sua vontade.

Há, no entanto, um terceiro tipo, mais complexo – o da sociedade dividida mais ou menos igualmente entre muçulmanos e outros. Receita para conflitos, que se exacerbaram recentemente na Nigéria e no Sudão, em particular. Ambos se apresentam como casos extremos de Estados pós-coloniais artificiais e demasiadamente heterogêneos. Voltaremos a analisá-los mais adiante.

O OUTRO NO ISLÃ

Escravos castrados, mulheres segregadas e cobertas por véus, poligamia masculina generalizada, intolerância cega diante dos infiéis a Alá. Entre os ocidentais, por vezes essa é a única imagem que se tem em relação à vida cotidiana do islã. É fato que, por meio do cinema, da literatura popular e das telenovelas, o Ocidente alimentou estereótipos e construiu uma imagem caricaturada do mundo muçulmano. Contudo, por outro lado, não há como negar que, ao longo da história do islã, três grupos foram excluídos da igualdade que, em princípio, regeria as relações entre os fiéis: escravos, não muçulmanos e mulheres. A escravidão, na verdade, é coisa do passado. Porém, a posição da mulher e de minorias não muçulmanas (e de muçulmanos dissidentes) continuam constituindo um desafio, fator que mais visivelmente distancia a sociedade islâmica da modernidade. Com base no Oriente Médio – centro histórico que servirá de exemplo para outras regiões posteriormente islamizadas – é o que veremos neste capítulo, que detalha a relação, às vezes realmente tensa, entre o islã e o "outro".

ESCRAVOS

A questão da escravidão ilustra bem tanto o avanço original quanto o atraso subsequente do mundo muçulmano. O islã atenua, mas não proíbe, a prática da escravidão, obrigando o tratamento humanitário do cativo – embora escravos masculinos tenham sido, de fato, rotineiramente castrados nos grandes centros de acolhimento do tráfico escravagista[1]. A situação do escravo era, em geral, muito melhor no mundo muçulmano do que na antiguidade médio-oriental e greco-romana "clássica", ou ainda sob as potências "cristãs" nas Américas até há um século e meio. Muçulmanos e/ou povos "protegidos" (*dhimmis* judaicos ou cristãos) não podiam ser escravizados. Havia violações desta regra, mas sempre criticadas pelos ulemás. Por outro lado, uma vez escravo, o pagão podia se converter e sua manumissão era então vista como um ato louvável.

Havia poucas instâncias de trabalho forçado coletivo rural, do tipo que se conheceu nas Américas. Uma delas foi o uso de negros do Zanj na drenagem da Mesopotâmia, o que provocou uma grande revolta no século IX. Na verdade, os escravos no islã preenchiam três funções básicas. Em primeiro lugar, escravos militares foram intensamente empregados como guardiões e soldados, sendo considerados mais leais aos sultões do que sua própria aristocracia guerreira. Esses mamelucos, quando alforriados, tendiam a obter grande poder político – inclusive estabelecendo algumas dinastias próprias.

O segundo posto era o dos escravos domésticos, servindo no harém nas casas abastadas – posição de confiança que era considerada imprescindível para a manutenção da ordem familiar e social. A terceira função era preenchida pelas escravas, que serviam unicamente ao prazer sexual do homem, num concubinato indicado por juristas islâmicos como alternativa ao vício. Os descendentes de tais laços eram muitas vezes alforriados e contribuíram para o processo de mestiçagem no Oriente Médio. O número de escravas que um homem podia ter era em princípio ilimitado, ao contrário do casamento com mulheres livres, restrito a quatro esposas ao mesmo tempo, que se distinguiam das escravas por sinais exteriores de respeitabilidade, como o véu.

A importação de escravos constituía uma das bases comerciais da economia dos impérios árabes, ao lado de outros produtos como alimentos, animais e madeira, além da exportação de têxteis. Havia duas fontes principais que alimentavam o mercado de escravos: presos de guerra, cujo número aumentava simultaneamente à expansão do império, e a aquisição no exterior, o *Dar ul-Harb*, em geral entre povos menos desenvolvidos ou com fraca defesa, comprados de intermediários. Durante a época de ouro, três zonas em particular foram cruciais para o abastecimento de escravos do mundo muçulmano: 1) eslavos pagãos, trazidos por vikings através dos grandes rios da Rússia ou da Europa central por mercadores judaicos através de Veneza para Bizâncio e depois para o império árabe; 2) povos das estepes da Ásia central, vendidos por intermédio de Estados traficantes, como os *khazares* e os *khwarizmos* (os turcos, em particular, eram apreciados para uso militar); e 3) africanos do País dos Negros (*Bilad al-Sudan*).

No período de turbulência a partir do século XI, contudo, o abastecimento diminuiu. A cristianização dos russos tornou sua venda inaceitável entre europeus. Por outro lado, a islamização dos turcos os protegeu da escravidão por parte dos muçulmanos. Isso fez com que só restasse a África negra, mas mesmo este continente foi objeto de uma gradual islamização, o que limitou os traficantes àqueles ainda politeístas, mais distantes e, portanto, mais caros. A crise escravocrata daí decorrente foi, sem dúvida, um dos fatores do enfraquecimento do mundo muçulmano na Idade Média médio-oriental.

Na Idade Moderna, os turcos otomanos e, em menor escala, os persas safávidas, renovaram a expansão territorial e, com isto, a prática da escravidão militar. As guerras trouxeram novas safras de presos até o fim desta nova expansão e o retorno da estagnação. Nos séculos XVIII e XIX, o Cáucaso se tornou a maior fonte de escravos comprados fora da África negra, então em plena crise de fornecimento. A limitação do tráfico africano no século XIX foi um dos efeitos da pressão britânica sobre os otomanos e persas. A melhora da posição daqueles que já eram escravos resultou das *tanzimat*, as tentativas internas de modernização do Império Otomano.

Em 1830, um édito sultanesco emancipou escravos cristãos e melhorou a condição dos demais. Seguiram-se outros éditos: o tráfico foi proibido em 1872 e a escravidão, apesar de estar na xaria, não é mais permitida no Oriente árabe em nossos dias. A abolição deveu-se em geral à influência ocidental.[2] Áreas isoladas do Oriente Médio demoraram mais para libertar seus escravos. O Iêmen e a Arábia Saudita aboliram a escravidão somente em 1962; a Mauritânia, só em 1980 – ainda que *pro forma*, pois o sistema de castas imposto no século XVI pelos árabes hassanes contra os berberes, reduzindo a minoria negra à posição de servos desprezados, na prática não cessou. De maneira geral, contudo, a incidência da escravidão no islã é hoje marginal.

MULHERES

As mulheres no mundo muçulmano constituem objetos de fascínio para o Ocidente: ontem "fantasia orientalista", a sensual criatura do harém; hoje vítima de opressão, velada e genitalmente mutilada. Ambas as imagens representam um Oriente estereotipado, tanto voluptuoso quanto cruel, mas sempre de uma alteridade aparentemente intransponível. Ambas são, portanto, exageros que não descrevem a realidade social da esmagadora maioria das muçulmanas, correspondendo apenas a fragmentos da realidade. O que é inegável, porém, é que não se trata de um tema neutro: o islã se preocupa muito com a relação entre os sexos e tem posições e compromissos explícitos sobre a posição e o papel da mulher na sociedade. Todavia, há controvérsias sobre sua interpretação.

Ao contrário do islã tradicional, a modernidade ocidental se caracteriza, entre outros fatores, por reivindicações pela igualdade civil entre mulheres e homens e por tentativas para melhorar a posição daquelas na sociedade. Num primeiro momento, o movimento feminista ocidental concentrou suas reivindicações na igualdade (jurídica e política) formal; num segundo momento, pediu direitos econômicos e sociais para as mulheres: educação, trabalho remunerado, boas condições de trabalho, livre escolha do parceiro matrimonial etc. Mais recentemente, tem se adicionado a problematização da desigualdade nas relações pessoais: a divisão desigual dos papéis dentro da família, os direitos sexuais e até reivindicações (no feminismo radical) da autossegregação das mulheres, da feminilização da sociedade etc. A emancipação da mulher faz parte integral da revolução política da modernidade, sendo impossível desligá-la da

No quadro "O banho turco" (1862) do pintor francês Ingres, uma das visões estereotipadas da "voluptuosa" mulher muçulmana

modernização econômica e tecnológica que acompanha esta evolução – a industrialização, a produção científica que privilegia o intelecto em detrimento da força muscular, a contracepção etc.

Não há consenso sobre as demandas feministas na sociedade ocidental, e a implementação do princípio de igualdade ainda deixa muito a desejar. Enquanto princípio, porém, a igualdade entre os sexos está inscrita na própria base da sociedade moderna. A cidadania, marca da posição do indivíduo na sociedade, não faz distinção entre os sexos – nem entre classes, raças etc. A partir do Ocidente, este princípio da igualdade da mulher se expande para todas as outras sociedades como fator da globalização modernizadora. O mundo muçulmano não está isento desta influência, e é por isso que uma das expressões do choque entre a modernidade e a civilização muçulmana está, justamente, na discussão sobre a mulher.

No pensamento islâmico, a posição da mulher é inferior à do homem, situação que reflete a realidade sociológica da sociedade pré-islâmica da qual o islã emergiu, das comunidades muçulmanas históricas e do mundo muçulmano atual. Tal inferioridade, contudo, não é exclusiva do mundo muçulmano, pois ela se encontra, sob formas diversas, em quase todas as sociedades pré-modernas. Limitações biológicas ditavam, na maioria dessas sociedades, uma partilha de funções socioeconômicas e condenavam a mulher a uma vida voltada à maternidade e a funções econômicas subalternas. Essencialmente, a fecundidade da mulher era considerada um recurso econômico do grupo da mesma forma que o gado, o trigo ou o dinheiro. Contudo, o islã teve sua origem numa sociedade pastoril onde as mulheres tinham uma posição mais favorável do que nas sociedades sedentárias, situação que se traduz, inclusive com algumas melhorias, no Alcorão.

Assim a posição jurídica da mulher dentro do islã era melhor do que nas outras civilizações tradicionais e hierárquicas. Em vez de ser vista como posse, a mulher passou a ter existência jurídica e direito à propriedade. Por ocasião do casamento, o marido paga um *mahr* (preço da noiva) que pertence à própria mulher (e não a seus parentes masculinos) e lhe é devido em caso de divórcio. A mulher também tem direitos à herança, exatamente delineados, apesar de menores (herdam somente a metade da quantia em relação aos homens). A xaria mantém a poligamia, mas a limita a quatro esposas simultaneamente – limitação originalmente progressista. Em caso de litígios, o testemunho feminino é válido – ainda que valha somente a metade do masculino. Por outro lado, maridos tinham o direito de chicotear e castigar suas esposas, apesar de os ulemás se esforçarem para limitar esse direito.

Contudo, em última instância, todas essas regras refletem, mantêm e reproduzem a situação desigual dos sexos na sociedade árabe peninsular do século VII, berço do islã, e a partir daí elas se disseminaram nas demais sociedades que o adotaram. O problema é que a desigualdade e a divisão de funções entre os sexos se encontravam embutidas no islã, pois estavam inscritas no Alcorão e nos *hadiths* do Profeta – e, para o islã normativo, o que está ordenado pela palavra divina não pode ser mudado pelo homem. No entanto, as sociedades muçulmanas se desenvolveram em uma miríade de formas históricas. Em nossos dias, elas estão submetidas, como outras sociedades no mundo inteiro, a forças globais que colocam mulheres em contato direto com homens, ameaçando os costumes tradicionais religiosamente sancionados.

Encontramos na história – ainda que relativamente poucas – muçulmanas como companheiras do Profeta, como líderes políticas, intérpretes de *hadiths*, mártires xiitas, místicas, ulemás femininas, empresárias, administradoras de *waqfs* e numa variedade de outras funções. Há igualmente referências históricas de mulheres representando o papel de bruxas, prostitutas e fofoqueiras. Os documentos trazem assim relatos de modelos tanto positivos quanto negativos. Fica claro que, pelo menos inicialmente, as mulheres participavam da sociedade numa ampla gama de funções (inclusive religiosas). Entretanto, no decorrer do tempo, a posição das muçulmanas declinou. Durante o período dos impérios muçulmanos medievais, elas foram cada vez mais excluídas. Expressões misóginas atribuídas a Maomé, como "Um povo cujos afazeres são regidos por mulheres não prosperará"[3] foram usadas para justificar sua exclusão de posições de autoridade. Profissões foram proibidas a elas e outros *hadiths* circularam afirmando que a mulher é intelectual e espiritualmente inferior ao homem.[4]

A segregação sexual

Iniciou-se, em nome da proteção dos homens contra a tentação sexual, um processo de segregação da mulher que continua até os dias de hoje. Para não distrair os homens, elas rezavam separadamente na mesquita. Uma prática tão controversa quanto a imposição do véu ou *hijab* (lenço), atualmente considerada em meios fundamentalistas como a marca característica da muçulmana praticante, começou provavelmente como influência bizantina, para distinguir as mulheres "livres" de escravas e concubinas. Esse *hijab* – originalmente uma questão de etiqueta que comprometia apenas as esposas do Profeta – se expandiu até chegar a uma segregação sexual abrangente.[5]

Em casos extremos, como no Paquistão e Afeganistão contemporâneos, a *purdah* (literalmente "cortina") chega a cobrir todo o corpo e rosto da mulher fora de casa (onde, aliás, ela nunca pode circular sem acompanhante). Dentro de casa, ela se descobre somente em frente ao marido ou os *mahrams* (parentes com quem ela não pode casar). Mas o ideal da tradição que se forma é o da mulher que deixa a casa somente duas vezes na sua vida adulta: no dia de seu casamento e no de seu enterro – em ambos os casos, completamente coberta.[6] Trata-se, naturalmente, de um modelo "elitista", que só os abastados cujas esposas estão isentas do ônus do trabalho podem-se permitir. Paralelamente a outras sociedades pré-modernas, o estilo de vida das mulheres no campo era geralmente mais árduo, mas também mais igualitário ao do homem; e desse ponto de vista, melhor do que o da mulher citadina.

Houve certamente causas socioeconômicas, semelhantes às que vigoravam em outras civilizações pré-industriais tradicionais, para a subordinação da mulher – uma deterioração que foi se aprofundando até tempos recentes. Porém, existe uma condição específica da mulher no mundo muçulmano, diferente da situação da mulher na China ou no mundo hindu tradicionais: ela tem se caracterizado pelo isolamento e pelo controle da sua sexualidade de forma bem mais extrema do que em outras sociedades. Esta situação não é redutível a fatores materiais, mas foi consequência de uma contradição psicológica entre, por um lado, uma forte associação da mulher à sexualidade e, por outro, a dependência da honra do homem do controle desta sexualidade – sendo seu descontrole visto tanto como perigo social quanto como atentado à identidade sexual e social do indivíduo masculino. Tal contradição só foi solucionada com o enclausuramento do objeto de desejo.

Vários autores apontam que, no Oriente Médio, a mulher é considerada em primeiro lugar como objeto do desejo masculino, sendo a sexualidade primariamente associada ao sexo feminino. Ao contrário do cristianismo, existe no islã uma apreciação positiva da sexualidade em si. Fontes islâmicas falam do coito como ato de harmonia com o cosmos. O celibato é proibido; não se encontra no islã nenhum equivalente do ascetismo característico do cristianismo.[7] O sexo é imprescindível para a reprodução – e precondição para orgulho paterno (existe, na verdade, uma forte predileção pela prole masculina) – mas é igualmente um dos prazeres sensuais da existência, valor reconhecido em si.

Contudo, a sexualidade é também uma força perigosa – antissocial, caótica e que necessita de rígidos controles –, daí sua "prisão" dentro do casamento (e concomitantemente, a rejeição da contracepção, do aborto, da homossexualidade e de outros "desvios contrários à natureza"). Tal, no entanto, é a teoria; na realidade social, casamentos correspondem mais a alianças econômicas entre famílias do que a casais intencionados ao romantismo ou à satisfação sexual recíproca. A maioria deles é arranjada – muitas vezes sem que os parceiros se conheçam. Ainda que o consentimento dos futuros esposos seja necessário, a realidade é que ainda ocorrem casamentos forçados em regiões mais atrasadas. Segue-se, depois, o isolamento das esposas na parte da casa que lhes é designada, mas proibida (*haram*) para outros homens que não o esposo: o harém.

Garotos estudam o Alcorão em Karnathaka, Índia. Na vida social, há rígida separação ente homens e mulheres.

A grande maioria dos casamentos sempre foi, aliás, monogâmico, pois o islã condiciona a poligamia ao tratamento igual para as esposas, sendo que maioria dos homens não atinge condições financeiras para tal. Em nossos dias, a poligamia é praticada na península Árabe, mas proibida na Tunísia, Turquia e outros países.

A ausência da livre escolha do parceiro matrimonial não constitui, obviamente, um contexto suscetível a favorecer laços românticos ou uma sexualidade satisfatória dentro do casamento. Essas forças se expressam, portanto, fora do casamento, e com isto começam os problemas. Na visão que predomina no mundo muçulmano, a força sexual emana em primeiro lugar da mulher, vista como ativa, possessiva, incansável. O poder de atração que ela exerce sobre o homem é, portanto, irresistível e quase demoníaco: a associação primária da mulher é com a *fitna*, um poder de sedução irresistível mas destrutivo – a mesma palavra que se usa para descrever as guerras civis que dilaceraram o tecido da comunidade islâmica após a morte de Maomé.[8]

A sexualidade fora do casamento equivale à devassidão e à corrupção. Assim, o homem é obrigado a satisfazer sua esposa, ou esposas, para manter sua virtude – caso contrário, ela necessariamente satisfará seu desejo fora de casa, destruindo a honra da família. Em outras palavras, a honra da família é condicionada à pureza sexual das mulheres: a virgindade das filhas, a fidelidade das esposas e a castidade das divorciadas e viúvas. O adultério é crime contra o islã, tradicionalmente punível com cem chicotadas ou a morte por apedrejamento – punições que os fundamentalistas tentam restaurar. A severidade da transgressão necessita, porém, do depoimento de quatro testemunhas masculinas (ou oito femininas). Mais comumente, a transgressão da norma de "pureza" – ou mesmo a mera suspeita disto – constitui uma desgraça social para o homem e a família que só a morte da "criminosa" pode apagar. Em consequência, até hoje ocorrem regularmente "assassinatos de honra", que tanto a lei quanto o costume social tendem a perdoar.

Não há, por outro lado, um estigma social semelhante ou punição jurídica igual ao adultério masculino, quando cometido fora da casa. O desejo e as proezas sexuais são considerados como expressões normais e admiráveis da masculinidade. Tradicionalmente o homem podia expressá-los fora do casamento com uma escrava usada como concubina. Todavia, essa solução é, em geral, inviável hoje. Resta a prostituição – igualmente proibida, ainda que apenas a prostituta e não o cliente seja punível. A grosso modo, é possível afirmar que a separação das mulheres levava consequentemente ao desenvolvimento de duas dimensões sociais separadas por gênero: fora do círculo dos parentes íntimos, mulheres socializam apenas com outras mulheres; filhos e homens, só com outros do sexo masculino. Tal, pelo menos, foi o quadro até a intromissão dos moldes desestabilizadores da modernidade.

Três conclusões se seguem a esse nosso breve panorama. Em primeiro lugar, a sociedade médio-oriental (além de outras sociedades muçulmanas) constituía tradicionalmente um mundo marcado por forte tensão sexual, cuja origem é discutível, mas que a separação (e a mistificação recíproca) entre os sexos sustentavam e reproduziam de uma geração a outra. A "outra" perpetuamente inatingível explica o fascínio da "promiscuidade" nas sociedades ocidentais modernas, o que provoca uma forte ambivalência – e do lado fundamentalista, uma rejeição agressiva.

Em segundo lugar, os versículos do Alcorão que regulam e limitam o comportamento da mulher são pouco numerosos e passíveis de múltiplas interpretações. A situação da mulher no islã reflete antes valores e necessidades de uma sociedade tribal do que valores especificamente religiosos. Parece que ao invés de negar o tribalismo, o islã "levava" valores tribais, intrínsecos às suas fontes autorizadas, para as outras sociedades que conquistou, influenciou ou converteu. Há, portanto, um entrelaçamento entre normas sociais e preceitos religiosos; mas a área de sobreposição é suficientemente dúbia, a ponto de hoje permitir a muçulmanas feministas uma releitura das fontes muito mais liberal e mais favorável às mulheres.[9]

Em terceiro lugar, o contato com o Ocidente e a modernização fulminante das sociedades e economias muçulmanas conduzem em nossos dias a uma interação muito mais intensa e não controlada entre os sexos do que era usual no mundo muçulmano tradicional. Isso causa uma confusão psicológica, que por sua vez será um estímulo a mais para as reações fundamentalistas.

O desafio da modernização

A colonização, as independências e a integração do Oriente Médio no mercado global têm gerado uma série de novos problemas para o mundo muçulmano. A urbanização, a mobilidade física e social, a escolarização e o emprego de jovens mulheres fatalmente expõem-nas cada vez mais a contatos com homens fora do grupo permitido dos *mahrams*. A modernização quebra o envoltório simultaneamente opressor e protetor. Logo se expressam reivindicações a uma nova liberdade de dispor da própria situação de vida e do próprio corpo – liberdade de aprender a ler e escrever, trabalhar fora de casa, namorar e casar com quem e quando quiser, socializar com maior liberdade, ter direitos reprodutivos, possuir participação política etc. A modernidade cria inúmeras situações de convivência inevitável: onde antes os contatos eram reduzidos ao mínimo absoluto, agora transportes públicos, colégios e universidades, fábricas e escritórios colocam os sexos cotidianamente em contato direto. A nova situação de aluna e de trabalhadora é inesperada para a mulher.

Há, contudo, a recompensa de conhecer o mundo, de ganhar uma relativa autonomia econômica e psicológica, maior visibilidade e, potencialmente, um novo poder.

Contudo, do ponto do vista dos homens muçulmanos, outrora os únicos senhores da sociedade, a mudança é menos positiva. Eles perdem suas certezas e o domínio tradicional sem ganhos correspondentes. Assim, os homens muçulmanos se sentem ameaçados pela nova onipresença feminina. Uma mulher educada e determinada é ainda mais ameaçadora, tanto como concorrente num mercado de empregos já estreito quanto como desafiadora da própria estrutura de dominação. Paira o perigo da *fitna*. Deste modo, não é difícil entender que as tensões sociais relativas às rápidas mudanças causadas pela modernização se concentram sobre alguns "inimigos" tangíveis, sendo a mulher "moderna" colocada no mesmo patamar de perigos que os símbolos da presença ocidental e as minorias que pactuam com o Ocidente.

No mundo muçulmano, as reações à crescente integração econômica da mulher na sociedade são de dois tipos: de um lado, modernistas (tanto secularistas quanto religiosos), que consideram a emancipação da mulher positiva em princípio, desde que sejam tomadas "precauções" para "salvaguardar" sua castidade, a ordem social, a dignidade da nação ou as demandas mínimas da religião; e, de outro, fundamentalistas, que rejeitam tal entrada e proximidade como uma afronta à ordem social divina. Portanto, não surpreendem as tentativas de controlar e, onde for possível, desfazer os avanços históricos conquistados pelas mulheres.

Num primeiro momento, a oposição dos fundamentalistas à entrada de mulheres na vida pública articulou um certo antagonismo de classe: as primeiras mulheres a se preparar nos colégios e universidades e as primeiras a se profissionalizar e publicamente fazer ouvir sua voz vieram de meios abastados, há muito urbanizados. Fundamentalistas, no entanto, são recrutados geralmente entre camadas urbanas tradicionais de classe média-baixa e entre os pobres recém-urbanizados. Atualmente, no entanto, este quadro tem se tornado mais complexo: a atração do fundamentalismo está transcendendo os limites de classe, e os islamistas estão ganhando novas aliadas inesperadas, as próprias mulheres que se juntam à causa do islã político – particularmente aquelas de mesma origem que seus companheiros masculinos.

Pensadores turcos e árabes liberais e nacionalistas estiveram, desde o final do século XIX, entre os primeiros a pedir a igualdade da posição da mulher, argumentando que sua opressão privava a nação de metade de seus recursos. Muçulmanos modernistas se aliaram à causa. Por exemplo, Abdu defendia a proibição da poligamia, interpretando que o versículo do Alcorão a respeito do tratamento igualitário que o marido deve às suas esposas aponta para uma afeição sentimental tanto quanto para direitos materiais, sendo portanto quase impossível de ser realizado. Mulheres árabes, turcas, iranianas,

Para os fundamentalistas, a mulher possui papel público restrito, pois são consideradas biologicamente determinadas

entre outras, desenvolveram modelos que pretendiam abrir o espaço público à mulher – sem "descer" ao nível de "promiscuidade" que observadores muçulmanos sempre imputavam ao Ocidente (vestidos curtos demais, bailes mistos etc.).[10]

Na busca de modelos legitimadores na tradição religiosa, feministas mais moderadas "resgataram" a vida das mulheres no ambiente do Profeta, mulheres sufis e líderes bélicas femininas, entre outros modelos a serem seguidos. Uma vez alcançado o poder, movimentos nacionalistas, particularmente aqueles mais à esquerda, tais como o Ba'ath da Síria e do Iraque, iniciaram medidas radicais para emancipar a mulher e integrá-la na vida econômica e pública. O resultado paradoxal é que, nesses Estados despóticos, a participação e os direitos da mulher vão bem além do que se observa em sociedades "moderadas" tais como o Egito e a Jordânia – para não falar da Arábia Saudita, ou do Kuwait, cujo parlamento vetou repetidamente nos últimos anos a concessão do direito de voto às mulheres.

Desde os anos 70, surgiu uma "segunda onda" feminista em certos países muçulmanos. A médica egípcia Nawal El Saadawi e a socióloga marroquina Fatima Mernissi, entre outras, têm quebrado tabus sobre questões sexuais, discutidas agora bastante abertamente. Contudo, o alcance de suas publicações é limitado, ou melhor, elitista. As soluções propostas do lado modernizador, "ocidentalizadoras" ou não, não tiveram melhores resultados no campo das relações entre os sexos do que no campo do desenvolvimento, da identidade cultural etc. No modelo modernista, esperava-se que a melhora da posição da mulher se fizesse mediante o avanço geral que o desenvolvimento geraria, esperança que foi frustrada.

Alimentada por forças externas incontroláveis, a reentrada das mulheres na vida pública continua mas, na ausência de transformações ideológicas e psicológicas paralelas, ela só gera tensões, que se adicionam às outras fontes de desestabilização e alienação que afetam o mundo muçulmano. No último quarto de século, o Oriente Médio tem mergulhado num redemoinho de empobrecimento, massificação, crises políticas e sociais, influências externas, violência entre Estados e guerras civis que constituem o contexto de uma "guerra de culturas", desde a queda do comunismo, entre o modelo liberal-pluralista-ocidental e um modelo alternativo islamista. O desfecho ainda é incerto, mas o fato é que a posição da mulher na sociedade islâmica está posta no centro do debate.

O islamismo e as mulheres

O discurso fundamentalista muçulmano faz a apologia da posição da mulher no islã, contrastando o "respeito" que ela recebe neste ao uso "indigno" da mulher enquanto objeto de desejo e de comercialização no Ocidente. O fundamentalismo enfatiza a determinação biológica da mulher: sua primeira tarefa seria a maternidade – em particular, a transmissão de valores islâmicos às crianças. Segue-se em decorrência uma certa limitação do papel público da mulher. Não obstante a rejeição do feminismo ocidental, os islamistas são influenciados pela reivindicação da igualdade: a resposta é que no islã há mais "igualdade na diferença".

A participação das mulheres, contudo, difere bastante entre os vários movimentos fundamentalistas. Em muitos, elas têm um papel de destaque no campo social, estratégico para a expansão da ideologia; em outros, ultrapuritanos (tais como os talebã afegãos) é recusada a elas qualquer função pública. Entretanto, a influência do fundamentalismo muçulmano vai além da mobilização (aliás, dificilmente mensurável) em movimentos sociais organizados. A recusa à moda feminina ocidental constitui uma das mais destacadas mudanças entre as muçulmanas nas décadas recentes.

No mundo muçulmano, comportamentos de "exibicionismo sexual" como acontecem na mídia ou mesmo nas ruas ocidentais garantiriam a uma mulher a má-reputação de prostituta, destruiriam sua credibilidade e a colocariam em risco físico. Para muitos homens, a mulher sexualmente visível (mesmo não intencionalmente) projeta a imagem da presa fácil; para os fundamentalistas, ela simboliza a corrupção da sociedade virtuosa e precisa ser eliminada. Desde os anos 80, houve centenas de casos de desfiguração, pela utilização de ácido, do rosto de mulheres que simplesmente ousaram exibir seus cabelos.[11]

No mundo muçulmano, quanto menos uma mulher enfatizar seu caráter sexual, mais ela facilita seu acesso ao espaço público: o lenço mascarando os cabelos, o "vestido-sobretudo" cinzento ou marrom do mundo sunita ou o xador preto xiita constituem um "uniforme" que, ao mesmo tempo, desencoraja flertes, outorga uma proteção que enfatiza sua dignidade e inviolabilidade, marca sua devoção e obediência à lei de Deus e sinaliza sua rejeição ao Ocidente.

Tal "neutralização" pública da mulher enquanto ser sexuado tem um valor que vai além do expressivo: não só permite à muçulmana articular uma nítida escolha ideológica, mas a mulher ostensivamente "desfeminilizada" constitui uma arma política vital para movimentos islamistas. Mesmo encoberta, a mulher está mais protegida da brutalidade das forças de repressão do que seus irmãos na luta contra regimes autoritários ou em prol da alternativa islamista. No Irã de 1978 e 1979, a participação maciça das mulheres de preto nas manifestações contra o xá foi um dos fatores cruciais da vitória da Revolução Islâmica; nos anos 80, as mulheres do Hezbollah libanês estavam entre as primeiras militantes a testar o terrorismo suicida contra Israel; desde os anos 90, alunas do Hamas palestino têm seguido o exemplo com êxito.

A mobilização de mulheres numa causa que, do ponto de vista ocidental, promete-lhes apenas a restauração de sua opressão parece paradoxal, merecendo maior atenção. Uma das demandas centrais do fundamentalismo muçulmano diz respeito à separação entre os sexos na esfera pública. A proximidade é considerada como um perigo permanente à virtude dos fiéis de ambos os sexos, pois os expõe às tentações que seguem naturalmente da sua natureza como seres sexuados. Para canalizar a sexualidade nas suas formas social e religiosamente sancionadas dentro de casa e no casamento (ou seja, na esfera privada) é preciso, em consequência, eliminar ao máximo todas as situações que podem provocar "tentação". Uma maneira evidente é a vestimenta islâmica: mulheres religiosas voluntariamente demonstram na sua atuação um comportamento social que, após a tomada de poder, será obrigatório para todas.

Varia, contudo, a maneira prática como isso se implementa. Prostitutas foram apedrejadas ou fuziladas tanto no Irã sob Khomeini quanto no Afeganistão dos Talebã. Quaisquer expressões de sensualidade, como namoros ou maquiagem, são reprimidas pela polícia moral. Depois de estabelecerem tal padrão de moralidade pública, porém, as políticas e alcance em relação à atuação pública da mulher diferem perceptivelmente. No Irã, mulheres têm uma posição jurídica de cidadãs e pessoas físicas; após sua participação maciça na revolução, o direito ao voto já não podia mais ser-lhes retirado (apesar da opinião do clero); a idade mínima para o casamento foi reduzida a nove anos, mas as leis da proteção na família, herdadas do xá, são razoavelmente progressistas; mulheres participam (modestamente vestidas no xador) nas profissões, na maioria das funções públicas, na política; elas têm sua esfera social separada, inclusive nos esportes.[12]

No Afeganistão, por outro lado, cada mulher era considerada legalmente submissa a algum homem; elas eram obrigadas a vestir a burca, que vela totalmente não apenas o corpo como também o rosto; as filhas eram proibidas de ir à escola, as mães, de trabalhar fora de casa; e todas só podiam aparecer em público acompanhadas de um parente masculino legalmente responsável por elas. (Algumas regulamentações afegãs existem também na Arábia Saudita, onde mulheres são proibidas de dirigir.)

Em outras palavras, o islã é um cabide que acomoda uma variedade de posições sobre a mulher – em função das opções ideológicas. Por exemplo, um pensador como o paquistanês Mawdudi, que tem influenciado fortemente a nova onda fundamentalista no mundo sunita e inspira movimentos ultrapuritanos tais como o Talebã, insistia na *purdah*, ou seja, no enclausuramento total: se o objetivo é o de controlar a indecência e a obscenidade, então não faria sentido "fechar todas as vias menores à indecência" (ou seja cobrir as outras partes do corpo) mas "deixar aberta a porta principal" (o rosto, considerado parte mais atraente da mulher).[13] No entanto, esta posição tem sido descartada pelos fundamentalistas do Jihad egípcio.

Mulheres berberes em cerimônia religiosa na Tunísia. No mundo muçulmano, a participação social feminina varia de acordo com as regras locais.

O modo como o mundo muçulmano solucionará a questão da mulher fará, indubitavelmente, uma grande diferença para seu futuro. Como muitas outras sociedades pré-modernas, o mundo muçulmano considerava a sexualidade em geral como uma força irresistível e perturbadora da natureza. Isto se reflete no provérbio árabe "sempre que um homem e uma mulher se encontram, o terceiro entre eles é o Satanás".[14] Para lidar com este demônio, o islã, na sua versão normativa, estabeleceu controles externos – principalmente a segregação das mulheres e uma rígida canalização da sua sexualidade. Esse modo de controle se torna cada vez menos viável com a modernização.

Na modernidade, por outro lado, a internalização do controle social da sexualidade (o autocontrole) providencia um método tão eficaz que ele sobrevive a uma proximidade sistemática, à seminudez, aos banhos em comum e à provocação permanente dos sentidos nas mídias que marcam o dia a dia no Ocidente. Entretanto, no olhar islâmico, não acostumado a esta forma de controlar a liberdade, o que se destaca no Ocidente não são os "êxitos" da permissividade mas seus defeitos. Críticos islamistas, em particular, consideram a alta taxa dos divórcios, os filhos sem pai, o alcoolismo, a violência, os suicidas e outros sintomas que nos circundam como consequência da mesma ausência de normas e "decadência" que caracteriza as relações entre os sexos no mundo ocidental.

MINORIAS

O tratamento das minorias não muçulmanas no islã tem levado a acaloradas controvérsias por ser uma questão de cunho político. Intelectuais (pró-)árabes e outros costumavam idealizar a coexistência de muçulmanos, cristãos e judeus na Espanha muçulmana, contrastando-a com a intolerância e expulsão que se seguiram após a reconquista católica – idealizações históricas que têm servido de argumento, por exemplo, contra um Estado judeu separado, em vista da "tolerância embutida na cultura árabe".

O intercâmbio cultural não foi menos fértil no Iraque e na Pérsia abássidas; certos autores irão até sugerir a existência de uma cultura semiclandestina neoplatônica progressista comum às três religiões na época de ouro.[15] Contra tal "lenda dourada", outros pesquisadores, fundamentalistas protestantes e (pró-)israelenses em particular (como Bat Ye'or), têm construído uma "lenda negra" com uma leitura oposta, extremamente negativa quanto à posição histórica dos judeus e cristãos sob o islã, levantando dúvidas sobre a possibilidade da coexistência com uma fé tão "intolerante".

O debate, portanto, faz parte do "choque de civilizações". Pode-se dizer que ambas as visões são exageradas, a começar pelo fato de que o mundo muçulmano inclui uma miríade de contextos dispersos por três continentes e quatorze séculos; contudo, o interesse que o debate desperta indica a relevância atual do tema para uma avaliação do islã. Tentaremos pois estabelecer as linhas gerais da experiência das minorias no mundo muçulmano – condição longe de ser negativa, se levada em conta o seu contexto histórico.

Como vimos anteriormente, a civilização muçulmana, em seu auge, constituía a mais avançada da humanidade. Tal avanço se reflete não só na melhora da posição dos escravos e da mulher, mas também do "outro": as minorias. Como também já vimos, a situação dos *dhimmis* (povos protegidos) no islã era em geral melhor do que a dos não cristãos (e de cristãos heterodoxos) na cristandade. No Alcorão – que, como qualquer escrita sagrada, é destrinchado à procura de citações em defesa de posições opostas –, encontram-se tanto exortações à militância na expansão da fé e críticas a outras religiões quanto a defesa da tolerância e da boa convivência com as diferenças.

O islã compartilha com o cristianismo a pretensão ao monopólio da verdade mas, ao contrário deste, começou imediatamente como projeto de conquista e superioridade, tendo que enfrentar desde seu início a questão da existência de outras religiões, particularmente suas "ancestrais" – o judaísmo e o cristianismo – que não podiam ser negadas nem aceitas como iguais sem correr o risco, em ambos os casos, de afetar sua própria veracidade. Em consequência, existe uma tensão entre o monismo e o pluralismo e, como resultado, há no islã um lado fanático que convive incomodamente com o outro lado, inerentemente pluralista. O Alcorão declara: "Eu tenho minha religião e tu tens a tua religião"[16] afirmando ainda que "Não há coação na religião",[17] e sancionando o pluralismo diversas vezes: "E se teu Senhor tivesse querido, Ele teria na verdade criado toda a humanidade como uma comunidade, mas eles não cessam de ser diferentes".[18]

Uma vez estabelecida a superioridade do islã na vida pública do *Dar al-Islam*, a violência é naturalmente proibida, devendo prevalecer a tolerância – o que não significa que a situação das minorias religiosas tenha sido ideal em termos dos direitos humanos como entendidos atualmente: esse conceito ainda não existia. Em troca de algumas desqualificações – como certas vestimentas e tecidos que lhes eram vetados, animais que eles não podiam conduzir, a proibição de construir novas igrejas, a obrigação de honrar muçulmanos etc. – os *dhimmis* gozavam de uma ampla autonomia interna. Ainda assim, essas limitações eram aplicadas irregularmente, com exceção de duas: o imposto por pessoa (*jizya*) e a proibição de armas. Em geral, a convivência era satisfatória, apesar de, para o muçulmano, ela se basear numa mistura de aceitação e desprezo e, do ponto de vista da minoria, num misto de oportunidade e insegurança. Contudo, para ambos os lados, o convívio apoiava-se em regras bastante claras.

164 | O mundo muçulmano

Na porta principal de um prédio religioso em Marrakesh, no Marrocos, o aviso veta a entrada dos não muçulmanos

A situação era diferente com respeito aos muçulmanos heterodoxos. A apostasia é até hoje uma transgressão passível da pena de morte. Contudo, não havia nada que se possa comparar à perseguição de "heréticos" na cristandade, já que não existia "Igreja" que definisse os dogmas e fosse autorizada a punir a heresia, como no Cristianismo. As guerras entre muçulmanos não eram raras mas, mesmo que usassem de uma "máscara religiosa", eram mais comumente travadas por motivos dinásticos ou tribais. As perseguições especificamente teológicas eram raras: o que contava mais que a ortodoxia era a ortopraxia, o comportamento correto, que se traduzia em lealdade à autoridade constituída.

No âmbito das ideias, havia uma maior abertura, pelo menos na época clássica: a tolerância para com minorias e divergentes foi maior no auge do poder islâmico, tendendo a declinar junto com ele, mas reafirmando-se posteriormente com os novos êxitos sob os turcos. Surgiram os sultanatos baseados na religião como identidade coletiva, mas que concediam a suas minorias religiosas – grega, armênia, judaica etc. – uma "cidadania de segunda classe", com o uso do sistema dos *millets*. Na Pérsia das dinastias safávida e *qajar*, os armênios constituíam a mais importante minoria. Além deles, havia judeus e cristãos nestorianos e ortodoxos. Repetiu-se no Império Otomano dos séculos XV-XIX o mesmo molde de um avanço que se tornaria em poucos séculos uma desvantagem, uma vez que a Europa passava pela transição de sociedade com base religiosa uniforme à sociedade com critério étnico-territorial.

O contrato da *dhimma* que regia as relações entre maioria e minoria entrou em colapso no século XIX, quando minorias chegaram a controlar partes da economia otomana, concentrando-se em tarefas consideradas indignas para muçulmanos ou turcos. Ao mesmo tempo, elas também eram o portão de entrada para a influência ocidental. Neste aspecto, o conhecimento de línguas europeias pelas minorias e sua familiaridade religiosa com o Ocidente lhes foram úteis. No Egito sob domínio de Bonaparte, coptas entraram no serviço francês; logo, gregos e judeus no Império Otomano se tornaram intérpretes e intermediários de ingleses, austríacos, franceses, italianos etc; armênios foram empregados com este mesmo intuito pela Rússia.

Dentro de pouco tempo, a posição das minorias se tornou melhor do que a da maioria. Sua emancipação resultou de pressões ocidentais. Em 1839, foi promulgada a igualdade civil de todos os súditos otomanos frente à lei, o que de fato aboliu a *dhimma*; em 1854, foram abolidas a *jizya* e a proibição de armas. Incidentalmente, a emancipação também acabou com o controle dos *millets* pelas lideranças eclesiásticas tradicionais.

Nos Bálcãs, no Oriente Médio e na África do Norte, cristãos e judeus se educaram e passaram pelo processo de modernização muito mais rapidamente do que os muçulmanos que foram seus senhores. Quebrou-se a relação de superioridade/inferioridade que permeara por doze séculos seu relacionamento. Num mundo muçulmano que estava se enfraquecendo, as minorias tinham demandas mutuamente incompatíveis: por um lado, queriam continuar se beneficiando do contrato de proteção e das vantagens clientelistas que isto implicava; por outro, começaram a militar em prol da igualdade civil completa. Os mais radicais pediam a autonomia comunal ou até a independência, reivindicações que não eram compatíveis.

Entrementes, a súbita emergência dos não muçulmanos – e às vezes seu exibicionismo pouco sutil – desconcertou os muçulmanos, outrora senhores supremos e agora humilhados. Na maioria muçulmana, a abolição formal da identidade religiosa do império não foi acompanhada de uma secularização da mentalidade. Até hoje, os Estados "nacionais" sucessores têm uma legitimidade muito fraca, recusada, aliás, pelos islamistas. As minorias antes humildes e agora tão prepotentes começaram a serem vistas cada vez mais como parceiros dos inimigos externos: o resultado foi um declínio drástico da tolerância, com aumento concomitante das tensões intercomunitárias.

Isso nos leva à situação atual de muitos Estados muçulmanos, onde a qualidade da coexistência é nitidamente pior do que em épocas anteriores. A intromissão da modernidade se reflete em tentativas, apoiadas pelos recursos do Estado e imensamente maiores do que na época tradicional, de impor uma uniformidade cultural. Na Arábia Saudita, só o wahhabismo é aceito; nem cristãos nem muçulmanos de outras tendências (como os xiitas) têm liberdade de culto. No Irã, o sunismo é discriminado. No Paquistão, aumentaram nos últimos anos os atentados contra xiitas; nas Molucas, na Nigéria e alhures, há crises frente aos cristãos. Na tolerância para com o "outro", o islã, que uma vez esteve na vanguarda, tem sido nos últimos séculos ultrapassado pelo Ocidente modernizador.

Seria anti-histórico culpar unicamente o islã pelos conflitos intercomunitários atuais: na relação entre maioria e minoria, o poder e os recursos não estavam todos de um único lado. O desequilíbrio que pôs fim à coexistência foi provocado, em primeiro lugar, pela crescente influência ocidental. É inegável, contudo, que a posição das minorias no Oriente Médio muçulmano, por tolerável que fosse, era baseada numa desigualdade que não condiz com a sociedade moderna e que hoje só os mais extremos islamistas preconizariam restaurar. Em geral o islã, com exceção de poucos pensadores, ainda não aceitou o princípio do pluralismo.

O antissemitismo muçulmano constituiria um caso especial? O islã tem uma visão ambivalente do judaísmo: a crítica, onde predomina, tem mais um caráter de desprezo do que de inimizade frontal. O antagonismo teológico, contudo, não pode ser confundido com antissemitismo moderno. Os judeus eram bem integrados no mundo muçulmano

Em Jerusalém, casa de um hajji – mulçumano que já fez a peregrinação a Meca – coberta de símbolos religiosos e interferências de extremistas

pré-moderno, ainda que seu tratamento variasse (como o dos cristãos) em função do tempo e do espaço. As épocas e lugares de maior tolerância foram a abássida, a Espanha medieval e o Egito fatímida mas, mesmo nestes contextos, tal tolerância foi pontuada por episódios de perseguição. A situação se deteriorou no fim da Idade Média, mas voltou a melhorar no Império Otomano. Às vésperas da época contemporânea, ela foi melhor na Turquia, no Iraque e no Egito, e pior no Marrocos, Iêmen e Irã. No século XIX, as comunidades judaicas no mundo muçulmano aproveitaram o mesmo processo de modernização e emancipação que os cristãos. Contudo, essas comunidades judaicas não existem mais, tendo sido transplantadas nos anos 1940-1960 para Israel, onde os "judeus orientais" constituem atualmente a metade da população.

Um antissemitismo mais fanático só se introduziu no século XX, justamente no contexto da luta pela Palestina. Ideologias antissemitas europeias exerceram maior influência – primeiro levadas por cristãos árabes e propagadas depois pelos nazistas, que adicionaram o elemento racista, antes ausente. Essas sementes germinaram, e teorias conspiratórias para "explicar" as vitórias de Israel pela essência "malvada" dos judeus são atualmente bastante populares no mundo árabe e em outras sociedades muçulmanas. Suas raízes, todavia, se encontram na Europa cristã e não no islã. Exacerbação discursiva que, por sua vez, realimenta um conflito que parece ilustrar, por excelência, a problemática coexistência na modernidade do islã com o "outro".

O ISLÃ DENTRO DO OUTRO: AS DIÁSPORAS MUÇULMANAS

Aproximadamente um quarto dos 1,3 bilhão de muçulmanos no mundo vive hoje sob regimes não muçulmanos. Uma grande parte deles descende dos habitantes de reinos muçulmanos que posteriormente caíram sob governos não muçulmanos, como a minoria muçulmana na Índia, que antes da colonização inglesa constituía a camada dominante. Há também comunidades contíguas com o resto do mundo muçulmano, tais como aquelas que vivem em Guiné Bissau, Burkina Faso, Costa do Marfim ou Camarões, onde o número de muçulmanos ainda não atinge os 50% da população, em Estados novos e vizinhos àqueles onde o islã já é majoritário (no caso da África ocidental, como em Guiné, Mali ou Nigéria). Há ainda comunidades residuais que permaneceram em algumas regiões após o retrocesso de impérios muçulmanos, como os albaneses, bósnios e pomaks nos Bálcãs.

Por fim, há diásporas muçulmanas que se estabeleceram em outros países por motivos políticos (os *harkis*, soldados argelinos pró-franceses, na França), econômicos (os mercadores *hui* na China), de trabalho (os magrebinos e turcos na Europa ocidental), ou profissionais (os indianos nos EUA). Tal realidade é ambígua. Por um lado, minorias podem se tornar maiorias. Vimos como a islamização da Indonésia ocorreu quando a população nativa adotou a religião dos comerciantes e pregadores indianos e árabes que se estabeleceram nos portos de Sumatra, Java e outros lugares.

O oposto, ou seja, a conversão de muçulmanos para outras religiões, é raríssimo. É possível, contudo, discutir se o governo de países com maioria muçulmana é necessariamente islâmico. O governo de países muçulmanos que são mais ou menos seculares e/ou que adotaram moldes ocidentais, como no caso da Turquia ou de certos Estados pós-soviéticos reflete os sentimentos e preferências da sua própria população? Como se verá posteriormente, a questão sobre se um Estado muçulmano é, ou precisa ser, um Estado islâmico preocupa muito os fundamentalistas.

O ISLÃ NA EUROPA

Os muçulmanos da Europa se dividem em dois grupos completamente diferentes. Nos Bálcãs, na Europa oriental e na Rússia se encontram descendentes de populações túrcicas e de grupos nativos convertidos ao islã, deixados sob autoridade não muçulmana após a retirada otomana: bósnios servocroatas e pomaks búlgaros (ambos convertidos do bogomilismo, uma seita cristã medieval), tártaros (incluindo os da Crimeia), chechenos do Cáucaso setentrional,[1] bashquires e outros. O outro grupo são os imigrantes muçulmanos mais recentes na Europa, cuja maioria só chegou após os anos 60 e vive principalmente na parte ocidental. Eles são estimados entre dez e quinze milhões, sendo que a maioria se encontra nas respectivas ex-potências coloniais ou senhores de esferas de influência.[2]

Antes da Segunda Guerra Mundial, o número de muçulmanos na Europa ocidental era ínfimo. Apesar de uma longa história de contatos entre o islã e a cristandade, o fluxo foi unidirecional – de europeus visitando ou se estabelecendo no Oriente Médio. Ali, as duas maiores concentrações europeias foram as dos colonos franceses na Argélia e a dos sionistas na Palestina. Havia também um número significativo de italianos na Líbia e no Egito, de gregos no Egito e em todo o Levante, além de outros grupos, que – com exceção dos judeus – voltaram às nações de origem após as independências dos países árabes. Entretanto, havia pouquíssimo movimento na direção oposta.[3]

Esse quadro mudou após a descolonização. Os muçulmanos chegaram à Europa essencialmente em três ondas. A primeira foi de nativos colaboradores com as potências coloniais, que temiam represálias após a independência e que foram estabelecidos na metrópole, como os *harkis* na França. A segunda onda, muito maior, foi a dos trabalhadores-hóspedes (*guest workers*). Durante o período de expansão econômica europeia durante os anos 60 e 70, que correspondeu à crescente miséria no Oriente Médio e na África do Norte, eles chegaram aos milhões para preencher as vagas menos desejáveis nas indústrias e serviços dos países capitalistas avançados.

Na Europa, tal migração trabalhista não foi novidade: em períodos anteriores, milhares de italianos, espanhóis e portugueses já haviam sido atraídos aos países mais ricos da Europa ocidental-setentrional. Esses grupos foram integrados com relativamente pouca dificuldade. Os novos imigrantes muçulmanos vieram de países muito mais pobres, eram fisicamente diferentes e a distância cultural para com a população europeia era muito maior. Sua permanência geraria problemas tanto para eles quanto para as sociedades de destino.

Movimentos de migração: as diásporas muçulmanas na Europa

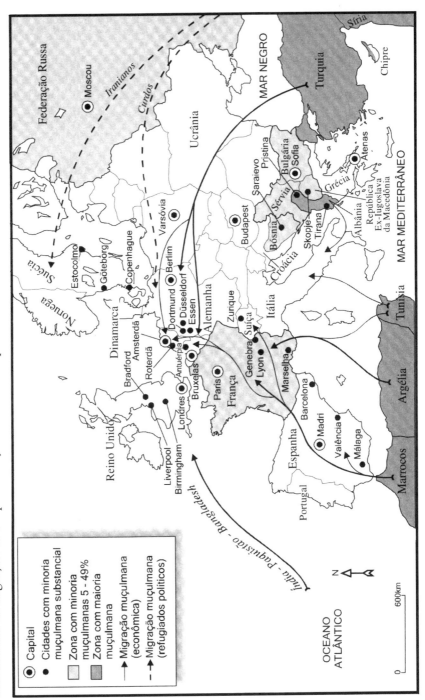

Da Argélia e Marrocos, os migrantes foram para a França, Suíça e Bélgica; da Turquia, Grécia e Iugoslávia, para a Alemanha, Holanda e os países escandinavos; e dos países da comunidade britânica tais como o Paquistão e a Índia, para a Grã-Bretanha. Originalmente, pensava-se – tanto por parte dos países anfitriões quanto dos próprios trabalhadores – que sua estadia seria temporária. Os trabalhadores mandavam dinheiro para seus dependentes e planejavam sua volta. Quando a economia europeia entrou em recessão nos anos 70 e 80, a xenofobia aumentou; os Estados tentaram enviar os recém-chegados de volta para casa.

Nos países europeus que absorveram muçulmanos, a situação econômica desses era muito ruim. Contudo, as perspectivas no outro lado do Mediterrâneo eram ainda menos atraentes. A maioria, portanto, resistiu à repatriação, permanecendo na Europa. Em muitos casos, sobreviviam da previdência social, trazendo, por fim, suas famílias. Assim, uma massa temporária de homens muçulmanos desacompanhados se tornou uma massa permanente de famílias, ainda que muitas das mulheres nem falassem a língua da nova pátria. Nos anos seguintes, um país europeu após o outro fechou as fronteiras para a imigração, mas milhões já estavam dentro delas.

Uma terceira categoria de imigrantes muçulmanos se juntou então às anteriores: refugiados políticos perseguidos nas inúmeras ditaduras do mundo muçulmano: Irã, Somália, Etiópia, curdos do Iraque, palestinos. Países como França, Holanda e Suécia já tinham uma tradição secular de acolher as vítimas da intolerância em outras partes. A Alemanha Ocidental, numa reação ao exclusivismo racista da era nazista, introduzira uma constituição ultraliberal. Os números da terceira onda são muito menores do que da segunda, sendo cada caso julgado individualmente. Mesmo assim, chegaram a dezenas de milhares, e também acabaram provocando por sua vez reações nativas xenófobas.

Para evitar uma imagem equivocada, é preciso observar que outros grupos do terceiro mundo, fora do mundo muçulmano, também entraram na Europa, como chineses, hindus e antilhanos na Grã-Bretanha, africanos e indochinos na França, além de uma nova onda, muito mais difícil de ser controlada, que vem da Europa oriental desde a queda do muro de Berlim. As migrações maciças – e as reações contrárias que despertam – fazem parte da globalização. Não obstante, os muçulmanos constituem a maior população em imigração e, em muitos aspectos, a mais problemática. Há alguns anos, a população muçulmana da Europa cresce especialmente por sua alta taxa de natalidade, que é muito maior que a dos europeus nativos, e se concentra em bairros separados onde graves tensões sociais têm ocorrido.

A IMIGRAÇÃO

Uma vez estabelecidos de maneira mais ou menos definitiva na Europa, os muçulmanos tiveram que determinar como lidar com sua identidade coletiva. Ali, eles estariam perpetuamente divididos entre as tendências opostas de assimilação e de reafirmação particularista, étnica ou religiosa. Três fatores são cruciais neste campo de forças: primeiramente, a postura da sociedade anfitriã, ou seja, como as autoridades e populações os aceitam e os absorvem; em segundo lugar, as diferenças entre os muçulmanos, ou seja, o quão homogênea é sua identidade coletiva; finalmente, as opções que os próprios imigrantes desenvolvem.

Os imigrantes ficaram naturalmente à mercê das políticas de imigração e, posteriormente, da política nacional frente aos estrangeiros. Três abordagens se distinguem. A alemã (também seguida na Suíça e na Áustria) permaneceu por muito tempo sem nenhuma política específica, insistindo que os "hóspedes" eram "temporários". No entanto, os turcos em particular aumentaram em número, sendo Berlim hoje a terceira cidade turca no mundo, após Istambul e Ankara. Quando a reunificação da Alemanha provocou nos anos 90 a desindustrialização e o desemprego nas províncias da antiga República Democrática Alemã comunista e, em seguida, uma onda de xenofobia de feição neonazista, a crise social recolocou a questão da identidade nacional alemã – identidade que historicamente não pôde se definir nem por território nem por valores comuns, mas por atributos linguísticos e pseudobiológicos: a ancestralidade e a raça. Com a reunificação, esta indefinição se reapresentou; o desafio então era como definir quem participava da nação – e se aqueles milhões de trabalhadores "temporários", "alemães por escolha" majoritariamente muçulmanos, tinham direito a participar na sua definição.

A França – país que tem maior experiência histórica com o mundo muçulmano, e hoje é proporcionalmente o lar da maior população muçulmana da Europa – oferece um exemplo alternativo. Como fizera em seu império, a metrópole facilmente aceitava os imigrantes, mediante sua assimilação e secularização obrigatórias; ou seja, os muçulmanos precisavam se tornar franceses "como os outros", o que implicava na privatização da religião. Contudo, isto é alheio à autopercepção muçulmana, o que conduziu a vários conflitos – em particular quanto à segunda geração. Nas escolas, por exemplo, o lenço (*hijab*) era proibido por parecer "tentativa de propaganda religiosa num lugar público" – a França insistia em separar Estado e Igreja. Para os pais muçulmanos, por outro lado, a preservação do recato das filhas simbolizava não apenas valores étnicos de honra contra a vergonha, mas expressava ditames religiosos. Para as próprias garotas, um sinal externalizado nas vestimentas significava às vezes assumir a identidade distinta como protesto contra as pressões e o (crescente) racismo da sociedade francesa.

A Grã-Bretanha manteve até os anos 60 uma política de imigração liberal para com cidadãos da comunidade britânica, mas ali também a porta se fechou posteriormente. O modelo da "minoria étnica" destaca a integração à inglesa: os muçulmanos têm o direito de expressar sua identidade, com apoio e até subsídios oficiais; os subsídios, contudo, vão para etnias e não religiões. A Grã-Bretanha não pretende uma verdadeira separação entre Estado e religião, pois a rainha é também chefe da Igreja Anglicana, o que tem dificultado o reconhecimento do islã. Portanto, a tendência é o autoisolamento. Outros países europeus que seguem a abordagem inglesa são a Bélgica, a Holanda e os países escandinavos, além de parceiros na comunidade britânica tais como o Canadá.

INTEGRAÇÃO OU ISOLAMENTO?

A recessão econômica, desencadeada pela crise petrolífera de 1974, marcou na Europa o fim da imigração trabalhista. Essa transição corresponde ao início da reflexão sobre como ser muçulmano na Europa por parte daqueles que se recusaram a voltar para casa. Doravante, os muçulmanos passariam de transeuntes em diásporas mais ou menos permanentes. Colocou-se, com isto, o dilema entre a separação e a assimilação – que continua marcando até hoje, de forma cada vez mais aguda, a segunda geração de muçulmanos europeus.

Para discutir as opções e as respostas escolhidas, é útil manter em mente três fatos. O primeiro é que a maior parte dos muçulmanos veio de países com maioria muçulmana: a experiência de ser uma minoria era, portanto, não só pouco familiar como também, em princípio, ilegítima; o islã diferencia o *Dar al-Islam* do *Dar al-harb*, sendo naturalmente o lugar dos muçulmanos, segundo a tradição islâmica, a "Casa do islã". Houve discussões se muçulmanos podiam cumprir seus deveres religiosos num país não muçulmano. Tal migração de muçulmanos para áreas não muçulmanas já havia ocorrido em várias outras ocasiões, mas quase sempre para sociedades menos desenvolvidas (como a África negra e o sudeste asiático). Agora eles eram o elemento mais fraco na sociedade que historicamente lhes fora a mais hostil. Para a segunda geração, porém, a situação de diáspora era natural, sentindo-se muito mais à vontade no Ocidente do que seus pais.

O segundo fato é que não havia realmente uma comunidade muçulmana, mas sim um aglomerado muito fragmentado de indivíduos e famílias que pertenciam a

O islã dentro do outro | 175

Movimentos de migração: as diásporas muçulmanas no mundo

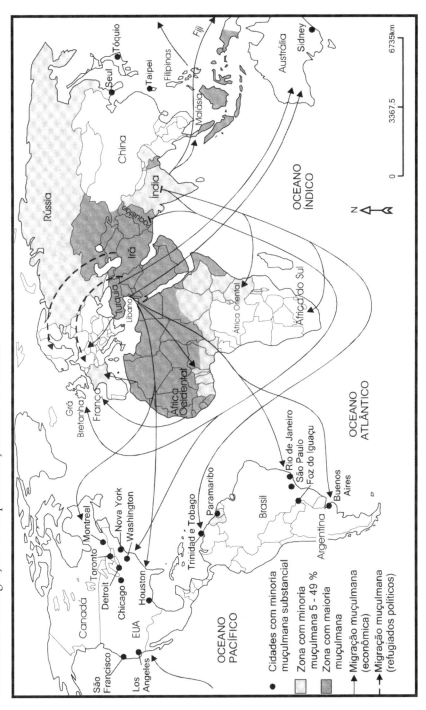

uma grande variedade de etnias. Fora do islã, marroquinos, turcos e somalianos tinham pouco em comum. A auto-organização, quando e onde ocorreu, concentrou-se inicialmente entre compatriotas. Na segunda geração, as divisões são mais tênues e os contatos entre muçulmanos de diferentes origens têm se intensificado – muitas vezes por meio da língua do país de acolhimento. É mais justo falar de uma comunidade muçulmana europeia hoje do que há uma geração.

O terceiro elemento é a pobreza. A grande maioria dos muçulmanos europeus são marginalizados que sofrem de discriminação, estando concentrados nas camadas mais desfavorecidas – o que adiciona o antagonismo cultural à concorrência com os trabalhadores nativos. Como eles vieram de sociedades autoritárias onde não integravam a elite, não tinham a tradição de auto-organização.

Como os muçulmanos podem viver sob soberania não muçulmana? Há quatro tipos de respostas. A primeira é a rejeição. Quando o líder fundamentalista paquistanês Mawdudi visitou a Inglaterra ficou, como o egípcio Sayyd Qutb nos EUA, escandalizado com a "decadência" ocidental que encontrou, vendo neste aspecto um perigo para os muçulmanos. Sua receita militante aconselhava o combate e uma máxima separação com a sociedade decadente, além da volta ao *Dar-al Islam*.

Outros foram menos extremos: aceitavam a crítica à civilização ocidental permissiva, mas viam no enfraquecimento dos laços de família, da solidariedade social e do autocontrole no Ocidente uma oportunidade para mostrar a superioridade do islã enquanto modelo alternativo. Afinal, propagar o islã faz parte da religião, e a sorte que jogara os fiéis num meio "ignorante" providenciava também uma chance para criticar, propagar e converter – se não abertamente, pelo menos pela prática da fé. A ordem do dia seria então a de construir dentro da Europa uma justa "sociedade alternativa" islâmica. Além disto, muitos muçulmanos, oprimidos no Oriente Médio e discriminados na Europa, buscavam no tradicionalismo algo conhecido e confortante, sem se preocupar com sua teologia.

Uma terceira opção é a secularização. Nos anos 90, uma nova geração havia absorvido muitos modelos ocidentais. Como no Oriente Médio, a modernidade representa também para os muçulmanos na Europa, simultaneamente, perigo e tentação. A nova geração tem que achar um meio termo entre as tradições ancestrais e as demandas da vida moderna. Os problemas são particularmente severos para as filhas, como a liberdade de escolha do parceiro matrimonial e da carreira profissional independente. Contudo, as promessas de modernidade atraem muitos. Já existe em certos lugares uma classe média muçulmana mais liberal, mas ainda é minoritária. A questão é saber se o islã na Europa arriscaria se tornar uma "religião secular". Existem também apelos para superar o dilema e evitar os extremos da separação e assimilação. Contudo, o número de intelectuais muçulmanos que defendem a ideia de um islã tipicamente europeu, reformista e tolerante, é ainda pequeno. Tariq Ramadan, professor de islamologia em Genebra, é um deles.

A quarta opção é o fundamentalismo. Para a maioria dos muçulmanos que mantêm poucas amizades com "brancos" e socializa primariamente dentro do próprio grupo muçulmano, todavia, tal questão de um islã liberal não se coloca. Ao contrário, a alienação está empurrando alguns a se tornarem mais islâmicos, como sinal de diferenciação. Simultaneamente alienados da comunidade original, mas não aceitos pela sociedade hospedeira, cada vez mais jovens muçulmanos encontram refúgio na religião ancestral: a visita à mesquita, a volta às rezas regulares, a insistência na comida *halal*, o jejum no ramadã. Práticas retomadas com o objetivo de criar um "espaço puro". A autoimposição das regras islâmicas no seio de uma sociedade mal preparada para tal implica sacrifícios visíveis e até o risco da autossegregação do crente – assumida como uma hégira – que os não crentes podem sentir como provocação.

Os muçulmanos improvisam suas mesquitas que, fora do Oriente Médio, nem sempre têm a forma arquitetônica reconhecível com cúpula e minaretes. Qualquer lugar pode ser adequado – ou como Maomé dizia: "O mundo inteiro é uma mesquita".[4] Em muitos casos, os Estados de origem ajudam no estabelecimento de mesquitas, organizações e educação religiosas, mas também tentam manter o controle sobre seus nacionais com os *amicales*, clubes sociais infiltrados por seus espiões – com conivência europeia.

Movimentos fundamentalistas tais como a Irmandade Muçulmana egípcia e a Jama'at-i Islami paquistanesa também estabeleceram ramos na Europa (e nas Américas), convertendo uma certa porção dos imigrantes à sua concepção. A Arábia Saudita tem apoiado instituições islâmicas de cunho conservador na Europa e em outras regiões como a Turquia. Sua *Institute of Muslim Minority Affairs* (Instituto de Questões de Minorias Muçulmanas, IMMA) tenta forjar, com base na pluralidade das minorias muçulmanas etnicamente diversas, um espírito de comunidade pautado numa prática religiosa comum. Tal "etnicidade pela religião", bastante artificial, vacinaria os muçulmanos contra o "vírus" ocidental. Contudo, esta forma de enfatizar as diferenças não condiz com a mensagem universalista do islã.

Ainda que exista um certo número de escolas muçulmanas, a maioria dos filhos de muçulmanos frequenta escolas não congregacionais; às vezes os pais até preferem os valores religiosos de escolas cristãs. Mas é justamente o comportamento dos jovens muçulmanos e sua convivência com outros alunos que têm levado a conflitos: uniformes curtos demais para as filhas, esportes, banhos e natação em comum, e, evidentemente, a "briga pelo lenço", ainda não resolvida. Em certos países, escolas públicas providenciam aulas religiosas separadas para católicos, protestantes e judeus. Onde jovens muçulmanos têm tal oportunidade, contudo, nem sempre há professores aptos a ensinar o islã na língua do país.

Coloca-se então o problema da formação de professores islâmico-europeus qualificados, e do conteúdo e da metodologia do ensino religioso. Professores formados na Arábia Saudita, por exemplo, voltam para a Europa doutrinados por uma visão fundamentalista, pregando um islã em total oposição ao Ocidente e à cultura onde seus alunos moram. O currículo de professores formados na Turquia ou Marrocos pode esconder mensagens tanto nacionalistas quanto fundamentalistas, que não necessariamente agradam ao Estado ocidental onde eles lecionam. As precondições para formar professores nos próprios países ocidentais, por outro lado, ainda não estão maduras, e os formados ali arriscam-se à reprovação pelos países majoritariamente muçulmanos.

Os problemas nas escolas exemplificam os desafios que os muçulmanos enfrentam, que vão desde a liberdade para preparar sua comida *halal* (ritualmente purificada), à reivindicação de tal comida nas lanchonetes para funcionários públicos muçulmanos, passando ainda pelos problemas dos enterros muçulmanos (com mortalha). Tais disputas ocorrem frequentemente em âmbito local (Bradford, Paris etc.) e nos levam à questão mais ampla das relações entre maioria e minoria. Os estatutos jurídicos variam, naturalmente, de país a país.

A REAÇÃO DA MAIORIA NÃO MUÇULMANA: DO SONHO DA INTEGRAÇÃO À ISLAMOFOBIA

Paralelamente à reação dentro das comunidades muçulmanas, que varia entre assimilação e autossegregação, pode-se distinguir na sociedade anfitriã um espectro que se estende entre dois extremos: a integração e a rejeição.

O primeiro polo preconiza de certa forma a "europeização" dos muçulmanos. O ponto de partida é a compatibilidade – mediante certas acomodações mútuas. Do lado europeu, ele tem sua origem em três grupos: (1) a academia e a maioria dos intelectuais da esquerda que, imbuídos de valores universalistas, de simpatias pelo terceiro mundo e de sentimentos de culpa pela exploração colonial, quer "compensar" os pecados passados; (2) as Igrejas cristãs, inspiradas por motivos semelhantes, além do ecumenismo que caminha para o diálogo entre as fés e até o difícil, digamos, "triálogo" cristão-judaico-islâmico; (3) as burocracias vinculadas aos aparelhos estatais de educação e assistência social, que promovem a integração por motivos de eficiência governamental e para prevenir problemas futuros.

Igrejas que se esvaziam cedem espaço para mesquitas; o Estado subvenciona organismos muçulmanos. As políticas de integração diferem em cada país, mas caminham rumo à auto-organização dos muçulmanos – a ideia é de que instituições representativas da comunidade muçulmana possam servir às autoridades como interlocutores com esta. Por isso, os proponentes da integração buscam (e obtêm) a cooperação de elementos "esclarecidos" dentro do islã europeu, em geral muçulmanos instruídos e parcialmente secularizados da segunda geração, que sabem articular as queixas e reivindicações da sua comunidade – como direitos religiosos, deportações, luta contra o racismo, entre outras – e que se candidatam a ser sua nova elite. Observa-se, portanto, a institucionalização "oficial" das comunidades muçulmanas, processo que se acompanha da entrada de muçulmanos na vida pública e política: ali eles constituem um *lobby* em prol dos interesses de sua comunidade, mas também enriquecem a sociedade em geral com sua contribuição específica.

Dessa maneira, a presença crescente de muçulmanos na Europa (e nos EUA) tem tornado o islã um elemento permanente no tecido social. Espera-se, em seguida, o surgimento de um islã ocidental, assim como há um budismo ocidental, um catolicismo chinês etc. Contudo, o conceito da privatização da religião e da representação dos muçulmanos enquanto *millet* frente ao "sultão" europeu é estranho à maioria dos muçulmanos. Além disso, a questão não é apenas como a imigração moldará o islã da minoria muçulmana, mas também como a civilização ocidental mudará sob a influência da implantação muçulmana em seu seio. É aí que predominam as resistências.

O elemento da rejeição, na verdade, tem sido mais forte que o da integração. O anglo-irlandês Fred Halliday, conhecido especialista em relações internacionais e Oriente Médio, chama isto de "antimuçulmanismo". Outros autores, como o francês Alain Gresh, cunharam o termo "islamofobia" para definir o conjunto de atitudes negativas frente ao islã.[5] Tais atitudes, que se encontram de Portugal até a Suécia (além de ter correlatos, por exemplo, na civilização ortodoxa Sérvia e entre os hindus na Índia), certamente são anteriores ao atual encontro com o islã e mesmo à época imperialista – ainda que construções psicológicas de tipo "orientalista" fortemente reforçassem os preconceitos existentes no Ocidente. O encontro entre a Europa e o islã é mais antigo; nem sempre foi hostil mas, mesmo assim, os preconceitos estão enraizados em ambos os lados. Encontros históricos mais remotos, como as Cruzadas e o assédio de Viena, são realimentados nessa ideologia. Trata-se de uma "invenção de tradição",[6] com crescente apelo popular.

Portanto, se a islamofobia (que seus detratores colocam na mesma linha que o anticomunismo) instrumentaliza velhos estereótipos, como construção ideológica ela é nova, ligando dois grupos de fenômenos percebidos como perigosos: por um lado, ameaças estratégicas (relacionadas com petróleo, terrorismo, os palestinos, as armas de destruição em massa); por outro, ameaças de ordem demográfica-cultural (questões de imigração e de (in)compatibilidade religiosa, racial ou cultural). Na Europa se desenvolve mais a islamofobia demográfica – fomentada ainda pela crise econômica e trazendo em seu bojo reações xenófobas – do que a estratégica. A causa é clara: a Europa que, ao contrário das Américas, nunca se considerou terra de imigração, está sendo desafiada com o repentino influxo de um grupo, apesar das nuances, claramente muçulmano e, daí, "impossível de ser assimilado".

A rejeição começou com as implicâncias mal articuladas das classes nativas pobres em contato direto com os recém-chegados – os muçulmanos "se vestem diferente", "oprimem suas mulheres", têm costumes religiosos "primitivos" e "fazem sujeira". Mais do que o islã, são os muçulmanos que são vistos como ameaça; a rejeição se mistura a preconceitos étnicos e racistas e à competição pelo emprego. Posteriormente, desde o final dos anos 80, a islamofobia é utilizada por políticos populistas da extrema direita e se expressa antes como "choque das civilizações". Doravante, a impossibilidade da coexistência se "comprova" pela "explosão demográfica" dos muçulmanos.

Logo, porém, adicionou-se à suposta incompatibilidade cultural a preocupação com a segurança e a crescente lista de violências perpetradas por (ou atribuídas a) fundamentalistas muçulmanos e, por associação, a seus correligionários na Europa. Nessa extensa lista de horrores, entram por exemplo a Revolução Iraniana, as guerras civis no Líbano, Palestina, Afeganistão, Argélia etc., além dos atos terroristas islamistas no próprio solo europeu – bombas em trens e metrôs franceses (em represália ao apoio francês à repressão dos islamistas na Argélia), explosões em sinagogas e alvos judaicos (ligadas ao conflito palestino), atentados contra uma discoteca em Berlim frequentada por soldados norte-americanos e contra aviões norte-americanos (devido ao apoio norte-americano a Israel e a regimes anti-islamistas no mundo muçulmano em geral).

Reforça-se o discurso da "hostilidade histórica". Citações de Qutb ou Osama bin Laden que afirmam serem os muçulmanos o novo desafio ao Ocidente facilmente comprovam o choque inevitável: abre-se um ciclo vicioso de reforço recíproco entre a propaganda islamista e a anti-islâmica. A insistência no *hijab* nas escolas públicas francesas, a luta em prol da proibição do livro *Versos Satânicos*, de Salman Rushdie, autor anglo-indiano que teria insultado o profeta Maomé, desencadeada por grupos muçulmanos na Grã-Bretanha e outros incidentes semelhantes colocaram a minoria muçulmana negativamente sob os holofotes. Em seguida, o provável envolvimento em atos de terror de pequenos grupos islamistas dentro do islã europeu completou a imagem negativa de islã primitivo-obscurantista, opressor de mulheres, com a do "islã perigo" – violento e ainda muito mais ameaçador.

A retórica tem se extremado na última década e alimentado a violência contra muçulmanos. O incidente mais chocante aconteceu em 1993, quando neonazistas atacaram um albergue turco em Solingen (Alemanha), matando cinco pessoas. Partidos xenófobos da extrema direita se beneficiam desse clima: o partido francês *Front National*, de Jean-Marie Le Pen, que defende a repatriação forçada de três milhões de magrebinos, recebeu um quarto dos votos em 2002. Há equivalentes tais como o *Vlaams Blok* (Bloco Flamengo) em Flandres, os *Republikaner* alemães, o *Freiheitspartei* (Partido da Liberdade) austríaco (que em 1999 chegou ao poder, provocando um escândalo internacional e sanções inócuas por parte da União Europeia, logo retiradas), além de outros na Grã-Bretanha, Holanda, Suécia etc. Em comparação, tentativas dos *beurs* (jovens magrebinos franceses) de organizar uma solidariedade com a esquerda existente (SOS Racismo) causam pouca impressão.

À rejeição justificada por mitos históricos, os muçulmanos europeus respondem com outro mito: o da histórica inimizade dos infiéis ao islã, que em seu imaginário vincula a discriminação dos muçulmanos dentro da Europa com a indiferença aos mortos muçulmanos da Bósnia e da Chechênia, com a cumplicidade ocidental com o sionismo e com as supostas tentativas judaico-cristãs de recolonizar o Oriente Médio. Uma teoria conspiratória não menos anti-histórica do que a dos islamófobos. De todo modo, após a guerra do Golfo de 1991, as mensagens de Osama bin Laden achariam um público receptivo, pelo menos entre uma parte dos jovens muçulmanos desenraizados na Europa.

Na realidade, tanto a maioria pós-cristã quanto a minoria muçulmana que (parcialmente) se reislamiza estão presas na mesma questão produzida pela crise do envelhecimento demográfico da Europa. Para futuramente manter sua produtividade e garantir a renda para suas vastas camadas não produtivas (aposentados e doentes em licença médica), o velho continente precisará da imigração. No entanto, ele odeia os imigrantes. E a ambivalência permanece.

AS AMÉRICAS

A comunidade muçulmana nas Américas compartilha algumas características com a europeia, mas também possui traços originais. Houve escravos muçulmanos, mas a história do islã nas Américas começa na verdade no século XX, com a imigração do Oriente Médio e, nos EUA, com a conversão de muitos negros. Atualmente, os EUA contam com a maior comunidade muçulmana das Américas – são de quatro a seis milhões, presos no dualismo entre a tendência à integração dos imigrantes e à autossegregação dos negros. Além disto, o Canadá conta com uma imigração muçulmana de 250 mil pessoas, a maioria de origem indiana. Na América Latina, estima-se que há cerca de dois milhões de muçulmanos.

Estados Unidos: imigrantes muçulmanos e Nação do islã negro

O islã norte-americano, muito diversificado, é composto de dois grupos: imigrantes do mundo muçulmano e seus descendentes; e negros convertidos.

A imigração já se iniciara antes de 1900 com comerciantes e trabalhadores de origem palestina, libanesa e síria; iemenitas e outros grupos médio-orientais se juntaram depois. Ainda que os imigrantes tenham se dispersado por todo o território, há certas concentrações populacionais, como na indústria de automóveis em Dearfield e Detroit. Essa primeira onda foi assimilada, ao contrário da segunda que, aproveitando a revogação da Lei da Exclusão do Asiático, começou a chegar nos anos 60 do século XX. Muitos profissionais se estabeleceram nos EUA vindos de outros países e regiões do planeta, como as Filipinas e o subcontinente indiano. Entre eles, encontrava-se uma certa proporção de muçulmanos, que iriam revigorar a comunidade com uma nova religiosidade.

O segundo componente do islã norte-americano são os de dois a três milhões de negros que constituem a *Nation of Islam* (Nação do islã) e seus ramos. Esses *Black Muslims* (negros muçulmanos) integram um movimento social-religioso oposto à tentativa emancipadora acomodadora e pacifista associada ao nome de Martin Luther King. Ao lado da tradição do Movimento dos Direitos Civis, que propunha a melhora da condição dos negros por meio de uma ação conjunta com progressistas brancos, e que idealmente conduziria à sua absorção na sociedade e nos valores brancos, sempre houve uma tendência alternativa e autonomista que rejeitou a acomodação com os antigos escravocratas, enfatizando o particularismo dos negros. No começo do século XX, Marcus Garvey foi o expoente mais expressivo dessa linha.

Nos anos 1920, Wallace Fard Muhammad, que por algum tempo foi próximo de Garvey, proclamou-se a encarnação de Alá, pregou a volta da "Nação Perdida e Achada do islã": os negros, povo escolhido de Deus, alcançariam a redenção abraçando suas raízes mouro-africanas e, deste modo, superariam os brancos. Essa nova religião, que na realidade tinha pouco a ver com o islã normativo, ganhou um certo séquito entre os negros dos guetos do norte. Wallace desapareceu em 1934, quando a liderança do grupo foi assumida por Elijah Muhammad, que estabeleceu uma cadeia de mesquitas negras militantemente antibrancas e anticristãs. Na sua visão, os brancos, demônios hostis a Deus, usavam o cristianismo como truque para escravizar os negros e a volta à Nação do islã lhes permitiria resgatar os perdidos em seu seio e, por fim, herdar o mundo.

Uma nova radicalização ocorreu com o ativismo de Malcolm X, que favorecia uma segregação total, com um Estado negro independente integrando os EUA. Desacordos internos provocaram seu assassinato em 1965. No entanto, já havia começado o processo de absorção da Nação do islã na ortodoxia islâmica. Nos anos 70, Warith Deen Muhammad, filho de Elijah Muhammad, transformou a seita numa parte integrante e praticante do mundo sunita (com ajuda de professores sauditas). Atualmente, a Nação do islã participa plenamente em associações islâmicas internacionais. Entretanto, nem todos continuaram seguindo-o – um cisma liderado por Louis Farrakhan mantém a teologia original da Nação do islã.

Farrakhan se tornou uma figura de alcance nacional, mas controvertida por suas expressões bastante antissemitas. Com ênfase nos valores de família, sua atuação na integração social, que objetiva particularmente negros jovens e pobres, porém, não é questionada. Sob inspiração de Farrakhan, a "Marcha de um Milhão de Homens" em 1995 constituiu um momento de "compromisso com a responsabilidade" para milhares de participantes. A Nação do islã apresenta, portanto, um movimento bastante diversificado. A islamização continua mais elevada do que em outras comunidades. Entretanto o islã converte também latinos e brancos – o número de brancos convertidos ao islã nos EUA é estimado em cem mil pessoas.

Apesar de paralelos superficiais, prevalece uma situação diferente da europeia. Não há nos EUA a intensa intervenção do Estado (pelo menos até recentemente) no controle das populações muçulmanas, a exemplo do que existe na Europa. Há, por outro lado, uma extensa atuação muçulmana própria, na tradição característica do país do *self-help* (autoajuda). Além disso, a comunidade muçulmana norte-americana não é (exceto os negros) tão miserável quanto seus irmãos na Europa. Ali, o repertório social muçulmano é muito mais amplo: há médicos, engenheiros, universitários – uma boa parte do islã norte-americano é de classe média.

Em segundo lugar, os EUA conhecem constitucionalmente uma separação absoluta entre Estado e religião: a auto-organização da sociedade civil e a não intervenção do Estado são considerados princípios evidentes. Socialmente, contudo, os EUA constituem uma sociedade muito menos secularizada do que a Europa ocidental; a tendência à secularização é simultaneamente contraposta pelo movimento contrário – a volta à religião. Ali, o islã é só uma religião entre muitas. Muçulmanos inauguram mesquitas, escolas e jornais. A variedade de tendências étnicas e a grande diversidade nas mensagens é considerada natural – pelo menos num modelo multiculturalista, que celebra a diversidade social.

Nas últimas décadas, o multiculturalismo, que é apoiado pela maioria dos intelectuais e instituições federais, tem se tornado uma das duas teorias sociais predominantes nos EUA. Esse paradigma é a alternativa à civilização judaico-cristã, modelo mais antigo e que baseava a identidade coletiva desta nação racial e culturalmente mista (*melting-pot*) na supremacia anglo-saxã, discriminatória contra outras religiões e etnias. O modelo judaico-cristão enxerga os EUA como continuação (ou talvez culminação) transatlântica da cultura europeia, reconhecendo o protestantismo, o catolicismo e o judaísmo como suas raízes autênticas.

Em nossos dias, os americanos brancos de origem britânica ou mesmo europeia ocidental são minoria, e a multidão dos outros fragmentos da nação reivindicam o reconhecimento da sua identidade, levando a uma proliferação de americanos hifenizados: americanos-irlandeses, americanos-poloneses e, entre muitos outros, americanos-muçulmanos. A incorporação de novos elementos, inclusive os islâmicos, tem vantagens claras para a coesão social, mas também implica em certas desvantagens. Do ponto de vista da sociedade como um todo, a comemoração e o cultivo de identidades parciais pode, no médio prazo, constituir um problema.

De imediato, a disponibilização de recursos públicos para fins compensatórios tem levado a uma proliferação de ações afirmativas, promovendo uma cultura do "tenho direito" e de queixas às vezes exageradas. Por outro lado, para aqueles que veem sua cultura não como um elemento numa pluralidade, mas que acreditam na sua superioridade, o multiculturalismo, que rejeita qualquer hierarquia e subentende um relativismo de culturas, constitui uma perigosa diluição da verdade: é o caso dos fundamentalistas muçulmanos, que dentro do islã americano constituem uma minoria ativa e barulhenta – e dos fundamentalistas cristãos.

A islamofobia nos EUA

A supremacia WASP – sigla usada nos EUA para designar a velha elite social de brancos (*white*), anglo-saxões (*anglo-saxons*) e protestantes (*protestants*), na verdade, está claramente na defensiva. Isso alimenta reações fundamentalistas, em particular no coração conservador dos EUA, o cinturão bíblico do Meio Oeste. A rejeição do islã faz parte desta ideologia, que é convencida de ter seu próprio fio comunicativo com Deus. O fundamentalismo cristão, ao contrário das Igrejas modernistas e muitas vezes islamófilas, é uma das fontes da islamofobia nos EUA (ele também existe na Europa ocidental e na América Latina, mas não adquiriu uma influência pública comparável). Os fundamentalismos protestantes proliferam numa grande variedade de Igrejas, integrando um quarto da população dos EUA. Essas têm em comum uma visão maniqueísta que partilha a realidade entre um Bem e um Mal absolutos.

Baseado numa intereprtação literal da Bíblia, os fundamentalistas rejeitam a modernidade e sua permissividade (sexo antes e fora do casamento, aborto, álcool, jogos, lazer etc.) que eles entendem como a raiz da suposta decadência e declínio dos EUA. Promove-se daí uma volta às virtudes da família, do trabalho duro, da religiosidade e, muitas vezes, do patriotismo. Compartilham também uma visão milenarista da Segunda Aparição do Cristo (esperada para um futuro próximo) que – mediante catástrofes que só pouparíam uma minoria de eleitos – iniciaria o Reino de Deus e o fim da história. No primeiro capítulo da segunda parte deste livro, intitulado "O islã é a solução?", serão apontadas as semelhanças e diferenças entre o fundamentalismo cristão e o muçulmano.

Por hora, podemos adiantar que o antagonismo antimuçulmano fundamentalista tem três vertentes: religiosa, étnica e terrorista. Em primeiro lugar, o islã é visto como a falsa fé por excelência: seria preciso convencer os muçulmanos de seu erro, daí uma postura teologicamente hostil dentro dos EUA e uma missão ativa no exterior. (Esta última, por sua vez, está provocando reações hostis por parte de fundamentalistas muçulmanos, como no Paquistão). Em segundo lugar, a visão fundamentalista protestante condiciona o Segundo Advento de Jesus à conversão dos judeus, e esta conversão, por sua vez, à volta dos judeus à Terra Prometida. Essa escatologia os leva a posições extremamente pró-Israel. Para o Estado judeu, os fundamentalistas protestantes constituem assim um de seus principais pilares de apoio no cenário norte-americano; para os muçulmanos, um dos mais fortes adversários.

A islamofobia tem duas outras raízes nos EUA: a xenofobia e o terror. Imagens populares negativas do islã e do Oriente têm parcialmente a mesma origem das que proliferam na Europa. A estereotipagem está reproduzida na cultura popular, nos filmes de Hollywood – do "xeique" Rodolfo Valentino até o *Sábado Negro* dos terroristas palestinos – e se encaixa em tradições xenófobas, anticomunistas, antinegras, antissemitas e antiasiáticas, e que atualmente, após o fim da Guerra Fria, projetam a negatividade no islã. Uma islamofobia demográfica como a europeia é menos evidente nos EUA, pois a imigração ilegal é mais difusa e tem uma feição mais latina do que árabe. Mesmo assim, a ideia da superioridade da cultura norte-americana (muitas vezes de teor isolacionista) continua forte.

Finalmente, há o medo do terror. Desde os atentados do 11 de setembro de 2001, a "islamofobia de segurança" está bem mais presente nos EUA do que na Europa, menos atingida pelo terror islamista do que pelo terrorismo autóctone (ETA basco, IRA irlandês, grupo *Baader-Meinhof* alemão, Brigadas Vermelhas italianas etc.). Os EUA, desde que se tornaram a maior potência do mundo, transformaram-se também no alvo preferido de grupos fundamentalistas muçulmanos violentos que se opõem tanto à sua supremacia geopolítica quanto à invasão cultural decadente, supostamente promovida pela globalização norte-americana.

Na realidade, o ataque da al-Qaeda (*al-Qa'ida*, a Base) ao *World Trade Center*, em Nova York, em 2001, foi apenas o auge de uma série de atentados cada vez mais audaciosos contra interesses e símbolos norte-americanos. Porém, seu impacto foi muito maior que o dos anteriores, por atingir sua inviolabilidade territorial e pelo número espantoso de vítimas. Este "ato de guerra da ala mais extremista do islamismo contra a civilização ocidental em si" (é esta a leitura correta dos acontecimentos, como se explicará posteriormente), despertou uma fortíssima reação norte-americana na cena internacional.

O "choque das civilizações" é entendido primariamente como ameaça vindo de fora. Contudo, houve também repercussões internas. Ataques contra mesquitas e centros islâmicos não são novidade nos EUA; eles se inscrevem na lógica antiestrangeira que faz parte de uma certa tradição nativista. Um dos piores incidentes terroristas ocorreu em 1985 contra muçulmanos em Houston, Texas. Tais incidentes tendem a se multiplicar durante períodos de tensão, vários deles ocorrendo na esteira do 11 de setembro. Foi um sinal positivo, portanto, a visita do presidente Bush a uma mesquita uma semana após o atentado do 11 de setembro de 2001. Sinalizou que o governo rejeita a fácil identificação, característica do discurso islamófobo, de que todos os muçulmanos são, por essência, extremistas e violentos.

Os muçulmanos nos EUA têm em geral melhores recursos para reagir do que os da Europa, existindo um *lobby* muçulmano ativo (que se confunde com o árabe). O *Council on American Islamic Relations* (CAIR, Conselho sobre Relações Islâmico-americanas), por exemplo, utiliza-se amplamente da possibilidade de litígios para defender tratamento igualitário aos muçulmanos. O *American Muslim Council* (Conselho Muçulmano Americano) propaga por sua vez a adoção da fórmula de uma civilização judaico-cristã-islâmica como pedra angular da identidade norte-americana. Já a *Association of American-Arab University Graduates* (AAAUG, Associação de Estudantes Universitários Árabe-americanos), o *American-Arab Anti-Discrimination Committee* (Comitê Árabe-americano Antidiscriminação) do senador James Aburezk, e o *Arab American Institute* (Instituto Árabe-americano) liderado por James Zogby, promovem debates e tentam contrabalançar a influência fundamentalista e judaica, particularmente na questão da Palestina.

A reação do islã ocidental ao próprio Ocidente foi (e continua sendo amplamente) negativa. Contudo, a "reislamização" de jovens norte-americanos e europeus produz hoje também uma reflexão que necessariamente implica a construção de uma identidade pluralista. Ao lado das correntes fundamentalistas, esse movimento pode conduzir a uma leitura do islã mais em sintonia com a modernidade, inclusive nos temas-tabu como a democracia, a posição das mulheres na sociedade e mesmo sua coexistência com as civilizações não muçulmanas.[7] Afinal, as contribuições de muçulmanos ocidentais se direcionam não só ao Ocidente, mas também ao próprio mundo muçulmano. Em princípio, elas poderiam fertilizar um pensamento islâmico que nos países do núcleo do islã fica em geral restrito (e permeado) pelos moldes de suas sociedades autoritárias. O *ijtihad* ocidental, ainda embrionário, ocuparia um lugar privilegiado. O que falta saber é se o restante do islã ouvirá tal apelo ao diálogo.

AMÉRICA LATINA

O islã na América Latina constitui sem dúvida a parte menor – e menos estudada – do mundo muçulmano. A influência da Igreja Católica e a onipresença da cultura latina, supostamente pouco hospedeira à severidade islâmica, são ambas responsabilizadas por sua relativa fraqueza em nosso continente. Não existem estatísticas fidedignas – a Argentina, maior concentração fora do Brasil, contaria com setecentos mil muçulmanos. Mas há também grupos menores no Peru, Venezuela e até no Panamá. A origem das comunidades muçulmanas lembra a norte-americana: por um lado, uma certa porção dos escravos importados da África eram muçulmanos; por outro, muçulmanos constituíam parte dos imigrantes do mundo árabe – o Líbano e a Síria em particular – que desde a metade do século XIX se estabeleceram aqui, erroneamente conhecidos como turcos.

A maioria desses imigrantes fugia das dificuldades econômicas no Oriente Médio. Muitos mais chegaram na primeira metade do século XX: na Argentina e em outros países eles se tornaram agricultores, lojistas ou mercadores. Havia poucas mesquitas, escolas e congregações comunitárias para manter a fé e os costumes ancestrais, resultando numa forte assimilação entre os filhos e netos (o ex-presidente argentino Carlos Menem é um deles). Mas a posição do islã argentino tem se complicado pela politização em torno do conflito Israel x Palestina, levando a acusações de terrorismo após os atentados a alvos israelenses e judaicos em Buenos Aires, em 1992 e 1994.

Uma terceira fonte do islã na América Latina formou-se com a chegada dos trabalhadores muçulmanos que se estabeleceram nas colônias, como opção de mão de obra barata, após a abolição da escravidão: indianos na Guiana britânica, em Trinidad e em algumas outras ilhas das Antilhas, bem como javaneses no Suriname holandês, que são as únicas comunidades constituindo minorias muçulmanas significativas. Além disso existem vestígios de tradições islâmicas secretamente mantidas por criptomulçumanos, forçadamente convertidos ao catolicismo após a unificação da Espanha nos séculos XV-XVI, e que teriam sido mantidas entre seus descendentes quando estes participaram na colonização espanhola das Américas – em paralelo aos marranos criptojudaicos que sobreviveram no Portugal e Brasil.

O ISLÃ NO BRASIL

A comunidade muçulmana brasileira, bastante "invisível", supostamente chegaria a um milhão de fiéis. Talvez a metade deles more em São Paulo, com outras concentrações no Paraná, Santa Catarina e Rio de Janeiro.[8] Uma parte deles descende de escravos negros trazidos da África para a Bahia, em particular. Tradições islâmicas se mantiveram graças à memorização do Alcorão entre alguns escravos instruídos, mas nem assim podia-se evitar uma gradual crioulização do islã no Brasil. Entre eles, houve ex-participantes nos *jihads* africanas da época. A maioria, contudo, seguia tradições de coexistência pacífica com não muçulmanos. Muçulmanos participaram da chamada Revolta dos Malês, em 1835. Alguns outros se restabeleceram na Nigéria após a emancipação dos escravos.[9] Contudo, um islã especificamente negro ou com ideologia de negritude não parece mais existir no Brasil.

Uma segunda parte descende dos imigrantes árabes vindos particularmente do Líbano e da Síria no primeiro terço do século XX. Distribuídos em todo o território nacional, estes têm forte presença em São Paulo. Detalhe: o Brasil acolhe a maior comunidade de descendentes libaneses no mundo – existem hoje mais libaneses no Brasil do que no Líbano, aliás majoritariamente cristãos, mas há entre eles também muitos muçulmanos. A maioria é de sunitas, com pequenas congregações duodécimas xiitas e *alawitas*. Porém, como aconteceu em outros países latino-americanos, os imigrantes nem sempre mantiveram sólidas comunidades. Mesquitas até existem, mas o islã não floresceu. As tradições brasileiras de tolerância intercomunitária e de mestiçagem os empurraram para uma irresistível tendência de assimilação. Em lugar da xenofobia que dificulta a posição do islã na Europa e nos EUA, aqui a sobrevivência de uma cultura islâmica específica tem que lidar com a presença de uma cultura geral receptiva "demais", sendo considerada por alguns "leviana", em comparação aos preceitos puritanos do islã. Só nos últimos anos assiste-se a um "despertar" islâmico, com correspondente expansão das congregações. A Arábia Saudita apoia financeira e logisticamente: isto provocará o mesmo tipo de problemas que assinalamos na análise do islã europeu.

Uma nova onda árabe de imigração mais recente, relacionada à guerra civil libanesa, concentra-se em Foz de Iguaçu. Na esteira dos atentados da al-Qaeda, alguns integrantes dessas comunidades foram recentemente acusados de atuação terrorista fundamentalista. Finalmente, há um pequeno número – possivelmente dez mil – de convertidos brasileiros de diversas origens. Contudo, como a maior parte dos muçulmanos brasileiros é de origem árabe, seu dilema central passa a ser a escolha entre uma identidade coletiva árabe-particular ou então islâmica-universal – na prática, a segunda opção implicaria por exemplo sermões em português no lugar de árabe, o que facilitaria a abertura a novos convertidos brasileiros. A comunidade muçulmana carioca opta inclusive por seguir tal caminho, ao contrário da mais arabista do Paraná. Esse dilema poderia reproduzir em miniatura o que aflige o islã ocidental em geral: encontrar o equilíbrio entre a identidade étnica tradicional, de grupos específicos, e a vocação universal do islã.

HOJE

ISLÃ, (PÓS-)MODERNIDADE E GLOBALIZAÇÃO

O islã é a religião que mais cresce atualmente no mundo. Por que isso ocorre? O que explica a expansão vertiginosa do mundo muçulmano nos dias de hoje? Qual o significado deste aumento e em que medida tais explicações podem dar conta da consequente explosão de sua face mais radical, o chamado fundamentalismo islâmico?

A primeira explicação para a expansão do islã, ou pelo menos a mais evidente, poderia ser atribuída à alta taxa de natalidade entre os muçulmanos. Entretanto, mesmo que o islã, como o catolicismo, seja hostil aos contraceptivos, o fato por si só não bastaria para explicar o fenômeno. A maioria dos muçulmanos vive em países pobres – Nigéria, Sudão, Egito, Iraque, Paquistão, Índia, Bangladesh, Indonésia etc. E existe uma proporção inversa, bem conhecida, entre renda familiar e tamanho da família. Assim, apesar do aumento da natalidade em progressão geométrica ser um fator importante para a dilatação do islã, o crescimento dos muçulmanos nesses países está apenas indiretamente vinculado à religião.

A segunda causa, nitidamente religiosa, seria a conversão. Como vimos na Parte I deste livro, o islã considera a expansão da fé, dirigida à humanidade inteira, uma obrigação. Não há estatísticas confiáveis, porém a existência do fenômeno não é questionável. O maior movimento acontece na África, em particular ao longo da extensa fronteira das zonas já islamizadas no Sahel, como em Mali e na Nigéria. Conversões significativas também ocorrem na Europa e nas Américas. O movimento entre a população branca ocidental é, porém, limitado, e não se compara com a atração das seitas evangélicas nem das religiões indianas associadas à Nova Era.

Um terceiro fator seria meramente estatístico. Os muçulmanos são quase inacessíveis à conversão para outras religiões. Abandonar o islã é considerado apostasia, um crime teoricamente passível de morte. Historicamente, as tentativas missionárias católicas e protestantes obtiveram êxitos extremamente restritos. Em Estados como o Império Otomano, a missão cristã para muçulmanos era proibida, ainda que a missão entre as minorias não muçulmanas fosse legalizada. Até hoje, tentar converter uma pessoa para outra fé que não a sua original é ilegal na

Indonésia, maior país muçulmano. Ainda que não existam execuções fora de países propriamente fundamentalistas, a pressão social contra a conversão é abrangente. Os muçulmanos constituem comunidades solidárias onde quer que se encontrem. A educação no islã é considerada um dos principais deveres. Casamentos mistos não são encorajados. Como resultados destas pressões, a umma não sofre os atritos (ou não no mesmo grau) como a descristianização ou secularização que afligem as Igrejas cristãs. Onde o número de cristãos praticantes declina, o dos muçulmanos aumenta automaticamente.

Contudo, o fenômeno mais significativo para a expansão do islã e do fundamentalismo muçulmano é, na verdade, a volta à prática religiosa de pessoas que já são muçulmanas, mas que redescobrem sua fé por uma variedade de causas: o chamado (*da'wa*) de pregadores ou conhecidos islamistas, uma crise pessoal ou espiritual, a pressão social etc. Esta experiência de renascimento pode ser acompanhada de um novo ativismo político. Porém, como tal islamização sempre implica numa adaptação do estilo de vida individual, os resultados são perceptíveis para todos (uso de barba para os homens, véu e/ou vestimentas discretas para as mulheres; comida *halal*; jejum no Ramadã etc.), o que reforça a impressão da expansão do islã e do fundamentalismo muçulmano.

O QUE É FUNDAMENTALISMO?

Antes de seguirmos adiante, é preciso dizer que o termo "fundamentalismo muçulmano" é um neologismo impróprio, apesar de comum. O fundamentalismo, na verdade, refere-se a um movimento religioso que surgiu há um século dentro do protestantismo norte-americano. Hoje, no entanto, o termo é também usado para movimentos vagamente paralelos em outras religiões. Existem termos alternativos, mas não muito melhores. Autores franceses usam a palavra integrismo, mas isto apenas copia um fenômeno paralelo no catolicismo. O termo islã político é aceitável, assim como revivalismo islâmico. Certos autores usam simplesmente "o islã radical" ou "radicalismo islâmico". Na literatura árabe se usa tanto *islamiyya*, ou seja, islamismo, quanto *al-usuliyya al-islamiyya*, o equivalente a "fundamentalismo muçulmano". Certos estudiosos, tais como Nazih Ayubi e Olivier Roy, diferenciam essas designações, mas neste livro adotamos o termo consagrado pelo uso jornalístico, lançando mão, de forma intercambiável, de "fundamentalismo muçulmano" e "islamismo".

Islã, (pós-)modernidade e globalização | 195

Venda de livros religiosos no Marrocos. Uma das causas da expansão fundamentalista é a redescoberta da fé aliada a um novo ativismo político

O fundamentalismo no cristianismo

Para entender o surgimento do chamado fundamentalismo muçulmano, faremos uma pequena retrospectiva histórica europeia. Nosso objetivo é antes tornar inteligível o porquê do fundamentalismo no cristianismo e em algumas outras religiões – para depois compará-lo com o surgimento paralelo no islã. No protestantismo, uma reação fundamentalista contra o modernismo se anunciou no final do século XIX. Vimos anteriormente que em consequência do Iluminismo e da Revolução Francesa, a religião institucionalizada ficou na defensiva. Paralelamente, a Revolução Industrial causou rápidas mudanças na estrutura social; laços, normas e valores tradicionais tenderam a se dissolver; pensadores iluministas criticaram a hipocrisia do clero e sua ligação com o poder político do antigo regime; cientistas desmentiram a narrativa bíblica. A fé, que por séculos sustentara os seres humanos, dera sentido à sua existência e os ajudara a superar os golpes do destino, estava perdendo sua credibilidade – exatamente num momento em que, devido à turbulência e imprevisibilidade crescentes, a necessidade de uma cosmovisão consistente com as novas condições se fazia mais premente.

No final do século XIX, Nietzsche proclamou que "Deus estava morto". Teólogos progressistas, porém, tentaram revivê-Lo; procuraram comprovar que entre a escrita sagrada e a ciência não havia uma verdadeira contradição – contanto que se lesse a Bíblia de maneira simbólica, alegórica, em vez de literal. Havia, porém, um preço a pagar: o *mysterium tremendum* de Deus, ciumento ou carinhoso, mas sempre pessoal, se transformou num Ser Supremo distante que no início deu corda no "relógio cósmico", mas desde então pouco interveio no mecanismo, causando uma certa sensação de abandono espiritual. Este novo Deus ainda servia para justificar a ordem social existente – por enquanto as "classes perigosas" eram crentes – mas quase já não conseguia mais inspirar ou dar uma direção à vida. Tais foram a força e a fraqueza do modernismo.

As reações foram desiguais. Alguns descartaram o cristianismo e se conciliaram com o ateísmo, sem esperança de qualquer recompensa ou retribuição numa vida pós-morte, que desapareceu junto com a divindade que a criara. Outros buscaram alguma religião substitutiva no Oriente. Para muitos, contudo, a própria ciência tomou o lugar da religião: afinal, essa ciência, emblema da modernidade, era o que possibilitava todos os avanços tecnológicos, médicos etc., que prolongaram e tornaram mais controlável e agradável a vida aqui na Terra. Esta vida moderna implicava numa instabilidade estrutural e outros inconvenientes, mas trazia igualmente – pelo menos para aqueles que não foram atingidos pelas calamidades do século XX, as guerras mundiais, os totalitarismos etc. – um mundo de novas opções.

Uma certa inocência e um sentimento de pertencer a uma comunidade se foram com a modernização da sociedade; entretanto, a modernidade tinha sua própria dignidade e recompensas. Ela produzia indústrias poluidoras de rios e mares, bombas nucleares e altas taxas de divórcio; mas também a penicilina, a proibição da escravidão e da tortura, o voto e a previdência social, o homem caminhando sobre a Lua, o aparelho de som, o vídeo e o computador que traziam a arte, a música, a educação e as notícias do mundo inteiro para milhões. O otimismo talvez ingênuo que acompanhava esta visão está hoje gravemente desgastado: a modernidade é atualmente questionada até nas potências ocidentais. Um certo vazio espiritual nos torna vulneráveis, em particular quando as promessas da modernidade secular começam a decepcionar.

Havia no mundo um amplo grupo que nunca vivenciou a modernização como emancipação, mas sim como perda, alienação ou vitimação: camponeses que já não podiam se sustentar nos campos, lojistas e varejistas que perderam a luta contra supermercados, funcionários e servidores supérfluos por causa do declínio da nobreza e pela centralização das administrações, entre muitos outros. Além disto, havia os grupos geograficamente periféricos, que a necessidade punha em contato com o centro econômico – que em geral era também o foco da modernidade, mas que não se beneficiavam da troca desigual. Tratava-se, enfim, de gente que se mantinha acima dos pobres mediante certos sinais de prestígio: se identificavam com aqueles a quem serviam e tendiam para posições conservadoras. Na visão marxista, são os pequeno-burgueses.

Essas camadas sofreram, com a modernização, um declínio socioeconômico e uma queda na autoestima e ficaram historicamente suscetíveis a ideologias que prometessem uma volta aos "bons e velhos tempos". Na famosa dicotomia do sociólogo alemão Ferdinand Tönnies, eles tinham nostalgia da comunidade tradicional, mas foram inexoravelmente absorvidas pela sociedade moderna e anônima. Dois tipos de ideologia tiveram ressonância entre esses grupos: na forma secularista, o nacionalismo extremo (cujo prolongamento foi o fascismo); e na forma religiosa, o fundamentalismo.

O fundamentalismo foi nos EUA, onde nasceu, um apelo para a volta aos fundamentos da fé cristã diluídos pelo modernismo: a veracidade absoluta da Bíblia, que deve ser entendida literalmente; a necessidade de conduzir uma vida virtuosa, com rezas e rituais regulares, rejeitando as tentações e a permissividade associadas à grande cidade e enfatizando valores familiares; uma reafirmação de dogmas tais como a volta de Jesus Cristo e o último julgamento; um compromisso com um estilo de vida frugal, modesto e trabalhador.

O fervor messiânico era frequentemente associado ao fundamentalismo. Com a iminência do fim do mundo, os fundamentalistas se prepararam para participar da minoria a ser salva: o resto do mundo, mergulhando no pecado, estava perdido, a menos que se convertesse a tempo. O posicionamento dos fundamentalistas – que, aliás, se dividiram em inúmeras seitas rivais – oscilou entre o isolamento e um proselitismo mais ou menos agressivo. O que todos os fundamentalistas compartilhavam, entretanto, era a recusa ao secularismo.

Os detalhes teológicos das várias formas fundamentalistas norte-americanas – que se encontram tanto em alas reacionárias de Igrejas estabelecidas tais como os metodistas e os batistas quanto em congregações evangélicas separadas mais extremas, como os mórmons, os pentecostais e os adventistas – são menos relevantes aqui. Basta dizer que esses grupos tiveram um êxito muito maior do que se pensa em geral, constituindo hoje aproximadamente um quarto da população norte-americana e exercendo uma enorme influência política, não apenas em questões internas – as orações escolares, o direito ao aborto, a liberdade de portar armas, a pena de morte etc. – como também em decisões internacionais, inclusive aquelas com relevância para o Oriente Médio e o mundo muçulmano.

O fundamentalismo norte-americano floresceu desde a primeira metade do século XX numa sociedade economicamente avançada, mas socialmente ainda a meio caminho entre a tradição e o secularismo. Se compararmos com a situação na Europa, observa-se na mesma época, nas regiões protestantes, setentrionais – que foram mais modernas do que as católicas, meridionais – um maior grau de secularização. Como resultado, grupos europeus equivalentes aos fundamentalistas nos EUA foram apenas marginalmente atraídos pelos evangélicos. Por outro lado, foram suscetíveis à sedução do ultranacionalismo e do fascismo, seculares.

O fundamentalismo em outras religiões

Versões fundamentalistas existem hoje em muitas religiões: no judaísmo, no hinduísmo, no sikhismo, até no budismo e, evidentemente, no islã. No mundo não europeu, colonizado e influenciado pelo Ocidente, a modernização chegou mais tarde, mas de maneira mais rápida e brutal. No entanto, essa modernização não foi acompanhada de uma emancipação social ou política como na Europa ocidental e na América do Norte, mas da perda da autodeterminação. Na época do imperialismo, a colonização significou, em muitas regiões, uma transformação negativa da sociedade e economia nativas. A colônia foi forçada a entrar num ciclo de dependência para com a metrópole, do qual ela só conseguiu sair com muita dificuldade.

A perda da independência política e a exploração econômica tendiam a se complementar. Cada sociedade atingida pela expansão ocidental refletiu sobre as causas da superioridade do Ocidente e o fracasso da própria civilização. Pensadores, tanto os que integravam as tradições culturais nativas quanto os formados pelas novas escolas abertas pelos ocidentais na colônia, precisavam desenvolver respostas e estratégias. Esse processo era sempre penoso, pois se dava num contexto de derrota. Era inevitável se chegar a uma de duas conclusões: ora a própria civilização não estava à altura do desafio, ora as forças autóctones não usaram corretamente os recursos da própria tradição.

Para retomar o controle sobre o próprio destino coletivo, os seguidores da primeira conclusão optaram por descartar a tradição nativa e se agarrar à ocidentalização: eis a opção modernista. A segunda conclusão levou a rejeitar a modernização ocidental e abraçar a própria tradição mais fortemente: a opção tradicionalista. Havia também aqueles que tentavam combinar o melhor de ambas orientações, opção que em geral se manifestava na forma mista de "adotar técnicas ocidentais mas preservar os valores da civilização própria". Veremos que o fundamentalismo muçulmano constitui um tipo específico desta última fórmula.

Cada sociedade atingida pela expansão ocidental teve que escolher, assim, entre essas opções. E fizeram isso de maneiras muito diferentes, em função tanto da vitalidade endógena da própria cultura quanto do tipo de colonização. Vimos como isto aconteceu no mundo muçulmano no final do século XIX e na primeira metade do XX. Porém, de alguma forma, o desafio se colocou para todos os países não ocidentais. Por exemplo, o primeiro país a enfrentar o impacto do Ocidente foi a Rússia sob a modernização forçada introduzida pelo czar Pedro, o Grande, já no começo do século XVIII: desde então e até a nossa época os russos se debatem entre opções opostas, a eslava e a ocidental.

Quanto à China, esta baseava sua civilização no confucionismo; mas este sistema de filosofia política era intimamente ligado ao sistema imperial. Quando no século XIX o império se comprovou incapaz de limitar as incursões dos "demônios brancos", a teoria que durante séculos sustentara o regime chinês se tornou inaplicável. Intelectuais chineses, tanto aqueles ligados ao regime quanto os opositores, não conseguiram mais deduzir da velha teoria chinesa lições para expulsar os estrangeiros e restaurar a independência. O regime entrou em colapso, e a maioria dos pensadores e políticos chineses acabou adotando ideologias ocidentais, dentre as quais o marxismo, que se mostrou a mais efetiva para reconquistar a soberania.

O Japão optou por uma ocidentalização (imposta de cima) ainda mais radical e muito bem-sucedida. Na Índia, as tradições hindus, pluriformes e fragmentadas, estavam menos comprometidas com elites nativas específicas do que na China; a administração colonial inglesa foi menos brutal do que em muitas outras colônias, permaneceu por mais tempo e, ao lado da exploração econômica e da sua prepotência racista, introduziu uma modernização não meramente física (irrigação, instalações portuárias etc.) mas também institucional e intelectual. O resultado desses vetores opostos foi um nacionalismo a meio caminho entre a exclusiva ocidentalização e o tradicionalismo hindu.

As três ondas do fundamentalismo muçulmano

Quando comparamos os exemplos anteriores com a evolução do mesmo fenômeno no mundo muçulmano, notamos a nítida diferença entre seus efeitos. A opção ocidentalizante se manifestou, no contexto do Oriente Médio e do sul e sudeste asiático muçulmano, como nacionalismo secular. Pode-se dizer que, com a exceção parcial da Turquia, essa opção hoje está morta ou moribunda. No mundo árabe e no Irã, o pan-arabismo, os patriotismos árabes locais e o nacionalismo neopersa *pahlevi* não conseguiram senão estabelecer ditaduras que exploraram ou oprimiram sua própria população. No Paquistão, o nacionalismo secular nunca foi uma opção; na Indonésia, fracamente integrada, ele enfrentou desde o começo o duplo desafio do regionalismo e do universalismo islâmico.

Aliás, não precisamos exagerar o "secularismo" desses nacionalismos: o pan-arabismo, até na sua versão canônica (expressada por Michel Aflaq, sírio da Igreja Ortodoxa Grega) ainda reservou ao islã um papel de destaque como "maior expressão do espírito árabe" e nunca ousou atacá-lo frontalmente. A opção intermediária, representada pelo reformismo islâmico modernista de Abdu e seus discípulos, está ainda bem viva no Paquistão e na Indonésia; porém, no Oriente Médio, onde foi atrelada ao Estado secular, como no Egito, parece hoje ultrapassada pelos acontecimentos.

O auge das experiências nacionais secularistas ocorreu nos anos 50 e 60. Enquanto a Turquia seguiu seu próprio caminho, a impotência dos regimes árabes nacionalistas frente a Israel em 1967, a incapacidade coletiva da política interárabe em lidar com a guerra civil no Líbano, o desgaste dos recursos petrolíferos e a decadência da opção pan-arabista na guerra Irã-Iraque acabaram minando a legitimidade do modelo nacional desenvolvimentista-estadista. Desde essas derrotas consecutivas – morais tanto quanto políticas e militares – o mundo árabe se encontra numa crise que se aprofunda ano a ano. É na fenda dessa crise que surgiu o islamismo, ou seja, o fundamentalismo muçulmano.

Nesse caso, a colonização significou, além da perda concreta de controle político e militar, a humilhação de uma tradição que se via intrinsecamente como superior a todas as outras. Ainda que poucos observadores tivessem previsto isso na época, na conjuntura do fiasco do modelo nacionalista, a afirmação da opção islamista foi quase uma certeza.

O que é, pois, este fundamentalismo muçulmano? O islamismo é uma ideologia política antimoderna, antissecularista e antiocidental, cujo projeto é converter o indivíduo para que se torne um muçulmano religioso observante, é transformar a sociedade formalmente muçulmana em uma comunidade religiosa voltada ao serviço a Deus e estabelecer o reino de Deus em toda a Terra. A tendência fundamentalista é provavelmente a vertente predominante no islã atual. É, todavia, um fenômeno recente, cuja forma atual se desenvolveu só nas últimas décadas, em reação à modernização globalizante – no Oriente Médio em particular.

A ideologia fundamentalista se cristalizou a partir dos anos 50 e 60 do século XX. No sunismo isto ocorreu nos escritos do paquistanês Abu al-Ala Mawdudi e do egípcio Sayyid Qutb e, no xiismo, com o iraniano aiatolá Ruhollah Khomeini. Podemos dividir o fundamentalismo em três estágios – ou, mais precisamente, ondas ou gerações parcialmente sobrepostas. Ele entrou na cena internacional nos anos 1970 e 1980, que podem ser considerados o seu período de maturação. Uma segunda onda nos anos 1980 o levou a um auge aparente, com a Revolução Iraniana, o assassinato de Sadat no Egito e o Hezbollah no Líbano. Suas atividades se limitavam ainda à própria região médio-oriental – e em geral, ao mundo xiita.

A partir da última década do século XX, testemunha-se uma terceira onda que se caracteriza pela internacionalização: o fundamentalismo se expandiu na esteira da Guerra do Golfo de 1991, e se tornou um problema de proporções globais com a guerra civil na Argélia, o Hamas nos territórios palestinos, a Guerra da Bósnia, a Guerra da Chechênia, os Talebã no Afeganistão, o terrorismo internacional da al-Qaeda, a emergência de partidos islamistas no Paquistão, nos novos Estados centro-asiáticos emancipados da ex-URSS e na Indonésia etc., bem como a recente guerra do Iraque. É certo que estes acontecimentos não são sua última manifestação e que o islamismo continuará nos acompanhando nos próximos anos – se não nas próximas décadas.

202 | O mundo muçulmano

A Genealogia do Islamismo

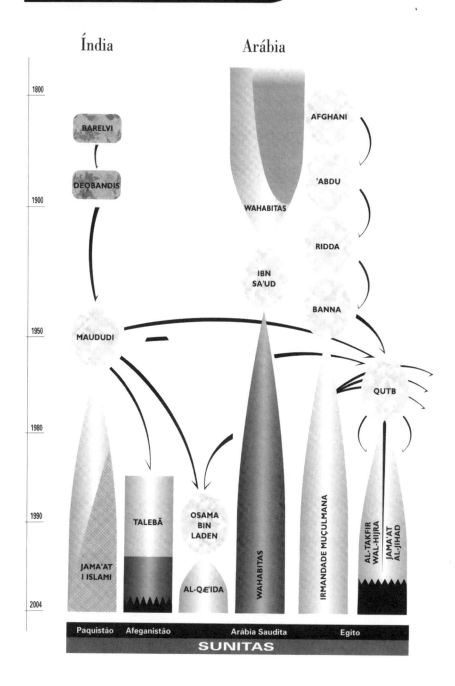

Islã, (pós-)modernidade e globalização | 203

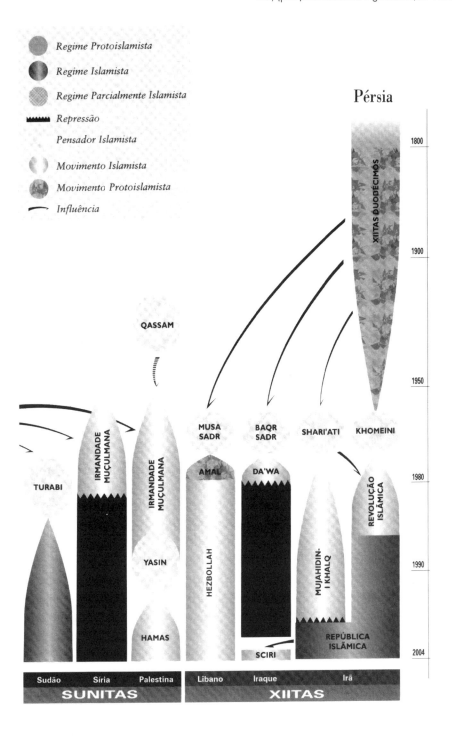

A PRIMEIRA ONDA FUNDAMENTALISTA (1967-1981): O EGITO DE QUTB E O *JIHAD* SUNITA

Os principais movimentos fundamentalistas sunitas atuais se inspiram na Irmandade Muçulmana egípcia e no pensamento de seu principal ideólogo, Sayyid Qutb. O lugar ideal para começarmos nossa discussão é, portanto, o Egito. Sustentáculo do Oriente Médio, núcleo do mundo árabe, país onde 90% da população é sunita (há uma minoria copta cristã de 10%), o paupérrimo Egito está sofrendo uma explosão populacional. De cerca de três milhões de habitantes há duzentos anos, ele soma hoje 68 milhões, espremidos numa zona ribeirinha habitável menor do que a área do Estado brasileiro de Sergipe. Lembremo-nos de que o Egito caiu sob controle europeu no século XIX, foi palco da primeira revolta nacionalista contra o Ocidente (a rebelião do coronel Urabi, em 1881), e constitui – com uma tradição escolástica de quase mil anos – um dos centros permanentes do pensamento muçulmano.

Ali Abdu e Ridda articularam seu reformismo islâmico. Graças à militância de seu movimento nacional, o Egito chegou à independência formal já em 1922. Uma sociedade civil ativa e relativamente liberal se desenvolveu, mas a monarquia egípcia dependia do apoio inglês e se tornou corrupta e ineficaz. Entre as vertentes opositoras do entreguerras, a Irmandade Muçulmana ocupou a facção política da direita. Após o assassinato de seu fundador, Banna, ela tomou parte na revolução antimonárquica e antibritânica em 1952, e integrou o novo regime dos Oficiais Livres.

O namoro, porém, não durou. Em 1954, o regime reprimiu a Irmandade após uma tentativa desta de assassinar o presidente Nasser; executou alguns líderes e encarcerou outros – entre eles, Sayyid Qutb (1906-1966). O regime nasserista, muito menos liberal do que o monárquico precedente, ganhou popularidade por seu curso nacionalista. Como vimos, ele controlou os preços, iniciou uma distribuição de terras e a industrialização, estimulou o sistema de irrigação do Nilo e, em 1956, nacionalizou o Canal de Suez. Este ato, já sabemos, desencadeou a Guerra de Suez, que o Egito perdeu; mas ao final, Nasser restauraria seu prestígio transformando a derrota militar numa vitória política.

O Egito estava engajado num caminho de desenvolvimento estatal, vagamente socialista e expressamente pan-árabe. O preço pago foi a perda da liberdade: o Egito, como tantos outros países árabes, se tornou um Estado repressor que proibiu partidos políticos e religiosos e negou a liberdade de expressão em nome das necessidades da nação. No final, sua política de desenvolvimento fracassou. As tentativas de unificação do mundo árabe não deram certo, o Egito hostilizou o Ocidente e se tornou clientelista da URSS e, em 1967, foi derrotado pela terceira vez numa guerra contra Israel, perdendo novamente a península do Sinai. Esta nova derrota sinalizou a bancarrota do nacionalismo árabe secular e se tornaria o sinal para uma profunda reorientação ideológica em favor de um projeto alternativo: o islamismo. Qutb, porém, já não viveu esta mudança. Novamente envolvido com o regime numa conspiração contra Nasser, ele morrera enforcado em 1966.

Sayyid Qutb é o pensador fundamentalista mais importante, conduzindo o islã a uma nova direção – nem tradicionalista nem modernista. Em sua vida, ele exemplificou o "ser marginal", cujos traços se repetirão em seus inúmeros seguidores das gerações atuais. Era um jovem sensível que recebeu uma educação religiosa tradicional, mas também se abriu à cultura secular e trabalhou como inspetor de educação. O momento-chave em sua vida foi uma infeliz estadia de estudos nos EUA entre 1948 e 1951.

Na Califórnia, Qutb se sentiu enojado frente à sexualidade aberta da sociedade ocidental, humilhado pelo racismo não menos explícito (Qutb era pardo) e escandalizado pela simpatia para com o sionismo que ele encontrou por toda parte. Pode-se especular que sua violenta rejeição dos moldes ocidentais traduz uma ambivalência mais profunda do que ele mesmo teria confessado; mas no final das contas, o que sobra é a recusa absoluta deste modo de viver, que em seus dias foi associado com o Ocidente e hoje com seu prolongamento e ampliação: a globalização.

A experiência americana conduziu Qutb de volta à sua religião original. Ele a abraçou a partir de então com maior seriedade. Na volta no Egito, Qutb se tornou muçulmano *born-again* (nascido outra vez, termo que se usa nos EUA para protestantes que vivenciam uma reconversão emocional à fé e se tornam fundamentalistas). Entrou para a Irmandade Muçulmana, tornou-se ativista, foi preso e passou a maior parte do resto de seus dias na prisão, onde se tornaria o principal e mais extremista pensador do islamismo. Passemos agora para algumas de suas ideias, começando pela herança de Mawdudi.

A INFLUÊNCIA DE MAWDUDI

A maior influência intelectual sobre Qutb não foi de Banna (que parece quase moderado ao seu lado), mas Abu al-Ala Mawdudi (1903-1979), o pensador indiano formado na escola ultraconservadora dos deobandis. Qutb concordava com os cinco princípios que Mawdudi desenvolvera nos anos 40 e 50: a antiapologia, o antiocidentalismo, o literalismo, a politização e o universalismo.

Pode-se definir o primeiro afirmando que o fundamentalismo é autorreferencial: o islã é uma fonte que se comprova e se justifica em e por si mesma e que não precisa de evidências externas nem de harmonização com outras ideologias. Ou seja, o Alcorão é verdadeiro porque afirma que é verdadeiro. Como o islã é "perfeito" (já que foi dado por Deus), não precisa uma adaptação. Mawdudi se coloca na tradição do islã indiano, ou seja, de um islã perpetuamente na defensiva. Ele imputa fraqueza política aos muçulmanos não por eles serem religiosos e tradicionalistas demais, mas por não o serem suficientemente.

Mawdudi ensinava que o islã é completamente diferente, autossuficiente, incompatível e superior a todas as outras religiões, daí a necessidade de manter uma barreira contra o mundo não muçulmano. Apenas seria necessário aplicá-la de maneira correta. O islã não precisa de apologia, mas tem que contra-atacar o Ocidente, isto é, são os outros que precisarão de proteção.[1] Entre estes "outros" se destacam os ocidentais. Mawdudi vê a colonização intelectual como complemento da colonização material. Seu antiocidentalismo é, portanto, total e deriva da sua rejeição ao humanismo, ou seja, a "veneração ao ser humano" que para ele equivale ao *shirk*, ou seja, a atribuir "parceiros" a Deus – o pior pecado. A consequência é a "depravação" do Ocidente, particularmente sexual, rejeição que agradava a Qutb.

O literalismo é também uma feição comum a todos os fundamentalismos. O texto sagrado deve ser entendido de forma literal (embora ele possa esconder outros significados simbólicos além de seu sentido evidente). Fundamentalistas ridicularizam a tendência dos modernistas de tentar abrandar versículos "difíceis". Se o texto parece ilógico ou antinatural, isto apenas comprova a limitada capacidade da razão humana. Há paralelos claros com o literalismo no judaísmo e no cristianismo. A politização, por outro lado, é mais específica do islã – pelo menos ela se encontra ali de forma mais enfática.

Desde seu começo, havia aspectos políticos inegáveis no islã. Idealmente ele não distingue entre o reino espiritual e o temporal. Ou, mais corretamente, o islã pretende subjugar completamente o segundo ao primeiro, e instrumentalizar o mundo no serviço ao transcendente. Porém, na sua longa e diversificada história, o islã desenvolveu

A primeira onda fundamentalista | 207

Cairo vista da universidade islâmica de al-Azhar. Minaretes dominam o cenário da maior cidade muçulmana do mundo

muitas formas, mas o ideal em geral não se realizou. Mesmo hoje, é provavelmente correto afirmar que, para uma maioria dos muçulmanos, o islã constitui um sistema de significados culturais (de presença variável em função da sociedade, do indivíduo, da situação) antes de uma ideologia política.

Já vimos como essa discussão se tornou o cerne do debate entre os muçulmanos indianos. Após a partilha da Índia britânica e a independência do Paquistão, os moderados paquistaneses pretendiam basear seu Estado num islã como identidade cultural. Os radicais os acusavam de não levar a sério as demandas do islã: este, eles exclamavam, não se reduz a uma série de costumes, tradições e valores, mas exige do fiel um compromisso total e exclusivo, e obriga a sociedade a uma organização política acerca de seus preceitos.

Ninguém era mais radical nisso do que Mawdudi, que prescreveu assim o Estado islâmico (em vez do Estado muçulmano): Estado cuja constituição seria o Alcorão, cuja legislação se limitaria a interpretar e aplicar a xaria, e cujo presidente seria um muçulmano devoto, assessorado por um conselho (*shura*) eleito só por muçulmanos. Não muçulmanos voltariam à posição de *dhimmis*, e teriam os mesmos direitos civis que os muçulmanos, mas poderiam exercer direitos políticos apenas em âmbito local (algo como os direitos de estrangeiros a participar nas eleições municipais em certos Estados ocidentais). Em outras palavras, Mawdudi fazia questão de um islã que é primariamente político.

Finalmente, o universalismo. Mawdudi insiste que tudo no islã vale para todos os seres humanos; ele o desnuda de qualquer conotação nacional, étnica ou regional (na mesma linha de pensamento em que ele rejeita igualmente todas as formas locais, místicas, mágicas e "supersticiosas" do islã popular). Como ele tem valor universal, o islã precisa ser imposto a toda a humanidade. Mawdudi declara agressivamente que "explicitamente há para a raça humana inteira só uma maneira de viver que é correta ao olhar de Deus, e isto é al-Islam".[2] O islã aspira a revirar a terra até o *jihad* islamizar o mundo inteiro:

> O islã quer a Terra inteira e não se satisfaz com apenas uma parte dela. Ele quer e precisa de todo o mundo habitado. Ele não o quer de forma que uma nação predomine na terra e monopolize suas fontes de riqueza, depois de roubá-las de uma ou mais nações. Não, o islã quer e precisa do mundo para que a raça humana possa se beneficiar conjuntamente do conceito e do programa prático da felicidade humana através dos quais Deus honrou o islã e o colocou acima das outras religiões e leis. Com a finalidade de chegar a este elevado objetivo, o islã quer usar todas as forças e meios possíveis para realizar uma revolução universal e abrangente. Não poupará esforços para realizar este objetivo supremo. Esta luta de longo alcance que continuamente exaure todas as forças e este uso de todos os meios possíveis se chama *jihad*.[3]

Mawdudi pretendia converter toda a Índia ao islã – e isto seria apenas o primeiro passo para a conversão de toda a humanidade. Foi a contragosto que ele se resignou à realidade e aceitou a ideia do Paquistão. Um Estado nacional para muçulmanos tal como projetado pelo parcialmente secularista Jinnah não condizia com sua visão universalista.

A IDEOLOGIA DE SAYYID QUTB

Qutb incorporou quase toda a interpretação de Mawdudi, mas foi além, aplicando o preceito do *jihad* à própria sociedade muçulmana. Para Qutb, o contato com a revelação divina providencia ao muçulmano uma experiência interna, não mediatizada, quase poética (e essencialmente intransmissível) do transcendente. A presença de Deus, o Outro absoluto, é como uma irrupção insistente e irresistível: não se discutem as exigências de Deus, elas só são passíveis de uma obediência absoluta. Em comparação com a esfera transcendente, todo o resto é apenas uma tentativa de adaptar o mundo visível-sensual às demandas dessa experiência.

A ideologia de Qutb é expressamente antiocidental; ela rejeita não apenas o modo de viver "dissoluto" e "blasfemo" da civilização ocidental, mas igualmente a sua maneira de organizar a sociedade e o governo. Este ponto é crucial: a democracia, produto ocidental por excelência, seria o resultado da premissa antropocêntrica errônea do Iluminismo de que o homem pertence a si mesmo. Aquilo que o filósofo alemão modernista Jürgen Habermas chama de "princípio da subjetividade" – que o ser humano é um indivíduo distinto da sua coletividade, dotado da razão crítica que lhe permite conhecer a si mesmo, e que, em função da sua própria natureza enquanto ser humano, ele tem inerentemente o direito à autodeterminação (ou seja, o direito de moldar sua própria vida, sua situação individual e social)[4] – é pedra angular sobre a qual se constrói a modernidade. O livre pensamento, os direitos humanos, a liberdade individual, a soberania do povo – todos estes valores seguem desse princípio.

Qutb rejeita veementemente essa base: a soberania não pertence ao homem mas só a Deus. Ao homem, mero *makhluq*, criatura (como o resto da criação), não cabe se arrogar mais do que servir a seu Criador. Qutb está ligado aqui a Ibn Hanbal, o pai da escola mais rigorosa da xaria, a hanbalita, que recusa tanto a filosofia especulativa quanto o misticismo: o objetivo do homem não seria conhecer a Deus nem amar a Deus, mas sim servir a Deus. A primeira etapa do pensamento fundamentalista insiste, portanto, na *hakimiyyat Allah*, o governo de Deus.

Ora, a forma desse governo foi prescrita e comunicada, uma vez por todas, por Deus a Maomé. Quem ouve a palavra de Deus não pode optar por não se submeter e seguir. Para o fiel, portanto, não há nenhuma dúvida sobre os princípios da organização política, tanto interna quanto internacional, porque eles se deduzem das fontes autorizadas que fluem diretamente da vontade divina: o Alcorão e os *hadiths* autênticos. É possível discutir e discordar sobre sua aplicação, mas não sobre o ponto de partida. Em consequência, os fiéis de hoje devem modelar seu pensamento e suas ações no exemplo dado pelo Profeta e seus companheiros que estabeleceram a primeira e ideal comunidade muçulmana, diretamente inspirada e guiada por Deus. Daí a *salafiyya*, a imitação dos predecessores devotos (*al-salaf al-salih*) da primeira geração. Qutb se alinha a esta *salifiyya*, proferida pela primeira vez por Ridda, e que é a marca dos reformistas islamistas conservadores. Contudo, ele vai além.

A segunda etapa da reflexão de Qutb é a observação de que o mundo está novamente numa *jahiliyya*. A *jahiliyya* era o estado de ignorância e descrença que reinou antes da revelação dada a Maomé. Mediante seus esforços (o *jihad*), Maomé e os primeiros muçulmanos puseram fim a esta situação e construíram uma sociedade regida em todos seus detalhes (políticos, sociais, econômicos, familiares, jurídicos etc.) pela vontade de Deus. Desde essa era abençoada, porém, muito se passou, e a situação que Qutb enxergava (e que seus discípulos veem até hoje) é que até nas próprias sociedades formalmente muçulmanas (para não falar do resto do mundo), a lei de Deus estaria sendo desconsiderada. Não se obedece mais à xaria. No lugar de rezas e de estudos religiosos, a educação se volta para conhecimentos mundanos e ocidentais. No lugar da modéstia e do controle dos impulsos "animais", há ostentação, luxo e uma vergonhosa exibição de sensualidade.

A situação no âmbito político não é melhor, diz Qutb. Um governo islâmico justo seria assessorado pelos fiéis mais devotos e preparados da comunidade; ele manteria a supremacia dos muçulmanos dentro do Estado (o *taghallub*, imposto por exigência divina), e expandiria o islã no mundo inteiro, até que toda a humanidade reconhecesse sua submissão a Deus. No lugar disto, via-se um governo opressor que se inspirava em valores estrangeiros tais como a soberania do povo, que adula a nação em vez de Deus, anula a posição dos muçulmanos na sociedade, tornando os infiéis iguais a eles, e abre as portas a uma onda de influências imorais e nefastas. A conclusão, portanto, era inegável: essa sociedade, apesar da maioria se dizer muçulmana, e apesar de algumas aparências residuais de islamicidade, já não é mais islâmica, mas teria recaído numa nova *jahiliyya*. Nestas condições, não surpreende que Deus abandone aqueles que O abandonaram e, por isso, pune os muçulmanos. Daí as humilhações, a pobreza e a vitória de Israel em 1967 contra uma força árabe esmagadoramente maior.

Este último ponto estava, evidentemente, apenas implícito no pensamento de Qutb, que morreu um ano antes da catástrofe de 1967. Os fundamentalistas convencidos por sua linha de pensamento observariam nos próximos anos vários sinais adicionais deste mergulho numa nova *jahiliyya*: após a morte de Nasser, o novo líder egípcio Sadat mudou para uma posição pró-ocidental, abandonou o socialismo estadista, abriu o país aos investimentos estrangeiros (o *infitah*) e erodiu o sistema de controle e subsídio econômico que sustentava os pobres. Logo floresceram hotéis, boates, bancos – os "McDonalds" da época. A classe abastada se deixou seduzir pelas modas norte-americanas; turistas cheios de dinheiro em minissaias e biquínis chocavam as sensibilidades locais, enquanto a grande maioria sobrevivia na miséria.

Na guerra de 1973, o Egito fez uma demonstração honrosa de força frente a Israel. Em seguida, Sadat – pensando que a honra árabe estava recuperada e que o desenvolvimento egípcio se beneficiaria de uma acomodação com o vizinho – viajou para Israel e assinou a paz com o inimigo. Tudo isso escandalizou milhões de egípcios e outros muçulmanos no mundo, e pareceu comprovar a análise de Qutb: "A miséria do mundo muçulmano é o resultado dos muçulmanos terem esquecido Deus". Para Qutb, a *jahiliyya* não é uma época histórica, mas um estado mental que se reflete na sociedade.

O que fazer, então? Aqui chegamos ao terceiro painel, prescritivo, da teoria de Qutb. O dever do fiel é criar uma ordem justa que se baseia na lei de Deus. Ora, a corrupção é tal que a sociedade atual, "pseudoislâmica", não pode ser reformada simplesmente com o uso da ação educacional e propagandista: a estratégia clássica, "evolucionária" e "reformista" da Irmandade Muçulmana claramente fracassara.[5] Para reconstruir a sociedade com base na xaria seria preciso, a partir de então, recorrer a uma nova estratégia. O fundamentalismo radical preconiza neste ponto duas opções: a retirada ou a ação revolucionária.

O primeiro caminho sugere que "muçulmanos renascidos" se separem da sociedade "irremediável" e "recomecem novamente", criando isoladamente uma comuna religiosa e utópica. Tal caminho corresponde à hégira, a migração de isolamento do Profeta, indo de Meca a Medina. Deve-se lembrar que as tentativas de erigir no deserto contraculturas puritanas não eram novas no islã, mas respondem a uma dinâmica que Ibn Khaldun já observara no século XIV. Os wahhabitas na Arábia dos anos 1920 fizeram a mesma coisa. Esperava-se que destes núcleos religiosos surgisse o ímpeto para a transformação de toda a sociedade.

O fundamentalismo de Qutb, porém, apontou para uma segunda alternativa: a *jihad*. O poder da neo-*jahiliyya* necessita de um forte contramovimento: já não são mais possíveis nem uma simples defesa do islã, tampouco uma reforma pacífica de uma sociedade tão infectada. Só uma revolução poderia adiantar. A segunda via, portanto, é a da militância violenta contra a própria base da sociedade. O compromisso pessoal absoluto e irreversível com a fé[6] conduz o fiel à ação em prol da transformação islâmica: no serviço a Deus, ele é chamado a sacrificar até sua vida, se for necessário, e se tornar *shahid*, testemunha de Deus, ou seja, mártir.

Em outras palavras, Qutb convoca um *jihad*, não contra pagãos, mas contra um governo que é muçulmano, mas não islâmico – e portanto, ilegítimo. Como argumento, seu fundamentalismo empresta neste ponto a análise de Ibn Taimiyya (1263-1328). Este foi um pensador hanbalita extremista profundamente impressionado pelo declínio do islã – ele nasceu poucos anos após o massacre de Bagdá. Ibn Taymiyya atribuiu a fraqueza do islã a uma falta de ortodoxia e a novidades teológicas que só distanciariam o fiel de Deus. Para salvar o islã, era preciso marcar estritamente as fronteiras entre muçulmanos e não muçulmanos, e recusar quaisquer tentativas de aproximação.

Ora, em seu tempo, certos líderes mongóis se converteram superficialmente ao islã, mas nem por isso cessaram seus ataques e sua opressão contra os árabes. Porém, uma resposta militar contra um opressor que era muçulmano violaria o princípio sunita que "uma hora de anarquia é pior que cem anos de tirania", consagrado em reação aos cismas do século VII. Ibn Taimiyya raciocinou, porém, que como os mongóis se aliaram aos xiitas heréticos e não seguiram cuidadosamente a xaria, uma guerra de resistência dos mamelucos (sunitas) contra os mongóis "pseudomuçulmanos" era permissível e constituía uma *jihad*. A tarefa de derrubar o líder apóstata foi transformada de *jihad* coletiva (um dever da comunidade, que contudo pode ser satisfeito por um grupo limitado atuando em nome da comunidade inteira) em *jihad* individual: um dever que cabe a cada um dos fiéis.

Deste modo, Ibn Taimiyya elaborou uma justificativa para lutar contra uma autoridade muçulmana caso ela não mais cumprisse as leis islâmicas. Legitimava-se, em termos islâmicos, o tiranicídio.[7] Adotando o precedente medieval de Ibn Taimiyya, Qutb chegou a um programa radical de restauração do islã original. É interessante notar que, para ele (como para todos os fundamentalistas de qualquer religião), o programa se entende como a volta a uma situação anterior e melhor – a utopia às avessas, encarando o passado. Fundamentalistas não entendem que eles mesmos são fruto da modernidade e, como veremos, usam muitos dos recursos desta modernidade para combatê-la.

O EGITO ENTRE O TERROR JIHADISTA E A ACOMODAÇÃO ISLAMIZANTE

A repressão nasserista separou os fundamentalistas em dois grupos. A maioria dos Irmãos Muçulmanos abandonou o rumo revolucionário e optou pelo trabalho educacional e político moderado, visando a uma gradual transformação da sociedade no longo prazo. Hassan Hudhaibi, um líder "recuperado" da Irmandade, declarou que nenhum homem pode julgar a veracidade da fé islâmica de um outro, muito menos a da umma como um todo: tal julgamento cabe somente a Deus. A minoria, inspirada pelo pensamento de Qutb, se radicalizou. Entre as longas horas de trabalho forçado, a prisão egípcia se tornou a universidade fundamentalista que preparava seus "graduados" para assumir um papel revolucionário. Desde seu martírio, Qutb se tornou o maior guru dos fundamentalistas sunitas. Sua obra mais extremista, *Marcos Miliários*[8] (*Ma'alim fi al-tariq*), tem sido leitura obrigatória para gerações de fundamentalistas posteriores.

No período de Sadat, a guinada pró-EUA, a liberalização da economia e a paz com Israel provocaram o isolamento do Egito no mundo árabe e desconcertaram a população. Esta conjuntura constituiu um chão fértil para grupos fundamentalistas que se inspiravam em Mawdudi e Qutb, criticavam a posição "covarde" e "comodista" dos Irmãos Muçulmanos e denunciavam os ulemás como oficiais pagos por um regime considerado *jahili*.[9]

Pequenos grupos fundamentalistas se retiraram em comunidades fechadas. Outros optaram pela ação direta, atacando os alvos simbólicos da influência cultural ocidental "decadente" (bares, boates, bancos, hotéis, cinemas que exibiam filmes com cenas de amor livre), do regime (delegacias) e do pluralismo religioso – em particular, a minoria cristã copta. Em princípio, os islamistas tiveram êxito em mobilizar massas em protestos de ordem econômica. No entanto, mais frequentemente optaram por ações terroristas. Entre esses movimentos, dois se destacaram: a Jama'a Islamiyya, que se tornou Takfir wa-Hijra (Excomunhão e Hégira, cujo líder era Shukri Mustafa), e o Jama'at al-Jihad. Eles tentaram em vão desestabilizar o regime e tomar o poder, provocando muita violência e reações em cadeia. Quase foram bem-sucedidos, mas por fim seriam esmagados.

Após uma série de distúrbios por causa da fome e outros incidentes sérios, o Takfir wa-Hijra sequestrou e assassinou, em 1977, o xeique Muhammad Hussein al-Dhahabi, líder muçulmano moderado que não denunciara, de forma enérgica o bastante, as negociações de paz com a "entidade sionista" (forças anti-israelenses extremistas evitam pronunciar o nome odiado do Estado judeu). No ano seguinte, os acordos de Camp David condicionaram a normalização das relações com Israel à restituição da península ocupada de Sinai e à autonomia para os palestinos. Tanto pan-arabistas seculares quanto islamistas rejeitaram tal acomodação e a denunciaram como traição. Os espíritos se inquietaram ainda mais com a assinatura do acordo de paz em 1979. No mesmo ano, Sadat defendeu a separação entre Estado e religião. A oposição ao regime autoritário foi crescendo, tanto do lado de intelectuais progressistas quanto de fundamentalistas. Paralelamente, a repressão oficial aumentou.

Em 1981, ativistas do Jihad cometeram novas atrocidades contra os coptas. Pouco depois, o tenente Khalid Islambouli assassinou Sadat durante um desfile militar. Islambouli pertencia ao Jihad, e obtivera o aparente aval do xeique cego Umar Abdul Rahman. A cumplicidade do *alim* extremista é, aliás, um caso excepcional: a maioria dos ulemás, bastante dócil, estava sob controle oficial. De qualquer forma, o assassinato provocou uma turbulência política que chocou extremamente a elite egípcia, provocando forte reação.

Sob a gestão do sucessor de Sadat, Hosni Mubarak, a polícia reprimiu a organização fundamentalista, mas não pôde evitar que um levante islamista acontecesse no mesmo ano em Asyut, no sul do Egito. O Egito meridional contava com as maiores concentrações tanto de fundamentalistas muçulmanos quanto de coptas. Islambouli, o assassino de Sadat, Muhammad Abdul Salam Faraj, o ideólogo do movimento, e alguns de seus colegas foram executados; outros foram condenados a penas de prisão. Abdul Rahman, após sua libertação, migrou para os EUA. Ali fez parte da conspiração, em 1993, do primeiro ataque – fracassado – para explodir o *World Trade Center*, as torres gêmeas de Nova York.[10]

Nas últimas duas décadas, a política egípcia foi pontuada por um grande número de incidentes e tentativas islamistas de desestabilizar o regime de Mubarak. Este continuou a política de Sadat, embora de maneira menos impetuosa. O Egito oscila tipicamente entre a identificação com o mundo árabe-muçulmano, do qual é o líder natural, e uma retirada para a própria identidade egípcia, baseada na sua história milenar. Após os desapontamentos do pan-arabismo nasserista, Sadat enfatizou mais a *wataniyya* local, desconsiderando por exemplo as objeções árabes à sua política para com Israel.

Sob o governo de Mubarak, o ponteiro apontou para uma reintegração no mundo árabe, até achar o ponto de equilíbrio entre ambas as orientações. Por outro lado, a liberalização econômica e a dependência militar e de exportações alimentícias dos EUA só se aprofundou. As reformas impopulares que o FMI (Fundo Monetário Internacional) impôs ao Egito para controlar sua dívida externa provocaram protestos violentos, que grupos fundamentalistas não deixaram de explorar. Em 1986, até as próprias tropas do regime se rebelaram e depredaram boates em Giza. A participação egípcia em 1991 na guerra de Kuwait junto aos EUA, por sua vez, não foi bem recebida pela população.

Nos anos seguintes, o regime aturou novos ataques – sendo que a agressão se direcionou contra símbolos da liberdade de pensamento. Em 1992, foi assasssinado Farag Fodah, autor secularista. Naguib Mahfouz, romancista e prêmio Nobel favorável à paz com Israel, quase sofreu a mesma sorte. No mesmo ano, Al-Jama'a al-Islamiyya estabeleceu uma efêmera república islâmica no bairro Imbaba de Cairo, que foi esmagada em sangue. Coptas também se tornaram cada vez mais alvo de ataques. Contudo, a estratégia islamista de desestabilização mais brutal – e potencialmente mais eficaz – foi de atingir o turismo, uma das principais fontes de renda num país cujo PIB *per capita* é apenas um terço do brasileiro. Além disto, os turistas representam a expressão visível da invasão cultural associada ao Ocidente.

Em 1996, fundamentalistas abriram fogo em Luxor, matando dezoito pessoas; no ano seguinte, mais de sessenta foram fuziladas – terror arbitrário contra civis inocentes, que repugnou até os múltiplos simpatizantes passivos do fundamentalismo. No olhar dos perpetradores, porém, esta inocência das vítimas não existe e não poderia existir: as próprias leis islâmicas proíbem fazer mal a inocentes e contêm uma cadeia de recomendações para proteger pessoas vulneráveis.[11] Os islamistas contornam esta dificuldade com artifícios teológicos. Por exemplo, no caso de ataques a muçulmanos, faz-se antes o *takfir*, o ato de declaração que o alvo é *kafir*, ou seja, um descrente que nega a verdade do islã (o mesmo procedimento é usado nas lutas internas, muitas vezes violentas, entre as seitas fundamentalistas).

Na verdade, ainda que o apoio ao islã político seja difícil de ser medido, é claro que ele vai muito além dos próprios membros dos partidos extremistas, e mesmo da Irmandade Muçulmana. O *slogan* "O islã é a solução" se torna cada vez mais popular, na medida em que crescem os problemas e a frustração. O Egito vive, como a maioria dos outros países muçulmanos, uma clara volta à religiosidade individual e ao conservadorismo, que se observa mais nitidamente no número de homens barbudos e na mudança das vestimentas femininas. Cada vez menos se usam as roupas tradicionais e os vestidos ocidentais, considerados descobertos demais, e se vê mais o típico "uniforme" fundamentalista sunita: o véu branco e o casaco cinza ou marrom que cobre o corpo inteiro e dissimula suas formas, deixando visíveis somente o rosto (sem maquiagem) e as mãos (sem esmalte).

O regime reage com uma dupla estratégia. Por um lado, promove dura repressão – até o extermínio físico – de células fundamentalistas e, por outro, favorece a acomodação preventiva das demandas culturais dos islamistas, que parecem corresponder às preferências de uma importante faixa da população. Assim, a paz com Israel foi reduzida ao mínimo diplomaticamente aceitável. A xaria tem sido introduzida em partes da lei que regula a vida pessoal.[12] Como resultado, os coptas se queixam de discriminação informal, a liberdade de expressão se restringe cada vez mais a questões permitidas, homossexuais são perseguidos e as mídias egípcias, controladas, disseminam livremente preconceitos anticristãos e antissemitas.

O regime de Mubarak, autoritário sem ser exatamente ditatorial, tenta assim frear o impulso fundamentalista. O regime sobrevive, precariamente, graças a uma combinação de repressão, clientelismo e de vagarosa "desliberalização" cultural. Esta última, provavelmente, é bastante popular para boa parte dos habitantes, embora atinja progressivamente os direitos humanos tais como estes são entendidos no Ocidente.

A PRIMEIRA ONDA DO *JIHAD* NO MUNDO SUNITA

Dedicamos as páginas anteriores ao caso do Egito não somente por ele constituir o centro de gravidade árabe, mas também porque a primeira onda fundamentalista a sacudir o mundo muçulmano ali teve suas origens e se expressou mais afirmativamente. Nos anos 70 e 80 do século XX, o subcontinente indiano e o sudeste da Ásia, as grandes concentrações sunitas fora do Oriente Médio, ainda permaneciam relativamente calmos. Mas no próprio mundo árabe, as ideias de Qutb e seus correligionários já tinham ecos importantes, em particular na Síria, pela ação de ramos radicais da Irmandade Muçulmana.

Não há, no mundo, muitas outras regiões que se podem comparar em complexidade étnica, religiosa e política ao Crescente Fértil. Alguns destes elementos já foram esclarecidos na discussão sobre a guerra civil libanesa. Nesta trágica situação, porém, as comunidades que se digladiavam, embora se definissem em termos religiosos, travavam sua luta em prol de fatias do poder político. Paradoxalmente, elas pouco se incomodaram com conceitos especificamente religiosos – até o surgimento do Hezbollah xiita, sobre o qual nos deteremos um pouco mais adiante. O Líbano, por mais dividido que esteja, é também uma sociedade relativamente secularizada.

Quanto a Israel e os palestinos, não é necessário se falar muito, nesta fase, de um desafio em relação ao fundamentalismo muçulmano. Embora a sociedade palestina nunca tenha passado por uma secularização, a resistência contra a colonização israelense (esta, sim, cada vez mais dominada por fundamentalistas judaicos) ainda se partilhava essencialmente entre o partido nacionalista Fatah e partidos à sua esquerda expressamente secularistas – isso até o estabelecimento do Hamas. Mas isso só acontecerá em 1988, numa fase posterior. A Síria, por outro lado, quase viveu uma revolução fundamentalista na virada da década de 1970.

A situação na Síria e no Iraque não era menos complexa do que no Líbano, era apenas mais mascarada por ditaduras nacionalistas que impuseram um verniz de uniformidade identitária a países extremamente heterogêneos. Islamistas sunitas representariam um verdadeiro desafio, particularmente na Síria. Ali (como também na Jordânia e na Palestina), a Irmandade Muçulmana já existia nos anos 40 e 50 do século XX – tratava-se naturalmente de um movimento e uma ideologia que desconheciam as fronteiras artificiais que dividem os muçulmanos.

A Síria, ao contrário do Egito, é uma sociedade extremamente fragmentada, em pelo menos três eixos: etnicamente, entre árabes, curdos e outras etnias; economicamente, entre citadinos e camponeses; e religiosamente, entre sunitas, concentrados na classe média das cidades e uma variedade de outras seitas mais fortemente presentes no campo rural: druzos, uma abundância de Igrejas cristãs, ismailitas e outros. Particularmente interessantes são os cerca de um milhão de *alawitas* ou *nusairis*, seita xiita extremista cuja religião é secreta, mas que está tão longe da ortodoxia que os sunitas não os consideram como muçulmanos.

Isso é relevante a partir do momento em que o líder Bashar al-Asad e boa parte da elite no poder do Ba'ath sírio são *alawitas*: o secularismo do programa ba'athista os atraía, e devido aos privilégios dado a eles pelos franceses, logo controlaram as alavancas para a tomada de poder, o que aconteceu em 1966. Tal situação continua até nossos dias; o regime *alawita* se esconde, porém, atrás um véu de pan-arabismo meramente formal. Este pan-arabismo é particularmente adequado pois a Síria carece de claras fronteiras ou de uma identidade histórica própria. Do ponto de vista sírio, o Líbano, a Jordânia e a Palestina fazem parte da Grã-Síria.

Desde a independência em 1943, a política síria se divide, simplificadamente, entre sunitas urbanos relativamente abastados que se agruparam na Irmandade e pobres camponeses pertencendo a outras seitas, mobilizados no partido comunista, no Ba'ath e em outros partidos. Como nenhum grupo possuía a maioria e seus interesses eram diametralmente opostos, o partido no poder fazia uso cada vez mais da repressão. Nos anos 1960, a emergência dos ba'athistas, que iniciaram programas economicamente progressistas e preconizaram a secularização, prejudicou a burguesia sunita. Os Irmãos Muçulmanos, que (ao contrário do Egito) não dispunham de nenhuma "válvula de segurança" parlamentar, radicalizaram-se e começaram a conclamar um Estado islâmico.

Após o golpe do general da força aérea Hafiz al-Asad (pai de Bashar al-Asad) em 1970, uma modesta liberalização econômica nos moldes de Sadat os apaziguou temporariamente; mas a situação se aqueceu de novo com a guerra do Líbano: a intervenção oportunista de Asad ao lado dos maronitas contra os muçulmanos e os palestinos acirrou os ânimos locais. Os Irmãos Muçulmanos, então, decidiram lançar um *jihad*. Seguiram-se atos terroristas e massacres mútuos, e no final dos anos 1970 a polarização alcançara o próprio exército, ameaçando o regime.

Em 1980, Asad exterminou oitenta Irmãos presos em Tadmur (Palmyra), mas ao invés de silenciar a oposição, a chacina só os enalteceu: em 1982, um levante nas cidades parecia ser a preparação de uma revolução para estabelecer o Estado islâmico. A sorte de Asad foi que em Damasco, centro nevrálgico do regime, os comerciantes sunitas não se deixaram atrair para a greve. A revolta se concentrou na cidade de Hama – o norte da Síria tem sido sempre mais radical – e foi esmagada às custas de vinte mil mortos. Este episódio quebrou a coluna vertebral da Irmandade Muçulmana, mas pouco acrescentou à legitimidade de Asad.

Nos anos seguintes, os islamistas sobreviventes se reorganizaram, mas já não puderam se sustentar sem apoio externo. Então veio Saddam Hussein (que liderava no Iraque um regime secular ba'athista "irmão", mas estava envolvido numa "briga de família" com os ba'athistas sírios) oferecer apoio aos islamistas da Síria. Muitos ficaram tentados; outros recusaram a oferta, já que o regime iraquiano travava uma guerra contra o Irã, onde o regime islamista xiita de Khomeini havia sido implantado em 1979. Para complicar o quadro, o Irã islamista e a Síria secularista, ambos movidos pelo medo do Iraque, também cultivaram entre si uma aliança aparentemente antinatural.

Contudo, o debate interno não fez diferença no campo fundamentalista sírio, pois Asad teve a situação sob controle a partir de então – até tal ponto que, em 1991, ele pôde "perdoar", de forma "magnânima", seus inimigos islamistas. No entanto, ele também já conquistara o controle sobre o Líbano, onde – mudando mais uma vez de campo no xadrez entre as comunidades – a Síria agora apoiava os muçulmanos contra os cristãos. A supremacia do regime Ba'ath se manteve na Síria: a suave sucessão de Bashar, em 2000, ilustra sua estabilidade.

Por um lado, a ditadura síria é muito mais brutal do que no Egito. Neste último, a sociedade civil está "apenas" sob pressão, enquanto que na Síria, ela já não mais existe. Todavia, o apoio potencial dos islamistas parece, na Síria, social e geograficamente mais circunscrito do que no Egito. O resultado é que a dinastia Asad não foi obrigada a fazer as mesmas concessões culturais que Mubarak.

A situação não era mais amena no Iraque, Estado tão artificial quanto a Síria. No entanto, ali é pouco desenvolvido o fundamentalismo sunita. O regime ba'athista de Saddam Hussein se consolidou interna e internacionalmente com uma brutalidade que ultrapassou amplamente a dos colegas em Damasco. Além dos curdos, os islamistas constituíam sem dúvida o maior perigo para o regime. Porém, a profunda divisão entre a maioria xiita, desprezada e discriminada, e a minoria sunita, privilegiada e cooptada por Saddam, impediu que uma união islamista viesse à tona. Portanto, a oposição se concentrou entre fundamentalistas xiitas, duramente oprimidos, mas incentivados por uma ideologia bastante diferenciada daquela de Banna, Mawdudi e Qutb, que será discutida adiante.

Outros países sunitas também começaram a experimentar a pressão fundamentalista. No Paquistão, Zia ul-Haq, admirador de Mawdudi, começou no final dos anos 1970 a introduzir a xaria. A economia foi reformada na direção de um sistema bancário sem juros; punições foram aplicadas com base no Alcorão (chicotadas e amputação para transgressões tais como roubo, sexo ilícito e consumo de álcool) e os ulemás foram encarregados pelos tribunais de garantir que os julgamentos correspondessem à xaria.

No Magreb, no entanto, o islamismo ainda não se manifestara fortemente. No Marrocos, o rei Hassan II consolidara seu poder absoluto com o uso da mesma mistura de punições e recompensas que também funcionava no Egito. Além disto, a monarquia se beneficiava da *baraka*, ou seja, do carisma da descendência do Profeta. Ela conseguiu mobilizar a população num frenesi nacionalista, conquistando o Saara ocidental (outrora espanhol) pela Marcha Verde. Na Argélia, os problemas sociais aumentaram, mas a elite nacionalista secular da Frente de Libertação Nacional (FLN) ainda manteve seu controle – graças à renda do gás natural.

Somente na Tunísia, a sociedade mais aberta e ocidentalizada da África do Norte, a secularização promovida desde a independência pelo partido *Neo-Destour* começava a provocar uma reação islamista: em 1987, o primeiro ministro Zine El Abidine Ben Ali demitiu o velho líder ditatorial Habib Bourguiba, o herói da independência, acusando-o de um secularismo demasiado. O resultado foi uma onda islamizante, liderada pelo partido Al-Nahda (o Renascimento) que quase fugiu ao controle, conduzindo a uma nova repressão e ao exílio do líder fundamentalista Rachid Ghannouchi. Já no Sudão, país extenso, religiosa e racialmente dividido por uma interminável guerra civil do norte árabe-muçulmano contra o sul negro-animista e cristão, tentativas islamizantes começaram a partir de 1983, quando o general Ja'far Nimeiri se transforma de pan-arabista em islamista, e se intensificaram após o golpe em 1989 do general Umar Ahmad al-Bashir, incentivado pela eminência parda atrás do trono, o xeique fundamentalista Hassan al-Turabi, líder da Frente Islâmica Nacional. Nos anos 1980, o Sudão foi o segundo país a se tornar oficialmente um Estado islâmico.

Todavia, a atenção mundial na época focalizou muito mais o primeiro país, o Irã, e os resultados de sua revolução islâmica. No Irã, no Iraque e no Líbano, xiitas radicais pareceram lançar um desafio ainda mais urgente.

A SEGUNDA ONDA (OS ANOS 1980): O INTERLÚDIO XIITA

O segundo estágio da evolução do fundamentalismo muçulmano se caracterizou por dois fatores novos: em primeiro lugar, o movimento se ampliou enormemente, chegando a proporções tão maciças que abalou um grande Estado como o Irã, numa das revoluções mais impressionantes e peculiares do século XX. Em segundo, teve uma feição explicitamente xiita. A maioria dos leitores de jornais no Ocidente talvez nunca tenha ouvido falar de Qutb ou de Mawdudi, mas ninguém mais podia ignorar as manchetes sobre Khomeini ou o Hezbollah libanês. Contudo, o expansionismo da revolução islâmica, embutido em seu caráter xiita, logo chegaria a seus limites. As novas formas do islamismo da terceira onda, a dos anos 90, seriam quase exclusivamente sunitas.

QUEM SÃO OS XIITAS?

Hoje, 15% dos muçulmanos são xiitas, e destes, 85% são duodécimos. O Irã é hoje o único país com um regime xiita, mas eles também constituem a maioria no Iraque e em Bahrain, além de ser a comunidade religiosa mais numerosa do Líbano. Há ainda grupos xiitas significativos na Arábia Saudita, Paquistão, Afeganistão, Azerbaijão, Turcomenistão e Índia (neste último país, xiitas constituem 10% da comunidade muçulmana, ou seja, doze milhões; a maioria são ismailitas, concentrados nos estados de Gujarat e Maharashtra). Sintomaticamente, quase todos esses países são situados na outrora na zona de influência da Pérsia dos séculos XVI-XVII, o primeiro e único reino que impôs o xiismo à população inteira.

Para contextualizar o fundamentalismo contemporâneo xiita, é importante destacar suas especificidades. Xiitas e sunitas compartilham o mesmo Alcorão e seguem amplamente a mesma xaria. Ainda assim, um abismo quase insuperável os separa. Devemos lembrar que o xiismo originou do desacordo sobre a sucessão de Maomé.

Como vimos, o partido de Ali ibn Abi Talib, primo e sobrinho de Maomé, insistiu na sucessão dentro da linhagem imediata da família do Profeta, para garantir a pureza e a infalibilidade da pessoa a ser encarregada desta tarefa. Contudo, ele foi derrotado pelo grupo oposto que, em vez da sucessão apostólica "elitista", inclinou-se a uma posição "democrática": qualquer bom muçulmano poderia ser candidato e aclamado como califa pelo consenso da comunidade – contanto que ele pertencesse ao clã dos coraixitas, a tribo de Maomé.

Em três sucessões consecutivas, Ali foi ultrapassado por califas da facção contrária, que logo demonstraram uma aptidão para se acomodar às necessidades realistas do poder político. Ali, por outro lado, representava a "consciência limpa" da umma, o compromisso idealista com uma fé inalterada. Entretanto, ele era um líder fraco, e quando finalmente chegou a ser o quarto califa, alienou tanto os partidários dos coraixitas quanto os extremistas dentre seus próprios seguidores. Estes últimos não admitiram que seu herói Ali aceitasse uma arbitragem em seu poder, e o abandonaram para formar uma seita igualitária e ultrapuritana, os cariditas (*khariji*, quem vai embora).

Pouco depois, Ali morreu assassinado em Najaf por um de seus seguidores decepcionados. Os cariditas se transformaram num grupo extremista que julgava ter sido chamado a estabelecer o paraíso na Terra, os Homens do Paraíso, que eram conclamados a punir os Homens do Inferno – todo o resto da humanidade, inclusive hereges na própria comunidade. Porém, sua identificação tribal era forte demais para permitir o estabelecimento de uma estrutura caridita política estável. Como resultado, hoje eles estão quase desaparecidos.[1]

O coraixita Mu'awiya se tornou assim o novo califa, devendo sua posição mais às armas do que ao consenso. Muitos continuaram acreditando na reivindicação da dinastia de Ali, agora encarnada nos dois filhos Hassan e Hussein. O califa praticamente comprou a resignação do mais velho, Hassan, em troca de uma promessa de futura assunção; porém, Mu'awiya traiu sua promessa, assassinou Hassan e cuidou da sucessão de seu próprio filho, Yazid. Este, que no xiismo se tornou o protótipo do Mal, enfrentou alguns anos depois o filho caçula de Ali. Hussein herdara o temperamento inflexível do pai, recusou prestar homenagem a Yazid e partiu de Kufa, no Iraque, para enfrentar o exército do usurpador.

Apenas cinquenta kufitas leais seguiram Hussein, que evidentemente não teve nenhuma chance. Todos foram massacrados em Karbala. Porém, o sacrifício voluntário de Hussein, por mais inútil que parecesse, salvou o xiismo, pois imbuiu os simpatizantes da vergonha e da determinação de nunca mais trair a causa justa de Ali. Assim, Hussein ibn Ali se tornou o grande herói da xia, cujo martírio é anualmente comemorado numa paixão que dramatiza a "traição" dos kufitas. Com choros e autoflagelação, os crentes expiam o pecado e transformam, simbolicamente, a derrota política-militar do "Bem" numa futura vitória. A partir de então, como também já vimos anteriormente, o xiismo oscilaria entre a quietude – uma acomodação a contragosto com um mundo injusto, que em situações perigosas pode ir até a falsa negação da fé (*taqiya*), reconhecendo mas não aceitando a legitimidade de um poder injusto – e o ativismo milenarista, ou seja, o projeto de enfrentar esse mundo e transformá-lo.

Hussein foi, na visão xiita, o terceiro imã (*imam*, "quem está na frente da congregação", é o termo xiita equivalente ao califa sunita). De sua família saiu um total de doze imãs, que segundo a tradição morreram todos martirizados, com exceção do último que sobrenaturalmente desapareceu do mundo no século VIII, mas que acredita-se voltará no fim dos tempos como *mahdi*, tipo de messias, para inaugurar um reino de justiça e felicidade universal. Eis uma cosmovisão diferente do "realismo pessimista" do sunismo.

Para os sunitas, não há evolução positiva no mundo: cada geração está mais longe do último Profeta e da sua revelação eterna, num processo de involução espiritual. Desenvolveu-se no sunismo um ritualismo meticuloso que pretende imbuir cada ato, até o mais humilde da vida cotidiana (comprar e vender, comer, fazer sexo, dormir etc.) com um "extra" de santidade, procedimento que lembra o judaísmo ortodoxo. O xiismo, por outro lado, é permeado de um idealismo, uma obsessão com a questão do sofrimento e do mal no mundo.[2] Os xiitas se tornarão os excluídos do islã, atraindo perseguições, humilhações e dores. Estas, porém, precisam ser assumidas. Como no catolicismo, o sofrimento é interpretado como expiação do pecado.

Há, aliás, outros paralelos possíveis: o puritanismo e o escrituralismo sunita lembram a bibliolatria do calvinismo. E, como ele, atrai de preferência mercadores urbanos que elegem o autocontrole aos exageros emocionais e às vezes extáticos do islã popular, com seus cultos de santos, práticas mágicas e exorcismos. Por outro lado, o xiismo, ainda que represente a "reforma" contra a "Igreja-mãe" sunita, tem (como o catolicismo) uma liturgia muito mais exuberante e seus ulemás constituem um clero hierárquico e poderoso, que é muito menos severo para com a expressividade do islã popular do que o é o sunismo.

O xiismo popular atribui aos imãs poderes semimágicos. Por outro lado, o elemento mutazilita-racionalista nunca foi reprimido no xiismo da forma como ocorreu no sunismo. O fatalismo que (erroneamente) se atribui aos muçulmanos está ausente nesta teologia que enfatiza a livre escolha e, portanto, a responsabilidade pelos atos do ser humano para com Deus – o que até limita a Sua onipotência, pois Ele é comprometido com Sua própria lei e Sua bondade, o que garante que no fim o Bem vencerá. É fácil, pois, entender como o xiismo atraiu, ao longo de sua história, minorias discriminadas e revolucionárias. O xiismo tem um problema com a autoridade, o que causou internamente muitos cismas. A maioria dos xiitas segue hoje a linhagem dos doze imãs, os duodécimos. Desde a ocultação do último imã, sua autoridade foi devolvida aos ulemás xiitas, que acumularam um maior prestígio e poder do que seus correlatos sunitas.

Há também os ismailitas ou sétimos, que aceitam uma outra sucessão de sete imãs. Eles seguem Isma'il ibn Ja'far, o filho do sexto imã, que morreu antes de seu pai. Deste grupo se desenvolveram seitas tais como os druzos, os *nizaris*, os *nusairis* e outras ainda mais heterodoxas. Algumas delas por fim se tornariam comunidades fechadas (por causa da perseguição) e quase etnias, como os *alawitas* na Síria e *alevis* na Turquia. Em certas seitas, encontra-se uma deificação de Ali, identificado como emanação da divindade. Os druzos acreditam na reencarnação e vários ramos xiitas incluem ideias panteístas de origem neoplatônica e gnóstica, estando muito longe do islã normativo. Essas ideias entraram no islã por meio de interpretações esotéricas (*batin*) do Alcorão, secretas e supostamente transmitidas de geração em geração por mestres iniciados – exatamente os imãs e seus representantes.

O imã, por fim, adquiria características semidivinas, podendo mobilizar energias políticas incomuns em seus seguidores. Um elemento conspiratório molda esta tradição. Repetidamente emergiram pessoas que, alegando ser o imã ou seu *bab* (porta ou anunciador) e possuir conhecimentos secretos, conseguiram desafiar o governo califal sunita e tomar o poder. O maior êxito foi dos fatímidas, que nos séculos X e XI estabeleceram um regime ismailita centrado no Cairo. Teologicamente, porém, sua herança mais interessante são os druzos, seguidores do *bab* Darazi, ativista ismailita que pregou que o califa al-Hakim (996-1021), bastante extremista em seu comportamento, seria uma emanação do Divino. Seguidores desta religião secreta inspiraram uma revolta camponesa no Líbano. Gerações posteriores de druzos, contudo, foram perseguidas e só sobreviveram em redutos montanhosos de difícil acesso, onde desenvolveram uma forte solidariedade comunal e se tornaram famosos como guerreiros feudais. (O grupo subsiste e exerce influência política na Síria, no Líbano e em Israel).

Por fim, os fatímidas sucumbiram ao mesmo processo de descentralização que minara o califado abássida. Salah al-Din (Saladino), general curdo, restaurou em 1169 o poder sunita no Egito, antes de libertar a Palestina do domínio dos cruzados. A propaganda sunita – os turcos também eram fanaticamente sunitas – logo reduziu o xiismo ao *status* de minoria. Na verdade, os xiitas no poder não fizeram grandes esforços para converter a maioria ao seu ponto de vista, preferindo a luta externa contra os abássidas. Sectários ismailitas, porém, continuaram ativos após a derrota militar.

Os *nizaris* se especializaram, no século XI, em assassinatos de líderes seljúcidas turcos – segundo a tradição, agiam após se drogarem com haxixe, daí a origem da palavra assassinos (*hashishiyin*). No entanto, esses verdadeiros pioneiros do terrorismo acabaram exterminados. Seus sobreviventes mais moderados constituem hoje em vários países a pacífica e próspera comunidade do Agha Khan. Outra nova religião de origem xiita é a dos *bahais*, que emergiram em meados do século XIX no Irã, e cuja evolução enfatizou cada vez mais os elementos universalistas de fraternidade humana. É paradoxal perceber que estes ramos pertencem à mesma religião que também produziu a brutal casta militar *alawita* que domina a política síria.

A PÉRSIA HISTÓRICA ENTRE XIISMO E MODERNIZAÇÃO

A associação do Irã com o xiismo data do século XVI. A queda de Bagdá em 1258 criou um vazio ideológico no mundo sunita, florescendo em seguida o sufismo e o xiismo. Tal foi a conjuntura que permitiu, no século XV, a emergência dos Safávidas (1501-1722), originalmente uma seita sufi túrcica, mas que se tornou historicamente importante por ser a dinastia que deu à Pérsia o xiismo e seu caráter nacional. Em 1501, o xá (imperador persa) Isma'il tomou o poder na Pérsia (de sua base em Tabriz), declarou-se descendente e reencarnação divina dos imãs ismailitas e impôs o xiismo à população. Foi provavelmente um cálculo político, para se diferenciar dos otomanos sunitas, na época no auge de seu dinamismo.

Quaisquer que fossem suas razões, o pequeno círculo ismailita do xá não bastou para converter seus súditos. Ulemás duodécimos (que no Irã se chamam *mullas*) foram importados do Líbano. Apesar de não considerarem os safávidas ortodoxos, os aceitaram como mal menor – "estimulados", sem dúvida, pelos *sadrs*, espécie de comissários políticos que o xá colocava a seu lado. A experiência se provou um sucesso completo. Por causa do apelo nacional do xiismo enquanto ideologia de oposição contra a supremacia árabe, ou por causa da conotação com o dualismo e o racionalismo espiritual inerentes à tradição zoroastrista, os persas abraçaram a fé (na versão duodécima) e a dinastia fundou essencialmente a Pérsia como nação. O Império Safávida se expandiu e conheceu seu auge no começo do século XVII, quando o xá Abbas construiu sua capital em Isfahan. Entretanto, a Pérsia estava numa luta contínua contra o vizinho sunita turco: os otomanos conquistaram o Iraque com os lugares santos xiitas. Esta mudança de patrono teria consequências políticas no longo prazo na Pérsia.

No século XVIII, os xás safávidas se enfraqueceram. Abandonaram suas pretensões divinas, perderam seu carisma político e, finalmente, o poder. Décadas se passaram até uma nova dinastia, os *Qajar* (1779-1921), consolidar-se. No intervalo, os *mullas*, com seu carisma mágico, tornaram-se mais fortes. Os santuários xiitas foram destruídos em 1806 pelos *wahhabitas*, quando estes mantiveram os turcos temporariamente sob ameaça, mas a magia de Najaf e Karbala permaneceu. Os novos xás *qajares* nunca tiveram a mesma sanção religiosa como os safávidas, e muitos ulemás migraram para os lugares santos onde, fora do alcance do poder temporal, estavam livres para criticá-lo.

Dentro da Pérsia, oponentes ao xá se protegiam pelo *bast*, imunidade outorgada a mesquitas ou lugares santos, que os tornava núcleos de oposição invioláveis. Observa-se que os ulemás tinham no xiismo em geral, e na Pérsia em particular, um papel bem mais forte do que no Império Otomano – o que explica o fato de a Turquia gerar um Atatürk, enquanto o Irã gerou um Khomeini. Logo os *mullas* cristalizariam a oposição ao poder político. Outro fator do poder do clero foi, nos séculos XVIII e XIX, o debate sobre a liberdade de interpretação. Um "fechamento das portas do *ijtihad*" como prevalecia no sunismo nunca existiu na mesma medida no xiismo, com suas tradições racionalistas latentes.

Uma tentativa paralela não deu certo: os literalistas (*akhbari*) afirmaram que, até a volta do imã, os xiitas não podiam acrescentar nada à doutrina. Contudo, quem venceu foram seus oponentes, os *usuli*, argumentando que os mais elevados dos ulemás derivam sua autoridade do imã oculto e, portanto, dispõem da liberdade de *ijtihad*. Isto fortaleceu ainda mais a abrangência política dos mais prestigiosos entre os *mullas*, os *mujtahids*, e em particular do mais elevado entre eles, o *marja-i taqlid* (fonte da imitação), o maior *mujtahid* de sua geração, eleito por consenso, e a cujos ditames se deve submissão. Desde o século XX, este "vice-governador do imã" se chama aiatolá (*ayatollah*, sinal de Deus). Houve, por vezes, vários deles em competição. Mas o mais influente, sem dúvida, foi Ruholah Khomeini.

Além de tudo isso, os ulemás persas gozavam de autonomia econômica em relação ao xá. Funcionavam não apenas como juízes em litígios civis (casos criminais cabiam ao xá), mas também como cobradores de impostos (especialmente do *khums* ou quinto, semelhante ao dízimo cristão), administradores de fundações religiosas, mantenedores de mesquitas e escolas, distribuidores de esmolas etc. Porém, se por um lado os ulemás eram oponentes do absolutismo imperial e estavam entre os líderes evidentes da política iraniana, seus valores eram dos mais tradicionais.

Desde fins do século XIX e durante o XX, no entanto, adicionou-se às pretensões imperiais dos xás a penetração europeia. A Pérsia se situava entre os eixos de expansão britânica e russa, potências que dividiram o país em esferas de influência. Uma aliança contra o xá e contra os estrangeiros infiéis cresceu entre *mullas* e bazaris, a camada mercadora tradicional e devota. Como a Pérsia estava social e economicamente atrasada comparada aos otomanos, a influência ocidental na educação e nos valores foi mais fraca. Não obstante, no fim do século XIX já havia intelectuais secularistas nacionalistas, que tentaram reforçar a oposição contra o xá do bloco ulemá-mercantil. Mas por fim os ulemás perceberam os secularistas, com seus projetos alarmantes tais como a emancipação da mulher, como um perigo maior do que o próprio imperador absoluto. A exploração imperialista e a fraca resistência dos qajares provocaram uma reação em 1891, quando o clero desencadeou uma greve contra o monopólio do tabaco, que foi dado à Grã-Bretanha. O xá então se viu obrigado a recuar.

Uma nova crise política eclodiu na capital Teerã em 1905-06: a revolução constitucional. Pressionado por greves e pela ameaça dos ulemás de se exilarem no exterior, o xá cedeu, prometendo uma constituição, uma assembleia e direitos civis. Ao procrastinar a implementação, foi derrotado pelos bazaris e ulemás. A nova constituição deu aos *mullas* o poder de vetar quaisquer leis. A agitação nacionalista trouxe uma precoce contrarradicalização islamista por parte dos ulemás, que insistiram na soberania de Deus no lugar da soberania da nação – até 1911, quando seu líder, o xeique Fazlollah Nuri, foi enforcado.

A Primeira Guerra Mundial acabou com o projeto constitucionalista, mas também com os qajares. Potências estrangeiras ocuparam o país e revoltas regionais ameaçaram sua integridade, em particular no norte etnicamente não persa e sob influência da Revolução Russa. Uma destas, o levante comunista dos jangalis em Gilan, foi reprimida pelo coronel Reza Khan, que deu o golpe de Estado que restabeleceu o poder central. Secularista e admirador de Atatürk, em 1925 ele se fez coroar imperador de uma nova dinastia, os Pahlevi – gesto que tinha a intenção de apaziguar os ulemás, que ainda temiam a ideia de república, associada ao secularismo. É nesta época que os *mujtahids* voltaram do Iraque, que caíra sob controle britânico, e se estabeleceram na cidade santa de Qom.

Reza Pahlevi, porém, logo impôs uma tentativa brutal de modernização nos moldes atatürkistas – o que mais pareceria uma espécie de ensaio geral dos ambiciosos projetos dos anos 1960 e 1970 de seu filho, o último xá: reforma educacional,

A segunda onda (os anos 1980) | 227

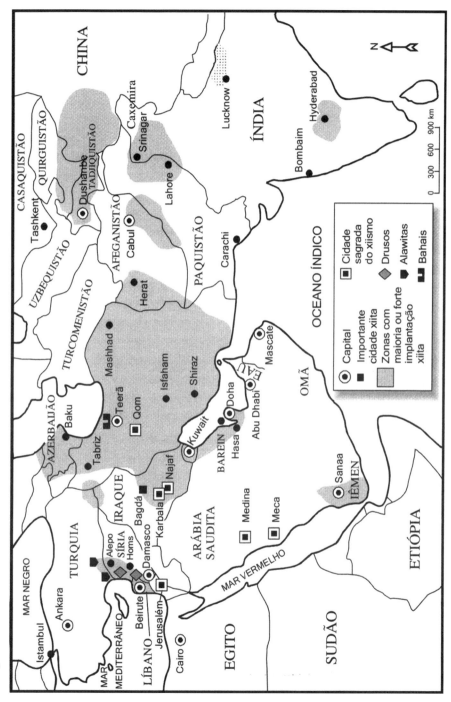

A expansão atual do xiismo

jurídica, desclericalismo dos *waqfs*, proibição do xador (a vestimenta negra que cobre todo o corpo das persas) e da barba, sedentarização das tribos. Para se distinguir da herança islâmica dos árabes, semitas, o xá também mudou o nome da Pérsia para Irã, país dos arianos. Abertamente pró-nazista, os britânicos demitiram-no sumariamente em 1941, a favor do jovem e inexperiente Muhammad Reza. Os ulemás recuperaram imediatamente o terreno perdido e tentaram impor novamente o véu às mulheres quando fora de casa.

O ÚLTIMO XÁ: MODERNIZAÇÃO FORÇADA CONTRA A OPOSIÇÃO XIITA-POPULAR

A experiência da Segunda Guerra Mundial incentivou no Irã tanto o nacionalismo quanto a ação dos esquerdistas. Isto aconteceu, porém, num cenário onde se via o prestígio contínuo do clero. Em 1950, o nacionalista Muhammad Mussadeq chegou ao poder com uma coalizão de profissionais liberais, lojistas, comunistas do partido Tudeh (Massa) e os ulemás, cujo líder nesta época era o aiatolá Abul Qasim Kashani. Evidentemente, os programas dos vários componentes da base política de Mossadeq eram bastante diferentes. Kashani liderou os Mujaheddin-e Islam, que preconizava o velamento das mulheres e a introdução da xaria como questões principais. O único ponto em comum era o protecionismo: quando Mossadeq nacionalizou o petróleo, agradou a todos. Mas quando planejou o direito de voto à mulher, os ulemás se enraiveceram.

A CIA estava por trás do golpe de 1953. No entanto, é questionável se tal conspiração teria tido êxito sem o apoio de Kashani. É certo que, para o clero, preservar as prerrogativas culturais e sociais de uma sociedade autoritária e patriarcal tinha maior peso do que direitos políticos ou econômicos. A queda dos nacionalistas permitiu que o xá voltasse com poderes absolutistas. Reza Pahlevi projetava inicialmente uma imagem religiosa, no entanto suprimiu as liberdades políticas. A maioria dos *mullas* seguiu a instrução do *mujtahid* Borujerdi de permanecer fora da política. Apenas em Qom se manteve uma oposição radical, liderada pelo jovem *mujtahid* Ruhollah Khomeini (1902-1989).

O Irã integrou o campo ocidental e, nas décadas seguintes, projetou-se no papel de potência e delegado regional dos interesses norte-americanos. O xá lançou nos anos 60 a Revolução Branca, tentativa de modernização imposta. Uma ambiciosa reforma agrária e a emancipação das mulheres fomentariam a industrialização e a educação de um país ainda despreparado para entrar num mundo globalizado.

O processo, entretanto, beneficiou apenas uma pequena camada de burgueses e aristocratas proprietários, e empurrou milhões de camponeses para as cidades superlotadas, onde mergulharam na miséria das favelas. Isso acabou alimentando a hostilidade dos pobres e da intelectualidade nacionalista e antiocidental. Mas a principal onda de protestos ocorreu quando o clero a liderou. Em 1963, planos de emancipar a mulher e permitir que não muçulmanos participassem da administração provocaram uma ampla revolta. A repressão foi sangrenta, e o *mulla* mais impetuoso foi preso e exilado: Khomeini. Com apoio dos EUA, o xá sobreviveu por mais quinze anos. A oposição ficou dividida, mas a base social do regime se restringiu a poucos, até que finalmente quase a totalidade da população estava na oposição. Nem a riqueza petrolífera nem uma ideologia neoimperialista e artificial adiantaram ao xá quando a revolução muçulmana eclodiu em 1978.

No entanto, as oposições desenvolveram suas ideologias – e é significativo que as mais influentes possuíam feição islâmica. A mais importante era, sem dúvida, a teoria que o aiatolá Khomeini desenvolveu no exílio em Najaf, no Iraque (1966-1978). Esta teve, por sua vez, três componentes essenciais. Primeiro, Khomeini ativou o mito fundador xiita, Karbala. Os muçulmanos precisavam descartar sua passividade e, sob a liderança dos ulemás, imitar a resistência do imã Hussein contra a opressão: o xá seria um novo Yazid. Segundo, se os muçulmanos quisessem cumprir seus deveres religiosos, eles precisariam da estrutura de um Estado islâmico (e não meramente muçulmano). E terceiro, Khomeini desenhou a estrutura política do Estado religioso que ele prescrevia: o governo de um tal Estado islâmico teria que se basear no princípio da *vilayat-e faqih*, a vice-regência (esperando o imã) do *faqih*, ou seja, legista-mor do *fiqh*, que concentraria poderes em suas mãos, assegurando a concordância das leis com a xaria.

A relevância de Khomeini é tríplice: ele foi o maior idealizador e teórico da Revolução Iraniana, seu principal estrategista e líder revolucionário, além de ter sido ainda o governador que moldou a face pública do país no período formativo pós-revolucionário. O que sua teoria carecia em sutileza foi compensado no vigor de seu programa político. Khomeini providenciou o projeto da futura República islâmica sob o auspício da simbologia islâmica. Seu lema era: "Que cada lugar seja Karbala, cada dia um Ashura" – o que traduzia em termos xiitas a exortação anti-imperialista dos anos 1960 e 1970 para "criar um, dois... muitos Vietnãs".

Por outro lado, Ali Shari'ati (1933-1977) é uma figura muito mais complexa e atraente, um pensador não sistemático, que na sua breve vida misturou elementos marxistas, terceiro-mundistas e xiitas místicos para produzir uma eclética "teologia de libertação" islamista. Shari'ati estudou na Sorbonne parisiense (onde recebeu as influências de Marx, Sartre e Fanon). De volta, participou no movimento mossadequista junto com islamistas progressistas tais como Sadeq Qotbzadeh (posteriormente executado como traidor) e Abdolhassan Bani-Sadr. Nos anos 1969-1972 se tornou um professor cultuado com suas aulas de sociologia islâmica no colégio Husayniya-i Ershad de Teerã. Ele incomodou o regime o bastante para ser preso, sendo libertado somente em 1977, quando partiu para a Inglaterra e onde repentinamente morreu – supostamente de uma parada cardíaca.

Shari'ati emprestou do teórico do anti-imperialismo Franz Fanon o conceito-chave da descolonização psicológica como pré-condição para o colonizado retomar sua autenticidade. Seu versículo preferido do Alcorão era: "Na verdade Deus não muda o estado das pessoas até elas mesmas mudarem o estado de sua mente" (13:11). De Marx, rejeitou o ateísmo: os "condenados da terra" (*mustazafin* ou seja "os miseráveis" na terminologia shariatiana derivada do Alcorão) precisam de seus valores não menos do que de recursos econômicos para resistir à invasão do imperialismo. Da mesma forma, se distanciou também do determinismo marxista: a humanidade tem sua fagulha de divindade e pela sua vontade pode construir uma nova sociedade justa.

Na verdade, Shari'ati fez uma nova leitura do Alcorão e das fontes islâmicas, reinterpretando o profeta Maomé e os imãs como líderes revolucionários. Sua ideia de sociedade igualitária exibe influências místicas e panteístas: Deus é realmente idêntico ao povo e, portanto, a socialização dos meios de produção equivale de fato a um reconhecimento de que tudo pertence a Deus. O islã constitui uma carta de direitos para abolir qualquer exploração do homem pelo homem. Para ele, só uma transformação islâmica poderia realizar a sociedade sem classes e a fraternidade humana e produzir o novo homem "teomórfico". Isso, porém, exigiria a volta ao islã autêntico, o "xiismo vermelho" de Ali e das massas, mas não sua forma subvertida e corrupta, o "xiismo negro" dos *mullas*. É claro que com tais teorias sofisticadas e inebrantes, Shari'ati atraía mais intelectuais do que as massas e não agradava muito aos ulemás tradicionalistas. Em termos políticos, contudo, este islamismo dos intelectuais não podia competir com o xiismo popular manipulado por Khomeini.

Os *mujaheddin-e khalq* ou guerreiros santos do povo, grupo islamista de esquerda, inspiraram-se no pensamento de Shari'ati e, ao lado dos *Fedaiyin-i Khalq* (mártires do povo) secularistas, fomentaram nos anos 1970 uma guerrilha urbana contra o regime do xá. Equivalentes dos estudantes sunitas no Egito e Síria, tampouco no Irã eles conseguiram acender a revolução que desejavam por suas próprias forças.[3] Contudo, tiveram papel catalizador. Seus atos, que em nossos dias seriam considerados terrorismo, provocaram uma repressão feroz por parte do regime. Torturas, desaparecimentos e execuções pela polícia secreta Savak se expandiram até o novo presidente norte-americano Jimmy Carter condicionar, em 1977, a continuação do apoio dos EUA, espécie de bote salva-vidas do regime, ao respeito aos direitos humanos. O xá foi assim coagido a iniciar uma liberalização cautelosa. Alguns presos, cujas reivindicações iniciais ainda eram moderadas, foram libertados e pediram a restauração da constituição. Ao chegar ao seu limite, a pressão acumulada explodiu. Os protestos aumentaram e escaparam de controle. O xá provocara uma tempestade islâmica que, dentro de um ano, o varreria para longe.

A REVOLUÇÃO ISLÂMICA

A revolução iraniana de 1978-1979 é a única revolução islâmica dos tempos modernos que derrubou um regime secularista e estabeleceu um regime islamista, expressado pela vontade política da grande maioria do povo. Essa foi também uma das maiores revoluções da história, que só se compara com a francesa, a russa ou a chinesa. Como essas, ela se deu por meio de fases distintas de crescente radicalização, vitimou muitos de seus filhos e, por fim, não realizou seus objetivos – embora mudasse dramaticamente o curso interno e internacional. É cedo para dizer se tal revolução proporcionou um modelo para futuras convulsões no mundo muçulmano. À primeira vista, a experiência iraniana parece idiossincrática demais para ser copiada em outras sociedades. Uma análise de suas etapas e façanhas esclarecerá o que foi exemplar – e o que é impossível de ser repetido.

A primeira fase da revolução foi a derrubada do antigo regime, que começou com greves universitárias e protestos antigoverno na segunda metade de 1977. Já em janeiro de 1978, o movimento se ampliou com protestos de bazaris, ulemás e seus talebã, ou seja, alunos na cidade santa de Qom. As manifestações foram reprimidas ao custo de alguns mortos, logo acolhidos como mártires pelos ulemás. As cerimônias comemorativas que aconteceram quarenta dias após o enterro constituíram a ocasião para uma nova manifestação de protesto, mais ampla, e cuja repressão pela polícia causou mais vítimas. O enterro destas provocou, quarenta dias depois, uma nova manifestação. Em fevereiro de 1978, protestos em Tabriz produziram outros mártires e novas ondas de protesto, que se expandiram para outras cidades. Este círculo de mortes e manifestações públicas de desagravo, em poucos meses, solapou o poder de resistência do regime.

O mês do ramadã, que sempre exacerba as sensibilidades religiosas, caiu em agosto. O incêndio num cinema de Abadan acirrou ainda mais os espíritos. Este acidente foi imediatamente atribuído à conspiração da polícia secreta e causou um levante de vozes em protesto. Entrementes, o xá sentiu a pressão e tentou apaziguar a oposição mediante uma mudança de governo e a promessa de uma constituição, mas já era tarde. De seu exílio francês, Khomeini pediu a cabeça do imperador e conclamou o surgimento de um novo regime. As greves e protestos se tornaram mais intensos. Em setembro, na Sexta-feira Negra, um massacre pelas forças da ordem quebrou o último laço entre governo e governados: a partir de então, alunos, trabalhadores, funcionários, pobres, mulheres etc. se juntaram às manifestações cada vez maiores.

As manifestações públicas chegaram ao auge em dezembro, no mês de *muharram*, quando milhões foram para a rua pedindo a abolição da monarquia e a instalação de Khomeini como novo líder. Este, no entanto, numa aplicação (provavelmente não proposital) da estratégia de Gandhi ao islã, insistia com seus seguidores distantes num comportamento não violento: ele defendia que a força moral de seu martírio quebraria a resistência da ditadura, que afinal dependia da lealdade de policiais e militares que não faziam parte dos privilegiados, mas do próprio povo: "Soldados, atirar contra suas irmãs é o mesmo que atirar contra o Alcorão", declarou. Dentro de semanas, um poder paralelo centrado em comitês de mesquita desafiava a autoridade oficial. O xá fugiu em janeiro de 1979, deixando para trás um governo de transição impotente. No mês seguinte, Khomeini voltou do exílio para assumir o poder. O exército se manteve neutro: a revolução alcançara o primeiro objetivo.

Quando refletimos sobre as causas gerais deste êxito, é preciso adicionar muito pouco aos fatores estruturais já analisados: o regime do xá privilegiava uma camada social restrita, que há muito perdera a legitimidade aos olhos de seus súditos. Não há paralelos de tal amplitude no mundo muçulmano atual. Porém, os regimes de Mubarak, dos generais em Argel, do rei Abdallah em Amã e outros potentados não democráticos não estão provavelmente tão longe deste ponto. Contudo, para ter êxito e derrubar um regime impopular, as forças revolucionárias necessitam da presença simultânea de pelo menos três outras precondições: uma coalizão organizada de várias forças populares, a galvanização destas num programa de reivindicações e numa ideologia comum, além de uma liderança adequada para explorar a conjuntura revolucionária. Somente no Irã a tríplice conjuntura se materializou, em fins dos anos 70.

Naquela que seria a primeira revolução totalmente urbana da história, Khomeini conseguiu unificar três oposições sob o programa comum de uma revolução antiocidental: 1) o clero tradicional, apoiado pelos bazaris e os pobres tradicionalistas, os *mustazafin*; 2) os *Mujahedin e-Khalq*, muçulmanos esquerdistas e outros grupos da extrema esquerda formados por alunos, funcionários e trabalhadores comunistas, cujas greves enfraqueceram criticamente a base econômica do xá, em particular nas indústrias petrolíferas; e 3) a minoria liberal.

Por fim, a revolução dependia da qualidade das lideranças. Este fator foi crucial. O xá hesitava e sua repressão foi superficial, ferindo a oposição apenas o suficiente para enraivecê-la, mas não o bastante para esmagá-la. Khomeini, por outro lado, fez bom uso de seu carisma derivado da autoridade dos *mujtahids*. Para as massas tradicionais, ele incorporava as esperanças xiitas milenaristas. Muitos viam nele o imã oculto, apesar de Khomeini nunca confirmar isto. Para os mais cultos e/ou secularizados, ele deixou bastante vago e não explicitava seu programa. Desta maneira, fazia-se aceitar como denominador comum a todos.

A REPÚBLICA ISLÂMICA

Uma vez conquistado o poder, o que Khomeini e seus seguidores fariam com ele? No período seguinte, e para surpresa dos observadores externos, estabeleceu-se uma mistura inédita de república teocrática com traços democráticos. Na fase caótica de transição após a fuga do xá, um novo governo funcionou sob o muçulmano liberal Mehdi Bazargan. Em setembro de 1979, uma Assembleia Constituinte foi eleita por voto universal. Nessa assembleia, o Partido Islâmico Revolucionário, khomeinista, obteve a maioria, o que lhe permitiu moldar amplamente as instituições do país.

O novo regime que a Assembleia instalou e que – com modificações menores – continua funcionando até hoje, refletiu a teoria de Khomeini. Neste regime misto teocrático-democrático, mas com maior influência teocrática, os poderes legislativo e judiciário se concentravam no jurista supremo, o *faqih*. Não surpreende que tal jurista supremo tenha sido o próprio Khomeini. A administração cotidiana do Irã ficava, no entanto, com um governo e um presidente responsáveis perante o parlamento, o *majlis*, eleitos por voto universal. Partidos políticos foram legitimados (contanto que respeitassem a constituição). Os candidatos, porém, precisavam do aval prévio de uma comissão que os avaliava segundo critérios islâmicos. Esse multipartidarismo muçulmano representava o lado democrático do novo sistema. O outro lado, teocrático, consistia no Conselho dos Guardiões, uma comissão (a metade composta de ulemás e presidido pelo próprio Khomeini) que conferia as leis do parlamento e que podia vetá-las caso não condissessem com as normas do islã. É este órgão que recentemente bloqueou todas as reformas liberais e democráticas propostas pelo presidente reformista Mohammad Khatami.

O "imã" Khomeini também introduziu uma abrangente islamização das leis e normas sociais, introduzindo um código de vestimenta, incluindo a obrigação da mulher cobrir os cabelos em público, além da proibição de uma gama de outras atividades "imorais", bem como suas respectivas punições islâmicas. É importante notar, porém, que o regime iraniano tem sido bem mais liberal do que se poderia prever. A liberdade de expressão não é ilimitada, mas se compara favoravelmente com a maioria dos outros países do Oriente Médio.

Os mais graves distúrbios na história iraniana do século XX foram sempre provocados por tentativas de emancipação da mulher. Milhões de iranianas participaram, vestidas com xador, das manifestações que aboliram o regime do xá. E votaram: não havia mais como retroceder. No Irã islamita, é intensa a atuação feminina na vida pública, profissional e até política; nesta, as mulheres podem exercer qualquer função, exceto a de presidente da República. Mas nem por isso os não muçulmanos foram reduzidos ao *status* de *dhimmis*, como os islamistas mais radicais preconizaram.

O Irã islâmico garantiu a liberdade de expressão tanto para sunitas quanto para os povos do livro – cristãos assírios e armênios, judeus e os poucos zoroastristas remanescentes. Numa medida de conteúdo democrático questionável, que lembra os princípios comunalistas que guiavam os governos do Líbano e da Índia britânica, um certo número de cadeiras está automaticamente reservado às minorias religiosas, que votam como distritos separados dos muçulmanos.[4] A tolerância, porém, não foi estendida a cismáticos xiitas que são duramente perseguidos, como no caso dos *bahai*.[5]

No começo, a revolução iraniana pareceu ter, aos observadores complacentes da esquerda ocidental, uma forma estranha que mascarava um conteúdo, por fim, progressista. A propaganda de Khomeini privilegiou o papel dos *mustazafin*: os favelados empurraram a revolução. Os piores aproveitadores do regime do xá foram punidos. Planos foram feitos para expropriar riquezas adquiridas de forma ilícita sob o regime do xá e para nacionalizar as indústrias e principais serviços. Entretanto, essa promessa não se cumpriu. O islã reconhece o direito à propriedade privada e não é inerentemente hostil ao capitalismo, como analisa Maxime Rodinson.[6] Num sistema que pretendia deduzir suas políticas da xaria, a política econômica permaneceu uma incógnita. Como já foi mencionado, a xaria divide todos os atos humanos em cinco categorias: obrigatório, indicado, neutro, reprovável e proibido. Muitas atividades econômicas estão na zona neutra, o que permite uma variedade de interpretações. Havia ulemás como aiatolá Taleqani, que enfatizavam o aspecto igualitário do islã, mas Khomeini não os apoiou.

Se, por um lado, 1978 e os primeiros meses de 1979 representarem a "queda da Bastilha" iraniana e a "Declaração dos Direitos do Homem e do Cidadão", por outro, os anos seguintes, de 1979 a 1983, constituem a fase mais radical-terrorista da revolução – correspondendo à guilhotina da Revolução Francesa ou aos expurgos stalinistas da URSS. Afinal, a soberania de Deus e a do povo são incompatíveis. Uma das marcas da revolução – talvez seu último denominador comum, uma vez expulso o xá – foi o antiocidentalismo.[7] Durante décadas, os ocidentais – primeiro a Grã-Bretanha e a Rússia, depois os EUA – determinaram o curso do país. Agora, junto com a rejeição da influência política do Ocidente, os valores culturais associados a ela também foram descartados.

Na visão doravante hegemônica de Khomeini, a intoxicação provocada pelas ideias ocidentais representava o maior perigo ao Irã. Ele cunhou o neologismo *gharbzadegi* ("ocidentoxicação") e declarou que aquela era uma praga que deveria ser extirpada. Em 1979, o grupo extremista dos Alunos da Linha do Imã ocuparam a embaixada norte-americana em Teerã, desencadeando uma seríssima crise diplomática com a potência "Grão-Satanás" (Israel constituía o "Pequeno Satanás" e era igualmente alvo preferido para os islamistas do Irã, como se verá posteriormente).

Em ambos os lados do confronto, os radicais se beneficiaram. Nos EUA, Ronald Reagan derrotou Jimmy Carter.[8] No Irã, todos aqueles que não abraçaram "a linha do Imã" foram sacrificados. Abdolhassan Bani-Sadr, o primeiro presidente, um khomeinista moderado, entrou num clássico conflito pós-revolucionário: o que teria prioridade, o funcionamento e desenvolvimento do Estado ou a pureza das ideias apontando para o "aprofundamento" e expansão da revolução? Por exemplo, o que era mais importante nos concursos públicos, que o professor conhecesse bem a matemática ou o Alcorão? Quais funcionários manter e quais demitir?

Nesse debate fundamental entre (nos termos da Revolução Chinesa comunista) "perito" e "vermelho", Bani-Sadr preferia o primeiro. Ele foi demitido em favor do rigoroso e puritano ideológico Ali Khamenei (hoje o responsável político supremo e líder dos conservadores). Em seguida, critérios islamistas foram impostos para refazer os currículos escolares: o nível educacional declinou e a nova geração foi submetida a uma intensiva lavagem cerebral fundamentalista. A "polícia moral" estava encarregada de controlar o comportamento não só político como também social: vestimentas e vídeos ocidentais, namoros entre adolescentes, bailes, contracepção, prostituição, homossexualidade, adultério e todo sexo fora do casamento estavam entre as proibições puníveis. A sociedade inteira foi mantida num entusiasmo e numa mobilização física e moral permanente: comparecer às orações de sexta-feira e aos estudos religiosos eram tarefas obrigatórias.

No começo dos anos 1980, a revolução parecia estar em risco de colapso devido à agressão iraquiana. O exército estava desorganizado; o Irã, porém, sobreviveu ao primeiro ataque. Depois, Khomeini usou a guerra para promover seu universalismo islamista, combinado com apelos ao patriotismo iraniano. Incitando a população com os símbolos do martírio, o Irã estancou os avanços iraquianos com milhares de "ondas humanas" de *basij*, adolescentes e crianças que se jogavam vivos sobre as minas iraquianas.

Os ulemás explicavam aos pais desolados que o conceito da juventude enquanto estágio de proteção era uma importação ocidental, e que cada criança desde os nove anos (para meninas) ou dezesseis anos (para meninos) era adulta para se sacrificar no *jihad*.[9] Não é um exagero dizer que, com o enterro de milhares de pequenos corpinhos mutilados, o país mergulhou num culto à morte.[10] Um apoio financeiro foi dado às famílias dos "mártires" pelas "fundações dos *mustazafin* e dos mártires", verdadeiro império econômico que gerenciava os bens expropriados do regime do xá.

No entanto, os *pasdaran*, ou guardiões revolucionários, foram usados para reprimir qualquer oposição. Após a demissão de Bani-Sadr em 1981 e a repressão do "complô" do líder islamista Sadiq Qotbzadeh, Khomeini empenhou-se em destruir todas as oposições ainda existentes, inclusive a ala mais liberal entre os próprios ulemás. Demissões foram seguidas por expurgos, expulsões, perseguições e até o extermínio físico – tanto dos "ateístas" (os comunistas) quanto dos "hipócritas" (os *mujahaddin-e khalq*). Entre cinco e dez mil pessoas foram fuziladas em execuções que chegaram ao ápice entre 1981 e 1983. Poucos conseguiram sobreviver na clandestinidade. A ala teocrática suprimiu esquerdistas, liberais e islamistas concorrentes. Depois, nunca mais houve desafios ao monopólio do poder dos khomeinistas.

O IMPACTO INTERNACIONAL DA REVOLUÇÃO IRANIANA

Boa parte da esperança que a revolução iraniana inspirou em alguns – e do susto que a ela provocou em outros – dizia respeito ao seu potencial de suscitar irrupções semelhantes em outros países. A revolução encontrou eco muito positivo no mundo árabe e além, até entre os intelectuais ocidentais de esquerda. No mundo árabe a revolução foi saudada em primeiro lugar como evento antiocidental e, em segundo, como sinal encorajador de que profunda mudança interna era possível, contanto que houvesse suficiente mobilização popular e uma liderança.

Inicialmente, o conteúdo islamista da revolução não foi o que mais se destacou; suas expressões mais negras como as execuções de jovens alunos revolucionários, narcotraficantes e prostitutas, a repressão das liberdades etc. apareceriam somente mais tarde. Depois o entusiasmo se limitaria a alguns islamistas, cuja admiração pela revolução original estimulava a imitação – inspirando por exemplo o assassinato de Sadat. Por certo tempo, porém, a tendência no mundo árabe foi de negligenciar tais "detalhes" em favor do quadro mais geral, que era o desafio aos dois demônios que obcecavam os árabes não menos do que os iranianos: os EUA e Israel. Desta perspectiva, há semelhanças entre a recepção árabe a Khomeini e a Saddam Hussein, uma década depois.

De ponto de vista iraniano, o compromisso com a exportação da revolução fazia parte integrante da ideologia. Para Khomeini, tanto quanto para Mawdudi ou Qutb, o islã constituía um projeto de alcance universal. A própria constituição iraniana proclama o objetivo de um Estado pan-islamista e compromete a República Islâmica a apoiar todas as "lutas justas".[11] O Irã apoiou ativamente causas islamistas onde pôde – por exemplo, mandando centenas de *pasdaran* ao sul do Líbano para ajudar os xiitas na sua luta contra Israel. O Irã revolucionário concorreu com a Arábia Saudita conservadora como fonte da legitimidade islâmica, e as tensões entre estes gigantes regionais logo alcançaram proporções perigosas.

Em 1987, inesperadas manifestações políticas, organizadas por peregrinos em Meca durante o *hajj*, provocaram massacres mútuos entre sunitas árabes e xiitas iranianos. O Irã considerava os sauditas como sultões corruptos, e conspirou com os xiitas do Golfo contra as autoridades sunitas – na Hasa saudita, em Barein, no Kuwait, no sul do Iraque. Porém, o abismo entre xiitas e sunitas era profundo. A percepção de uma ameaça iraniana estimulou uma aliança de Estados da península árabe no Conselho de Cooperação do Golfo. O próprio Khomeini fora muito antissunita na sua fase de exílio. A partir da revolução iraniana, ele enfatizava cada vez mais o que ambos os ramos do islã tinham em comum, mas seu ecumenismo não conseguiu amenizar o antagonismo sunita.

Em nenhum lugar o expansionismo revolucionário muçulmano foi mais nítido do que na guerra contra o Iraque. O Irã não foi o agressor, mas logo usou a guerra para atingir os xiitas iraquianos "irmãos" e os lugares santos, Najaf e Karbala. Khomeini a viu como *jihad* para exportar a revolução islamista, insistindo na destituição de Saddam Hussein como precondição para a paz. Porém, sua tentativa de mudança de regime não funcionou. A liderança iraniana subestimou o terror que ela mesma insuflava no exterior: foi exatamente seu caráter de cruzada que provocou uma reação internacional, a qual Saddam soube aproveitar para seus próprios fins. Após vitórias iranianas, a guerra se imobilizou, mas o conflito se arrastou até a exaustão mútua, com um número espantoso de mortos. Quando Khomeini finalmente aceitou, em 1988, o armistício entre o Irã e o Iraque e a volta às posições anteriores, não houve dúvida de que a revolução islâmica sofrera uma derrota moral.

De fato, a fase da normalização da revolução – o "Termidor" iraniano – já começara na segunda metade dos anos 1980, não apenas por causa das perdas e do deslocamento econômico e militar causado pela interminável guerra, mas igualmente pelos inevitáveis processos de institucionalização da revolução, de perda do teor ideológico e da rotina. A população estava saturada de sermões religiosos. As orações de sexta-feira suscitavam cada vez menos entusiasmo. Os *pasdaran* perderam poder em relação ao exército. Foi tirado parte do poder do Conselho dos Guardiões. As esperadas reformas agrárias e econômicas tardavam: nenhuma revolução econômica aconteceu no Irã. Por fim – apesar de algumas mudanças no quadro de funcionários – a exploração por camadas abastadas e poderosas se perpetuou. Na privacidade de seus lares, os abastados voltaram a ser livres para gozar dos frutos proibidos não islâmicos fora do alcance da polícia moral. A corrupção voltou, aliada à decepção generalizada com os resultados da revolução.

Um dos últimos atos de Khomeini foi a publicação, em 1989, de uma *fatwa*, julgamento religioso condenando Salman Rushdie, o autor indiano-inglês muçulmano dos *Versos satânicos*, à morte por blasfêmia. O Irã adotou uma das causas dos islamistas europeus: apesar de Rushdie ser cidadão britânico e estar fora da jurisdição do Estado iraniano, Khomeini avaliou que a xaria tinha alcance universal para todos os muçulmanos onde quer que estivessem, e que as fronteiras nacionais (inclusive as iranianas) tinham apenas valor relativo. Aprofundou-se a crise entre o Irã e o Ocidente. Quando "o imã" faleceu, o Irã havia se tornado um Estado pária, isolado, acusado de abrigar e incitar terroristas e inspirava medo e repugnância mais do que simpatia e imitação. O ímpeto da revolução fundamentalista parecia estar desgastado.

A idade avançada de Khomeini (tinha quase oitenta anos quando assumiu o poder no Irã) talvez explique em parte a rigidez de suas posições. Quando morreu em 1989, nenhum novo *faqih* foi nomeado. A continuidade política, porém, estava garantida: Khamenei o sucedeu como supremo líder religioso, enquanto o mais político Ali Akbar Hashem Rafsanjani, que controlava o parlamento, tornou-se presidente. De imediato, o equilíbrio entre parlamento e conselho se manteve intacto. Mas Khamenei não demonstrou possuir o mesmo carisma de seu predecessor e Rafsanjani, aclamado na mídia ocidental como pragmático e moderado, provou ser o contrário.

Desde a última década do século XX, tem se travado uma dura luta entre os conservadores – ou seja, os radicais fundamentalistas de ontem – e os reformistas, que no período anterior teriam sido considerados conservadores, pois suas preferências são mais semelhantes às ocidentais. Durante os dois mandatos de Rafsanjani, um reformador autêntico começou a desafiar o sistema: o respeitado *sayyid* Mohammad Khatami, *mulla* reformista. Os temas da controvérsia são as normas sociais, as liberdades políticas, a abertura ou o fechamento ao mundo. Mas também os problemas econômicos que pioraram nos anos 1990, mais ou menos em sincronia com as oscilações do preço do petróleo, principal fonte de renda do país.

Seria errado falar de uma luta entre clérigos e laicos, pois na prática os ulemás estão em todo lugar, predominam na política e são um grupo não menos dividido do que a população em geral. No entanto, contudo, cresce no Irã uma nova geração que quer liberdade e recursos ocidentais. A maior parte dos iranianos atuais não chegou a conhecer o xá e, talvez por isso, o antigo regime não é referência para ela. Seria igualmente errado, porém, falar de uma reação anti-islã: a maioria quer de fato preservar um lugar de honra na vida pública para a religião, mas se opõe à sua ultrapolitização, ao semimonopólio político do clero e à intromissão na vida privada, elementos introduzidos na época de seus pais. A tendência reformista deseja reintegrar o Irã no mundo como um Estado "normal", defende um diálogo em vez do choque entre as civilizações e não mais rejeita *a priori* a globalização. A vontade de exportar a revolução islâmica tem se dissipado no meio desse novo "campo da modernidade". Tudo isso aponta para um afastamento do Estado islâmico e aproximação ao modelo do "islã como identidade cultural".

Khomeini insistia em que o Irã fosse uma "República islâmica" e não "República democrática" ou "República democrática islâmica". O povo respeitou sua indicação. O Irã atual, no entanto, está ainda longe de ser uma ditadura clerical. As liberdades garantidas na constituição nem sempre são respeitadas, mas permitem a emergência de uma sociedade civil. Justamente por isso o governo se beneficia de uma legitimidade ainda incomparavelmente maior do que em qualquer um dos países árabes pró-ocidentais. A luta atual é a da sociedade civil para ampliar seu espaço, para se emancipar do controle demasiadamente pesado do "Estado-Igreja", mas não para se desfazer do islã na sociedade.

Manifestações em prol de reformas econômicas, culturais e políticas, e que implicitamente colocam em questão a legitimidade do regime islamista, têm ocorrido desde 1990, e a repressão evidentemente só piora a situação. Eleições presidenciais em 1997 levaram Kahatami ao poder – com os votos das camadas cultas e profissionais, das mulheres e dos jovens. Khatami pôs em curso uma liberalização cautelosa, abrindo espaço a discussões nas mídias, nos campi universitários etc.

Por mais moderado que seja, Khatami não poderia entretanto evitar uma contrarreação fundamentalista dos tradicionalistas entrincheirados em torno de Khamenei. Devemos notar que apesar de seus 70% de voto popular, os reformistas não dispõem de recursos. Sua "superioridade moral" é mais óbvia para seus simpatizantes no resto do mundo do que para seus rivais mais fundamentalistas, cujos valores são completamente opostos. Estes se consideram mais, e não menos, moralmente corretos do que seus desafiadores.

Ademais, os fundamentalistas controlam todos os mecanismos do poder: a lei e os juízes, a polícia e os guardiões revolucionários, o exército e os serviços secretos – além do dinheiro e das mídias oficiais, bem como dispõem do apoio tácito das classes menos instruídas e mais tradicionalistas. Em 1999, novos protestos em Teerã e outras cidades conduziram a uma brutal repressão ao movimento reformista pelos conservadores, desmentindo as previsões otimistas de uma época "pós-islamista".[12] Mesmo assim, Khatami foi reeleito em 2001.

Desde o 11 de setembro de 2001, os norte-americanos enquadram o Irã no "eixo do Mal" – por dar apoio a terroristas e por seu programa nuclear, e, em consequência, a posição política dos fundamentalistas só tem se reforçado. No fim de 2002, estes condenaram à morte o professor Muhammad Aghajari, cujo único crime foi criticar o regime. No curto prazo, o futuro dos dissidentes não parece promissor. Será interessante acompanhar essa evolução. Em consequência, o Irã vem há muito perdendo seu papel de vanguarda na "internacional islamista". Qualquer que seja o resultado deste cabo de guerra, as consequências serão provavelmente limitadas, já que a liderança islamista vem passando aos sunitas extremistas. Antes de discutir esta fase mais recente, porém, é preciso voltar a atenção para um outro grupo xiita que fez seu nome nos anos 80: o Hezbollah.

HEZBOLLAH

Antes da guerra civil, as comunidades religiosas do Líbano tinham controle intenso sobre a vida de seus integrantes, e o frágil Estado mantivera o sistema otomano dos *millets* – só que sem uma elite suprema como a turca para garantir o equilíbrio e dentro de um país que estava se modernizando e se secularizando de maneira muito desigual. Os consequentes deslocamentos sociais criaram tensões políticas que explodiram, em 1975, na guerra civil.

Das dezessete comunidades ou Igrejas reconhecidas, os xiitas representavam a maior parte delas, com 32% da população, sendo porém a mais pobre, atrasada e sub-representada. Atualmente, eles são cerca de 40% da população. Em sua maioria camponeses, os xiitas se encontravam concentrados em dois bolsões: em Jabal Amil no sul, ao lado da linha de armistício com Israel, e no vale do Bekaa, perto da Síria. A crise econômica e política transformou muitos deles em refugiados desenraizados que foram para as favelas de Beirute ocidental. A transformação desta comunidade humilde e passiva num bloco reivindicante foi consequência do trabalho de uma pessoa obstinada: o imã Mussa Sadr, *mulla* iraniano descendente dos ulemás xiitas que os safávidas importaram no século XVI para converter os iranianos.

Em 1961, Mussa Sadr partiu para o Líbano e com seu próprio exemplo inspirou os correligionários dali a se organizarem para defender seus interesses sem receios. Ele ensinou que os tiranos que oprimiam os xiitas eram *yazids* modernos, que o *jihad* consiste na batalha contra a injustiça dos poucos contra os muitos, que o *jihad* agrada a Deus e que Ele ajudará a quem ajuda a si mesmo. O resultado de seus esforços foi a organização do grupo Amal (Esperança). A crescente ação dos ativistas xiitas se chocou no começo dos anos 70 com a dos palestinos, cujos comandantes, expulsos da Jordânia, obtiveram no vulnerável Líbano liberdade de ação contra Israel. Isso resultou em contra-ataques israelenses.

Os xiitas não gostavam nem dos judeus nem dos palestinos e muitos fugiram para Beirute. Quando a guerra civil eclodiu, os xiitas integraram – como sempre, como parceiro menor – o bloco muçulmano-progressista, que contestava a hegemonia maronita-direitista. Pressionado entre maronitas, druzos, sunitas e palestinos, Mussa Sadr reorganizou o Amal como a própria milícia de autoajuda dos xiitas, com apoio financeiro do líder líbio Kadafi que, em caso bastante raro, considerava a riqueza petrolífera de seu país como um direito comum a todos os muçulmanos, repartindo-a entre grupos anticristãos e antissionistas.

Porém, em 1978, numa visita a Trípoli, os dois líderes romperam e Kadafi fuzilou Sadr, que foi declarado "ausente": repetindo um fenômeno já conhecido, muitos xiitas não acreditaram em sua morte e continuaram esperando sua "volta".[13] Após o "desaparecimento" de Sadr, um líder leigo assumiu o controle do Amal, Nabih Berri – político ocidentalizado muito mais interessado na democratização do Líbano, com uma representação proporcional para os xiitas e a abolição abrangente do sistema consociacional (majoritário-consensual) da política libanesa, do que no Estado islâmico. Tal visão, evidentemente, provocou a reação dos fundamentalistas xiitas, incentivados pelo êxito da revolução iraniana.

Tal é a origem do Hezbollah, ou Partido de Deus, estabelecido por dois islamistas radicais, os xeiques Muhammad Hussein Fadlallah e Hussein Mussawi. Ao contrário do Amal, entretanto, o Hezbollah está comprometido com a ideia do Estado islâmico. Ademais, paralelamente aos *mujahaddin* afegãos que se consolidaram na mesma época, ele foi o primeiro movimento islamista a se definir primariamente por meio de sua luta armada contra um ocupante vindo de outra civilização e incompatível, a seu ver, com o islã. Desta maneira o Hezbollah faz uma ponte com a terceira onda fundamentalista – a atual.

A oportunidade de projeção do Hezbollah se deu no cenário da ocupação por Israel do sul do Líbano até Beirute, em 1982. Israel expulsou com êxito a OLP do Líbano, mas também gerou um vazio anárquico que foi preenchido com grupos opostos.

Estes transformaram o Líbano num campo de experiências para o "choque de civilizações": a muçulmana, a ocidental e a judaica. A maneira pouco elogiável como se comportaram então os partidos políticos envolvidos na disputa lembraria, aliás, a famosa máxima do líder da independência da Índia, Mahatma Gandhi que, perguntado sobre o que ele pensava da civilização ocidental, respondeu: "Seria uma boa ideia!". A disseminação de tal observação bem poderia ter sido útil para todas as "civilizações" que participaram da carnificina contínua que se deu no Líbano.

A ocupação israelense logo despertou uma feroz resistência xiita. Com aval sírio e apoio militar iraniano, o Hezbollah iniciou as primeiras operações de "martírio" que expulsaram os norte-americanos do Líbano e, mais gradativamente, os israelenses, que em 1986 recuaram para sua "linha de segurança". Na situação anárquica que prevaleceu após 1983, os xiitas combateram tanto os cristãos quanto os palestinos na infame Guerra dos Campos e conquistaram Beirute ocidental. Quando a guerra terminou em 1991 sob protetorado sírio, ela criara, mediante inúmeros atos de limpeza étnica, espaços comunitários homogêneos.

O Hezbollah foi tolerado pela Síria e participou com êxito nas eleições parlamentares que se fizeram na fase de reconstrução do Líbano. Porém, o partido continuou sua acirrada "guerra de baixa intensidade" contra Israel, ocultando do mundo externo sua face fundamentalista em favor de uma imagem de "movimento de libertação nacional". Em 1992, Israel assassinou um primo de Mussawi e, em poucos meses, o Hezbollah reagiu, em provável articulação com o Irã, com uma bomba na embaixada israelense em Buenos Aires, matando 29 pessoas. Não foi a primeira vez que o conflito com Israel se travou no exterior, mas foi provavelmente a primeira vez que isto ocorreu do lado islamista.

Com flutuações ditadas por políticas decididas mais em Teerã e Damasco do que em Beirute, os ataques têm continuado durante a última década. A guerrilha se tornou gradualmente mais audaciosa e conseguiu pressionar Israel mais eficientemente do que quaisquer ações palestinas, provocando por vezes reações israelenses furiosas mas autodestrutivas. Em 1996, após uma série de mísseis xiitas, Israel lançou sua Operação Vinhas da Ira que matou cem civis libaneses, gerando um escândalo internacional que se voltou contra seus próprios interesses.

A luta se exacerbou nos anos seguintes, com mais "mártires" muçulmanos que serviriam de exemplo a outros. Crescentes baixas israelenses desmoralizaram o Estado judeu. Este êxito islamista sem dúvida estimulou a segunda intifada palestina, que começou em setembro de 2000, com presença islamista predominante. Ainda poucos meses antes, o novo governo de Barak retirara o exército israelense do Líbano após dezoito anos de ocupação. Os ataques do Hezbollah, porém, continuam sem interrupção.

OS XIITAS DO IRAQUE

Embora as cidades sagradas do xiismo (Najaf e Karbala em particular), estejam no atual Iraque, sua emergência enquanto centros teológicos só data dos últimos séculos. A maioria xiita no Iraque é ainda mais recente – datando essencialmente da sedentarização das tribos beduínas no século XIX, quando os do sul se converteram ao xiismo, enquanto os demais permaneceram sunitas. Hoje, os xiitas constituem pelo menos 60% da população do Iraque. Originalmente concentrados no sul do país, milhões migraram no decorrer dos anos para Bagdá. As diferenças entre ambas as comunidades árabes[14] são menores do que se pensaria: elas têm muitos códigos sociais comuns e há até casamentos mistos. Porém, no século XX, elas escolheram rumos políticos opostos. A minoria sunita chegou a monopolizar o poder e a desprezar e discriminar os xiitas.

O Iraque surgiu a partir de províncias otomanas da Mesopotâmia que ficaram sob controle inglês após a Primeira Guerra Mundial. A Grã-Bretanha derrotou uma revolta xiita e baseou sua supremacia favorecendo a minoria sunita, que constituía na época, porém, uma maioria na capital Bagdá. Nem sunitas nem xiitas aceitaram a imposição colonial. Contudo, cada grupo optou por uma identificação diferente: os sunitas para o panarabismo, voltados aos irmãos árabes – em geral sunitas – dos países vizinhos, e os xiitas por um particularismo iraquiano. Os xiitas se sentiram "roubados do poder" e muitos se voltaram para o comunismo. A *wataniyya* xiita inspirou a revolução antiocidental de 1958, mas quando os panarabistas sunitas do Ba'th chegaram ao poder dez anos mais tarde, os xiitas se viram mais uma vez excluídos. O regime ba'thista de Saddam Hussein foi secularista, baseou-se num clientelismo centrado nas tribos sunitas de Tikrit (lugar de origem do ditador) e se expressou de forma hostil e às vezes racista contra os xiitas. O Estado sunita manteve seu poder através do controle do exército (ainda que a maioria dos soldados comuns fossem xiitas), além de uma combinação de cooptação e repressão das elites xiitas. Saddam eliminou membros das linhagens prestigiosas dos Hakim e Sadr.

Como resultado do extermínio dos comunistas e da feroz repressão de qualquer oposição por parte de Saddam, a oposição xiita foi liderada por seus chefes religiosos. Estes não foram (nem são) necessariamente pró-iranianos. O xiismo iraquiano difere aliás do iraniano, sendo menos exaltado. A teoria da *vilayat-e faqih* que Khomeini expôs durante seu exílio em Najaf não convenceu os aiatolás iraquianos, seguidores da tradição duodécima apolítica e quietista. A revolução iraniana de 1978 despertou, porém, um movimento paralelo entre os xiitas iraquianos: atentados terroristas deram ao regime ba'thista o pretexto para um sangrento expurgo. O principal líder xiita iraquiano, Muhammad Baqr Sadr, que conduzia o movimento al-Da'wa (Hizb al-Da'wat al-Islamiya, o Partido do Apelo Islâmico, que atraiu muitos ex-comunistas), foi morto em 1980. Torturas e assassinatos quebraram a Da'wa.

A guerra contra o Irã colocou os xiitas numa situação delicada. Khomeini organizou grupos de mártires da Da'wa que efetuaram missões de sabotagem dentro do Iraque; mas a maioria dos xiitas não desertou nem se revoltou – apesar dos sofrimentos impostos a suas cidades, como por exemplo Basra – e despeito dos apelos pan-xiitas vindos do Irã. O nacionalismo árabe ainda tinha primazia sobre a lealdade religiosa.

De qualquer forma, a passividade relativa dos islamistas terminou após a primeira Guerra do Golfo. O armistício de 1988 foi logo seguido pelo fim da Guerra Fria. O fim da competição EUA-URSS trouxe ao Oriente Médio uma breve fase de relativo relaxamento internacional e de abrandamento das tensões interestatais. As tensões internas, porém, se aprofundaram, o que foi perigoso particularmente para regimes ditatoriais como o Iraque: a situação iraquiana constituiria o traço de união que leva nossa discussão da segunda para a terceira e mais recente onda fundamentalista muçulmana.

A TERCEIRA ONDA ISLAMISTA (1991-2001): O ISLAMISMO CONTRA O ISLÃ

No começo da década dos 90, dois famosos especialistas franceses do fundamentalismo muçulmano, Gilles Kepel e Olivier Roy, propuseram uma útil periodização do fenômeno em três gerações.[1] A primeira geração, a dos anos 60 e 70 – em paralelo à descolonização do terceiro mundo – era bastante elitista: seus ideólogos, Mawdudi e Qutb, eram ainda relativamente marginais e pouco lidos; a maioria dos seguidores eram estudantes universitários. A primeira onda teve seu auge com o assassinato de Sadat. A segunda geração, a dos anos 80, foi mais visível, particularmente (mas não somente) no Irã. A militância dessa geração se baseou numa coalizão entre intelectuais islamistas, a classe média religiosa e conservadora e massas de excluídos tradicionalistas recém-urbanizados. Porém, seu projeto de conquistar o poder estatal e de estabelecer a utopia islamista fracassou em quase todos os casos; e mesmo onde houve êxito, conduziu a novas tensões. Em resumo, concluiu Roy, os anos 90 testemunharam *O fracasso do islã político* (título do seu mais famoso livro). Na última década, ele observou uma nova e terceira geração mais fraca de islamistas, desmoralizada pela feroz repressão e pelas consequências da guerra Irã-Iraque; o terrorismo se fragmenta e os movimentos islamistas estão evoluindo para rumos divergentes; a coalizão de classes que apoiou o islamismo se desfaz: da perspectiva do início dos anos 90, ele prediz que o islamismo, se não desaparecer propriamente, se tornará na verdade um movimento ideológico entre muitos concorrentes no mercado político do mundo muçulmano. O autor aponta particularmente para o crescimento de um islã alternativo, mais individual e relativamente apolítico, que ele chama de neofundamentalismo. Roy interpreta esta nova religiosidade como uma globalização ou mesmo ocidentalização do islã.

Na época, o estado caótico e um tanto brando do mundo muçulmano explica as previsões equivocadas de Roy e Kepel. Hoje é fácil concluir que essa previsão não se realizou em absoluto. Especialmente os últimos anos têm demonstrado uma verdadeira explosão de incidentes islamistas, sendo o 11 de setembro apenas o mais dramático deles. Como explicar esta reemergência islamista? Um ano depois do livro de Roy, o cientista político Samuel Huntington publicou seu famoso artigo "Choque das Civilizações?" na revista de relações internacionais norte-americana *Foreign Affairs*.[2] Nele, previa que na era pós-Guerra Fria os grandes conflitos já não seriam mais ideológicos (capitalismo contra comunismo, por exemplo) mas civilizacionais. Huntington dividiu a humanidade em sete ou oito grandes civilizações, marcadas por religiões e valores de questionável compatibilidade, e argumentou que o novo período se caracterizaria por uma revolta das outras civilizações contra o Ocidente, por não mais aceitarem os moldes ocidentais (democracia, individualismo, direitos humanos e outros) a determinar a ordem mundial. Dessas civilizações em revolta, a mais perigosa para o predomínio ocidental seria o islã, sozinho ou numa aliança com a chinesa. Huntington declarou que "o islã tem fronteiras sangrentas", ou seja, onde o mundo muçulmano se encontra com outras civilizações, surgem inevitáveis conflitos.

O artigo de Huntington foi um *hit* instantâneo, mas sua tese provocativa foi duramente criticada – entre outros por especialistas sobre o islã e o Oriente Médio – por ser reducionista, indevidamente culturalista e alarmista demais. Dez anos depois, porém, pode-se observar que algumas de suas "profecias" se materializaram e que o enfrentamento ocidental-islâmico está se tornando, de fato, a maior inquietação da política internacional. Esta crise não se desdobra primariamente entre Estados: grupos não estatais preenchem um papel cada vez maior – entre eles, grupos terroristas fundamentalistas. No lugar do fracasso previsto por Roy e Kepel, o islamismo aparenta crescer, vencer e atrair cada vez mais seguidores. Além disso, sua atuação parece cada vez mais fortemente movida por um antiocidentalismo que provoca ecos fora do próprio mundo muçulmano. Esta exacerbação leva a crer que o confronto é inevitável.

Certamente, tal fatalismo condiz perfeitamente com a ideologia de certos meios direitistas nos EUA e na Europa. Além disso, a tese da luta inevitável e contínua entre o islã e o Ocidente faz parte integrante da ideologia dos próprios islamistas. Não foi Huntington, mas sim Mawdudi e Qutb os autênticos inventores do conceito de "choque das civilizações". Trata-se, contudo, de uma ideologia fanática e específica que entristece milhões de outros muçulmanos que vivem sua fé como fonte de inspiração para uma coexistência humana baseada na compaixão e no pluralismo. Os mais moderados veem na versão fundamentalista uma caricatura do islã; em vez do choque, eles defendem o diálogo entre as civilizações. Até o presidente do Irã, Mohammad Khatami, numa entrevista à rede de televisão CNN, chegou a convocar tal diálogo de respeito mútuo. Sem dúvida há igualmente muitos não muçulmanos no Ocidente que preferem este caminho ao da colisão. Contudo, é inegável que nos últimos anos, numa série de países muçulmanos, o fundamentalismo tem conquistado mais e mais terreno na opinião pública e na política, e que os "islãs" alternativos estão na defensiva. Esta situação não é necessariamente irreversível; entretanto, se as tendências atuais se estenderem e se reforçarem, o futuro tanto do mundo muçulmano quanto de suas relações internacionais com o mundo ocidental será sombrio.

Para entender quais são os riscos de uma continuação das correntes islamistas atuais e quais, por outro lado, são as precondições e as oportunidades para uma mudança que possa evitar a colisão frontal, é preciso conhecer sua dinâmica recente.

AS SETE MARCAS DO FUNDAMENTALISMO ATUAL

O erro de Roy e Kepel, hoje facilmente criticado, é bem mais compreensível se voltarmos uns dez anos no tempo. Superficialmente, parecia na verdade que a nova onda islamista carecia do tipo de eventos espetaculares que acompanharam a segunda. O projeto iraniano de exportar a revolução islamista provou ser uma ilusão. Não houve mais novas conquistas de Estados por fundamentalistas. O islamismo parecia ter perdido o fôlego – até o 11 de setembro de 2001 e seus prolongamentos políticos. Este terrível episódio foi seguido por outros atos de terrorismo contra civis e por uma verdadeira onda de violência étnico-religiosa no mundo muçulmano, da Nigéria à Indonésia. Foi, porém, o resultado de uma série de desenvolvimentos preparatórios: a primeira e mais óbvia característica da nova fase é que nela a mobilização islamista tem se colocado muito mais na luta armada direta contra não muçulmanos do que contra lideranças muçulmanas corruptas.

Os grandes marcos da ação fundamentalista das últimas décadas se concentram no Afeganistão, Argélia, Israel-Palestina, Caxemira e Nova York. No entanto, uma análise mais aprofundada mostra, em países como o Egito, a Tunísia e o Paquistão, desdobramentos menos dramáticos, mas não menos influentes, caracterizados por uma islamização da vida social e cultural. Esta evolução raramente chega às manchetes, mas prepara na surdina uma transformação política abrangente nesses países que estão sempre "à beira" da explosão social – sem jamais (aparentemente) transgredir esse limite. Essa preparação se resume, em poucas palavras, ao "alargamento da base social do islamismo".

A primeira onda fundamentalista, aquela que terminou na virada de 1980, teve uma base social limitada. Os entusiastas de Qutb eram majoritariamente alunos de universidades e colégios técnicos, e se concentravam nas ciências naturais e na engenharia. Alguns poucos ulemás "desencaminhados" proporcionavam um verniz teológico para o que, afinal de contas, permanecia – mesmo após anos de preparo e de propaganda – apenas um movimento marginal.

Já a segunda onda foi mais volumosa. Todavia, como vimos, só o Irã reuniu as condições sociais e ideológicas para um movimento forte o bastante para sustentar uma verdadeira revolução, com ampla base social. Provavelmente o "paradigma de Karbala" embutido no xiismo providenciou, uma vez despertado, o impulso imprescindível. O Irã revolucionário, por sua vez, estimulou tentativas islamistas em outros países. Mas sua expansão também foi limitada justamente por seu xiismo: fora do Irã, os únicos movimentos mais ou menos bem-sucedidos foram xiitas. E a ameaça que o Irã despertou provocou uma guerra lançada pelo Iraque que minou seu expansionismo.

Da mais recente onda só uma pequena parte é visível. A maior parte do *iceberg* está escondida sob a água: é a luta, a pequenos passos, dos islamistas para conquistar a sociedade civil antes de atacar o Estado. Longe de ser mais fraca do que suas predecessoras, a terceira onda se identifica por sete amplos movimentos, a maioria dos quais são, no entanto, "subterrâneos", sendo só os últimos três dramaticamente visíveis: trata-se de uma islamização (1) da política, (2) da sociedade civil e (3) da cultura, que se acompanha da (4) construção de um islã internacional. Este complexo de processos inter-relacionados é estimulado – e estimula reciprocamente – (5) a luta fundamentalista aberta e militar numa série de novas frentes ou focos regionais que transcendem o quadro do Oriente Médio, (6) a islamização das diásporas muçulmanas dentro do mundo ocidental e chega a seu auge (provisório) na (7) guerra internacional desencadeada por Osama bin Laden – que por si constituiu o estopim da guerra do Iraque.

A islamização da política

Cada periodização implica uma certa arbitrariedade; mesmo assim, há como distinguir na atual história do islã (pelo menos no Oriente Médio) três estágios, que correspondem às etapas do fundamentalismo. Esses estágios estão articulados por períodos de transição rápida.

Vimos que a era 1979-82 constitui um desses períodos de transição, que separa a primeira da segunda onda. Após anos de relativa e enganosa estabilidade, o Oriente Médio viveu uma tempestade: a revolução no Irã e o começo da guerra com o Iraque; a invasão soviética no Afeganistão e o começo de uma resistência islâmica eficaz neste país; a exclusão do Egito do "concerto árabe" e o assassinato de Sadat; a intervenção israelense na guerra civil libanesa, a expulsão palestina e a emergência da resistência xiita. Essas mudanças interagiram com outras no cenário internacional. Ao período de distensão sucedeu a "segunda guerra fria". O presidente norte-americano Ronald Reagan enfrentou o chamado "império do Mal" comunista. Na própria URSS houve

A terceira onda islamista | 249

Regimes políticos no Oriente Médio hoje

- Regime militar ou autocracia presidencialista
- Monarquia absoluta ou constitucional com amplos poderes do monarca
- Ocupação contestada
- Democracia parlamentar com limitações
- Teocracia ou regime com ampla influência religiosa
- ? Situação indefinida

uma mudança de geração: a liderança "geriátrica" de Brejnev desapareceu, enquanto Gorbachev se preparou para revolucionar o regime soviético. Essas mudanças pontuaram a transição da primeira para a segunda onda islamista.

Seguiu-se um segundo período de relativa calma e sem grandes surpresas, com a estagnação do mundo árabe e de seus conflitos. A guerra civil libanesa se aprofundou sem saída visível enquanto os iranianos tentavam exportar seu modelo. Sofrendo os golpes do exército de Saddam Hussein, a fase revolucionária iraniana fracassou e terminou com o armistício de 1988. E com isso entramos numa nova fase de mudanças repentinas. De 1989 até 1991, seguiu-se o fiasco russo no Afeganistão e sua retirada; o colapso do comunismo na Europa oriental e o fim da Guerra Fria; a implosão da URSS e sua fragmentação em quinze novos Estados independentes, entre eles seis muçulmanos: Azerbaijão, Cazaquistão, Turcomenistão, Uzbequistão, Quirguistão e Tajiquistão; e a primeira guerra internacional pós-Guerra Fria, que opôs uma coalizão internacional ao Iraque.

Na percepção predominante no mundo árabe-muçulmano, porém, a Guerra do Golfo de 1991 significou a intervenção violenta dos EUA contra uma tentativa árabe de militarmente reconquistar sua liberdade de ação: ela marca, dessa forma, uma virada nas relações, já pouco amistosas, entre o centro médio-oriental do mundo muçulmano e o centro norte-americano do primeiro mundo. É a primeira guerra do Sul global contra o Norte. O período 1989-91 constitui também a transição brutal da segunda para a terceira onda do fundamentalismo muçulmano. Portanto, é fundamental analisar as ramificações islâmicas da Guerra do Golfo.

Essa guerra teve uma conotação islâmica surpreendente e será o ponto de partida para nossa análise. Do ponto de vista árabe, a guerra entre o Irã e o Iraque foi um sucesso. O poder militar iraquiano destruiu o potencial de expansão iraniano – potencial que ameaçara desencadear uma revolução islamista em todos os países do Oriente Médio (o que teria acabado com todos seus regimes existentes), além de estabelecer a hegemonia persa no mundo árabe. Particularmente nos últimos estágios da guerra, o ditador iraquiano Saddam Hussein conseguira dar a cartada nacional-racial do antagonismo histórico árabe-persa, e obtivera o apoio árabe e internacional.

O Iraque estava longe de realizar uma vitória gloriosa sobre os iranianos, mas conseguiu frear o avanço islamista xiita. O preço, contudo, foi terrível: centenas de milhares de soldados foram mortos, partes do país devastadas e sua economia minada. Para travar a guerra, o Iraque tomara grande quantidade de dinheiro emprestado de seus vizinhos árabes, principalmente do Kuwait, seu pequeno e rico vizinho. Do ponto de vista de Saddam, porém, estes empréstimos representavam nada mais do que uma parte do que o mundo árabe lhe devia: o Iraque, declarou, fizera todos esses sacrifícios para proteger o mundo árabe inteiro.

O fim da guerra contra o Irã prometeu uma nova e inevitável guerra: o exército iraquiano crescera durante o conflito chegando a um milhão de soldados (numa população de menos de 25 milhões de habitantes). Não havia como reintegrá-los todos à economia civil. A população, da mesma forma, era doutrinada a esperar de seu líder novos atos em prol da nação árabe. O Iraque, então, aumentou consideravelmente seu poderio bélico. Por isso, dispunha agora de meios para fazer justamente o que ele se esforçara para evitar em relação ao Irã: ameaçar e conquistar seus vizinhos. O sistema árabe freara o Irã, mas, no processo, gerara um monstro em seu próprio seio.

Não demorou muito para essa panela de pressão explodir. "Crimes de honra" (ou seja assassínios, por membros da própria família, de mulheres suspeitas de transgressões sexuais, para resgatar a honra comprometida) e outros sinais de crise social aumentaram no Iraque. Como medida de contenção, o regime massacrou centenas de trabalhadores egípcios. Em seguida, Saddam intensificou sua campanha genocida contra os curdos. Em agosto de 1990, ele ocupou e anexou o Kuwait, liquidando desta maneira a dívida iraquiana gigantesca para com aquele país. O Iraque ameaçou também o território da Arábia Saudita e dos outros Estados no Golfo.

O Iraque de Saddam era, nesta altura, a única potência regional a possuir os recursos para uma drástica redefinição do mapa do mundo árabe, mas deixou passar tal oportunidade. A ONU denunciou a ocupação do Kuwait, pediu a retirada e impôs sanções ao Iraque. Os EUA, com apoio britânico, francês e de outras nações, mandaram com urgência centenas de milhares de soldados: esta força multinacional da "Operação Escudo do Deserto" funcionou como barreira que neutralizou a ameaça iraquiana: logo, quem estava ameaçado era o próprio Iraque. Contudo, Saddam não recuou, seja para não perder prestígio, seja por erro de cálculo.

A maioria dos governos árabes se alinhou com o Ocidente, sob a capa da "legitimidade internacional" e da "soberania do Estado", violadas pela agressão iraquiana gratuita. Porém, Saddam foi adorado e festejado como herói pelas massas árabes de Amã até Rabat. Inteligentemente, não negou a retirada do Kuwait, mas a vinculou à retirada israelense dos territórios palestinos – ocupação que os Estados árabes tinham sido incapazes de afastar havia quase 25 anos. Saddam Hussein imediatamente se tornou a esperança dos palestinos e de milhões que se identificavam com eles. Entretanto, ele não conseguiu este apoio popular árabe apenas por sua posição militante frente a Israel, que prometera incendiar.

O mesmo peso teve o desafio lançado contra o Ocidente: Saddam Hussein argumentou que as fronteiras entre os Estados no mundo árabe eram imposições injustas e que o Iraque, como vanguarda do mundo árabe, tinha o direito de tomar a iniciativa para retificar tal injustiça: por trás da anexação, manifestaram-se tanto a esperança de uma partilha mais equitativa das riquezas petrolíferas quanto a de uma postura mais assertiva para com as antigas forças coloniais. Não há dúvida de que a maioria dos árabes simpatizou com esta visão, não obstante o posicionamento de seus governos (pró-ocidentais, mas não mais democráticos do que o próprio iraquiano). Saddam foi comparado a Saladino, que libertara o islã do jugo cristão cruzado.

O que mais surpreende é a identificação muçulmana religiosa com um regime secularista que acabou travando uma guerra contra o Irã islamista. Porém, foi justamente sua arrojada tentativa de desafiar a ordem mundial traçada pelo Ocidente que garantiu a Saddam Hussein o aval de muitas autoridades islâmicas do mundo árabe, que se reuniram em janeiro de 1991 em Bagdá. Repentinamente, Saddam Hussein se tornara um "bom muçulmano"; para os islamistas, era o líder que implementaria o programa para derrotar o Ocidente. Houve até vozes para proclamá-lo como novo califa.[3] O regime Ba'athista secularista imediatamente adaptou sua ideologia às novas condições; escreveu *Allahu akbar*, "Deus é o maior", na bandeira, e passou a evocar Deus em cada discurso. O Irã não teve alternativa senão apoiar, pelo menos nominalmente, aquele que até recentemente tinha sido seu inimigo, contra qualquer "ataque" de outro país muçulmano.

Todas essas manobras entretanto não adiantaram a Sadam Husseim. Seu posicionamento tanto nacionalista quanto religioso impossibilitou qualquer solução negociada, basicamente prendeu o Iraque ao Kuwait e tornou a guerra inevitável. Em 1991, na "Operação Tempestade do Deserto", a aliança ocidental (com apoio ativo da Arábia Saudita, do Egito, Síria, Paquistão e de outros países muçulmanos) desalojou o Iraque do Kuwait, restaurou o *status quo* anterior e quase derrubou Saddam do poder. Todavia, quando a entrada do exército norte-americano no território iraquiano provocou novas manifestações nas capitais árabes, a aliança entrou em risco. O espectro da desestabilização regional e outros cálculos geopolíticos levaram os EUA a cessar a intervenção.

O desfecho da guerra foi desconcertante para todas as partes. Os aliados incitaram revoltas dos curdos no norte e dos xiitas no sul, mas ao final preferiram manter a integridade territorial do Iraque. A insurreição curda estabeleceu um regime autônomo de "abrigos seguros" (*safe havens*) sob patrocínio da ONU; mas a xiita foi duramente esmagada. O exército iraquiano foi parcialmente destruído; seus mísseis e armas ilegais foram neutralizados por um sistema de inspeções internacionais. O governo de Saddam estava abalado: para enfraquecê-lo ainda mais, um rígido regime de sanções econômicas foi imposto. A população iraquiana foi penalizada, o país desceu a ponto de tornar-se um dos mais pobres do mundo, mas Saddam Hussein permaneceu no poder e essa situação, contraditoriamente, até fortaleceria sua autoridade.

Nosso propósito aqui não é analisar a miséria iraquiana, mas entender a reação a ela no mundo árabe. A derrota do Iraque foi uma dura decepção para as massas árabes. O herói desapontara, e a identificação com Saddam se enfraqueceria nos anos seguintes. Mas a deslegitimação dos próprios governos árabes que colaboraram com o Ocidente não foi esquecida. A guerra de 1991 foi uma tentativa, desta vez ainda bem-sucedida, de restaurar o sistema de Estados (nominalmente) nacionais e soberanos no Oriente Médio. Porém, ela evidenciou a rejeição deste sistema pela maior parte das populações. A legitimidade da maioria dos regimes não se restaurou nos anos seguintes, e por esta brecha entraram os islamistas com sua proposta imune a derrotas terrestres, pois inscrita no eterno plano divino.

Nos anos seguintes, todos os regimes árabes foram de alguma maneira contestados, sendo que a mais forte contestação sempre veio do islã político. É possível falar de uma crise do Estado árabe. Após a Guerra Fria, um bloco de regimes progressistas cessou de existir: basicamente todos os regimes se voltaram para o Ocidente, mas nem a estratégia neoliberal lhes trouxe o desenvolvimento esperado. Com a exceção parcial do Líbano e da Palestina, todos são autoritários; com eficientes meios repressivos, embora pareça haver razoável estabilidade: não houve na última década novos golpes nem revoluções.

Porém, as elites sentem a pressão popular e têm reagido com uma variedade de políticas, desde a democratização limitada, com tentativa de cooptar partes da população, até a repressão física. Generalizando, observa-se o paradoxo: onde houve democratização, houve simultaneamente crescimento e legitimação da tendência fundamentalista. Oposições liberais, progressistas e secularistas continuam existindo; mas a principal contestação vem hoje da direita religiosa, que ganha popularidade por toda parte. O Egito mantém uma combinação de repressão e acomodação da oposição, que até hoje tem preservado o regime de Mubarak. Já discutimos que o preço disso tem sido uma progressiva introdução das reivindicações islamistas na legislação e nas políticas oficiais: a "democratização controlada pelo topo" se transforma numa "islamização controlada". Processo semelhante ocorre também na Jordânia, no Kuwait e em Marrocos, casos onde a monarquia absolutista permitiu uma certa abertura democrática. Devido a eleições parcialmente livres, movimentos fundamentalistas se tornam ali a principal força de oposição no parlamento – é preciso ressalvar, contudo, que o poder das assembleias nesses países é bastante restrito.

Até na Arábia Saudita, uma monarquia que baseia sua legitimidade na "proteção" dada ao fundamentalismo *wahhabita* e onde nenhum espaço é permitido à oposição, a crítica – subterrânea, mas forte o bastante para preocupar a casa real – não preconiza a secularização mas, ao contrário, origina-se em grupos que consideram o regime atual corrupto e não suficientemente religioso. A Arábia Saudita constitui sem dúvida um caso à parte: sociedade atrasada socialmente se comparada ao Crescente Fértil, ela conseguiu reproduzir sua estrutura tribal e manter seu regime absolutista familiar graças ao apoio externo. Desde os anos 40, existe um acordo tácito, que troca o aprovisionamento petrolífero estável e a preços razoáveis para o Ocidente por uma sistemática proteção militar pelos EUA à dinastia. Este acordo é vital para ambas as partes envolvidas, pois a Arábia Saudita, que está assentada na maior reserva petrolífera no mundo, é um território enorme mas quase despovoado, sem meios adequados de segurança próprios. Mesmo no caso saudita atípico, porém, a contestação está sendo conduzida primariamente por fundamentalistas; a ocupação da grande mesquita em Meca em 1979 foi talvez mais do que um incidente isolado.

Aberturas democráticas, portanto, não levam necessariamente a uma democratização pluralista da sociedade – a panaceia ocidentalizadora proposta desde os anos 50 pelos teóricos da escola da modernização –, mas a uma islamização rastejante, cuja tendência política é antidemocrática ou pelo menos antiliberal. Quanto mais uma sociedade se islamiza, mais seu governo não islâmico fica esvaziado da justificativa ideológica, e seu único recurso é a violência: assim acaba por perder legitimidade, tornando-se vulnerável a golpes futuros. Por outro lado, nos países onde a elite política não ousa apostar na tática da democratização controlada, predomina a repressão militar-policial, e as tensões reprimidas aumentam sob a superfície: aqui também o islamismo é a principal oposição. É o caso de Estados fragmentados demais para arriscar uma abertura, em particular nas ditaduras pan-arabistas da Síria e do Iraque pós-Kuwait, até a destruição do regime ba'athista pela invasão américo-britânica em março/abril de 2003. Após a mudança de regime, os ocupantes ocidentais propuseram aos iraquianos a democratização: será intrigante observar se ali também a democracia se transformará numa islamização (sem dúvida antiocidental) – e qual será, neste cenário, a reação dos EUA.

A maioria dos países do Oriente Médio muçulmano parece se posicionar entre estes dois extremos: a total abertura, com seu risco de fugir ao controle, e a repressão completa, com o risco inerente de explosão popular, como o Irã pré-1978 ou o Iraque de Saddam. Outro caso intermediário é o Paquistão; contudo, onde as duas forças, a do regime e a da oposição, se equilibram mutuamente há sempre o risco de guerra civil. A Argélia providencia o mais trágico exemplo disto.

O contraexemplo da Argélia

A Argélia tem um regime que tentou se salvar mediante uma democratização, mas que inteveio no processo desde que a democracia ameaçou conduzir ao poder os fundamentalistas. O regime da Frente de Libertação Nacional (FLN) que se estabelecera nos anos 60, após a sangrenta guerra de independência contra a França, optou pelo rumo do desenvolvimento estatal. Nos anos 60 e 70, o país era um dos ícones da esquerda anti-imperialista internacional, ao lado do Vietnã de Ho Chi Minh e da Cuba de Fidel Castro. Poucos se incomodavam com seus aspectos não democráticos e repressivos. Dizia-se que na Argélia prevalecia um "nasserismo sem Nasser". A estabilidade interna se combinou com um crescimento econômico graças ao abundante gás natural. Porém, esta "construção do socialismo" incluiu desde o início um forte ingrediente islâmico, que foi pouco comentado na época: desde a revolta do chefe sufi Abd al-Qadir nos anos 1830, o islã constituiria sempre um elemento central da resistência contra o colonialismo.

Como aconteceu em muitos outros países pós-coloniais (Turquia, Índia, China, Israel etc.), assim também na Argélia o partido da luta anticolonial se tornou depois da independência a nova elite que conduziu o processo de desenvolvimento. Vinte anos depois, o desenvolvimento estancou e a FLN se tornou símbolo da corrupção do poder. Em 1988, uma nova geração foi para as ruas pedindo a democratização e o fim do unipartidarismo. O regime cedeu: por um breve momento, a Argélia deu a impressão de uma Primavera de Praga ou de uma *Solidarnosc* norte-africana. Surgiram grupos democráticos, liberais, feministas e étnicos dos berberes cabiles, entre outros.

Quem mais se fortaleceu, porém, foi a Frente Islâmica de Salvação (FIS), liderada por Abassi al-Madani e Ali Belhadj. No final de 1991, a FIS ganhou a maioria absoluta nas primeiras eleições parlamentares. Se este movimento tivesse chegado ao poder, não há dúvida de que teria abolido a jovem democracia argelina e estabelecido um regime fundamentalista. Isto, porém, não aconteceu: logo em 1992 o exército, coluna vertebral da elite FLN pseudossecularista, deu um golpe preventivo, demitiu o presidente Chadli Benjedid e invalidou a eleição. Assim fracassava a experiência democrática; começou então uma repressão oficial aos islamistas, que responderam com uma violência feroz.

O país mergulhou num ciclo interminável de terrorismo, tanto por parte dos islamistas quanto do Estado. Os islamistas mataram autores e artistas progressistas, mas atacaram particularmente os civis neutros. A FIS foi logo ultrapassada pelos GIA, Grupos Islâmicos Armados, fundamentalistas argelinos que foram como voluntários para o Afeganistão. A luta conjunta com os *mujahidin* afegãos constituiu uma experiência formativa. De volta à Argélia, os "afegãos" se especializaram em atos de barbaridade tais como a execução de dezenas (às vezes centenas) de habitantes indefesos de aldeias, cortando indiscriminadamente a garganta de mulheres, crianças e velhos.

Qualquer objetivo estratégico que pudessem ter tido logo se dissolveu num banho de sangue, onde causa e efeito se confundiram. Até 2000, essa guerra civil havia custado a vida de aproximadamente cem mil civis, numa população de 31 milhões. O fim informal da matança insensata se realizou em 1999, com a eleição do antigo político da FLN Ahmad Bouteflika como novo "presidente da reconciliação". Porém, o término da carnificina talvez tenha sido apenas uma pausa para retomar o fôlego. Em janeiro de 2003, assassinos anônimos mataram outras cem pessoas.

O contraexemplo da Turquia

Dentro desse contexto, é necessário apontar para a grande exceção que é a Turquia – o único grande país muçulmano a escapar do fundamentalismo, e hoje o único com uma democracia em vigor (estando a democracia na Indonésia ainda num estágio experimental e precário). É interessante observar como se fez esta transição, que não foi fácil.

A Anatólia e um pequeno braço europeu na Trácia oriental eram as únicas regiões do Império Otomano solidamente habitadas pela etnia turca, que constituía nas demais regiões a classe dominante militar-burocrática. Após a partilha do império entre os vencedores da Primeira Guerra Mundial, esta concentração étnica permitiu aos turcos afastar os ocupantes de seu próprio país em 1920-22. Kemal Atatürk resgatou a independência da nova república turca e convenceu seus compatriotas a romper decisivamente com o passado de um império constitucionalmente religioso. Estabeleceu-se o caso clássico de uma ditadura de desenvolvimento estadista, secularizando e ocidentalizando a sociedade, galgando entre os rochedos internacionais. Atatürk usou algumas estratégias para modernizar o país: a despolitização do exército, uma burocracia estatal guiada por um partido único com ideologia secularista e a introdução de leis ocidentais – entre outras, a abolição da poligamia.

A experiência de Atatürk definitivamente diferenciou a Turquia do mundo árabe de três maneiras. Em primeiro lugar, a Turquia criou, com base nos restos do pluralismo otomano, uma ampla homogeneidade étnica: o Bálcãs já estavam perdidos; o mundo árabe foi conquistado pelas potências europeias; a minoria armênia foi exterminada durante a guerra, a grega foi expulsa após a guerra de independência; e os turcos espalhados no império voltaram para a pátria-mãe. Com isso, restaram apenas os curdos, cuja existência foi meramente negada – mas este problema voltaria posteriormente.[4] Afora esta exceção, importante mas localizada, a Turquia eliminou o dilema entre *qawmiyya* e *wataniyya*: estes conceitos a partir de então se fundiram.

O segundo fator foi a homogeneidade religiosa. Os não muçulmanos foram embora; os muçulmanos foram incentivados a esquecer a religião. O vínculo entre

Estado e Igreja foi quebrado, a religião relegada à vida privada, a educação religiosa, severamente limitada, e o contato com o passado radicalmente cortado pela alfabetização em alfabeto latino. Fora das regiões muçulmanas da URSS, onde a laicização foi imposta de fora, a Turquia é provavelmente o único caso onde isto foi tentado num país muçulmano.

A terceira diferença é que a independência e neutralidade foram usadas inteligentemente para estabelecer as bases de uma industrialização e de uma burguesia nacional, ao contrário da situação colonial (e posteriormente, pós-colonial) dependente no Egito, Líbano, Jordânia e outros países árabes. As circunstâncias para integrar o clube dos países avançados eram mais favoráveis nos dias de Atatürk do que nos de Nasser. A Turquia não alcançou o nível do Japão mas também não se limitou ao nível do Egito ou Paquistão. Não há petróleo e, portanto, tampouco seus efeitos corrosivos.

Atatürk institucionalizou suas reformas o bastante para que a sucessão após sua morte em 1938 fosse fluida. Na Guerra Fria, porém, a neutralidade internacional de um Estado fronteiriço à URSS e que controlava os estreitos do Bósforo e dos Dardanelos não pôde se manter: a Turquia se tornou um parceiro leal e dependente dos EUA. A pressão norte-americana se juntou à da própria classe empresarial para forçar uma abertura multipartidária. Esta liberalização trouxe também uma certa tolerância para com o islã. A globalização criou uma industrialização dependente e uma maciça migração da força de trabalho para a Europa. A proletarização produziu um forte movimento operário; por outro lado, o curral eleitoral mantido no campo levou a religião de volta à temática política.

Assim, a democratização gerou uma extrema polarização entre a direita e a esquerda – polarização que repetidamente ameaçou paralisar a governabilidade. Em três ocasiões, o exército, herdeiro e guardião da legalidade kemalista, interveio e reprimiu as oposições, sendo a última em 1980. O governo militar, entretanto, rapidamente reintroduziu uma democracia parcial, e sob Turgut Özal o país embarcou num curso neoliberal. A Turquia, já bastante secularizada, vem se alinhando mais ao Ocidente; a elite deseja ardentemente integrar a União Europeia – uma aproximação várias vezes e unilateralmente rejeitada com a justificativa de violações de direitos humanos e de uma economia ainda estadista e fechada demais. A rejeição pelos europeus (provavelmente uma questão mais civilizacional do que econômica, e recentemente algo qualificada) é humilhante para os turcos, o que pode estimular uma reorientação para o mundo muçulmano.

Assim que a violência interna foi controlada, os militares permitiram uma democratização mais completa. O fato de que a democracia subsiste até hoje aponta para uma institucionalização mais sólida do que nas experiências democráticas anteriores, mas também para uma sociedade civil muito mais madura. Por trás da cortina, no entanto, mantém-se o poder do exército enquanto garantia do secularismo, uma sutil partilha de autoridade que parece ter o aval da maioria, bastante assustada pela memória da violência nas ruas, nos anos 70. A legitimidade do processo político na Turquia contrasta com a situação no mundo árabe, onde tal reconhecimento é fraco, a oposição só pode se expressar pela violência e a desestabilização é, ao contrário, ativamente buscada por uma desconhecida mas certamente ampla fração da opinião pública. O secularismo da República turca se evidenciou em 1996 quando o partido islamista Refah, de Necmettin Erbakan, chegou ao poder. O exército kemalista o derrubou do governo e voltaram os secularistas "trabalhistas" de Bülent Ecevit.

A Turquia pagou o preço de sua abertura à globalização e do alto endividamento externo no fim de 2000, quando uma crise financeira (semelhante à que atingira o real brasileiro dois anos antes) abalou a lira e deixou o país à mercê dos pacotes de austeridade do FMI. A reação veio nas eleições de novembro de 2002, que levaram ao poder um partido islamista moderado, antes proibido: *Adalet ve Kalkinma* (AK, Justiça e Desenvolvimento) de Tayyip Erdogan – ele mesmo banido da política por suposto "atentado à laicidade". Apesar dos temores no Ocidente, porém, o novo regime reafirmou seu alinhamento pró-ocidental. A oposição maciça contra qualquer apoio turco aos EUA na guerra do Iraque era mais inspirada por motivos práticos do que ideológicos.

A Turquia, que ocupa uma posição central de ponte entre os mundos ocidental e muçulmano, apresenta portanto uma experiência ainda única, e um precedente potencialmente importante de integração entre uma democracia pluralista com uma identidade coletiva que se (re)afirma muçulmana.

Os resultados são mistos, sendo o recrudescimento islâmico indubitavelmente o desenvolvimento mais significativo das últimas décadas. No entanto, o islã que emerge ali é diferente daquele que surge em outros lugares no mundo muçulmano, lembrando (em termos indianos) mais Jinnah do que Mawdudi. A descontinuidade imposta pelo kemalismo gerou uma "Igreja islâmica" um tanto semelhante às Igrejas cristãs na Europa ou nos EUA. As reivindicações do movimento islamista turco são culturais, não políticas: mais mesquitas, mais educação religiosa, mais respeito às normas da religião ("valores familiares"), mas ele não contesta a separação e a privatização da religião. Com isto, está mais próximo de partidos conservadores ocidentais tais como os cristão-democratas alemães ou os republicanos nos EUA do que do Jihad de Qutb. Ao lado da lenta islamização, no entanto, o paradigma modernizador-ocidentalizador-pluralista também continua se fortalecendo em questões críticas tais como a gradual queda da repressão cultural contra os curdos, a abolição da pena de morte, a emancipação da mulher, a receptividade ao turismo ocidental, entre outras. O veredicto final ainda não está dado.

A islamização da esfera social

A crescente influência de partidos fundamentalistas nas políticas internas no mundo árabe é um reflexo da sua presença cada vez mais expressiva no campo social. Para a expansão da base islamista, provavelmente não há luta mais decisiva do que aquela pelo controle da sociedade civil. Esta luta engloba duas batalhas distintas: uma pelos serviços sociais e outra (envolvendo diferentes métodos e agentes) pela discussão pública sobre a organização da sociedade.

Assim como no Ocidente, também no mundo muçulmano o Estado vem assumindo há cem anos uma gama cada vez mais ampla de funções e responsabilidades, que vão muito além do que era considerado sua tarefa de praxe no período pré-moderno. No Império Otomano, por exemplo, o sultanato cuidava primariamente – e nem sempre com grande eficiência – da segurança militar, tanto contra invasores externos quanto contra bandidos e outros estorvos internos. O sustento para tal responsabilidade implicava em impostos e um corpo de funcionários públicos para sua arrecadação.

Em segundo lugar, o poderio público se responsabilizava pelo bom funcionamento da economia – pelo menos na teoria ele controlava o abastecimento das cidades, a honestidade nos bazares etc. Além disto, a competência do Estado se limitava essencialmente à manutenção da supremacia do islã, o que por sua vez requeria um outro corpo paralelo de funcionários religiosos. A legislação não pertencia ao sultão, pois Deus era o único legislador, sendo Sua palavra interpretada pelos ulemás: formalmente, a tarefa do califa se reduzia a manter o quadro político dentro do qual os súditos pudessem se dedicar a seus deveres religiosos e sociais.

Grande parte das responsabilidades que hoje cabem ao Estado estava sob controle particular ou comunal. Assim, as mesquitas arrecadavam o *zakat*, o imposto religioso beneficente, e junto aos *waqfs*, as fundações beneficentes, desempenhavam, além de tarefas mais estritamente religiosas e rituais, papéis sociais tais como educar os órfãos e providenciar alimentos aos pobres. Outras responsabilidades, baseadas na solidariedade mútua, cabiam à comunidade local. Não é necessário idealizar estas situações pré-modernas – sem dúvida elas estavam, em muitas ocasiões, repletas de tensões recíprocas, de controle social mesquinho, de opressão das mulheres e dos jovens e da humilhação dos fracos pelas elites. Porém, a grosso modo, o sistema funcionava, e o islã trazia consigo a conscientização da obrigação mútua entre os fiéis, que contrasta favoravelmente com a indiferença, religiosa ou ideologicamente legitimada, que se observa em certas outras civilizações.

Com a modernização, no entanto, este sistema de ajuda mútua comunal entrou em declínio. A introdução da propriedade particular conduziu a posições mais egoístas; a educação secular, que trouxe um conhecimento mais amplo do mundo e providenciou melhores ferramentas para o indivíduo atuar nele, solapou, em contrapartida, os valores que antes ligavam-no à sociedade; o individualismo e a urbanização ameaçavam os laços tradicionais. Mas, na visão modernizadora-secularista que encantou a intelectualidade médio-oriental do início do século passado até os anos 60, o Estado substituiria a maioria das responsabilidades antigamente comunais, compensando deste modo as perdas. Funcionou durante um certo tempo – pelo menos parcialmente.

Os Estados mais "intervencionistas" – Egito, Síria, Iraque, Argélia – desenvolveram hospitais, maternidades, escolas, bibliotecas e um sistema de previdência social. Nos Estados "progressistas", partidos políticos assumiram aspectos da vida social; nos "conservadores", mantiveram-se os laços tradicionais. Mas por toda parte, as redes onipresentes de clientelismo, associadas aos grupos que controlavam o poder, distribuíram a seus numerosos clientes, em troca de sua lealdade, "favores" imprescindíveis para a vida moderna: um lugar na escola, uma visita ao dentista, uma vaga assalariada, um alvará, uma permissão para viajar etc.

Só que esse sistema tem sido completamente minado nas últimas décadas. O desenvolvimento, mesmo quando ocorria na realidade e não somente nos discursos oficiais e nas propagandas, ficou atrás do crescimento populacional, estimulado pelos avanços na saúde pública. Com a exceção – parcial e temporária – dos Estados exportadores de petróleo, a renda estatal tem diminuído e, com isso, reduz a possibilidade de providenciar benefícios para uma população cada vez mais numerosa. A liberalização abriu cada vez mais Estados a importações de produtos industriais baratos, ameaçando produtores locais. A privatização tirou mais empregos do que gerou. A burocracia, a instabilidade política, as guerras e a insegurança impediram investimentos estrangeiros. No entanto continua, cada ano mais intensa, a crise socioeconômica. Com a incapacidade do Estado de enfrentá-la, o Oriente Médio vive o fracasso da modernização neoliberal.

É neste ponto que o modelo alternativo fundamentalista muçulmano entra em cena. Nas favelas do Cairo, de Gaza, Karachi etc. – e, antes do golpe de 1991, também em Argel e Tlemcen –, movimentos islamistas assumem a responsabilidade pelos serviços elementares que o Estado já não consegue prover: creches, escolas, maternidades, hospitais, clubes sociais, esportes, socialização da juventude, apoio financeiro aos indigentes etc. se organizam ao redor da mesquita – ou, mais corretamente, de algumas mesquitas específicas aliadas ao movimento fundamentalista e financiadas por ele. Muitas vezes o trabalho é feito por voluntários num exemplo de entrega idealista, em lugar da degeneração que mancha instituições oficiais, como por exemplo nos territórios palestinos, onde a corrupção da Autoridade Palestina, de Arafat, é notória. A abnegação do Hamas nos serviços médicos e educacionais e, dada a pobreza pungente,

Sul do Marrocos. O fundamentalismo cresce com a incapacidade do Estado de dar melhor condição de vida ao povo

nas suas aposentadorias para famílias de "mártires" (homens-bomba) constitui uma propaganda que atrai mais e mais palestinos a apoiar a tese de que "o islã é a solução".

Tais funções, na verdade, vêm com um "adicional" de serviços religiosos, leituras e explicações – ou seja, os serviços se acompanham de verdadeira lavagem cerebral. Eles constroem assim um espaço de "contracultura" progressivamente imune ao Estado, e que serve de campo de recrutamento para os movimentos. A penetração fundamentalista na sociedade civil levou a uma impressionante expansão do apoio popular ao islamismo: de intelectuais, ele passa para partes da classe pequeno-burguesa frustrada em sua ascensão social e/ou ameaçada pelo declínio social e, finalmente, às massas recém-urbanizadas: aí se constitui em muitos lugares do mundo árabe exatamente aquele "triângulo islamista" que foi letal ao xá do Irã.[5]

A islamização do "campo discursivo" e da cultura

A segunda dimensão da conquista islamista da sociedade civil diz respeito ao âmbito das ideias. Embora hegemonia seja um conceito impossível de ser quantificado, é inegável que, num país como o Egito, que já se orgulhou da sua tradição liberal, o pensamento islamista tem ampliado significativamente o seu alcance na última década; e isto se fez, naturalmente, às custas não apenas do nacionalismo e de opções secularistas, como também do islã modernista. Mais egípcios abraçam o projeto de um Estado islâmico, baseado na xaria como constituição: o antiocidentalismo abrange amplas seções da população. Isto implica ainda que posições secularistas têm sido violentamente silenciadas.

Em 1992, Farag Fodah, o principal pensador muçulmano liberal e secularista do Egito, implacável crítico de posições fundamentalistas, foi morto – presumivelmente por islamistas. Em 1994, Naguib Mahfouz, o premiado Nobel de Literatura, foi ferido num atentado: ele defendera a paz com Israel e outras posições liberais. Tais atos têm, além da vitimação imediata, um efeito intimidador: a gama do que se pode discutir na esfera pública está se restringindo progressivamente – com exceção de propaganda religiosa, muitas vezes de caráter preconceituoso, que recebe todo o apoio oficial. Se o Egito se distancia mais e mais da esfera comunicativa idealizada por Jürgen Habermas, filósofo modernista alemão, não é difícil imaginar a situação da liberdade de expressão em países que nunca compartilharam desse passado liberal, tais como a Argélia, a Jordânia ou os principados do Golfo – para não mencionar as ditaduras opressivas na Síria e – até há pouco – no Iraque.

O problema não é a inexistência de pensadores muçulmanos pluralistas e antifundamentalistas: é que esses têm dificuldade de fazer-se ouvir.

Os modernistas estão na defensiva e/ou são obrigados a se exilar. Os espíritos mais originais se sentem mais seguros no mundo ocidental do que no próprio mundo muçulmano.[6] Os melhores jornalistas muçulmanos e as publicações mais ousadas estão em Londres. Apesar do alcance de uma rede de tevê independente tal como al-Jazeera (que, aliás, só existe graças à política mais esclarecida do príncipe do Catar), o controle oficial das mídias é abrangente. A quantidade de sermões, exegese alcorânica e discussões sobre temas religiosos nos programas de rádio e tevê é hoje muito maior do que há uma geração.

O distanciamento dos intelectuais mais criativos gera, naturalmente, uma alienação recíproca. Seria incorreto imputar essa situação unicamente à influência fundamentalista: a falta de liberdade de expressão já existia antes da emergência dos islamistas no debate público (cujas próprias publicações têm sido banidas: um panfleto inflamativo tal como *Marcos Miliários* de Qutb até hoje é vendido no Egito clandestinamente). O controle do pensamento é parte integrante da problemática da fraqueza da sociedade civil no Oriente Médio. Entretanto, é inegável que na conjuntura atual os islamistas se beneficiam do clima de clausura intelectual, para o qual eles mesmos contribuem. O resultado é que na luta contra um outro islã, o islamismo está hoje vencendo.

A integração internacional do islamismo

Ao lado da islamização da sociedade civil, o processo do "despertar islâmico" tem sido igualmente estimulado pela constituição de uma "Internacional islamista". Não é preciso exagerar: o islã foi sempre internacional – desde a Revolução Abássida de 750, ele se entende como fé para toda a humanidade. Evidentemente, com a expansão do islã, o conceito da umma se ampliou e acabou tendo um significado primeiramente simbólico; porém – não obstante os inúmeros conflitos e guerras entre muçulmanos – o islã sempre implicou também em encontros e solidariedade intermuçulmanos. O *hajj* constituía um contato muito direto e teve função unificadora e uniformizadora de rituais e dogmas, particularmente desde o século XIX. A comunicação com os grandes centros do islã no Oriente Médio funcionava para disseminar o islã normativo em regiões onde reinava o islã popular. Observamos anteriormente que o islã tem constituído uma "globalização *avant la lettre*", ou seja, antecipada.

Mesmo assim, a recente globalização, que desde as últimas décadas interliga de maneira cada vez mais acelerada sociedades antes separadas numa supersociedade em rede,[7] está profundamente influenciando o mundo muçulmano. Com os novos meios de comunicação eletrônica rádio, televisão, telefone, áudio e vídeos, fax e particularmente a Internet –, o mundo muçulmano, aproveitando a tecnologia ocidental, está se transformando numa comunidade global nunca sonhada. A mensagem eletrônica (*e-mail*) é uma eficaz via de contato. A rede mundial de computadores é bastante ambígua: funciona como canal da "invasão cultural" ocidental, mas também facilita a propaganda e a doutrinação. Isto não é totalmente novo, tampouco seus resultados políticos.

O pan-arabismo de Nasser se disseminou pelo rádio; a primeira intifada palestina, com o uso da televisão e do fax; a revolução iraniana seria impensável sem as fitas com sermões vendidas no mercado; os homens-bomba não causariam tanto impacto sem seus vídeos de adeus. Atualmente, ONGs islâmicas internacionais – mas não apenas elas – discutem e estabelecem laços por meio de *websites*, grupos de discussão etc. As comunicações eletrônicas proporcionam uma poderosa arma para grupos da sociedade civil: não é à toa que ditadores tentam controlar o uso da Internet.

A Arábia Saudita, um dos campeões mundiais em termos de preconceito religioso, proibiu à sua população o acesso a quinze mil sites (não só os de pornografia como também quaisquer informativos e de discussões religiosas); os *cyber* cafés eram os lugares prediletos para a organização do movimento civil no Irã – até serem fechados pelo governo. A "sociedade em rede", que existe em todas as cidades do Oriente Médio, coexistindo incomodamente com a sociedade tradicional-autoritária que a cerca, gera uma consciência de comunidade. O antropólogo norte-americano Dale Eickelman fala do crescimento de uma esfera pública no mundo árabe. Porém, tais mídias são neutras em si; em Estados centralizadores (a maioria no mundo muçulmano), as autoridades suspeitam de quaisquer expressões da auto-organização enquanto potencial desafio. As ONGs são aproveitadas tanto por fundamentalistas quanto por democratas. Talvez tenhamos hoje a primeira "umma virtual" de fato![8] Um de seus efeitos é o proselitismo entre grupos muçulmanos fora do Oriente Médio. Nos últimos anos, grupos terroristas estão entre os usuários mais ativos dos meios eletrônicos. A mesma internacionalização é também aproveitada por grupos islâmicos mais legítimos, mas com menor êxito.

A abertura de novas frentes do *jihad* fora do núcleo árabe

A característica mais dramática da "emergência do islã" nos últimos dez anos tem sido, sem dúvida, o recrudescimento de confrontos violentos entre comunidades muçulmanas e não muçulmanas que compartilham um mesmo território. Na atual terceira fase, pela primeira vez se veem movimentos fundamentalistas ativos em conflitos sangrentos fora do Oriente Médio. Guerras abertas são travadas nas fronteiras do mundo muçulmano com outras civilizações; em geral, os islamistas têm importância

A terceira onda islamista | 265

O fundamentalismo no mundo muçulmano contemporâneo: panorama global

O fundamentalismo no mundo muçulmano contemporâneo: o "arco da crise" (ocidental)

A terceira onda islamista | 267

O fundamentalismo no mundo muçulmano contemporâneo: o "arco da crise" (oriental)

Legenda:
- ☆ Revolta com caráter islâmico
- ★ Revolta islamista
- ☐ Regime islamista atual
- ⬚ Regime parcialmente islâmico
- ☐ Regime ex-islamista
- ✶ Movimento islamista
- ● Repressão anti-islamismo
- ◉ Golpe militar islamista
- ⊘ Golpe militar anti-islamista
- ⊠ Atentado islamista
- ■ Cidade sagrada
- ♠ Zonas de violência comunitária
- ⦿ Violência comunitária envolvendo muçulmanos
- ● Capital
- ▨ Presença substancial de corrente islâmica progressista liberal
- **TH** Al-Takfir wal-Hijra
- **IM** Irmandade Muçulmana
- **AK** Adalet ve Kalkinma (Justiça e Desenvolvimento)
- **SCIRI** Supreme Council of the Islamic Revolution in Iraq (Conselho Supremo da Revolução Islâmica no Iraque)

Localizações no mapa:
- CHINA
- Xinjiang Uigur (Turquestão Oriental)
- TIBETE
- Daguestão 1999
- Grozny 2002
- Chechênia 1996-2000
- MAR ARAL
- CAZAQUISTÃO
- UZBEQUISTÃO
- QUIRGUISTÃO
- TADJIQUISTÃO
- TURCOMENISTÃO
- AL-QAEDA 1992-1997
- Islamabad
- JAMA'AT-I ISLAMI
- Zia ul-Haq 1977
- Caxemira
- Srinagar
- Déli 2001
- 1989
- 1981
- Cabul
- AFEGANISTÃO
- TALEBÃ 1995-2001
- PAQUISTÃO
- Karachi 2002-2003
- Ayodhya 1992
- ÍNDIA
- Gujarat
- Bombaim 1992-2003
- 1992
- MAR CÁSPIO
- Teerã
- Qom
- IRÃ
- REVOLUÇÃO ISLÂMICA 1978-79
- IRAQUE
- KUWEIT
- Dhahran 1996
- Riad 1995-2003
- ARÁBIA SAUDITA
- IÊMEN
- Aden 2000
- OCEANO ÍNDICO

crucial na transformação destas lutas em choques civilizacionais irreconciliáveis. Podem-se distinguir pelo menos cinco dessas fronteiras do islã, que em certos casos têm assumido a forma de um "choque dos fundamentalismos":

1) com o mundo ortodoxo cristão, em conflitos na Rússia, nos Bálcãs e no Mediterrâneo oriental;

2) com o judaísmo na Palestina – onde ele enfrenta não só o Estado de Israel mas também o fundamentalismo judeu contemporâneo;

3) com o hinduísmo, onde a minoria muçulmana enfrenta o fundamentalismo hindu;

4) com as minorias cristã, chinesa e outras na Indonésia e no Xinjiang Uigur chinês;

5) com o cristianismo na Nigéria e no Sudão.

Parcialmente, esses confrontos traduzem conflitos regionais que instrumentalizam o islã contra um inimigo próximo. Mais comumente, vicissitudes históricas ou políticas específicas coloniais colocaram populações não muçulmanas entre a muçulmana, o que leva a conflitos que são tanto políticos quanto culturais. O que é marcante para o período mais recente é a quantidade de conflitos que se travam com uso da violência, geralmente vitimando civis. Detalharemos alguns desses focos, começando com o que combinou aspectos da luta contra o comunismo, a civilização russa ortodoxa e muçulmanos "relapsos": o Afeganistão.

O confronto com o mundo ortodoxo cristão ex-comunista

O Afeganistão – A resistência islamista antissoviética nesse país ocupado desde 1980 foi um dos fatores que criticamente enfraqueceram a URSS na última fase do confronto com seu rival geopolítico. Em 1987, após uma longa ocupação desgastante, Gorbachev, o novo líder, engajado no projeto de modernizar e humanizar o comunismo decidiu reduzir seus prejuízos: a URSS começou então sua humilhante retirada do Afeganistão, que seria completada dois anos depois. Como resultado, o regime pró-comunista de Muhammad Najibullah não pôde se sustentar por muito mais tempo: em 1992, Cabul foi conquistada pelos *mujahadin* islamistas que, contudo, entraram imediatamente numa luta interna.

Seguiu-se uma cruel guerra civil, que gradualmente se tornaria em favor da facção islamista mais radical, o Talebã (refugiados afegãos, educados em assuntos religiosos nas madrasas fundamentalistas do Paquistão). Estes conquistaram Cabul em 1996 e estabeleceram um regime islamista extremista, baseado na interpretação rigorosa da xaria. Os Talebã se destacavam – entre outras características chocantes aos olhos ocidentais – por sua brutal repressão às mulheres, excluídas da vida social, obrigadas a abandonar quaisquer trabalhos fora de casa, proibidas de ir à escola, forçadas a sair vestidas em burcas cobrindo todo o corpo e o rosto.

Homens foram obrigados a deixar crescer a barba. Músicas, esportes e outros entretenimentos foram proibidos. Uma polícia islâmica cuidava da observância das múltiplas regras, e transgressões eram severamente punidas: mutilações e execuções públicas no estádio de Cabul escandalizaram o mundo. Mas ninguém interveio. O regime do *mulla* Muhammad Omar e sua *shura* de líderes de *mujaheddin* isolaram o país do resto do mundo, inclusive do mundo muçulmano. O novo Afeganistão foi reconhecido por apenas três países: os Emirados Árabes Unidos; o Paquistão, que o considerava como útil contrapeso geopolítico em seu conflito com a Índia; e a Arábia Saudita, que se identificou com este regime muito parecido ao seu. Os EUA, que haviam facilitado a guerrilha fundamentalista, inicialmente não se opuseram ao regime – particularmente porque este reprimiu o cultivo do ópio, um de seus principais produtos de contrabando.

No entanto, a guerra civil continuou com nítida feição étnica. O Afeganistão é um país etnicamente diversificado que deveu sua independência a períodos de fraqueza interna dos vizinhos Pérsia (Irã) e Índia pré-colonial. No século XIX, foi objeto de intrigas coloniais entre as potências opostas da Grã-Bretanha e da Rússia; após a Segunda Guerra, a competição geopolítica continuou, desta vez entre a URSS e os EUA no contexto da Guerra Fria. Após o fim da Guerra Fria, porém, com a Rússia enfraquecida e os EUA engajados em outros pontos, poucos ainda se interessavam por uma interminável e (aparentemente) incompreensível guerra civil. Entretanto, o preço que o país pagou pela série de violências perpretadas desde 1980 foi terrível. Milhões de afegãos constituíram o maior problema de refugiados no mundo – a maioria sobrevivendo miseravelmente no Paquistão, onde eles se tornaram alvos fáceis para recrutamento tanto de máfias criminosas quanto de grupos fundamentalistas.

O regime talebã era amplamente associado ao grupo étnico majoritário, os *pashtus* sunitas, e visou tanto à minoria xiita quanto às etnias não aparentadas que se concentravam no norte do país – usbeques, turcomanos e outros. Em 1998, os Talebã conquistaram Mazar-i Sharif, a última cidade significativa ainda não capturada – aproximadamente 90% do território afegão estava então sob seu controle. Tentativas internacionais para mediar o cessar-fogo não deram certo. No centro, os sunitas perpetraram um massacre de xiitas da etnia *hazara*. Uma seca adicionou a fome às outras misérias do país, considerado pelo *The Economist* como "o pior lugar do planeta".

Para protestar contra a crítica internacional e a ajuda humanitária tardia, os Talebã destruíram em 2001 duas grandes estátuas budistas, símbolos da idolatria dos séculos II-VII, que em tempos mais felizes simbolizaram a riqueza do patrimônio cultural afegão. Entrementes, as relações com os EUA se deterioraram: o regime fundamentalista abrigou o líder islamista Osama bin Laden, acusado de matar trezentos civis em ataques terroristas contra as embaixadas dos EUA no Quênia e na Tanzânia em 1998, e se recusou a entregá-lo.

Ásia central, Rússia e Chechênia – Uma faixa gigantesca estende-se ao longo da fronteira entre a antiga URSS e seus súditos muçulmanos. A questão do Afeganistão foi só uma parte das preocupações do regime comunista com populações muçulmanas. Apesar de tentativas, às vezes violentas, o stalinismo nunca conseguira a secularização destas, e as décadas de 70 e 80 presenciaram, ao contrário, o renascimento de nacionalismos desagregadores do sistema vigente que (entre outros caminhos) adotaram bandeiras religiosas para expressar suas reivindicações. Em 1991, o desmantelamento da URSS conduziu à independência das seis Repúblicas Socialistas Soviéticas majoritariamente muçulmanas: o Azerbaijão no Cáucaso e, na Ásia central, o Cazaquistão, Turcomenistão, Uzbequistão, Quirguistão e Tajiquistão.

São todos Estados fracos, sem tradições democráticas, com identidades nacionais complicadas pela ampla presença de minorias – entre elas, inúmeros descendentes de russos e outros grupos europeus enviados para colonizar os territórios durante o regime comunista. A agricultura sofre com o solo e o clima inóspitos. Por outro lado, a presença de enormes reservas energéticas torna-os objetos de cobiça internacional. Na maioria destes novos Estados, a tradição histórica túrcica é predominante. Sua islamização aconteceu sob influência de irmandades sufis, e o islã teve participação na resistência, tanto contra a ocupação russa no século XIX quanto contra os comunistas no século XX.

Em todos esses Estados atuam grupos fundamentalistas sunitas, de força e extremismo variáveis. Uma guerra civil eclodiu imediatamente após a independência no Tajiquistão, o único desses países com maioria de cultura persa, entre a elite pós-comunista zelosa de seu poder e uma oposição islamista apoiada por correligionários no Afeganistão. Com apoio russo, o governo central conseguiu restabelecer sua primazia, mas a guerra civil custou cerca de vinte mil vidas e a situação nunca foi estabilizada.

A fragmentação da URSS ainda deixou um número considerável de muçulmanos dentro do maior Estado sucessor, a Federação Russa. Esses 10% de muçulmanos pertencem a populações muito diversas, com grau variável de autonomia e de integração na população russa, como os bachquires e os tártaros (estes últimos descendentes de grupos mongóis islamizados, que nos séculos XIII a XIV governaram o sul do imenso país e chegaram até a Moscóvia.)

As lutas travadas por esses povos muçulmanos misturam, portanto, fatores religiosos e étnicos. A maior heterogeneidade se encontra no Cáucaso e na região ao norte dele. É ali que a Chechênia, sunita, proclamou em 1991 sua independência da Rússia – fato não reconhecido por Moscou, onde se temia, numa conjuntura que lembrava a posição da Índia na questão da Caxemira, que um aval à secessão constituísse um perigoso precedente. A primeira tentativa grã-russa de retomar a República rebelde falhou: após dois anos de guerra, com quase cem mil mortos, uma frágil autonomia foi concedida.

Em 1999, porém, chechenos *wahhabitas* invadiram o vizinho Daguestão, onde proclamaram o Estado islâmico. Vladimir Putin, o então primeiro-ministro de Boris Ieltsin, usou da questão chechena para se perfilar como candidato nacionalista. A tentativa islamista no Daguestão foi reprimida; pouco depois atentados terroristas em Moscou mataram centenas de pessoas. O governo russo culpou os separatistas chechenos e Putin lançou uma segunda guerra contra a Chechênia. No inverno de 1999-2000, a Rússia ocupou a capital Grozny e conseguiu destituir a independência do país – mais uma vez, com alto custo humano. Garantiu, com isto, a eleição de Putin como presidente. Em seguida, a ocupação russa incentivou os chechenos a intensificar sua guerrilha e a usar as armas do terror. O ato mais audacioso ocorreu em novembro de 2002, quando rebeldes chechenos sequestraram setecentas pessoas num teatro em Moscou. Sua libertação pelo exército russo custou mais de cem vidas. Outros atentados têm se seguido, demonstrando o fracasso da pacificação pelos russos.

Ex-Iugoslávia – Outras guerras envolvendo o mundo muçulmano nos últimos dez anos se travaram na ex-Iugoslávia. Na realidade, o fator fundamentalista teve ali uma função marginal, encontrando-se primariamente no lado sérvio ortodoxo.

Os muçulmanos bósnios são eslavos descendentes dos bogomilas (seita de origem maniqueísta e relacionada aos Cataras) perseguidos pela Igreja ortodoxa na Idade Média e que se converteram ao islã após o país se tornar território otomano em 1463. Outros grupos eslavos incluem os sérvios bósnios ortodoxos, que se orientam para uma unificação com a vizinha Sérvia, e croatas católicos. Apesar das diferenças, havia prevalecido uma coexistência razoável sob o regime federal-comunista de Tito. Na cidade de Sarajevo, boa parte dos casamentos eram mistos.

A Guerra da Bósnia que eclodiu em 1993 foi o resultado da partilha da Iugoslávia – exacerbada por causa da radicalização nacionalista dos sérvios – ocorrida logo após o fim da Guerra Fria. Os sérvios queriam a adesão da Bósnia à Sérvia e, com o apoio do regime nacionalista de Slobodan Milosevic em Belgrado, conquistaram porções do território bósnio; suas políticas genocidas de "limpeza étnica", campos de concentração e estupros em massa tornaram a cruel luta triangular entre muçulmanos, sérvios e croatas um desastre humanitário.

Como no Líbano, a religião como ideologia não tinha grande papel entre as comunidades; por outro lado, a religião como símbolo de identidade era predominante. Para os islamistas no Oriente Médio, porém, a guerra se encaixava perfeitamente em sua visão da incompatibilidade entre o islã e a cristandade. A ineficácia da intervenção internacional parecia comprovar a indiferença dos ocidentais à sorte dos muçulmanos. Seguiu-se a necessidade de uma ativa solidariedade islâmica internacional. Com dinheiro saudita, pequenos batalhões de "afegãos" fundamentalistas foram para a Bósnia.

As guerras iugoslavas foram as primeiras travadas na Europa desde a Segunda Guerra Mundial, chocando o continente por sua brutalidade. A guerra da Croácia foi relativamente rápida, mas a da Bósnia se prolongou. As potências externas, no entanto, foram incapazes (ou teimosas demais) para intervir. Somente em 1993 a ONU conseguiu proteger alguns enclaves muçulmanos e croatas.

Ocorreu então a maior atrocidade em solo europeu desde o holocausto dos judeus: sete mil homens foram massacrados no enclave muçulmano de Srebrenica por paramilitares sérvios depois que uma força holandesa da ONU fracassou em protegê-los. Automaticamente, a superioridade militar sérvia se refletiu na diplomacia. Pouco depois, os Acordos de Dayton introduziram a partilha territorial que pôs fim à Guerra da Bósnia. Uma Bósnia muçulmano-croata mutilada se tornou independente e os guerrilheiros islamistas foram expulsos.

Quatro anos depois, uma nova guerra ocorreu, desta vez em Kosovo, região autônoma dentro da Sérvia. Zona historicamente sérvia e lugar de sua derrota de 1389 contra os turcos, esta "Jerusalém" sérvia havia sido recentemente colonizada por albaneses muçulmanos (de cidadania iugoslava), que chegaram a constituir 90% da população. Os albaneses, hoje distribuídos em Kosovo, antiga República Iugoslava da Macedônia (hoje independente) e Grécia, além da própria Albânia, constituem outra das raras populações balcânicas a se converter ao islã durante o período otomano. Slobodan Milosevic fez uso nacionalista da "invasão" para abolir o estatuto autônomo da região, discriminar os albaneses e fortalecer sua própria posição.

Em 1999, a situação chegou a um ponto crítico quando, temendo uma imposição internacional, a Sérvia iniciou a "limpeza étnica" de um milhão de kosovares muçulmanos, que se refugiaram nos países limítrofes – Albânia, antiga República Iugoslava da Macedônia, Montenegro etc. –, arriscando uma reação em cadeia que poderia incendiar o barril de pólvora dos Bálcãs. Uma intervenção militar da OTAN derrotou a Sérvia e restaurou os kosovares, provocando em seguida a expulsão dos sérvios ortodoxos.

O influxo dos kosovares muçulmanos provocou uma guerra civil na antiga República Iugoslava da Macedônia. Na Sérvia, a derrota militar enfraqueceu o regime nacionalista e abriu caminho para a revolução democrática de 2000. Milosevic foi demitido, preso e entregue ao Tribunal Internacional de Haia. As guerras da Iugoslávia foram alguns dos poucos conflitos recentes implicando muçulmanos sem que o islã político tivesse participação – porém, vê-se que isto não excluiu sua instrumentalização por fundamentalistas muçulmanos no Oriente Médio e tampouco por islamófobos na Europa.

Palestina e o Hamas

Quando ainda estava restrita a uma luta nacional pela mesma porção de terra por duas populações opostas, o conflito Israel-Palestina já apresentava ao mundo o triste espetáculo do mais globalizado dos conflitos: cada morte era instantaneamente transmitida pela televisão. Em 1972, três militantes japoneses do Exército Vermelho anarquista abriram fogo no aeroporto de Lydda contra um grupo de peregrinos católicos da Guatemala, matando ao todo 26 pessoas.[9] Os perpetradores, tampouco as vítimas, não pertenciam aos povos ou religiões diretamente envolvidos no conflito, mas o mundo todo entendeu imediatamente o porquê deste ato grotesco de terror. Jerusalém não só é um nome conhecido, mas também um conceito com intenso significado para grande parte da humanidade que nada tem a ver com o conflito. A mesma universalidade simplesmente não vale para Kosovo ou Kandahar.

Como resultado, nem na morte há igualdade: trinta corpos em Tel-Aviv ou Belém causam mais comoção e consequências políticas do que três mil na Argélia ou na Chechênia. Uma vez estabelecida tal característica, foi quase inevitável que outros grupos tentassem levar vantagem da presença permanente de centenas de jornalistas na Terra Santa. A facilidade e a eficiência quase profissional com que israelenses e palestinos captam os holofotes teria atraído de qualquer maneira a ação dos extremistas religiosos. Porém, o extremismo fundamentalista também tem causas endógenas. Na última década, vê-se a exacerbação do aspecto religioso de um conflito que, em sua raiz, foi nacional. Nesse enfoque, portanto, temos que avaliar duas questões: como o fundamentalismo se tornou central para o conflito palestino – e como a Palestina se tornou central para o fundamentalismo.

Para entender a centralidade do fundamentalismo no conflito Israel x Palestina é preciso recuar um pouco no tempo. O islã palestino ocupa o lugar de origem tanto do judaísmo quanto do cristianismo, ou seja, as duas religiões que Maomé pretendeu suplantar. A Palestina abriga a mais antiga comunidade cristã do mundo, dividida em inúmeras Igrejas e atualmente em declínio. Muçulmanos constituem hoje pelo menos 85% dos palestinos, quase todos sunitas. Em vez de receber a fortíssima influência fundamentalista atual, a população foi relativamente ocidentalizada e secularizada durante o século XX: a marca ocidental remonta até o período das cruzadas, mas se aprofundou durante a época do colonialismo, quando a Palestina era um mandato britânico (1920-1948). O período de imigração sionista terminou com a partilha do mandato em dois Estados. Desde o estabelecimento do Estado de Israel – e o não estabelecimento do projetado Estado paralelo para os árabes palestinos – a região é uma das mais controvertidas do mundo muçulmano. No olhar de muitos muçulmanos, a mera existência de Israel constitui uma afronta ao islã. Desde 1967, a ocupação de territórios adicionais tem exacerbado o conflito.

O islã teve um papel importante na luta antissionista e antibritânica. No entanto, tem sido sempre um islã defensivo, conservador e sem traços daquele modernismo que se destaca no debate em países menos traumatizados. Para apaziguar uma oposição local que se mostrou imediatamente forte, a Grã-Bretanha outorgou uma ampla autoridade ao Supremo Conselho Muçulmano. Nos 1920 e 1930, seu líder Hajj Amin al-Husseini usou o SCM como plataforma para uma campanha antissionista, que logo adotou feições antissemitas, aproximando-se do regime nazista na Alemanha.

Entretanto, o SCM, instrumento da elite palestina, foi eclipsado pela revolta popular anticolonial e antissionista de 1936-39. Uma guerrilha rural liderada por Izz al-Din al-Qassam, xeique puritano que incitou camponeses expropriados, foi reprimida com dificuldade. (Qassam é hoje considerado o pai fundador da resistência islâmica na Palestina, dando seu nome ao batalhão do Hamas, o responsável por parte do terrorismo suicida). Com isso, a "ordem" foi restaurada, até a luta contra a independência de Israel em 1947-48. Nela se destacou a Irmandade Muçulmana egípcia, que organizara células na Palestina mas não pôde evitar a catástrofe que causou a fragmentação dos palestinos em grupos dispersos de refugiados.

A derrota de 1948 levou a uma prolongada desmoralização dos palestinos. Só na metade dos anos 50, uma geração mais jovem criaria o novo nacionalismo palestino. No entanto, na Jordânia, que absorveu a maior parte dos refugiados, a integração da Irmandade Muçulmana ao sistema da monarquia absoluta lhe causou a perda da credibilidade. O novo nacionalismo palestino, que surgiu nos campos de refugiados nos anos 50 e 60, não teve cor islâmica. A OLP definiu sua meta em termos não religiosos, ou seja, como um "Estado multiconfessional secularista". Até recentemente, não houve na *wataniyya* palestina uma referência ao passado pré-islâmico – o que neste caso é especialmente difícil de apontar, visto o papel dos judeus na história do país. Nos últimos anos, contudo, a OLP tem enfatizado as raízes palestinas dos antigos cananeus. Mas esta reavaliação aconteceu após a diferenciação do movimento palestino fundamentalista.

Tal bifurcação começou nos anos 80. A guerra de 1967, a maior derrota dos Estados árabes seculares, significou ao mesmo tempo o auge do nacionalismo palestino encarnado nos *fedaiyin*, os únicos a desafiar o poder de Israel. A postura heroica do Davi árabe contra o Golias israelense ofuscava o fato desta resistência ser militarmente insignificante, o que levou o movimento nacionalista palestino a repensar sua estratégia. O resultado desta reflexão foi a substituição, nos anos 70, do objetivo anterior: a destruição de Israel e o estabelecimento de um único Estado árabe em todo o país. Surgiu em seu lugar a aceitação do modelo de dois Estados: um futuro Estado palestino a ser erigido na Cisjordânia e na Faixa de Gaza – ocupadas por Israel –, mas coexistindo com este. Paralelamente, a ênfase na luta armada, desigual, cedeu ao esforço político.

Islamistas palestinos rejeitaram tanto o princípio quanto o método dessas guinadas de posição.[10] A falta de resultados concretos da linha diplomática reforçou seus argumentos, e a inspiração da revolução islâmica no Irã aumentou seu ímpeto. Os debates dentro da comunidade palestina levaram à evolução de um movimento islamista independente da OLP, até então a única detentora da legitimidade nacionalista. As diferenças tomaram uma forma violenta nos anos 80: o campo de batalha foi primeiramente os *campi* universitários em territórios palestinos, sendo estes uma das poucas instituições não controladas pela ocupação israelense.

Como no Ocidente, também no mundo muçulmano a academia é sensível a sutis mudanças ideológicas: antes do fundamentalismo emergir em outros lugares, alunos islamistas já tinham obtido o controle das universidades, outrora fortalezas do nacionalismo secular. Em confrontos violentos, eles atacaram grupos do Fatah e os comunistas. Fora do debate político, o estilo de vida era um assunto central. A tendência para islamizar a vida cotidiana conquistou gradualmente toda a sociedade. Entre 1967 e 1986, o número de mesquitas dobrou nos territórios ocupados. Israel inicialmente apoiou os islamistas, acreditando serem eles uma alternativa mais inofensiva aos nacionalistas da OLP.

Os últimos quinze anos testemunharam uma islamização paradoxal do conflito Israel x Palestina, pois o mesmo período foi também o de uma virada política que parecia anunciar uma solução pacífica e secular-nacionalista do conflito. Todavia, os fracassos dos secularistas se combinaram perfeitamente com os sucessos da oposição religiosa para condenar o processo de paz. No contexto palestino, a terceira onda fundamentalista começou com a primeira intifada (1987-1993), levante popular que enfatizou no cálculo político palestino o peso da frente "interna", ou seja, dos territórios ocupados – relativo aos refugiados nos países árabes, os chamados "palestinos de fora". A OLP de Arafat só parcialmente controlou a intifada; nos confrontos com soldados israelenses, a tendência fundamentalista cresceu e logo se constituiu como a segunda força política e alternativa à OLP. Sua emergência se beneficiou do fato de que as mesquitas eram a última instituição não desmantelada por Israel.

No final dos anos 80, o Jihad Islami, de Fathi Shiqaqi, era o grupo fundamentalista mais ativo nos territórios. Depois, foi ultrapassado pelo Hamas (sigla de *Harakat al-Muqawwama al-Islamiyya*, Movimento Islâmico de Resistência), filho indisciplinado da Irmandade Muçulmana. Ativistas tais como o xeique Ahmad Yassin criticavam os "irmãos" como sendo gradualistas demais e não assertivos o bastante contra os sionistas. Numa tentativa (bem-sucedida) de ultrapassar o Fatah em extremismo, desenvolveu-se uma ideologia islamista que depôs a análise nacionalista secular que predominava nas várias facções da OLP (Fatah, Frente Popular etc.). Essa nova ideologia está articulada na Carta do Hamas, documento fundador de 1988.

Ao contrário dos secularistas, o Hamas não entende a luta como a da nação árabe-palestina contra o sionismo, onde este é visto como prolongamento do imperialismo ocidental, mas como uma guerra de religiões: o sionismo é um crime que não só despoja os palestinos como também corrompe sua moralidade islâmica. Assim, a luta opõe o islã (o Bem) contra o judaísmo (o Mal). A influência do antissemitismo europeu[11] está bem mais clara no islamismo palestino do que no movimento nacionalista, que também foi atingido pelo vírus do racismo, mas que depois se esforçou para diferenciar entre israelenses, sionistas e judeus.

Na visão do Hamas, a raiz do problema são os judeus que querem controlar o mundo tanto por meio do comunismo quanto manipulando os EUA, e que planejam reconstruir o Terceiro Templo em Jerusalém, cidade sagrada do islã. Abandonando a visão bastante favorável dos judeus que tradicionalmente vigorava no islã, o Hamas descreve o "judaísmo mundial" como um câncer que asfixia o islã. Essa ideologia religiosa inverte a incorporação do nacionalismo. O problema da pouca importância relativa da Palestina no islã se resolve pela presença de Jerusalém, cuja santidade se reflete sobre todo o país. Enquanto Terra de Deus, a Palestina integra o *Dar al-Islam* e pertence em princípio a todos os muçulmanos. Portanto, palestinos não têm o direito de ceder qualquer território dela.

São interessantes os paralelos com o sionismo da direita, que considera a Terra de Israel (terminologia judaica para a Palestina)[12] como pertencente a todos os judeus do mundo, e com os fundamentalistas judaicos que, numa linha semelhante de argumentação, consideram a Terra de Israel como propriedade imobiliária de Deus, tornando ilegítima qualquer tentativa de partilhá-la com os seus "inimigos". Para os islamistas palestinos, a conclusão unânime é que é preciso erradicar a "entidade sionista". Esta tarefa requer um *jihad* universal que estabelecerá na Palestina um Estado islâmico.

Outrossim, a aniquilação de Israel será uma limpeza que condicionará o renascimento do islã. Existe uma certa inconsistência sobre a sorte destinada aos judeus – os sobreviventes serão bem-vindos como *dhimmis*, ou todos serão expulsos, ou ainda a luta continuará até a liquidação global dos judeus.

A ideologia do Hamas consequentemente encara qualquer processo político como traição, pois este prepara o terreno para a coexistência com aquilo que tem que ser aniquilado. Segue que sua oposição à tendência nacionalista de Arafat é quase tão acirrada quanto a de Israel. É também conseguinte que a OLP/Autoridade Palestina (AP) responda com a mesma animosidade. Por outro lado, nenhuma pode arriscar ser vista como cismática e hostil à unidade nacional. Daí que as relações entre essas duas grandes tendências palestinas exibem uma mistura ambivalente de inimizade e até de violência aberta com uma moderação verbal e operacional, para não perder apoio na discussão intrapalestina.

O Hamas e os outros partidos islamistas menores tendem a deslegitimar a OLP e a construir uma sociedade alternativa tida como virtuosa. Na verdade, a primeira intifada já exibiu traços de uma (contra)revolução cultural: a eliminação física de colaboradores de Israel, traficantes e prostitutas e a (re)imposição do véu às mulheres, entre outras medidas. Embora essas reformas não sejam unicamente trabalho dos fundamentalistas, são sua marca registrada.

O processo de paz que entre 1991 e 1999 injetou uma certa dose de esperança nas relações Israel-Palestina começou paradoxalmente com o enfraquecimento da OLP, causado pela identificação popular palestina com Saddam Hussein na crise do Golfo – identificação tão universal (e compartilhada entre nacionalistas e islamistas) que a OLP foi obrigada a segui-la. Após sua vitória, os EUA estavam em posição favorável para levar adiante o processo de paz: na Conferência de Madri, a presença da OLP como representante palestino – o eterno subterfúgio para Israel – foi contornada. Por outro lado, a OLP mantivera força suficiente para impossibilitar uma negociação frutífera, levando o novo governo, mais aberto, de Israel a quebrar o tabu e negociar com Arafat. O resultado foi o "processo de Oslo" (assim chamado por ter sido preparado em negociações secretas na Noruega em 1993), com reconhecimento mútuo e um acordo recíproco: Israel se retiraria progressivamente dos territórios ocupados e permitiria ali o estabelecimento da Autoridade Palestina, espécie de proto-Estado palestino. Arafat e seu governo, por outro lado, se comprometeram a manter os opositores palestinos violentos sob controle. Os pontos remanescentes de desacordos territoriais e demográficos seriam negociados posteriormente.

Após uma prolongada agonia o processo de paz pereceu no verão de 2000, pois ambos os partidos negligenciaram seus compromissos: a retirada israelense foi menos abrangente e mais demorada do que se esperava, e o Estado judeu prosseguiu com a construção de assentamentos que dificultariam ainda mais retiradas ulteriores. A Autoridade Palestina falhou lamentavelmente em seu papel de suprimir a oposição terrorista a Israel e ao processo de paz. É difícil determinar se essas faltas foram premeditadas ou se resultaram de um ciclo de mal-entendidos e da violência irrepreensível dos extremistas de ambos os lados. Tal avaliação, porém, não cabe aqui. O que é bastante claro é o papel central dos fundamentalistas na erosão do processo político. A análise a seguir se restringe aos islamistas, o que não pretende isentar os colonos radicais judaicos.

A tensão entre a OLP e o Hamas chegou ao auge com a assinatura dos acordos de Oslo, em 1993. Diametralmente opostos ao processo de paz, os islamistas tentaram miná-lo atacando-o em sua parte mais vulnerável: a segurança física da população judaica, vítima histórica de perseguições e já extremamente receosa de antemão das intenções palestinas. Na sua luta, o Hamas em geral não diferenciava entre combatentes e civis, dando como argumento a suposta militarização da sociedade israelense. Continuar as ações "militares", mais propriamente (do ponto de vista de suas vítimas civis), "terroristas", era a mais efetiva estratégia contra a Autoridade Palestina, considerada colaboradora do inimigo.

Seguem-se, já nos anos 1994 e 1995, os sequestros e ataques suicidas contra alvos militares e civis – são os primeiros homens-bomba palestinos. As reações punitivas israelenses automaticamente vitimaram mais a população civil palestina do que os perpetradores e seus recrutadores. A autoridade de Arafat foi duplamente minada: aos olhos de Israel, por ele não conseguir prevenir atos terroristas; e aos olhos dos palestinos, por ele não conseguir protegê-los da ira de Israel. Quem se beneficiou foi o islã político.

O Hamas era difícil de ser caçado graças à sua organização descentralizada. As ações terroristas foram a realização do braço "militar" secreto, os Batalhões de Izz al-Din al Qassam, que operavam independentemente da liderança política. Para a maioria dos palestinos, o Hamas era sinônimo de uma rede de assistência social, mais ampla e honesta do que a oficial da Autoridade Palestina. Em consequência, o apoio popular à solução islamista cresceu, ultrapassando 30% dos palestinos. Não adiantaram as estratégias de Israel tampouco as de Arafat – reativas ao invés de ativas. Israel iniciou em 1992 a deportação de centenas de ativistas islamistas para o Líbano; estes transformaram sua estadia na fronteira num *reality show* televisivo. O episódio só fortaleceu os islamistas.

O processo de aproximação entre Israel e Palestina não estava condenado *a priori*. Acordos foram feitos em todas as áreas. Entretanto, o próprio êxito do processo político em 1994-95 provocou as ações terroristas do começo de 1996, projetadas para freá-lo. O grande número de vítimas israelenses criou o choque, cuidadosamente planejado, que quebrou o dinamismo do processo. Um novo governo de direita em

Israel congelou a negociação com Arafat, acusando-o de incentivar o terror. Além disso, o espaço de manobra da AP já diminuíra: desde 1994, fechamentos punitivos e outras medidas impostas por Israel geraram o empobrecimento dos palestinos, limitaram as possibilidades de clientelismo de Arafat e conduziram a políticas de repressão, que só aumentaram a frustração dos palestinos, sem favorecer Israel.

Por sua vez, Arafat tentava preventivamente esvaziar o apoio islamista – inclusive dentro de seu próprio Fatah – mediante a gradual islamização de seus discursos, de uma simbologia mais islâmica e tentando envolver o Hamas num "diálogo nacional". O Hamas mantinha distância e em Israel a desconfiança cresceu. Como Mubarak no Egito, Arafat salvou-se ao preço de uma islamização progressiva da sociedade civil. Ao mesmo tempo, o Hamas obteve vários sucessos – o mais significativo sendo a volta de seu líder espiritual Yassin à Gaza.

Nesse clima de crescente impaciência, incredulidade e intransigência mútuas, o fracasso das negociações em Camp David em julho de 2000 não surpreendeu. As consequências foram gravíssimas, pois isso conduziu à segunda intifada que imediatamente criou um ciclo de violência do qual não se vê uma saída. Esta violência devastou a negociação e também emasculou politicamente seus proponentes, agora considerados como traidores do interesse nacional (ou religioso), em favor de políticos mais extremistas. A resistência palestina retomou o uso, mais intenso do que nunca, do terrorismo contra civis, provocando punições israelenses inéditas, que vêm arrasando ainda mais a posição de Arafat e dos secularistas, como a incursão sanguinária em Jenin e outras cidades da Cisjordânia em abril de 2002 (estas também acabaram com o poder de fato de Arafat, doravante preso na sua fortaleza parcialmente bombardeada em Ramallah).

Dentro do campo palestino, o Hamas foi o grande vencedor dessas batalhas. Suas ações terroristas, inicialmente rejeitadas pela maioria dos palestinos, ganharam legitimidade e popularidade como o melhor método para desmoralizar e enfraquecer o inimigo sionista. Num contexto sem nenhuma abertura política, a aprovação de seu programa se expandiu: em março de 2002, 64% dos habitantes dos territórios palestinos apoiavam a estratégia do terror e mais da metade opinou pela continuação da luta até o desaparecimento de Israel.

O diálogo entre Israel e a Palestina foi a maior vítima desta tragédia. O conceito de "terra pela paz" está quase extinto. A violência basicamente aniquilou moral e politicamente o "campo de paz". Em Israel, isso levou à ascensão política de Ariel Sharon, líder da colonização da "Grande Israel". A ausência de qualquer perspectiva política para os palestinos, que marca a reação israelense, no entanto, constitui uma grande realização do ponto de vista islamista, pois engaja Israel numa luta em que pode contemporizar, mas não vencer. Cada nova rodada expande a publicidade da causa palestina como símbolo-mor da luta islamista, internacionalmente e até na esquerda internacional, que aprecia a reação condenatória do apoio "automático" dos EUA ao Estado judaico.

Quanto à relevância da Palestina para o islamismo, a origem da "ira muçulmana" seria então o conflito Israel-Palestina? Isto seria uma simplificação. A Palestina constitui um símbolo islâmico de grande utilidade; porém, a resolução hipotética deste conflito em si não eliminaria o desafio fundamentalista. A Palestina condensa de forma visível e "comercializável" as reivindicações fundamentalistas. Do ponto de vista islamista, Israel é um presente: se os sionistas não existissem, teriam que ser inventados! Mas a causa islamista tem raízes múltiplas e mais profundas, que continuarão vivas com ou sem o conflito acerca da Palestina.

Índia

Após o Oriente Médio, a dupla Índia/Paquistão constitui indiscutivelmente o centro do mais perigoso confronto entre o mundo muçulmano e outra civilização. Lembremos que numa virada paradoxal, o Partido do Congresso, o grande concorrente da linha separatista da Liga Muçulmana e porta-bandeira do secularismo pan-indiano antes da independência de 1947, tornou-se nas décadas seguintes o protetor dos cem milhões de muçulmanos remanescentes no país após a partilha.

Tanto o longo conflito com o vizinho islâmico quanto o desenvolvimento interno na Índia estimulou o surgimento de um fundamentalismo nacional-hindu, que milita em prol da dessecularização e da transformação de Bharat-mãe numa comunidade onde os muçulmanos serão cidadãos de segunda classe. O Partido do Congresso, ainda que não fosse imune ao vírus das lutas intercomunitárias, atuava como muralha de defesa do Estado religiosamente neutro. Contudo, esse partido se enfraqueceu cada vez mais, enquanto o *Bharatiya Janata Party* (BJP) fundamentalista cresceu.

Em 1992, milhares de fundamentalistas hindus ligados ao BJP destruíram a mesquita Babri em Ayodhya, erigida no lugar de nascimento de Rama. Assim, desencadearam a pior onda de distúrbios e massacres recíprocos entre hindus e muçulmanos desde 1947, particularmente em Bombaim e Calcutá. O número de vítimas foi estimado em dez mil, abalando o país. Logo depois, o submundo criminoso muçulmano plantou bombas na Bolsa de Valores de Bombaim. As atrocidades não se repetiram, mas as relações hindu-muçulmanas ficaram tensas. É preciso dizer, porém, que nenhum radicalismo islamista foi responsável pela violência. Essa violência manchou o BJP, adiando, mas não impedindo, sua chegada ao governo, o que aconteceu em 1998. Depois de Atal Behari Vajpayee, do BJP, assumir o poder, no entanto, as expectativas sombrias não se realizaram. O BJP se tornou mais moderado. Mas as tensões intercomunitárias não se acalmaram, e grupos extremistas hindus continuam a pressionar pela implementação de seu programa.

Há essencialmente dois focos de tensão. O primeiro é o conflito não resolvido com a Caxemira, Estado reivindicado pelo Paquistão por ter 2/3 de muçulmanos. Desde o fim dos anos 80, o *Hizb ul-Mujaheddin*, partido fundamentalista separatista ideologicamente próximo e ativamente apoiado pelos Talebã afegãos, leva adiante uma guerrilha. Entre trinta e sessenta mil pessoas teriam sido mortas até agora nesta "guerra de baixa intensidade", que trouxe um amplo contingente militar indiano para ocupar a Caxemira. A Índia acusa o Paquistão de apoiar e dar abrigo aos separatistas; este afirma apenas dar apoio moral. Além de combates entre o exército e a resistência islamista, esta usa também de terrorismo.

Desde 1999, dezenas foram mortos em atentados, deteriorando a tensa situação indo-paquistanesa: ambos os países testaram bombas nucleares e mísseis. A Caxemira quase causou em duas oportunidades recentes uma guerra total entre os dois países. Em 1999, o Paquistão ocupou posições indianas fronteiriças no Estado, retomadas em seguida. A linha de demarcação, militarizada, continuou tensa. Em 2000, uma trégua com os fundamentalistas muçulmanos fracassou quando a Índia não aceitou a participação do Paquistão nas negociações. No Paquistão, entrementes, a ebulição das tensões conduziu ao golpe do general Parveiz Musharraf.

Assim como na "frente do islã contra o Ocidente" e durante o mesmo período, aqui também um conflito regional se deslocou para o centro geográfico de outra civilização. Em dezembro de 2001, numa ousada operação, grupos islamistas caxemires pró-paquistaneses atacaram o parlamento indiano em Déli, causando treze mortes. O incidente provocou uma aguda crise com o Paquistão, acusado de estar por trás desses atentados. Os países envolvidos romperam suas relações diplomáticas. Musharraf se encontrou então entre três fogos cruzados: além do conflito com a Índia – e com sua própria elite militar cada vez mais empolgada com uma "guerra de revanche" contra o seu país, os ataques de 11 de setembro colocaram o Paquistão no centro das atenções norte-americanas como peça-chave do apoio externo ao regime talebã no Afeganistão. Além disso, setores cada vez mais amplos da própria população se identificam com a causa islamista.

O massacre de 35 soldados indianos num campo na Caxemira exacerbou ainda mais o conflito nessa região. Na primavera de 2002, um milhão de soldados foram posicionados na fronteira e ambos os países estiveram à beira de uma guerra nuclear. Sob forte pressão ocidental, o Paquistão recuou e começou a impedir a entrada de guerrilheiros na Caxemira indiana. Num clima difícil, novas eleições se realizaram, o que permitiu uma certa distensão, apesar do boicote que os separatistas tentaram impor. Mas novos ataques islamistas voltaram a ocorrer em 2003.

As tensões intercomunitárias também têm piorado no Paquistão. Desde 2002, o país vive uma onda de atentados a alvos ocidentais, missões e igrejas cristãs e xiitas. Os frequentes incidentes, que deixaram dezenas de mortos, parecem anunciar uma guerra religiosa mais ampla. Grupos pró-Talebã ganharam nas eleições de outubro de 2002 e tomaram o poder local em Peshawar, fortaleza islamista situada perto da fronteira afegã.

O outro foco de tensão recente tem sido o Estado de Gujarat. Em fevereiro de 2002, o incêndio no trem que levava ativistas hindus voltando de Ayodhya provocou uma nova onda de massacres com saldo provisório de mais de mil vítimas, na maioria muçulmanos. Em setembro do mesmo ano, um novo ataque terrorista contra hindus em Gujarat matou 31 pessoas. Em vista das dimensões indianas, "poderia ter sido pior": analistas concluem que o mais eficaz obstáculo contra tais violências está na presença de instituições locais onde líderes comunitários hindus e muçulmanos cooperem entre si. Mas esses laços estão sob pressão de um fanatismo recíproco. O choque das civilizações hindu e muçulmana na Índia parece se exacerbar ainda mais do que aquele entre o islã e o Ocidente.

Indonésia

A maior nação muçulmana do mundo tem recentemente exibido sinais positivos, apontando para a viabilidade da democracia num contexto muçulmano, mas também sintomas preocupantes de fragmentação e violência – estes, frequentemente de inspiração islamista. Em 1998, o desgaste do poder e a crise financeira encorajaram um movimento democrático e levaram à renúncia de Suharto. O exército não interveio nesta situação tensa: permitiu as primeiras eleições em 44 anos. O resultado, no entanto, não evidenciou nenhum nítido vencedor, com um quase empate entre as tendências nacionalistas e liberais-islamistas. Mesmo assim, a democracia parece se consolidar constitucionalmente – ainda que entre graves dificuldades econômicas e ambientais: o líder islamista Abdulrahman Wahid, acusado de corrupção, foi em 2001 pacificamente derrubado da presidência pelo parlamento, abrindo espaço para a sucessão da nacionalista Megawati Sukarnoputri, filha de Sukarno.

Contudo, o arquipélago tem sido abalado nos últimos anos por gravíssimas tensões comunitário-religiosas. Como na Rússia e nos Bálcãs, a implosão do regime autoritário anterior liberou o gênio da garrafa: compreensivelmente as tendências descentralizadoras aumentam nesse país heterogêneo, mas elas atuam também como estopim para distúrbios comunitários. As tensões misturam fatores étnicos e religiosos, sendo em muitos casos exacerbadas pela presença, nas ilhas periféricas, de recém-chegados da superpovoada Java, incentivados pela política oficial de "transmigração" que visa uma distribuição populacional mais equilibrada. Os piores choques aconteceram nas Molucas, há muito cristianizadas, mas alvo de imigrações muçulmanas mais recentes: milhares foram mortos entre 1999 e 2000 pelo *Lashkar al-Jihad*; outras centenas de milhares fugiram para outras ilhas. Em 1998, em Java, atrocidades vitimaram a minoria chinesa, alvo "tradicional". Em Aceh, no norte de Sumatra, rico em fontes energéticas, o movimento de independência consegue se manter contra as forças nacionais e sua luta em prol de um Estado islâmico continua.

Tudo isso é acompanhado por uma crescente polarização. Tradicionalmente de cunho tolerante, o islã indonésio conheceu recentemente uma radicalização que vai até a cooperação com grupos como al-Qaeda. Em outubro de 2002, no pior atentado desde o 11 de setembro de 2001, uma bomba numa boate turística em Bali, ilha hindu, deixou 180 mortos (majoritariamente australianos). A Jama'a Islamiyya, do xeique Abu Bakr Bashir, proponente de um Estado islâmico indonésio, foi declarada culpada; embora tal acusação não tenha sido comprovada. É preciso contrabalançá-la, contudo, com a presença mais ampla dos modernistas, que preferem interpretar o islã como religião pessoal. É certo que muitos mais veem no Alcorão sua fonte de inspiração, mas não algo que deva ditar as regras da sociedade. A maioria muçulmana moderada preconiza a coexistência e a cooperação com os vinte milhões de não muçulmanos vivendo em seu seio. A questão que se coloca é saber qual força se moverá mais rápido nesta nação bastante fragilizada: a democracia ou as minorias islamistas extremistas.

Malásia

Étnica e religiosamente polarizada entre 60% de malaios (majoritariamente muçulmanos), 30% de chineses (confuncionistas e budistas) e 10% de tâmeis hindus, a Malásia destaca-se por ser um caso de islamização "nacional". Como inúmeros outros Estados pós-coloniais, a Malásia apresenta uma estrutura altamente artificial, herdeira das partes do arquipélago não devolvidas à Holanda, mas mantidas desde o século XIX sob controle inglês. A Malásia controla o estratégico estreito de Málaca, único corredor marítimo entre os mundos índico e chinês-pacífico. A exploração do estanho e da borracha estimulou a imigração de outros asiáticos não muçulmanos. Com maior grau de escolaridade, os chineses em particular viriam a controlar o comércio e a economia. Após a independência em 1957, a situação da maioria *bumiputra* (filhos da terra), malaios autóctones pobres da área rural, provocaria graves tensões comunitárias e sociais.

No novo Estado da Malásia, que tem hoje 22 milhões de habitantes (e integrou a Malaia e o Bornéu setentrional, mas não Cingapura), a rápida urbanização das massas malaias logo trouxe reivindicações para uma melhor repartição dos recursos. Estas reivindicações tomaram uma forma étnico-racial. Pogrons antichineses revelaram, em 1969, a fragilidade do "projeto nacional". Estabeleceu-se um frágil e novo equilíbrio, com a imposição do malaio (pouco falado pelos chineses) como língua oficial, e a discriminação dos malaios frente aos chineses. Em consequência, emergiu uma pequena e nova elite burguesa malaia; porém, a maioria dos jovens malaios ficou excluída.

Um islã radical – precoce se comparado ao resto do mundo muçulmano – emergiu nos anos 70 como expressão política e identitária daqueles desfavorecidos. Misturando demandas religiosas e sociais, ganhou amplo apoio entre eles. O carismático líder estudantil Anwar Ibrahim realizou o "apelo" (*da'wa* ou *dakwah*) para que os membros da nova geração recém-urbanizada e alfabetizada se tornassem "muçulmanos melhores". Como movimentos paralelos na Indonésia e alhures, os reformistas muçulmanos pretendiam purificar o islã tradicional rural de seus sincretismos; mas em vez de demandas limitadas à esfera privada, os islamistas da Malásia abraçaram também o projeto (de origem paquistanesa mawdudista) do Estado islâmico.

Começaram assim as pressões populares para islamizar a vida pública. Para fugir da imagem de *kafir* (infiel), o governo conservador de Mahathir ibn Mohamed se viu obrigado a ceder: construiu mesquitas suntuosas, islamizou a educação e os bancos, abriu uma universidade islâmica (que depois se tornou centro de influência *wahhabita*-saudita na região) – mas ao mesmo tempo procurou manter a secularidade oficial e poupar os chineses não muçulmanos, motores da economia nacional. Contudo, as pressões para uma islamização mais abrangente da sociedade e do Estado só aumentaram, ameaçando a convivência étnica e, com isso, as promessas econômicas. Nesta altura, em 1982, Mahathir cooptou Ibrahim, bem como a inteligência islamista: se estes sonhavam em usar a oportunidade para impor seu programa islamizante por meio do Estado, o que aconteceu na realidade foi o oposto – o Estado (cada vez mais autoritário) instrumentalizou e integrou os radicais.

Nas décadas de 80 e 90, a Malásia experimentou um forte crescimento econômico baseado em suas fontes energéticas e novas indústrias de exportação, que exploravam uma mão de obra barata: o país se modernizou, juntou-se aos "tigres asiáticos" e começou a promover uma versão islâmica da ideologia dos "valores asiáticos" – tais como anti-individualismo, disciplina e ordem, supostamente implantadas na mente oriental, e que serviam em Cingapura e na Indonésia para justificar regimes desenvolvimentistas autoritários. Mahathir preconizava um "islã universal" compatível com o capitalismo internacional. No entanto, tornou a Malásia mais e mais dependente dos mercados financeiros internacionais.

As críticas de grupos islamistas extremos – que atacavam as autoridades com suas próprias armas ideológicas – se tornaram insuportáveis quando em 1997 a crise econômica asiática atingiu a Malásia: esta conjuntura constitui o pano de fundo da combinação inesperada entre um Estado comprometido com o islã e a repressão de grupos islamistas. Em 1998, o próprio Ibrahim (então ministro das Finanças) foi eliminado do poder e condenado por homossexualismo – um comportamento privado que no contexto de um Estado que procura demonstrar sua tendência islâmica se torna um crime de imoralidade pública. A Malásia continua governada por um regime cada vez mais ditatorial, que usa mecanismos de controle "moral" para legitimar sua "islamicidade".

A frente do islã na África

Como analisado anteriormente, o islã está se expandindo na África. Simplificando, há uma vasta frente se movendo do norte para o sul através do Sahel, a região entre o deserto e as florestas tropicais. Zonas aquém dessa frente apresentam sociedades predominantemente muçulmanas, zonas além dela são majoritariamente animistas ou cristãs, com (às vezes substanciais) minorias muçulmanas. Contudo, os maiores conflitos se concentram nos países mais divididos. Na virada do século, a convivência se tornou particularmente explosiva na Nigéria.

A Nigéria concentra, com 111 milhões de habitantes, um sétimo do total africano. Ela se desenvolveu da junção imposta pela Grã-Bretanha entre o norte maciçamente muçulmano (entremeado por minorias cristãs) e o sul, onde certos povos como os yoruba em parte se converteram (há uma convivência bastante amigável entre esses e outros da mesma etnia, mas não convertidos), enquanto outros se mantêm cristãos ou animistas. O sul era predominante não muçulmano até um período recente; hoje a Nigéria é majoritariamente muçulmana.

O país consiste numa grande variedade de etnias historicamente conflituosas e busca um equilíbrio no federalismo. No norte, a organização formal e informal no interior de irmandades e escolas, partidos, clientelismos econômicos e outros (quase todos se expressam em termos islâmicos) gerou uma identidade muçulmana abrangente. A memória reavivada dos principados islâmicos históricos, entre outras coisas, está alimentando tendências fundamentalistas. Identificação suprarregional semelhante não aconteceu no sul: a religião comum (onde existe) não conseguiu superar os antagonismos tribais. O sul é mais dividido do que o norte, e teme a predominância deste – levando à instabilidade política quase insuperável, apesar da interdependência econômica entre os Estados. Uma identidade pan-nigeriana rivaliza com tendências descentralizadoras.

Recentemente as tensões religiosas têm se exacerbado. Vários dos Estados muçulmanos setentrionais, Zamfara entre eles, estão implantando um regime baseado na xaria – inclusive com punições previstas pelo Alcorão, mas contestadas no âmbito federal. A radicalização provocou vários pogrons comunitários entre muçulmanos e cristãos. No ano 2000, massacres coletivos cristão-muçulmanos causaram dois mil mortos em Kaduna, no norte da Nigéria. Em novembro de 2002, um concurso de beleza foi o estopim para novas atrocidades religiosas que deixaram duzentas vítimas em Kaduna. A questão da xaria na esfera estatal está se tornando uma ameaça à coesão desta sociedade, que no âmbito federal-constitucional continua insistindo nos princípios liberal-ocidentais.

O Sudão (população: trinta milhões) apresenta outro caso de incompatibilidade entre dois modelos de convivência – o pluralista e o fundamentalista. O país é menos densamente habitado do que a Nigéria, mas as tensões parecem ser ainda mais intratáveis. Quando chegou à independência em 1956, o Sudão ficou profundamente dividido entre os proponentes e os opositores da adesão ao Egito (que predominou no século XIX). Os primeiros, os *khatmiyya*, conservadores mais tolerantes, esperavam graças a esta união contrabalançar os *ansar*, agora unidos no partido da *Umma* – ou seja, os antigos mahdistas que preconizavam a transformação do país num Estado islâmico. Estes, pelo mesmo raciocínio, insistiram na independência total e imediata, o que efetivamente se deu. Porém, a islamização e arabização que os *ansar* promoviam incluiria também o sul negro e não muçulmano. Esses povos, como por exemplo os dinka, excluídos das posições de poder, rejeitaram a assimilação cultural forçada – iniciou-se então a revolta dos sulistas. Esta se transformou numa das guerras civis mais prolongadas e cruéis, e também menos noticiadas, das últimas décadas.

Como na maioria dos países africanos, o parlamentarismo no Sudão não chegou ao final do conflito. Um golpe levou ao poder o general Ja'far Numairi, que nos anos 1980 se aproximou dos *ansar* e iniciou um processo de islamização. Este processo se reforçou nos anos 90, com a posse de outro militar, Umar Hassan al-Bashir. Empurrado pela Frente Islâmica de Hassan al-Turabi, o Sudão se transformou no segundo Estado islamista no mundo, após o Irã. A guerra civil continuou, com interrupções. Para os islamistas, apoiados por uma parte da população setentrional, a partilha do poder com os "inimigos de Deus" num Sudão federativo equivaleria à apostasia. O país tem se alinhado nos últimos anos à al-Qaeda de Osama bin Laden, causando graves tensões com os EUA.

A expansão do islamismo nas diásporas muçulmanas no Ocidente

Como já foi observado antes, as diásporas muçulmanas no Ocidente se tornam especialmente vulneráveis à tentação fundamentalista devido às experiências de rejeição e alienação, ainda menos toleráveis para a nova geração – que nasceu e se sente "em casa" na Europa e nos EUA – do que para seus pais. A radicalização atinge com certeza apenas uma minoria, atraída e absorvida em círculos islamistas que lhe proporcionam – como em tantos outros contextos no mundo muçulmano atual – tanto um abrigo social quanto uma solução à sua crise espiritual. Nos últimos anos, testemunhamos o crescimento da auto-organização política muçulmana dentro do Ocidente. Isso é, em si, uma evolução saudável. A cumplicidade em atos terroristas diz respeito a certos indivíduos e grupelhos de incerta ligação com a corrente muçulmana principal e mais tolerante em seus países de residência. Mas, apesar de pequenos e isolados, esses grupos adquirem importância e causam preocupação dada a alta capacitação de seus integrantes e seu íntimo conhecimento e proximidade do "inimigo", em cujo bojo eles operam, e, particularmente, por seu potencial de crescimento – caso as origens da marginalização muçulmana não sejam resolvidas.

A Guerra Internacional: al-Qaeda de Osama bin Laden

Com o ataque de 11 de setembro de 2001, pela primeira vez, a terceira onda é acompanhada de uma guerra irregular internacional contra o Ocidente, travada em terras ocidentais por islamistas que se utilizam de meios terroristas. O confronto assumiu proporções dramáticas, com consequências globais ainda não totalmente conhecidas.

Os ataques do mundo muçulmano contra alvos ocidentais não eram totalmente desconhecidos nos estágios anteriores, mas seus objetivos estavam em geral no próprio Oriente Médio. Por exemplo, em 1981, o embaixador francês no Líbano foi assassinado. Em 1983, as intervenções francesa e norte-americana no Líbano provocaram o lançamento de caminhões xiitas cheios de explosivos contra soldados ocidentais, matando centenas. O Ocidente recuou.

Houve também, dentro do próprio Ocidente, os sequestros de aviões e atentados terroristas de comandos palestinos contra alvos israelenses, judeus e neutros, planejados para pressionar Israel. Tais incidentes sangrentos, às vezes nitidamente racistas, começaram logo após a guerra de 1967.[13]

Embora os atentados inspirassem um sentimento de insegurança na comunidade judaica, eles foram circunscritos, atingiram poucos não judeus e não tinham significado islâmico. A situação começou a mudar nos anos 1980. Em 1985 e 1986, bombas explodiram em Paris e em trens franceses. A suspeita recaiu sobre grupos fundamentalistas muçulmanos, possivelmente em conexão com o Líbano. Na mesma época, aconteceram sequestros de ocidentais, entre outros, em Beirute. Em meio às vítimas estavam alguns pesquisadores pró-árabes.[14] Em 1988, um atentado islamista contra uma discoteca em Berlim, frequentada por soldados norte-americanos, deixou três mortos e 230 feridos. Em 1988, uma avião civil da PanAm explodiu em Lockerbie, Escócia, matando duzentos passageiros. Agentes líbios foram recentemente condenados, mas as dúvidas permanecem.

Tudo isso ainda poderia, numa perspectiva otimista, ser considerado como uma série de incidentes isolados e não necessariamente islamistas. Com a guerra do Golfo de 1991 veio a virada: os EUA ocuparam o território sagrado da Arábia; seu apoio a Israel e ao processo de paz execrado pelos islamistas se intensificou; e os norte-americanos mantiveram as sanções que penalizavam os iraquianos. Na terceira onda, portanto, terroristas fundamentalistas começaram a cometer – e progressivamente intensificaram – atos terroristas contra alvos primariamente norte-americanos. Estes alvos estavam tanto no mundo muçulmano (vitimando soldados e representantes americanos) quanto em outras regiões. Outros conflitos, como a guerra civil na Argélia, entre outros, "se expandiram" para a Europa.

Em 1993, a primeira tentativa para explodir o *World Trade Center*, as torres gêmeas em Nova York, fracassou. Houve feridos e danos consideráveis. O atentado foi conduzido pelo xeique egípcio Umar Abdul Rahman, antes associado ao *Jama'at al-Jihad* que assassinara Sadat, que então residia nos EUA. Em 1995, a França foi atingida por uma série de ataques terroristas letais. O país culpou islamistas argelinos enraivecidos com o apoio francês ao regime militar na Argélia. No mesmo ano, um carro-bomba terrorista atingiu americanos em Riad, na Arábia Saudita.

O alcance e o ritmo dos ataques se acelerou no final da década. Em 1996, dezenove americanos foram mortos num atentado na base militar saudita de Dhahran. Em 1998, al-Qaeda, organização fundamentalista até então pouco conhecida, explodiu simultaneamente duas embaixadas dos EUA, na Tanzânia e no Quênia, causando trezentas mortes. Esta tinha sido, até aquele momento, uma das maiores ações terroristas e, tecnicamente, um êxito completo para seu planejador, o engenheiro milionário saudita (de origem iemenita) Osama bin Laden.

Com Bin Laden começa de fato uma nova etapa, caracterizada por uma ideologia fanaticamente antiocidental, e uma organização que recruta não só jovens pobres e desnorteados, mas também íntegros pais de família de classe média. O antiocidentalismo, evidentemente, não é novo; porém, a al-Qaeda enfatiza – muito mais do que qualquer grupo anterior – o aspecto global e profundo da guerra entre o islã e o Ocidente.

Ao contrário de outros grupos da recente onda, que visam primariamente a inimigos dentro da própria sociedade – sejam eles governadores considerados apóstatas, muçulmanos "relapsos" ou "infiéis" – Bin Laden considera que a luta precisa ser levada ao coração do inimigo: o próprio Ocidente.

A ideologia de Bin Laden é bem conhecida por suas declarações públicas. Filho de uma família ligada aos interesses petrolíferos norte-americanos, rompeu com sua pátria-mãe por considerar o regime saudita pouco religioso, corrupto e entregue aos interesses ocidentais. Numa *fatwa* publicada em 1998, acusa os norte-americanos de três crimes específicos contra Deus: a ocupação da terra sagrada da Arábia, o apoio dado à ocupação judaica de Jerusalém e o sofrimento imposto aos iraquianos.

Esses crimes, que o texto considera um prolongamento das cruzadas cristãs, são passíveis da pena de morte e obrigam todos os muçulmanos em todos países a um *jihad* que condena à morte todos os norte-americanos, tanto civis quanto militares. A *fatwa*, na forma de um julgamento religioso, fala de um *jihad* individual, ou seja, que compromete a participação de cada um e alude a atos suicidas. Bin Laden cumpriu bem a sua palavra: o ataque na África foi de um sofisticado nível técnico.

Em retaliação, os EUA bombardearam uma fábrica de armas químicas no Sudão, supostamente financiada por Osama bin Laden – resposta completamente inócua. Ele se mudou para o Afeganistão onde os talebã o acolheram. Ali abriu campos de treinamento para seus *mujahidun* e apoiou financeiramente o regime de Cabul. Em 2000, um novo ataque islamista no Iêmen, ligado ao mesmo grupo, contra um navio da marinha norte-americana deixou outros dezessete mortos, presumivelmente em protesto contra a contínua presença norte-americana na península.

Chegou afinal o golpe-mestre. Em 11 de setembro de 2001, dezenove membros da organização al-Qaeda, a maioria sauditas que moravam na Alemanha, sequestraram quatro aviões norte-americanos e os lançaram contra os principais símbolos do poder econômico, político e militar dos EUA. Dois destruíram as torres gêmeas em Nova York (o *World Trade Center*, símbolo do poder financeiro e do suposto judaísmo mundial); outro danificou o Pentágono em Washington; o último, que pretendia explodir a Casa Branca, foi desviado e abatido pelos norte-americanos, vitimando passageiros e a tripulação. Estes atos de terrorismo suicida somaram mais de três mil mortos, quase todos civis – o maior assassinato em massa desde a bomba nuclear contra Hiroshima em 1945, e sem precedente numa era de paz.

Os efeitos foram inestimáveis. O 11 de setembro, primeiro ataque contra o território norte-americano em quase dois séculos, levou o fundamentalismo muçulmano para dentro de cada casa norte-americana, destruindo o sentimento de segurança da população. Além do sofrimento humano, trouxe graves danos materiais – embora menos duradouros do que se temia inicialmente. Ninguém duvida de que o 11 de setembro se inscreverá nos anais da história como ponto-chave comparável em importância a 1914, 1945 ou 1989.

Como um Heróstrato contemporâneo, Bin Laden se tornou da noite para o dia o homem mais conhecido do planeta. As reações e avaliações foram diversas. O presidente norte-americano George W. Bush teve razão quando definiu os atentados como uma declaração de guerra – só que o inimigo era por enquanto indistinto e se escondia sob a fórmula do "Terror". A população norte-americana quedou indignada e foram registrados, nos meses seguintes, inúmeros incidentes com maior ou menor gravidade que evidenciaram o ódio dirigido aos muçulmanos. Os norte-americanos se beneficiaram da ampla e espontânea simpatia do mundo ocidental – simpatia que o governo de Bush conseguiu desgastar em menos de um ano.

Entre os muçulmanos e os ulemás, no entanto, as reações foram mais contrastantes. A maioria ficou chocada e denunciou este ato de terrorismo como incompatível com o islã. Alguns, escandalizados com a ação de seus correligionários, expressaram vergonha. Outros firmemente rejeitaram o terror, mas ainda vincularam tais atos, por mais terríveis que fossem, à deplorável atuação ocidental no mundo muçulmano – lembrando a longa história das suas intromissões: colonização, exploração, imposição política, apoio a Israel contra os palestinos e, por fim, a invasão cultural (*ghazzu thaqafi*), o assunto preferido dos próprios islamistas.

Houve quem negasse o envolvimento da al-Qaeda, insistindo que obscuras forças conspiratórias – de preferência a CIA ou o Mossad israelense – causaram a hecatombe para prejudicar os árabes e os muçulmanos. Também houve – particularmente nos territórios palestinos ocupados – algumas expressões esporádicas de alegria maliciosa, do tipo "os ianques receberam o que mereciam". Logo, porém, os sentimentos se tornariam mais claramente antiamericanos, e Bin Laden comprovaria que a luta de uma ONG islamista contra a única superpotência do planeta se beneficiava da simpatia difusa, mas inequívoca, de amplas camadas no mundo muçulmano.

Bin Laden de certa forma confessou a autoria do ataque de 11 de setembro em várias declarações gravadas em vídeo. Os EUA bombardearam a base da al-Qaeda no Afeganistão, mas o governo afegão recusou-se a entregar o terrorista. Com isto, consumou-se o paradoxal pacto suicida entre o país paupérrimo e atrasado e o milionário-terrorista *high tech*, ligados por um compromisso comum: o fundamentalismo extremo. Manifestações antiamericanas no Paquistão, na Malásia e na Indonésia aprovaram o pacto. Logo em seguida, em novembro e dezembro, com amplo apoio militar internacional sob liderança norte-americana, a Coalizão Setentrional, oposição de *mujahidun* etnicamente diferentes dos talebã e que haviam sido quase exterminados, aboliu o regime islamista dos Talebã. Os EUA perseguiram os seguidores da al-Qaeda no país e destruíram seus campos; os sobreviventes se dispersaram e Bin Laden escapou. Sob patrocínio internacional, instalou-se um regime multipartidário moderado sob a liderança *pashtu* de Hamid Karzai. As liberdades civis foram restabelecidas no Afeganistão e o país martirizado iniciou um lento processo de reconstrução e de reconciliação. Ainda é cedo para avaliar os resultados disso.

2003: A "luta contra o terror" chega ao Iraque

No entanto, a "luta contra o terror" não terminou com a dispersão da al-Qaeda, apenas mudou o alvo. Em janeiro de 2002, o presidente Bush acusou a existência de um "eixo do Mal", consistindo no Iraque, Irã e Coreia do Norte, que ameaçava a segurança dos EUA. Nos meses seguintes, as suspeitas norte-americanas apontariam cada vez mais para o Iraque. Contudo, as tentativas de mobilizar o aval internacional para um ataque preventivo contra o regime de Saddam Hussein, longe de conseguir o êxito do caso afegão, provocaram, muito pelo contrário, uma onda mundial de protestos sem precedentes.

O coro das vozes que se opuseram a esta nova guerra não foi unívoco; ele reuniu pacifistas, multilateralistas, financiadores interessados na prorrogação do regime ba'athista com eles endividado e antiamericanos convencidos de uma conspiração capitalista petrolífera – ou simplesmente preocupados com as mudanças geopolíticas que o ataque do 11 de setembro reforçou na política externa norte-americana. Os islamistas juntaram sua voz às outras – com resultados paradoxais, como as maciças manifestações de rua "antiguerra" no Cairo ou Karachi, gritando em prol do *jihad* internacional.

Os protestos não desviaram a equipe de Bush de sua direção, tampouco os grupos terroristas. Os anos 2002-2003 exibiram uma verdadeira explosão de violência fundamentalista. Em abril de 2002, islamistas atacaram turistas alemães que visitavam a velha sinagoga na ilha tunisiana de Djerba, matando dezenove pessoas. Em outubro, a Jama'a Islamiyya de Abu Bakr Bashir, ligada à al-Qaeda, foi suspeita de causar duzentas mortes numa explosão provocada por islamistas em Bali, na Indonésia. No mesmo período, carros com explosivos mataram outras dezenas de pessoas em atos em Manila e Zamboanga, nas Filipinas. O grupo fundamentalista separatista Abu Sayyaf, em contato provável com a al-Qaeda, foi culpado pelos atentados.[15] Em novembro de 2002, um ataque terrorista num hotel em Mombasa, Quênia, matou dezesseis turistas israelenses, alguns deles presumivelmente em busca de férias tropicais para escapar das intermináveis tensões e assassinatos em seu país. O episódio dos setecentos russos mantidos como reféns por rebeldes chechenos muçulmanos num teatro em Moscou aconteceu nos mesmos dias.

Tal era a conjuntura quando da votação unânime do Conselho de Segurança da ONU, que ainda em novembro de 2002 pediu o desarmamento do Iraque, acusado de desenvolver armas de destruição em massa. Um dos principais motivos foi o medo de que o regime de Bagdá, por lucro ou oportunismo, transferisse armas químicas, biológicas ou mesmo uma primitiva bomba nuclear a grupos tais como a al-Qaeda: a participação de atores não estatais está mudando o próprio conceito de guerra mundial. Estabeleceu-se um sistema internacional de inspeções de desarmamento; os achados, porém, foram ambíguos.

Em fevereiro de 2003, uma crise diplomática rompeu o consenso internacional sobre o Iraque: o Conselho de Segurança não obteve o apoio do regime iraquiano às suas demandas, mas tampouco houve prova clara da existência de armas proibidas. Os EUA acusaram o Iraque de conluio com terroristas islamistas; a administração de Bush doravante insistiu numa mudança de regime. A oposição internacional à guerra preventiva e unilateral foi liderada pela França e pela Federação Russa. A Grã-Bretanha apoiou os EUA na questão do desarmamento iraquiano. Em março, uma invasão norte-americana-britânica-australiana, com apoio dos curdos, derrubou o regime ba'athista e ocupou o Iraque. Saddam Hussein desapareceu e, com ele, as armas proibidas que serviram de estopim.[16]

A presença militar norte-americana (inclusive nas cidades sagradas de Najaf e Karbala) representa a libertação do pesadelo imposto pela ditadura de Saddam Hussein mas não deixa de ser uma ocupação estrangeira, despertando sentimentos e reações ambivalentes: gratidão, horror nacionalista, desconfiança quanto aos motivos estadunidenses. Nessa conjuntura a identificação política da maioria xiita terá sem dúvida maior impacto. Os xiitas celebraram o *Ashura* pela primeira vez em vinte anos. No entanto, o vazio deixado pela queda do ditador fez surgir uma luta pelo poder na hierarquia xiita – e renova o debate entre a indiferença e o engajamento político, posturas que tradicionalmente se opõem no pensamento xiita.

Apesar da propaganda promovida por agentes iranianos, a maioria xiita no Iraque não parece abraçar a opção teocrática. Lembremos que a comunidade xiita, majoritária no Iraque, nunca compartilhou as posições teocráticas extremas que se tornaram predominantes no vizinho Irã após a revolução islâmica de 1978-79. E a leitura nacionalista-persa, que ganhou importância no Irã quando do entusiasmo pela exportação da revolução islâmica, esfriou e alienou ainda mais os *faqihs* iraquianos.

Distinguem-se atualmente duas tendências opostas. Por um lado, a da "velha guarda" de clérigos moderados, que veem na cooperação com os EUA a garantia para reconstruir e democratizar um Iraque onde os xiitas – graças à sua preponderância demográfica – chegariam automaticamente ao poder. Seu principal representante foi o aiatolá Muhammad Baqr al-Hakim, líder carismático em Najaf, associado ao SCIRI (*Supreme Council for the Islamic Revolution in Iraq*, Conselho Supremo da Revolução Islâmica no Iraque). A outra ala são os jovens *mollahs* mais radicais que – ao invés dos moderados – chamam para um *jihad* contra os EUA e acreditam que existem precondições para estabelecer um governo islâmico nos moldes do Irã. A figura mais expressiva desta corrente é o prestigiado Muqtada al-Sadr (parente de Muhammad Baqr al-Sadr, vitimado por Saddam em 1980) cuja milícia, os *sadriyyin* do "Exército do Mahdi" ameaça patrulhar como polícia moral.

Este conjunto inclui uma luta de classes, de antagonismos regionais e tribais, e de tensões entre ativistas exilados e aqueles que ficaram no país. Os xiitas estão longe de constituir uma unidade. Tanto representantes da classe média secularista quanto comunistas estão voltando à arena política. Esta, contudo, é ainda dominada pelas facções religiosas, que dirigem centros de distribuição de remédios, alimentos, educação etc. – além de controlar seus próprios serviços de segurança. Os mais radicais têm sua base entre a juventude excluída das favelas de Bagdá.

A questão da segurança pública determinará sem dúvida o futuro da comunidade xiita iraquiana – inclusive sua difícil coexistência com os sunitas. No final de agosto de 2003, um atentado em Najaf matou cerca de cem xiitas – entre eles, Baqr al-Hakim – exacerbando o risco de anarquia no país mal controlado pelos EUA. A autoria não reivindicada deste ultraje deixou o campo aberto a acusações mútuas e teorias conspiratórias: sunitas seguidores do Ba'ath, xiitas rivais, al-Qaeda, e até os próprios norte-americanos. O massacre simboliza a desestabilização do Iraque e – como na Rússia, Indonésia e outros países em vias de democratização – aponta para um grave potencial de conflagrações comunitárias. Como no caso do Afeganistão, também aqui é cedo para avaliar as reações da população iraquiana à sua libertação não solicitada e as chances de erigir uma democracia de molde ocidental imposta de fora.

É inegável a radicalização que vem acontecendo no mundo muçulmano. Além dos fatores internos que os favorecem, os islamistas radicais se beneficiam de uma tendência autoexpansiva que explora sabiamente uma tática que lembra a da guerrilha maoista ou vietnamita: num pano de fundo de antiocidentalismo generalizado, apesar de vago e difuso, os islamistas começam sua guerra com um apoio limitado, mas já substancial. Só uma minoria (talvez um terço) da população muçulmana onde eles operam apoia o programa de um Estado islâmico. A porção que aplaude a perspectiva de uma guerra aberta de civilizações contra o Grande Satã é sem dúvida ainda muito menor. Nesta minoria dentro da minoria, uns poucos se engajam de fato na luta armada, juntando-se a grupos terroristas. Estes últimos sabem provocar contra-ataques do Ocidente mediante seus atos violentos, e como estas reações inevitavelmente atingem civis inocentes, elas radicalizam a base da população, muçulmana mas não necessariamente islamizada. Essa radicalização, em seguida, providencia novos recrutas à causa do *jihad* contra o Ocidente.

Coda: pensadores modernistas islâmicos

A visão fundamentalista, em todas suas variações, aponta para uma colisão frontal com a modernidade ocidental, criando um cenário pessimista. Seria errôneo, porém, concluir nosso panorama do mundo muçulmano atual sem mencionar a existência de uma "oposição" dentro do islã: o reformismo modernizador, que não busca o "choque das civilizações" mas a harmonização da fé com o mundo moderno. O reformismo islâmico, ao contrário das soluções secularistas, tenta basear islamicamente a integração do islã na modernidade. Esse reformismo, em outras palavras, traz a batalha para o mesmo campo dos fundamentalistas – um campo que, como analisamos anteriormente, continua fazendo um apelo a milhões num mundo muçulmano pouco secularizado. Para a coexistência entre povos e religiões, portanto, o reformismo constitui uma esperança: uma "terceira via" entre o islamismo totalitário e a ocidentalização.[17] Mas o reformismo é minoritário – tanto em números quanto em sua influência pública – e trava uma luta desigual pela opinião pública muçulmana.

É interessante notar que o reformismo tem a mesma raiz que o fundamentalismo: ambos derivam de Afghani e Abdu, que há pouco mais de um século se opuseram ao tradicionalismo e tentaram "renovar" o islã mediante a "volta às bases", reivindicando o direito à interpretação inovadora, o *ijtihad*. Ambos rejeitavam as "superstições" do islã popular e optavam por uma versão normativa (e crescentemente padronizada) do "alto" islã, ou seja, das fontes escritas em vez da tradição viva. A esperança tanto dos fundamentalistas quanto dos modernistas era e é revitalizar um islã impotente frente às "invasões" do Ocidente.

Entretanto, aqui cessam as semelhanças. Estimulados pelos traumas do confronto com a modernidade, os islamistas têm desenvolvido seu projeto partindo da nostalgia de uma comunidade islâmica pura e perdida (ainda que imaginada). Daí sua visão holística de um islã "restaurado", que combinaria os três "d": *din* (fé), *dawla* (governo) e *dunya* (costumes), num modo de viver total e obrigatório. Os reformistas, por outro lado, tentam conciliar islã e modernidade. Suas análises e prescrições variam (e nem sempre são suficientemente claras): os mais radicais migram para o secularismo. Todos os reformistas, porém, recusam a assimilação, característica do islã político, da "*din = dawla*", ou seja, a sobreposição de religião e política.

A terceira onda islamista | 295

Cena num oásis do Saara argelino. Os fundamentalistas cultivam
a nostalgia de uma comunidade islâmica pura e perdida

A teorização modernista no mundo muçulmano tem uma longa história, começando com a mesma discussão provocada pela abolição do califado na Turquia em 1924, que levou outros pensadores mais conservadores – notadamente Ridda – às primeiras formulações fundamentalistas. Por muitos anos, Cairo seria a capital tanto dos modernistas quanto dos fundamentalistas. Rejeitando as aspirações de outros candidatos para o posto então vago de califa – em particular o rei do Egito –, o teólogo Ali Abd al-Raziq argumentou, em 1925, que o califado não era necessário ao governo de uma sociedade islâmica: o islã era somente uma religião e não deveria lidar com política – posição historicamente questionável e, o que era mais importante, logo condenada pelas autoridades religiosas do al-Azhar, bastião do tradicionalismo. É digno de nota que embora tanto fundamentalistas quanto modernistas criticassem os tradicionalistas, o liberalismo dos modernistas os coloca quase inevitavelmente num confronto com os ulemás; fundamentalistas e tradicionalistas, por outro lado, compartilham um terreno mais amplo, facilitando certas acomodações.

Abd al-Raziq foi influenciado por Abdu, mas foi além dele. Ainda que fosse duramente criticado, tornou-se ponto de referência para gerações de pensadores modernistas no mundo árabe. O mais exemplar deles foi o xeique Khalid Muhammad Khalid: ao contrário de seu contemporâneo Banna, fundador da Irmandade Muçulmana, Khalid abraçou o racionalismo liberal e defendeu a democracia como elaboração do conceito islâmico da *shura* (consulta). Sob influência fundamentalista, porém, ele acabou renegando nos anos 1980 suas posições anteriores. Seu caso não é único: no último quarto de século, o islamismo progrediu muito na conquista da hegemonia cultural, limitando progressivamente o campo discursivo das ideologias concorrentes – aliás, não só o campo discursivo como também o espaço vital, assassinando críticos tais como Fodah no Egito, ou enforcando teólogos liberais como o sudanês Muhammad Mahmud Taha. O terrorismo intelectual dos islamistas, assim, se completa pela pressão e até pela eliminação física dos adversários e dissidentes.

Entre as correntes de pensamento no reformismo atual, há um primeiro grupo, que está preocupado com a questão política e dedica suas forças a argumentar, com base na análise jurídica ou histórica, a separação entre Estado e religião: "Deus quis o islã como religião, mas certas pessoas o quiseram como política."[18] Muhammad Imara argumenta que o islã nunca outorgou um caráter religioso ao Estado, mas que os dois eram separados desde o começo. O califado é um sistema agora superado: o governo deve ser islâmico na sua cultura, mas não na política. O muçulmano liberal Farag Fodah se voltou ao nacionalismo secular como solução: a justiça se faria pela limitação do governo, não pelo "idealismo" de governantes religiosos. Sob o regime islamista mais importante da atualidade, no Irã, o professor Abdolkarim Soroush (da Universidade de Teerã) defende corajosamente uma desvinculação do poder dos clérigos, argumentando que a contaminação da política pela religião não só destrói a liberdade dos cidadãos, como também a criatividade no islã.

Uma segunda abordagem tenta historicizar as fontes sagradas. Assim, Sayyed Mahmud al-Qumni quebra tabus com sua história comparativa das religiões. Outros tentam comprovar que não houve ruptura completa com a *jahiliya*, o período de ignorância antes da revelação de Maomé, mas que o islã incorporou muito dos rituais e do patrimônio cultural peninsular árabe. A implicação de tal continuidade é a secularização da entidade política de Medina, modelo inviolável para os islamistas, e a abertura para uma secularização da sociedade muçulmana. Para Muhammad Sa'id al-Ashmawi, muitas das leis da xaria eram determinadas pelas condições contingentes de épocas passadas e não têm valor eterno: as punições previstas no Alcorão resultam de um conceito de justiça elaborado por ulemás colaboracionistas com os déspotas da história muçulmana e a geração atual não está comprometida com elas. Abre-se, então, um espaço para uma nova legislação – inclusive na esfera constitucional.

A releitura histórica da xaria conduz logicamente a uma terceira linha: o resgate do islã como religião de compaixão em vez de severidade – ou seja, o islã como fonte de inspiração de um comportamento ético na vida pública, mas não como imposição. A amputação talvez fosse uma punição apropriada em uma sociedade pastoral, onde o roubo equivalia fatalmente à morte de quem perdia seu rebanho; mas na sociedade moderna este crime não tem esta consequência letal, e a punição prevista perde sua lógica: deve-se, portanto, não reconstruir as regras do islã ao pé da letra, mas mantendo seu espírito: Hussein Ahmad Amin intenciona reconstruir tal "islã cultural"; sua precondição, porém, é a recuperação da autoconfiança perdida.

A crítica do literalismo e da "verbolatria" dos fundamentalistas conduz à última corrente reformista: o reformismo "pós-moderno", que propõe uma releitura do Alcorão e dos *hadiths* com base na linguística e semiologia contemporâneas. Se a própria língua árabe muda de sentido no decorrer dos séculos, então toda a xaria, baseada na imutabilidade dos sentidos, está corrompida. A consequência é que muçulmanos terão que diferenciar a mensagem divina e eterna do livro, humanamente recebido e historicamente datado. As implicações revolucionárias de uma tal historização apontam naturalmente para um caminho diametralmente oposto ao fundamentalista. Nasser Hamed Abu Zeid, Muhammad Shahrur e em particular Mohammad Arkoun são alguns dos nomes mais conhecidos desta abordagem.

Influenciado pela filosofia de Derrida e Foucault, Arkoun introduz um estruturalismo islâmico. Seu projeto visa resgatar um islã libertário, mais imaginativo. Crítico da tradicional leitura "logocêntrica" das fontes, Arkoun distingue a "escrita" do Alcorão, uma irrupção espontânea e transcendente da sua "leitura". Portanto, não existe mais a correspondência automática entre o texto e o significado que os fundamentalistas supõem. Este procedimento permite a Arkoun demolir a versão literalista do islã: se não há essa correspondência, não há uma única interpretação correta e não pode haver nenhuma autoridade detentora da leitura privilegiada e obrigatória para todos.

Para Arkoun, esse tipo de "doutrinação" e de rigidez das interpretações resultou do fracasso do movimento filosófico do século IX e da supressão posterior dos "islãs" populares, criativos e libertários. O objetivo, portanto, não pode ser o estabelecimento de um Estado islâmico, mas uma democracia que permitiria resgatar a autenticidade cultural das tradições populares e a liberdade intelectual – a fim de transcender o hiato existente entre a "razão islâmica" e o pensamento filosófico. Não surpreende que seus livros sejam censurados em vários Estados árabes e que o próprio Arkoun esteja hoje estabelecido em Paris. Abdullahi Ahmed an-Na'im, Fazlur Rahman e Tariq Ramadan são alguns dos outros islamólogos muçulmanos que só podem trabalhar no Ocidente. Suas ideias penetrarão o mundo muçulmano? O futuro do islã dependerá significativamente da recepção conseguida pelas alternativas inovadoras propostas para o beco sem saída criado por Osama bin Laden e seus companheiros.

O QUE QUEREM OS ISLAMISTAS?

Para responder a tal pergunta, é importante entender que o fundamentalismo é tanto uma ideologia política quanto um movimento social. Atrás do *slogan* "O islã é a solução", esconde-se um modelo teocrático de sociedade como alternativa à influência ocidental, cujos símbolos e valores centrais ele rejeita: o secularismo e o individualismo. A "idolatria" do moderno é considerada como a raiz da permissividade e da "decadência" ocidental: ela se expressa em boates, onde o álcool flui livremente e onde mulheres seminuas afagam os convidados; em cinemas e vídeos, que exibem filmes românticos hollywoodianos com cenas de sexo explícito; no consumismo exacerbado, que prefere televisões e geladeiras a rezas e uma vida familiar saudável, baseada numa ordem clara. Observa-se a "maldade" do Ocidente também no racismo, na colonização e na exploração de povos não ocidentais. Este antiocidentalismo combina o antimodernismo que se encontra nos fundamentalismos de todas as religiões (protestante, judaica, hindu etc.) com uma crítica ao imperialismo que lembra a marxista, mas carece de sua análise de classes.

O ISLAMISMO COMO POLITIZAÇÃO DA RELIGIÃO

A rejeição da modernidade ocidental constitui apenas o lado negativo do fundamentalismo muçulmano. Este lado talvez seja o que atrai tantos muçulmanos. Porém, a originalidade do islamismo está em seu programa político e social positivo. É simples demais reduzi-lo à "restauração da xaria como lei obrigatória". Ainda que islamistas (e muitos outros muçulmanos) indubitavelmente se reconheçam nesta fórmula, ela é vaga demais. Devemos lembrar que a xaria não é um sistema acabado, mas antes um método para deduzir, com base em certas fontes islâmicas, as regras obrigatórias (soluções) para uma ampla pauta de questões: rituais, sociais, econômicas, familiares, comportamentais, jurídicas, políticas etc.

Ora, não há consenso sobre as fontes. As aplicações se desenvolvem juntamente com a evolução da sociedade que coloca sempre novos desafios. Se o sistema xaria não é fechado, os especialistas não estão de acordo sobre seu conteúdo.[1] Consequentemente, há muitos movimentos e tendências fundamentalistas com grandes diferenças entre si. Assim, a mulher (devidamente coberta) participa no Irã fundamentalista dos aiatolás xiitas na vida profissional e pública, mas no Afeganistão fundamentalista dos Talebã sunitas ela ficava presa em casa e privada do trabalho formal e da educação. Na Arábia Saudita, a fé fundamentalista se alinha com o estilo de vida de milionários, seguros de que Deus favorece sua propriedade privada. Entre os revolucionários iranianos dos Mujahidin-i Khalq, por outro lado, preparava-se a socialização dos meios de produção.

Além disto, há assuntos que a xaria basicamente negligencia, como muitas questões de governo: aqui, na visão dos críticos muçulmanos, as "soluções" dos islamistas não passam de interpretações anti-históricas e forjadas de alguns versículos polivalentes. Portanto, diante de tais elementos, poder-se-ia perguntar: o fundamentalismo muçulmano não existe? Seria um exagero afirmar isto. As diferenças, por significativas que sejam, não ofuscam um programa compartilhado por todos os islamistas. Todos querem transformar a sociedade; todos querem que esta transformação emule a comunidade original de Maomé e dos primeiros califas em Medina, e que tal sociedade virtuosa, transplantada para o século XXI (século XV da *hégira*) seja marcada por uma série de princípios. As opiniões divergem sobre os detalhes destes princípios; entretanto, sua base é consensualmente aceita entre todos os fundamentalistas muçulmanos. Estes princípios incluem:

a) os seres humanos não são mestres de si, mas devem obediência e veneração a Deus, a quem só cabe a soberania e que comunicou Sua vontade à humanidade pelos profetas, sendo Maomé o último;

b) o ideal é "o Estado islâmico", uma sociedade política cuja extensão é mais controvertida do que seu governo: para alguns islamistas, ele corresponde a qualquer Estado existente, desde que internamente transformado e islamizado; para outros, muçulmanos devotos podem estabelecer um novo Estado islâmico onde quer que tenham a possibilidade; para outros ainda, todos os Estados e fronteiras existentes são ilegítimos, e o Estado islâmico englobará a totalidade do *Dar al-Islam* e, por fim, o mundo inteiro;

c) o Estado islâmico será governado por uma instância islâmica que partirá da verdade absoluta e da supremacia axiomática do islã, e que em nome da umma imporá a todos o respeito às regras do islã. Sobre as modalidades do governo existem divergências; muitos fundamentalistas sunitas preconizam um governo pelos (ou ao menos sob a direção dos) ulemás, e xiitas, pelos *mullas* ou pelo *faqih* supremo. O Estado islâmico não reconhece, portanto, o conceito ocidental de cidadania, nem reconhece a democracia numérica;

d) uma clara separação entre a esfera pública (a sociedade) e a esfera privada (a família), a primeira pertencendo aos homens e a segunda às mulheres, que estão, contudo, submetidas aos homens. O objetivo desta separação é de manter cada sexo na sua esfera "natural", onde ele pode contribuir da melhor maneira para a reprodução da sociedade islâmica. Esta separação implica sempre uma maior segregação de homens e mulheres do que na sociedade ocidental, em geral com um código específico de vestimentas. Além disto, o Estado islâmico proibirá o álcool e outras formas de "corrupção";

e) o objetivo do Estado islâmico é o de estimular e facilitar uma vida religiosa para todos os muçulmanos. Ele tem, portanto, a obrigação de manter o quadro dos rituais, rezas e outros preceitos, e precisa cuidar da educação religiosa das novas gerações;

f) uma economia islâmica, cuja definição é uma questão controvertida, mas que inclui em geral a demanda por um sistema bancário islâmico, ou seja, sem juros. Na visão da maioria, o islã reconhece o direito à propriedade privada mas enfatiza (por exemplo, por meio do *zakat*) o princípio da solidariedade para com viúvas, órfãos, doentes, inválidos e os pobres em geral. Há, porém, um grande hiato entre a teoria e a prática. Uma reforma agrária, por exemplo, que seria de interesse econômico vital para a maioria dos camponeses muçulmanos do terceiro mundo, não tem sido feita em nenhuma parte;

g) o Estado islâmico precisa estabelecer e manter o *taghallub*, a superioridade dos muçulmanos sobre os demais habitantes. Sobre a posição dos não muçulmanos há discordâncias, porém é aceito que ela é inferior a dos muçulmanos. Para os mais extremos, eles devem voltar ao *status* de *dhimmis*;

h) a aplicação da xaria implica punições alcorânicas (*hadd*) para transgressões nela descritas;

i) a política externa: ainda que difira a ênfase dada a ela, não há discordância sobre a validade universal do islã e a necessidade de promover uma ordem internacional islamista ou o Governo de Deus.[2] Esta ordem está baseada na luta perpétua entre o território do islã (*Dar al-Islam*) e o território da guerra (*Dar al-Harb*), ou seja, o resto do mundo, até a vitória final do islã, e nega a legitimidade dos Estados nacionais e da ordem internacional nela baseada. Portanto, o islamismo desafia e está numa guerra até a morte contra esta ordem existente. A maioria dos fundamentalistas concordam que esta luta pela islamização do mundo é um *jihad* que também pode implicar (entre outros esforços) o uso da violência; há, porém, importantes divergências sobre os modos de sua aplicação.

Fora da situação excepcional das diásporas muçulmanas ocidentais, o fundamentalismo, paradoxalmente, não implica uma "volta à religião": ele opera em sociedades muçulmanas que nunca passaram por uma verdadeira secularização – ainda que ideias secularistas se expandissem superficialmente entre certas elites – e, portanto, onde a grande maioria já (ou ainda) é profundamente religiosa. Ele implica, entretanto, um ambicioso projeto político. O que se destaca nos pontos citados é a ênfase no Estado: o fundamentalismo significa a politização da religião.

O fator político é o que distingue os fundamentalistas dos demais muçulmanos, já que o islã é uma religião que também é capaz de interpretações alternativas, como a religiosidade tradicionalista do islã popular ou o reformismo dos modernistas, que o consideram uma fonte de inspiração ética mas não um programa político.

O ISLAMISMO COMO IDEOLOGIA

O fundamentalismo muçulmano ou islamismo, por sua vez, transforma o islã de religião em ideologia. Vale a pena aprofundar essa diferenciação. O conceito de ideologia está entre os mais controvertidos das ciências sociais. Aplicamo-lo aqui no sentido original, iluminista-racionalista: o "logos das ideias", ou seja, uma "ciência" que, partindo de princípios universais abstratos, é aplicada para melhorar a sociedade. Não importa que os próprios pontos de partida – a crença em Deus e Seu profeta, a literalidade do Alcorão etc. – sejam em si não racionais (ou pelo menos não substanciáveis): isto vale igualmente para muitas outras ideologias que em seu tempo se apresentaram como panaceia para os males da humanidade, tais como os ideais liberais da Revolução Francesa, o comunismo, o fascismo entre outros.

No entanto, uma vez aceitos os princípios básicos da ideologia, todo o resto se deduz pela razão, de maneira quase científica. Segue-se daí uma interpretação coerente do mundo e de suas imperfeições; um programa não menos lógico para remediar os defeitos, mediante uma mudança no mundo real; e a insistência para que aqueles que aceitam a análise se engajem numa ampla luta para a realização deste programa.[3] No islamismo, como em outras ideologias, essa luta pede um compromisso total e irrevogável que transforma o crente num militante. A prioridade que esta luta exige está em contradição com as demandas e os prazeres da vida cotidiana e exige que o verdadeiro idealista deixe tudo para abraçar seu compromisso político-religioso. O entusiasmo pode ir até a morte, sacrifício último em prol de um fim transcendente, cuja realização, porém, já está certa. Na verdade, o fundamentalismo muçulmano, como outras ideologias, inclui uma visão determinista da história enquanto combate entre o Bem e o Mal, onde o indivíduo é chamado a se tornar soldado num exército cuja vitória é certa de antemão: seu papel então se reduz à aceleração de um processo (meta-)historicamente inevitável.

Mas nesta submissão a um processo "automático" (ou que pelo menos independe de sua vontade individual), esconde-se também uma recompensa psicológica: a de pertencer ou se juntar a uma elite de escolhidos privilegiados por sua tarefa histórica – o povo eleito, os intelectuais, o proletariado –, o partido de Deus. No islamismo, o militante integra uma vanguarda que se aproxima da sociedade ideal ordenada por Deus. Com isto, ele supera a incerteza assustadora de um futuro indeterminado – indeterminação que coloca sobre os ombros do indivíduo uma pesada responsabilidade, a de moldá-lo com atos que pressupõem uma autêntica escolha e o risco de erros fatais. Em vez disto, o eleito pode entregar suas dúvidas ao Deus onipotente e onisciente. O terrorista suicida não necessariamente sacrifica sua vida e a de suas vítimas numa estratégia para obter lucros políticos: o resultado é relativamente indiferente; trata-se primariamente de um sacrifício a Deus no estrito sentido religioso. Os resultados estão nas mãos de Deus, que cuidará do resto.[4]

É característico das ideologias do mundo moderno ambicionar o poder do Estado, considerado a alavanca para a realização do paraíso na Terra. Guerras – religiosas, ideológicas, sociais etc. – são imprescindíveis, e uma grande crise com muito sofrimento precederá a salvação final (o modelo original deste tipo de pensamento é o messianismo judaico). Logo, a revolução se acompanhará de violência, e o terror será necessário – inclusive contra traidores internos – para preservá-la de seus inúmeros inimigos. Eis marcas fáceis de serem reconhecidas nas revoluções islâmicas (Irã, Sudão, Argélia, Afeganistão etc.) como em outras revoluções.

Os islamistas são forçados a refletir sobre os métodos para fazer avançar seu objetivo. Como em outras ideologias, esta questão separa uma maioria pragmática e relativamente moderada (a Irmandade Muçulmana atual, por exemplo) que enfatiza meios de persuasão, o diálogo e a educação política, de uma minoria revolucionária que, desesperando-se com a reforma gradativa da sociedade, abraça o caminho da violência. E como acontece com os terroristas na peça de teatro *Os Justos*, do autor existencialista francês Albert Camus, os mais extremos irão até glorificar a violência e a morte. Nas palavras de Osama bin Laden "nós venceremos pois amamos a morte mais do que vocês amam a vida". O fatalismo ("A morte é certa, a hora da morte está nas mãos de Deus") se combina com o voluntarismo numa mistura explosiva: "se é preciso morrer, então que seja para Deus".

Esta obsessão com a transformação do mundo imanente diferencia a ideologia fundamentalista da religião tradicional, mais preocupada com o transcendente, com a salvação individual da alma do fiel e com a manutenção da ordem social tradicional pré-moderna (que supostamente refletia a cósmica). Seria, porém, um erro considerar os fundamentalistas muçulmanos como políticos que conscientemente usam a religião para fins políticos. Eles não são criminosos nem loucos. Fundamentalistas são pessoas sinceramente religiosas; ainda que sua experiência religiosa conduza a uma atuação eminentemente política, ela não se reduz ao político ou social.

Subjetivamente, islamistas não se enxergam como revolucionários que pretendem estabelecer uma ordem completamente nova, mas como fiéis que restaurarão uma ordem antiga e melhor, ordem que existia antes da modernidade e de diversas outras calamidades. Sem tal autenticidade, aliás, eles seriam rapidamente desmascarados e nunca constituiriam o perigo internacional que representam atualmente. Ao contrário de sua própria percepção, porém, seu modo ideológico de pensar é justamente moderno. Como veremos adiante, o autoentendimento "reacionário" é ilusório, pois o fundamentalismo é uma reação contra a modernidade produzida durante e pela modernidade, usa meios modernos e faz, dessa forma, irreversivelmente parte dessa mesma modernidade.

O caráter autêntico, não manipulativo, do fundamentalismo muçulmano como ideologia se observa também nas tentativas de impor a ordem ideal. A "transvaloração de todos os valores", que acontecerá após a queda do poder do Ocidente e a vitória do islã na escala global, está já preparada em pequenas células, pequenos grupos e comunas islamistas, fechadas ao corrupto mundo externo. Na "construção do Estado islâmico" se efetua a ligação entre o externo e o interno: a nova sociedade "pura", idealizada e imposta pela força existe para produzir o novo homem – sempre imbuído de sua missão trans-histórica, totalmente dedicado ao ideal e, portanto, virtuoso e puro.

É nítido como um tal programa pode (e para progredir, precisa) gerar fanatismo e – se tiver êxito – conduzirá fatalmente a um experimento de engenharia social totalitário e sem controles democráticos. Modelo comum entre fundamentalistas muçulmanos e ideólogos de outras tendências.

O ISLAMISMO COMO MOVIMENTO

Falamos da ideologia do islamismo e tentamos desvendar sua psicologia. O islamismo, porém, é em primeiro lugar um movimento social. Quem seria atraído por tal programa? Uma análise da base social esclarece muito sobre o sucesso e os limites do islamismo. Vimos que a primeira onda islamista (anos 60 e 70) quase não ultrapassou as fronteiras do mundo árabe e se limitou essencialmente a alunos e alguns ulemás, apoiados incidentalmente por pequeno-burgueses. Entre os estudantes se destacavam os das ciências naturais e profissões técnicas – médicos, dentistas, engenheiros etc. Tratava-se de grupos superficialmente ocidentalizados mas que não eram educados para um pensamento crítico, o que em princípio se obtém nas ciências sociais e humanas. Dizemos "em princípio" porque na realidade as universidades árabes, já então superlotadas, reservavam as melhores vagas para as ciências exatas, enquanto as sociais eram consideradas de segunda linha. Os fundamentalistas foram recrutados, portanto, entre os melhores alunos, mas que nunca foram adequadamente preparados para a modernidade.

A segunda onda, dos anos 80, foi mais extensa geograficamente – incluindo o Irã, majoritariamente xiita – e maciça o bastante para derrubar o regime do xá. Esta onda se baseava na confluência de três camadas:

a) a coalizão tradicionalista entre dois grupos conservadores: os bazaris, ou seja, os mercadores dos setores não modernos, e os ulemás xiitas;

b) as camadas recém-urbanizadas, desempregadas ou integradas fragilmente na economia informal – grupos que correspondem aproximadamente ao lumpesinato que na Europa entreguerras formava a coluna vertebral da direita radical[5]. No Irã, estes grupos de *mustadhafun*, levados pelo carisma islâmico de Khomeini, responderam com entusiasmo e constituíram a "infantaria" da revolução islâmica

c) os oficiais da revolução foram os membros do que Roy chama de "lumpen-inteligência", e que correspondem aos alunos radicalizados que promoveram a primeira onda: jovens semimodernizados e frustrados, educados demais para voltar ao islã tradicional de seus pais, testemunhas do fiasco da modernização ocidentalizadora mas ainda imbuídos de uma familiaridade com a religião ancestral que lhes facilitou o "retorno às raízes".[6]

Já a terceira e atual onda islamista se baseia essencialmente nas mesmas classes que a segunda, mas com duas distinções. Em primeiro lugar, o alcance geográfico dos grupos atuais é maior do que os movimentos anteriores, estendendo-se progressivamente sobre todo o mundo muçulmano. Vimos algumas expressões disto, desde a Nigéria até a Indonésia (e mesmo em Nova York), nos capítulos anteriores. As causas desta recente expansão ainda não foram bem estudadas. Duas hipóteses se apresentam: por um lado, a grande maioria dos muçulmanos mora em países que sofrem uma dupla crise, tanto socioeconômica quanto cultural-identitária. Crise generalizada que traduz os efeitos paradoxais de uma globalização que exclui ao mesmo tempo que inclui, e que intensifica a comunicação entre grupos humanos antes distantes enquanto aguça a conscientização de diferenças, levando a conflitos étnicos, religiosos etc. Ora essa crise é hoje muito mais profunda, e as estratégias clássicas para enfrentá-la, muito mais desgastadas do que há dez anos. O mundo muçulmano não é o único a passar por essa crise; contudo, ela atinge os muçulmanos em particular, pois estes se concentram nas sociedades mais pobres e seguem uma religião que, mais efetivamente do que as outras, promete a seus crentes a superioridade no plano terrestre.

Por outro lado, há hoje o modelo alternativo fundamentalista, que já se manifestara e se articulara anteriormente no Oriente Médio árabe, o centro cultural do mundo muçulmano. Numa globalização que facilita também os contatos intermuçulmanos, o modelo islamista inspira outras comunidades muçulmanas e leva à imitação – o que Bassam Tibi denomina de efeito dominó islamista.[7]

FUNDAMENTALISMO COMO TRIBALISMO OU NACIONALISMO

O fundamentalismo tem recrutado e se aliado nos últimos quinze anos, em certos casos, a grupos marginais e tribais, que o usam em prol de seus interesses sectários. A sociedade da península árabe, que constituiu o berço do islã, era tribal. Uma estrutura que organiza grupos humanos com base na consanguinidade é apropriada para sociedades nômades, pré-estatais. A transição para o Estado pressupõe a neutralização de tais laços primordiais em favor de uma organização territorial. No caso do islã, o fato desta religião universalista ter surgido numa sociedade pré-estatal – ao contrário do budismo e do cristianismo – teria graves consequências políticas em sua expansão fora da península Árabe. O islã tentou superar as lealdades anteriores que dividiam as tribos beduínas num compromisso universal religioso que não reconhecia divisões tribais, locais, étnicas e outros particularismos, não conseguindo, contudo, completar esta tarefa. Isto se vê nos conflitos e guerras civis relativas à sucessão do Profeta: eles tinham como conteúdo a legitimidade religiosa da liderança política, mas lealdades familiares e tribais influenciaram amplamente o curso dos eventos.

Tais divisões pré-islâmicas se espalharam para além da própria Arábia, por meio de conquistas e do assentamento dos exércitos árabes, transplantando-se para o mundo muçulmano – pelo menos no mundo árabe contemporâneo. Bassam Tibi conclui que o império muçulmano, ao invés de sua pretensão universalista, nunca estabeleceu um Estado integrado, mas sempre operou politicamente com base nas linhagens e lealdades tribais ou étnicas.[8] Isto geraria uma perpétua "guerra de todos contra todos" que dificulta a integração nos moldes ocidentais de uma sociedade que (idealmente) organiza suas funções e distribui seus recursos com o uso de uma meritocracia transparente baseada em leis, regras e procedimentos impessoais, implementada por uma burocracia neutra.

Bassam Tibi afirma que, em termos weberianos, a sociedade árabe-muçulmana, em vez de estabelecer (como pretendem os islamistas) uma liderança objetiva e legal, nunca transcendeu os níveis da monarquia tradicional e da liderança carismática.[9] Tal perspectiva provavelmente exagera as facções e conflitos internos. No entanto, é inegável que até hoje

O que querem os islamistas? | 307

Mercado no norte marroquino. As populações não abandonam os laços comunitários e os valores primordiais do islã

muitas sociedades mediorientais têm tido dificuldades em construir um Estado moderno. Não se realizaram o Estado pan-árabe tampouco (com certas exceções significativas como o Egito e a Turquia) Estados-nações regionais estáveis.

Os fatores tribais-étnicos-sectários continuam sendo o critério mais importante de poder político, econômico e cultural numa série de Estados: Líbano, Jordânia, Síria, Iraque (pelo menos até a queda do regime ba'athista), Arábia Saudita e os principados do Golfo, além do Marrocos. É claro que a concessão pelo poder colonial de privilégios e armas a minorias ou tribos específicas reforçou estas quebras internas; porém, os europeus não teriam sido capazes de introduzir tais políticas se já não houvessem profundas divisões anteriores. Estas não apenas sobreviveram a quinhentos anos de regime otomano mas foram ativamente sustentadas por ele. O sistema dos *millets* era mais tolerante do que a homogeneização nacional-religiosa que ocorria, na época, na Europa – mas ele produziu indiretamente os conflitos internos que atualmente afligem o Oriente Médio e os Bálcãs.

É notório que os vínculos tribais tradicionais tenham sobrevivido à urbanização atual. Hoje apenas uma pequena proporção da população ainda vive nas condições de pastoreio nômade que deu origem ao sistema tribal. A grande maioria se sedentarizou há muito, e hoje está migrando para a cidade. Porém, os valores, o sistema de favores e obrigações mútuas entre membros da mesma linhagem continuam exercendo suas influências. A maioria das posições de poder na Síria está nas mãos de *alawitas* da tribo de Asad; no Iraque de Saddam, estava entre seus familiares da cidade de Tikrit. Tendências dinásticas se mantêm fortes em quase todos os países medio-orientais, o que não ocorre por acaso.

A ligação entre o tribalismo e o fundamentalismo não parece evidente à primeira vista. Fundamentalistas muçulmanos, em geral, enfatizam o universalismo, em vez do particularismo. Contudo, particularismos influenciaram o Afeganistão, onde os talebã foram recrutados entre determinadas etnias; e a Argélia, onde a violência islamista exibe nítido caráter antiberbere. Em vários outros lugares, o fundamentalismo muçulmano funciona como ideologia que sustenta e legitima o que são, primariamente, reivindicações grupais-étnicas, como as dos chechenos contra os russos, as dos árabes contra populações negras no Sudão, e de etnias opostas na Nigéria.

Já vimos como o Hezbollah traduzia reivindicações grupais dos xiitas libaneses. O mesmo pode ocorrer em breve com os xiitas no Iraque. No Paquistão também, movimentos fundamentalistas podem mascarar reivindicações étnicas, como a dos *pashtus*. Por mais paradoxal que seja, então, o fundamentalismo, basicamente universalista, pode, em circunstâncias específicas, ser a expressão de particularismos nacionalistas. Na medida em que isto acontece, expande a base social de movimentos fundamentalistas.

FUNDAMENTALISMO COMO RESPOSTA ÀS CRISES DA CIDADE E DA DESCLASSIFICAÇÃO

O Oriente Médio e, cada vez mais, a Ásia meridional sofrem um duplo processo de explosão populacional e de modernização desigual. A taxa de crescimento no mundo muçulmano é fenomenal. O Irã, por exemplo, tinha 25 milhões de habitantes em 1965, quase quarenta milhões na época da revolução e 65 milhões em 2003. O Egito, menos de trinta milhões em 1965, mais que o dobro hoje. A Argélia, com menos de dez milhões à época da independência em 1962, abriga atualmente mais de três vezes este número. Nenhuma economia pode absorver tais números. No mesmo período, a integração no mercado internacional avançou, com resultados muito desiguais. A agricultura, parcialmente voltada à exportação, mesmo com pouca mecanização, não produz o número de empregos necessários e deságua o excedente humano nas cidades. O Oriente Médio é hoje, portanto, uma região altamente urbanizada.

Os jovens citadinos são maciçamente absorvidos numa rede escolar-colegial-universitária quantitativamente inadequada e qualitativamente lamentável. Garotos e garotas, trazendo de casa normas tradicionais e mal preparados para uma livre comunicação com o outro sexo, ficam em estreito contato nas salas de aula, ônibus e dormitórios superlotados. Aprendem de maneira mecânica disciplinas imbutidas de valores modernos ocidentais. Essa educação é de pouca serventia, pois após obterem o cobiçado diploma, não há emprego suficiente para a maioria. O Estado, que outrora quase sempre garantia uma vaga (ainda que mal paga) no funcionalismo público, não consegue mais gerar empregos para os novos formandos. Sem emprego fixo, contudo, não há sustento econômico e prestígio social (atribuído tradicionalmente ao "doutor" diplomado). Sem estas precondições, perde-se a oportunidade de negociar um bom casamento e de estabelecer uma família.

Ao mesmo tempo, essa nova geração urbana está exposta diariamente às promessas e "tentações" da modernidade: carros, televisões, filmes e músicas que exaltam todos os luxos de uma carreira bem paga, livre escolha do parceiro ou parceira matrimonial, viagens e estudos no exterior, individualismo, libertação das restrições. Portanto, o Ocidente propõe um mundo que simultaneamente atrai, desconcerta e escandaliza os jovens muçulmanos, mas – isto é crucial – que a esmagadora maioria percebe, rápida e amargamente, estar para sempre fora de seu alcance. Essa experiência tão ambígua de atração e de repulsão da modernidade os empurra para os braços do islamismo.

O islamismo explica por que estão nesta situação, atribui a culpa às forças externas (imperialistas, cristãos, judeus etc) e ensina como a volta à observância religiosa será o primeiro passo rumo a um futuro mais digno – tanto para diminuir sua frustração e angústia mental quanto ("se Deus o quiser") para transformar a realidade injusta e punir quem causa sua miséria: os poderosos e decadentes infiéis do Ocidente e seus lacaios e imitadores no próprio país muçulmano. A volta à religião dá um sentido à vida desorganizada e sem perspectivas, proporcionando defesas psicológicas "seguras" contra as tentações.

Entende-se a atração do modelo fundamentalista, que cresce não só pelo fiasco dos modelos anteriores – o nacionalista-secularista e o islâmico-reformista – mas também por suas próprias forças. A situação moral e social dos "pseudomodernizadores" do mundo muçulmano é a chave do crescimento do antiocidentalismo e do fundamentalismo. É certo predizer que o fundamentalismo continuará recrutando entre esses grupos e crescerá ainda mais – enquanto não houver uma transformação positiva da situação socioeconômica do mundo muçulmano – ou a formulação de uma ideologia alternativa que servirá melhor para enfrentar tal realidade.

AS ESTRATÉGIAS DO ISLAMISMO: ENTRE LIDERANÇA CARISMÁTICA E INSTITUCIONALIZAÇÃO

Movimentos fundamentalistas muçulmanos são, em primeiro lugar, movimentos sociais modernos. Há uma importante diferença entre fundamentalistas e as comunidades islâmicas tradicionais – tanto as institucionalizadas pelo Estado, tais como os ulemás, quanto as mais autônomas, como *tariqas* sufis. Os primeiros diferem ainda das aglutinações informais e impermanentes do islá popular: os pequenos grupos íntimos de crentes da mesma aldeia, os ritos nos túmulos de santos, as cerimônias de exorcismo etc. O islamismo é uma reação antimoderna que, contudo, pertence à modernidade. Isso se percebe também na forma de organização, operação e propaganda.

Não há movimento fundamentalista sem ideólogos e líderes individuais, mas são também necessários outros requisitos: para alcançar suas metas, os islamistas precisam se organizar. A escola "protofundamentalista" dos deobandis foi, já na Índia britânica dos anos 1860, uma das primeiras a inventar o princípio primordial da modernidade que é a instituição independente, separada da pessoa do fundador ou de seu teólogo e professor principal, e separada da mesquita local.[10] O próximo passo seria o partido político. Aqui, porém, enfrentava-se um problema: todos os movimentos fundamentalistas almejam, por definição, o poder do Estado, mas usam de uma grande variedade de estratégias para alcançar esse objetivo. Como sua postura é contestatória, e como a maioria dos Estados onde eles atuam são autoritários, os fundamentalistas em geral não têm acesso a meios de ação pública "legítima".

Estabelecer um partido político formal não é uma opção na maior parte do Oriente Médio. (Há exceções como a Irmandade Muçulmana no Egito, o partido

Refah na Turquia, a Jama'at-i Islami no Paquistão. Porém, trata-se, nesses casos, de partidos pacíficos e evolucionistas e/ou sob controle das autoridades.) A ausência de democracia não implica automaticamente uma estratégia revolucionária, mas é inegável que as parcas oportunidades legais dadas à oposição fazem com que facilmente recorram à violência. Nem todos os movimentos usam como arma o terrorismo, apesar de certos grupos o fazerem. De qualquer forma, os movimentos fundamentalistas beiram quase sempre a clandestinidade.

Existem, porém, muitas diferenças: há movimentos de massa e grupos minúsculos. Fundamentalistas "conquistam" uma mesquita ou congregação existente que servirá de base logística, como o Hamas nos territórios palestinos; organizam-se em madrasas próximos de professores prestigiosos, como no Paquistão; ou constituem novas comunas em oposição à sociedade, como aconteceu na base de Fayyum no Egito. No xiismo, onde o clero se beneficia de uma autonomia maior em relação às autoridades políticas, *mullas* estão muitas vezes no centro do movimento. No sunismo, os ulemás são em muitos casos funcionários pagos, e os movimentos islamistas se organizam em geral em oposição a estes "advogados do sultão", considerados corruptos pela associação com o poder.

A liderança de movimentos fundamentalistas sunitas é em geral carismática e autoproclamada: o novo *amir al muminin* (comandante dos fiéis) não é designado por nenhum processo formal, mas sabe, no interior de seu ser, que é chamado por Deus. Com a força de suas palavras e de seu exemplo pessoal, tal inspirador agrupa acerca de si um núcleo de seguidores. Há casos onde os líderes políticos de grupos fundamentalistas obtêm uma legitimação religiosa mais tradicional por meio de (certos) ulemás, como o xeique Umar Abdul Rahman, que abençoou o *Jama'at al-Jihad* no Egito. Porém, é mais comum que o próprio líder se torne o guru, determine as regras e o comportamento dos crentes-seguidores, organize a vida e atividades destes e estabeleça uma hierarquia de "tenentes" que cuidam do contato com os "partidários".

A partir do momento em que acreditam que o líder possui a sanção de Deus, eles aceitam e obedecem à sua autoridade. Constitui-se aqui – em dimensões ainda microscópicas – um contrapoder, que já não mais aceita a legitimidade da autoridade do Estado. Uma situação que, se for propagada, por fim gerará um estado revolucionário. Nesse ponto o líder, o novo imã, arroga-se a autoridade de promulgar éditos religiosos. É o caso, por exemplo, de Osama bin Laden. Como o islã – ao contrário da maioria das Igrejas cristãs (catolicismo, luteranismo, presbiterianos, patriarcado ortodoxo etc.) – não conhece uma autoridade circunscrita, permanente e institucionalizada por procedimentos específicos de seleção e reconhecimento, é possível a qualquer muçulmano, em princípio, reivindicar esta autoridade. A reinvindicação pode vir pela habilidade em atrair seguidores, derrotar concorrentes e inimigos, e implementar seu programa – um tipo de "seleção natural" e de "sobrevivência do mais apto" que ocorreu muitas vezes na história do islã. É claro que quanto mais um movimento se institucionaliza, maior é sua chance de sobreviver ao desaparecimento do fundador. A maioria dos movimentos islamistas, porém, não chega a este ponto.

ENTRE RETIRADA E ATIVISMO

A mesma relativa amorfia institucional produz um outro resultado: a descentralização. Há muitos grupos fundamentalistas muçulmanos, tanto originais quanto cismas de outros já existentes. Ainda que cada um deles objetive a uma estrita organização, as condições de clandestinidade estimulam uma forma de organização em rede, não hierárquica. A fragmentação destes grupos torna difícil a luta contra o terrorismo e outras expressões violentas. Vimos as condições sociais objetivas, políticas e ideológicas que causam a criação dos movimentos fundamentalistas e levam à sua multiplicação: os grupos opositores islamistas, portanto, são numerosos, pequenos, dispersos, altamente motivados e altamente desconfiados de possíveis elementos infiltrados.

Quando um grupo é erradicado, outros tomam seu lugar. Quando um líder modera sua ideologia ou expressão, outros mais radicais o considerarão um traidor e tentarão neutralizá-lo ou eliminá-lo, continuando a seguir a linha "não adulterada". Por esta razão, é altamente improvável que um Salman Rushdie se encontre em verdadeira liberdade de movimento – mesmo após a revogação oficial pelas autoridades religiosas iranianas da *fatwa* de Khomeini que o condenou à morte. Sempre haverá aqueles que não aceitam esta "traição" dos princípios, que acreditam que uma *fatwa* nunca pode ser revogada, e que tentarão assassinar o "apóstata". Sempre haverá quem obedeça às *fatwas* de Osama bin Laden.

Ocorre no islã político o mesmo fenômeno de multiplicação de seitas cada vez mais radicais, que antes caraterizou o movimento marxista, e que hoje aflige as tentativas de reconciliação dos conflitos étnico-religiosos na Irlanda do Norte, entre Israel e Palestina, no Chipre, Sri Lanka etc. Há sempre um grupo que, em nome do ideal, rejeita a acomodação com o outro partido, "pecaminoso" ou "culpado", e que acredita que, como único detentor da verdade, tem o direito de impor seu ponto de vista, e de prevenir pela violência a reaproximação. Neste sentido, islamistas têm mais em comum com fundamentalistas de outras religiões e com extremistas políticos do que com seus próprios correligionários muçulmanos liberais.

Os caminhos para realizar o Estado islâmico, na vigorosa tipologia do antropólogo israelense Emmanuel Sivan, variam essencialmente entre três polos: o isolacionista, o educacional e o violento. Sivan propôs que estes três pontos constituem na realidade três estágios consecutivos.[11] O primeiro é a retirada do fundamentalista da sociedade corrupta, neo-*jahili*. Os crentes "começam de novo" e estabelecem uma pequena comunidade pura e puritana, tipicamente perto do deserto, longe das influências da cidade ocidentalizada. Segue-se um período de meditação e autopurificação. O "muçulmano renascido" mergulha na religiosidade: é uma migração como a *hégira*.

Todavia, o exílio interno pode também funcionar como preparo para a segunda fase: a reentrada na sociedade. Um trabalho educacional-evolucionista, espera-se, levará os outros muçulmanos à mesma percepção. Com sua ênfase na transformação individual, esta prática equivale a uma missão (*da'wa*) de tipo "saudita". A paciente construção de instituições locais de apoio social a muçulmanos desprivilegiados para suprir a deficiência do Estado integra a capacitação local com a islamização. Porém, se o ativismo não trouxer os resultados esperados, abre-se um terceiro estágio, político-revolucionário – seja do tipo guerrilheiro (o "modelo iraniano"), seja a violência terrorista de pequenos grupos autônomos, que por seus atos exemplares de *jihad*, sacrifício e martirização esperam abalar o regime condenado e despertar a massa dos fiéis. Se a violência não conseguir seu objetivo, uma parte dos sobreviventes da repressão se exilará novamente do mundo e voltará ao "mosteiro", fechando o ciclo triângular.

A "meio-modernidade"[12]: entre o uso da tecnologia e a rejeição da razão

Há mais um aspecto fundamental que comprova o quanto os islamistas – ao contrário da utopia reacionária que adotam – integram a modernidade: a tecnologia. Fundamentalistas rejeitam a ocidentalização, mas utilizam a tecnologia moderna baseada na racionalidade e geralmente de origem ocidental. Para ilustrar este ponto lembremos a resistência antitecnológica que caracteriza os verdadeiros tradicionalistas. Quando, nos anos 20, Ibn Sa'ud estabeleceu o primeiro Estado fundamentalista na Arábia, os ulemás se opuseram ao rádio e outras tecnologias "satânicas"[13]: eles eram os últimos tradicionalistas autênticos. O rei superou essa resistência demonstrando que a invenção não era diabólica mas neutra, pois também podia disseminar o Alcorão, a palavra divina. Ibn Sa'ud foi assim, de certa forma, o primeiro fundamentalista.

O islamismo atual seria impensável sem a tecnologia moderna. Fitas disseminam os sermões de pregadores; manifestações são coordenadas por telefone, fax e *e-mail*; vídeos perpetuam a imagem do mártir que se tornou homem-bomba, e a mais terrível organização fundamentalista de todas é assim denominada também em função do banco de dados digitais de militantes internacionais elaborado por seu líder, um engenheiro com educação ocidental: a al-Qaeda, que significa database. O problema que se coloca aos fundamentalistas é que eles querem e, para ter êxito, precisam da ciência e da tecnologia, frutos da racionalidade moderna, mas rejeitam como idolatria os valores e modos de pensar que estes elementos produzem. Abraçar a modernidade tecnológica, rejeitar a modernidade sociocultural: essa contradição pode justamente se tornar seu calcanhar de aquiles.

OS RESULTADOS

Isso nos leva a uma rápida avaliação das realizações do fundamentalismo muçulmano até agora. O fundamentalismo pode solucionar a crise generalizada do Oriente Médio que o gerou? Avaliar o desempenho do(s) islamismo(s) é um desafio árduo por dois motivos: em primeiro lugar, talvez seja cedo. Sem a reforma calvinista, o movimento puritano, que cem anos mais tarde estabeleceria no litoral atlântico norte-americano o núcleo da sociedade democrática pluralista que se desenvolveria nos EUA, teria sido impossível. Mas os contemporâneos que viveram o drama das guerras de religião, perseguições e execuções nas fogueiras, não podiam prever isso. A Revolução Francesa acabaria na Europa inteira com a servidão e expandiria os princípios da cidadania, igualdade jurídica e liberdade individual que permeia o mundo moderno; as testemunhas, porém, ficaram mais impressionadas pela guilhotina. Pode-se argumentar que nós, contemporâneos, carecemos da distância necessária para avaliar o islamismo com um mínimo de objetividade.

Em segundo lugar, não existem critérios consensuais para avaliar o fundamentalismo, pois ele nega os critérios ocidentais modernos e propõe outros em seu lugar. A maioria dos telespectadores ocidentais na Europa e nas Américas (além de não poucos muçulmanos) ficam chocados e enojados pelo repetido uso da violência terrorista contra populações civis – a propaganda universal dos radicais do islã. Entretanto, do ponto de vista de Osama bin Laden, não há norte-americanos inocentes, e para Ahmad Yassin, do Hamas, da mesma forma não há judeus inocentes. Como tanto os EUA quanto Israel (os dois alvos preferidos) são mais fortes, mais ricos e usam ampla violência contra muçulmanos, começamos ouvir vozes (ainda cautelosas) que reinterpretam a violência terrorista como resposta mais ou menos legítima contra intromissões, invasões e ocupações tidas como judaico-cristãs.

Outros vão mais além e traduzem o fundamentalismo, por mais desconcertante que seja, como uma revolta, justificada em si, contra a supremacia ocidental. Ele seria uma expressão local das tradicionais reivindicações socioeconômicas dos oprimidos do terceiro mundo, ou (numa visão mais pós-moderna) uma legítima busca da autenticidade cultural contra a colonização imperialista das mentes.[14] Mesmo tais leituras, porém, apresentam teor apologético. Ninguém está realmente satisfeito com a violência – com exceção daquela minoria de islamistas que a abraça. Os mortos sob as torres gêmeas seriam simplesmente o equivalente das vítimas da guilhotina, "adubo da história", perdas lamentáveis mas imprescindíveis para realizar uma nova ordem?

Deixemos de lado a avaliação ética para observar o que os islamistas fazem na prática, uma vez no poder. Os exemplos são (ainda) poucos: Irã, Afeganistão, Sudão ou talvez só o Irã, pois os outros dois estavam permanentemente envolvidos em guerras intermináveis. O Irã é, também, o caso mais fácil de ser julgado objetivamente, porque um quarto de século já nos separa da sua transição e da fase do terror. Estabeleceu-se um Estado semiclerical-despótico, não tão totalitário como nos fazem crer seus detratores mais extremos, mas com poucas das liberdades usuais no Ocidente. Há controle das mídias, da educação, limitação da liberdade das mulheres, punições alcorânicas e outras restrições.

Na época da Guerra Fria, admiradores de Stalin ou Mao Tsé-tung diziam que as liberdades civis eram um luxo burguês que se apaga ao lado da necessidade de providenciar à massa dos indigentes direitos básicos: comida, moradia, aquecimento, medicamentos. Pois bem, como o Irã islâmico desempenhou a tarefa do desenvolvimento socioeconômico? A reforma agrária não se realizou. O desemprego rural e urbano ainda está alto. A pobreza apenas diminuiu comparada à era do xá. O contraste entre ricos e pobres não é mais tão gritante, mas a corrupção voltou. Pode-se observar que a crise populacional não foi resolvida nem amenizada, mas deu-se o contrário, por causa da proibição fundamentalista do controle da natalidade. O país ainda é dependente do mercado mundial e ainda deriva sua renda da exploração de um único recurso, não renovável: o petróleo.

O fundamentalismo talvez não tenha piorado o desenvolvimento da sociedade, mas com certeza não o melhorou. Isto sem contar as centenas de milhares de mortos e inválidos (na sua maioria, jovens) voluntariamente sacrificados numa guerra inútil, que poderia ter terminado muito antes. A maior indicação do fracasso do regime fundamentalista, contudo, se observa na mobilização da maioria da população – em particular as camadas menos conservadoras, jovens, mulheres e escolarizados – em prol de uma democratização. A sociedade civil iraniana não pretende reocidentalizar nem eliminar a religião da vida pública. Quer estabelecer um pluralismo político, garantir as liberdades individuais, reduzir o poder político institucionalizado do clero e abrir o Irã a uma livre comunicação com outras civilizações, inclusive a ocidental. Após mais de duas décadas do "governo de Deus", a maioria dos iranianos gostaria de eleger um outro governante.

Em conclusão, não parece que "O islã é a solução" para os problemas de desenvolvimento do mundo muçulmano. As proezas do regime Talebã no Afeganistão e al-Bashir no Sudão são ainda muito piores. O islamismo não tem novas soluções no âmbito socioeconômico.

O contra-argumento islamista, porém, é simples e efetivo. O islã não é um sistema econômico de tipo ocidental, projetado para produzir crescimento material. Isso seria manter-se dentro da lógica materialista, individualista e ateísta que ele vem rejeitar. Ao contrário do capitalismo, o regime islamista não é julgado por suas realizações econômicas, mas sim espirituais. O islã providencia um contexto para venerar Deus como Ele quer e instrui a Sua veneração: este é o objetivo do ser humano. Na sua própria percepção (que é aceita por uma boa parte do mundo muçulmano) "o êxito não se mede pelo progresso mundano mas pela religiosidade".

Os fundamentalistas, além disto, seriam os primeiros a confessar que nem no campo espiritual tudo está em ordem. Quaisquer falhas, porém, são atribuídas aos muçulmanos, que são, como todos nós, seres humanos passíveis de falhar; o próprio islã é, em si, infalível por definição: basta aplicá-lo mais assiduamente. Com este sistema de valores, o islamismo se imuniza contra todas as derrotas: não há mais nenhum critério comum para julgar o êxito ou o fracasso da sociedade fundamentalista. A única saída seria afirmar que a maioria da humanidade não a aprecia. Gosto, porém, não se discute.

QUAIS OS MOTIVOS PARA O SUCESSO DO FUNDAMENTALISMO NO ISLÃ?

Até aqui, exploramos algumas das precondições e causas do surgimento do atual fundamentalismo muçulmano. Queremos agora sistematizar algumas possibilidades de conclusões. Por que, afinal de contas, o fundamentalismo surge agora? E por que surge com virulência particular no mundo muçulmano?

O MITO DA MODERNIDADE

"O fundamentalismo muçulmano ou islamismo é um produto antimoderno da modernidade." Para entender essa afirmação, é preciso que entremos em acordo sobre os conceitos. A que modernidade o islamismo se opõe? Ela inclui, como "tipo ideal", a sociedade diferenciada entre esfera pública e esfera privada: na primeira, os integrantes são cidadãos iguais, com direito à expressão e organização política, com liberdade de informação, comunicação e discussão; na segunda, eles são livres para seguir seus interesses e suas preferências religiosas, ideológicas, estilo de vida etc.

Na economia, a modernidade se baseia no capitalismo industrial. No governo, na lei e na burocracia impessoal. Na administração, o acesso às funções de poder está aberto a todos com base na competência. Na política, todos participam das decisões (democracia). No pensamento, a modernidade deriva da primazia da razão: a sociedade moderna não pressupõe a verdade ou primazia de qualquer ideia, religião ou ideologia específica – com exceção da noção da própria não primazia e da livre e pacífica competição entre as ideias. Em consequência, tolerância e pluralismo fazem parte da modernidade. Tal sociedade tem liberdade de religião, mas esta faz parte da esfera privada. A modernidade se acompanha comumente da urbanização, do declínio dos laços sociais tradicionais e da família nuclear, do reforço do individualismo, da emancipação da mulher e da extensão da educação a todos. Uma sociedade moderna tem, em geral, a forma política do Estado soberano, limitado por fronteiras com outros Estados, e estes pertencem a uma "sociedade internacional", que obedece a certos valores, normas e regras consensuais.[1]

É visível que o modelo acima não descreve nenhuma sociedade conhecida. Descreve, contudo, os ideais da maioria das sociedades ocidentais e as linhas matrizes que têm regido o desenvolvimento internacional. Pois a modernidade não é uma situação estável: ela é fruto de um complicadíssimo processo histórico. A sociedade moderna se desenvolveu baseada em, e contra, formas de convivência social anteriores, "tradicionais", eliminando-as depois. Essa "modernização", que se inventou historicamente na Europa ocidental e América do Norte, é mais eficiente do que todas as outras (justamente por causa desses ideais, dizem seus defensores) e, portanto, teve mais invenções, maior produtividade econômica e supremacia militar. Em consequência, a modernização se expandiu nos séculos passados a partir de sua base ocidental pelo mundo inteiro, conquistando política, econômica e culturalmente as demais sociedades: é o processo da colonização, que levou à exploração das sociedades não ocidentais.[2]

Entretanto, a exploração, a competição entre as potências ocidentais e outros fatores (incluindo, surpreendentemente, até as boas intenções) conduziram à expansão às vezes parcial desta modernização nas colônias. Ela foi parcial porque os ocidentais exportaram os métodos e técnicas da modernidade, mas não estavam em geral interessados em introduzir nas colônias os valores correspondentes de racionalismo e liberdade que produziram esses meios tão eficientes. Mas eles não puderem fazer um sem o outro. O resultado foi que, nas colônias, certas camadas, educadas nos moldes ocidentais, conseguiram mesmo assim se apropriar desses princípios, aplicaram as ideias da modernidade à sua própria situação e depois usaram-nas contra os colonizadores.

Pela descolonização, então, as sociedades colonizadas adotaram os princípios que subjaziam àquela modernidade, tão bem-sucedida no Ocidente (aparentemente): ideias como autodeterminação, nação, desenvolvimento etc. Eles reconquistaram a independência, constituíram-se em Estados nacionais que integraram a sociedade internacional enquanto novas unidades e começaram seu próprio desenvolvimento socioeconômico com base nos moldes copiados do Ocidente (seja na versão liberal, seja na forma contestatória do socialismo, mas ainda assim ocidental).

Tal é o mito da modernização. Mito, em primeiro lugar, porque a realidade histórica foi vastamente mais complicada e contraditória. Também porque atribui a "emergência do Ocidente" a fatores primariamente internos, descartando fatores externos tais como (1) a influência geográfica que beneficiou certas regiões em lugar de outras,[3] (2) a influência temporal, que favoreceu as primeiras sociedades modernas à custa das retardatárias,[4] e (3) a influência estrutural de um "sistema mundial", que abarca todas as sociedades numa rede global, determina o papel de cada uma e da qual é difícil escapar.[5] Mito, por fim, porque por trás da fenomenologia desta "modernização" se esconde uma teleologia de desenvolvimento determinista que parece uma versão secularizada do arco do tempo linear – aquele do deus das religiões da revelação –, desde a criação até o último julgamento.

Contudo, além dos pressupostos ideológicos, o processo da modernização existe e influencia. O debate sobre a modernidade, seus prós e contras, e seu modo de se expandir e gerar contradições não está encerrado. O que é inegável, no entanto, é que algo como a modernidade existe, que ela tem penetrado as sociedades muçulmanas, e que ela provoca hoje – após tentativas de imitação ou adaptação – reações de rejeição. Entre elas, o fundamentalismo muçulmano.

O FUNDAMENTALISMO MUÇULMANO É UMA REAÇÃO CONTRA A MODERNIDADE

Se o esboço anterior é correto, o fundamentalismo só pode emergir onde as condições sociais estão pelo menos em parte modernizadas. Movimentos para purificar a fé e recriar um passado idealizado são quase tão antigos quanto o próprio islã. Eles têm, aliás, similares em outras religiões. Porém, tais "fundamentalismos pré-modernos" nunca dispuseram de meios tão eficientes para remodelar e controlar a sociedade como os disponíveis no mundo contemporâneo. Por outro lado, nunca antes da modernização houve desafios secularista-democráticos comparáveis aos que atualmente enfrentam as comunidades muçulmanas. Estas diferenças são mais do que quantitativas, elas representam um salto qualitativo, e esta descontinuidade explica tanto a singularidade quanto a virulência da resposta antimoderna que é o fundamentalismo.

Tomemos um exemplo concreto. Um acontecimento como o estabelecimento da Arábia Saudita nos anos 20 e a imposição de um Estado islâmico puritano, apesar das semelhanças superficiais, ainda não é fundamentalismo. Ele corresponde mais ao modelo (e representa um dos últimos casos) das revoluções nômades puritanas que pontuaram a história muçulmana. Os Ikhwan não reagiram contra a penetração da vida moderna no Najd – ela ainda não chegara lá – mas contra a presença de formas pré-modernas de "superstições" a seu ver, do tipo que marcavam o islã popular por toda parte: veneração de túmulos de santos, práticas mágicas, cerimônias demasiado emotivas etc.

Talvez os talebã dos anos 90, que operaram numa sociedade atrasada cujo desenvolvimento não difere demasiadamente do da Arábia há setenta anos, pertençam à mesma categoria.[6] Por outro lado, a tentativa, em 1979, do pequeno grupo saudita liderado por Juhaiman al-Utaybi de ocupar a Grande Mesquita de Meca foi, de fato, fundamentalista: ele não combateu o islã popular (há tempos exterminado na Arábia Saudita pela monarquia) mas a própria monarquia e seus ulemás, considerados corruptos, não autênticos e a serviço de interesses ocidentais.

Em outras palavras, o projeto "fundamentalismo moderno" se define, em contraste com os puritanismos anteriores, tanto por um objeto completamente diferente – a sociedade muçulmana já parcialmente afetada pelo impacto externo da modernidade – quanto por um sujeito novo, antes inexistente: o muçulmano alienado que irá "reconstruir" (às vezes de maneira bastante amadora) "seu" islã. O fundamentalismo muçulmano, portanto, quando emerge no Oriente Médio, encontra-se exatamente nos países mais avançados, nas cidades e nas camadas em contato com a modernidade, mas não satisfatoriamente integradas nela, seja no Egito, no Líbano, no Iraque ou no Irã. O Paquistão, ainda que não faça parte do Oriente Médio, integra, excepcionalmente, o mesmo grupo por causa do seu intenso problema de identidade coletiva, que estruturalmente lembra a situação médio-oriental.

A problemática das identidades coletivas conflituosas e superpostas constitui o forno (*melting-pot*) no qual se forja o islamismo. Lembramos que o Oriente Médio consiste numa multidão de etnias e tribos justapostas, artificialmente integradas, com questionável legitimidade, mas todas influenciadas pela língua e cultura árabe e/ou pelo islã. Após a queda dos impérios muçulmanos foi, portanto, impossível achar um ponto de equilíbrio para construir uma identidade coletiva abrangente. Três ideologias alternativas se desenvolveram na luta contra a colonização: duas secularistas – o nacionalismo pan-árabe e os patriotismos regionais – e uma religiosa – o islã político, mas em geral ainda modernista. Ou seja, todas as três apostaram de alguma forma na modernização do mundo muçulmano. (Duas outras ideologias universalistas importadas, o liberalismo e o comunismo, despertaram menos identificação). O desapontamento com estas ideologias provocará uma busca por soluções mais radicais.

O FRACASSO DO DESENVOLVIMENTO MODERNIZANTE: COMO O FUNDAMENTALISMO NASCEU...

Desde as independências, no segundo terço do século XX, as três ideologias citadas no tópico anterior rivalizaram pela hegemonia no mundo muçulmano médio-oriental.

Quais os motivos para o sucesso do fundamentalismo no islã? | 321

Mesquita moderna ao lado de posto de gasolina na Turquia: o desafio da convivência entre religião e modernidade

A secularização era superficial, só atingia camadas restritas de intelectuais e profissionais, deixando a maioria entregue a uma religiosidade tradicional nunca verdadeiramente erodida. A contínua presença do islã, evidentemente, constituía a precondição fundamental para o êxito posterior do islamismo.

O islã se organiza numa religiosidade de círculos concêntricos: no centro há os mais religiosos e tradicionais, próximos dos quais há grupos cada vez menos fiéis à prática islâmica tradicional e mais abertos a influências culturais alheias. A periferia dos círculos está em intensa interação com a modernidade e se assimila a ela. A maioria da população muçulmana provavelmente se encontra em algum lugar no meio, entre os mais tradicionais e os mais secularizados. Estes estão numa situação incômoda: dependendo da época e das tendências, ou não levam a sério os que estão mais no centro da prática ortodoxa ou se sentem culpados em relação a eles. Sua posição é instável; em função da força dos vetores, os "muçulmanos intermediários" têm de optar entre uma modernização mais profunda e a "solução do islã".

O fracasso dos dois primeiros modelos de desenvolvimento secularistas abriu espaço para a radicalização do terceiro, o religioso. Na conjuntura que as sociedades médio-orientais mais avançadas alcançam nos anos 70, a globalização provoca uma rápida mudança social que se intensifica e se desdobra de uma alienação cultural cada vez mais dolorosa. A exacerbação dessa crise socioeconômica generalizada se junta então à pressão cultural. Da combinação destas pressões nasce o fundamentalismo. Do ponto de vista socioeconômico, ele é, simplificando, uma resposta ao duplo processo de crescimento populacional e educacional.

Entre os jovens pseudomodernizados, certos grupos que se sentem mais desafiados pela pressão cultural buscam uma resposta e descobrem-na na reasserção da autenticidade cultural-identitária mediante a volta à religiosidade islâmica pessoal. Para muitos, isto repercute no estilo de vida; para outros, num engajamento político. A radicalização e politização destes grupos produz os primeiros quadros realmente fundamentalistas. Para uma ação politicamente efetiva que poderia implementar seu programa, porém, as elites islamistas ainda carecem das massas conservadoras, recém-urbanizadas mas não secularizadas.

Conflitos como a Guerra do Golfo e a crise palestina são fatores que atuam como gatilhos que facilitam a junção entre quadros intelectuais islamistas e massas tradicionais. Resultam desta aliança de forças as atuais e intensas pressões para islamizar a sociedade. Com uma massa crítica mínima, a ala mais extremista do movimento fundamentalista dispõe doravante de uma alavanca: manifestações e ações terroristas desafiam as elites ocidentalizadoras. A repressão pode fazer a sociedade muçulmana entrar num círculo vicioso de radicalização.

... E COMO ELE SE EXPANDE: FATORES SOCIAIS E PSICOLÓGICOS

Só posteriormente fundamentalismos se desenvolverão também em outras sociedades muçulmanas, fora do "núcleo médio-oriental". Tais fundamentalismos mais recentes, como na África, na Ásia central e na Indonésia crescem por três fatores: a) eles são "cópias" que se inspiram no original médio-oriental; b) eles surgem em sociedades muçulmanas atingidas econômica e culturalmente pelas mesmas forças globalizantes, só que mais tarde do que no Oriente Médio, e que reproduzem os mesmos efeitos; ou c) os fundamentalismos "periféricos" são reações a condições locais idiossincráticas.

Uma vez implantados estes fatores básicos, outros irão intensificar e acelerar o processo da "fundamentalização" do islã. Como vimos, o fracasso do Estado em providenciar os serviços sociais necessários dá uma vantagem àqueles movimentos islamistas que preenchem este vácuo. Os clientes destes serviços se abrirão mais facilmente à mensagem fundamentalista.

Há ainda uma série de mecanismos psicológicos que facilitam o trânsito para o fundamentalismo. As pessoas buscam uma bússola ideológica que as guie na vida, mas não fazem isto no isolamento. A derrota das ideologias rivais anteriores, o secularismo e o modernismo islâmico elevam o preço psicológico e social a pagar por quem queira resgatar estas alternativas descartadas. Além do mais, a modernidade, como nos lembra o filósofo alemão Jürgen Habermas, se constrói acerca do valor do diálogo e pede uma maturidade psicológica maior: a comunicação sem certezas é mais árdua do que o confronto do grupo de iguais.

O islamismo, por outro lado, oferece soluções "fáceis" e constitui um sistema fechado com uma lógica imbatível (uma vez aceito o primeiro passo). Ele requer, portanto, menos energia mental. A obediência a autoridades tradicionais permite uma fuga da responsabilidade pessoal.[7] O fundamentalismo retoma a ideologia de vitimação e valoriza as teorias conspiratórias, além da projeção externa de problemas que são ao menos parcialmente gerados internamente: reflexos que correspondem a um molde profundamente enraizado no Oriente Médio.[8]

Adiciona-se ainda um outro motivo de ordem psicológica, vinculado à situação de subdesenvolvimento da maior parte do mundo muçulmano. Historicamente, o islã não era a religião dos pobres. Em sua época de ouro, ela era a da sofisticada civilização de corte e de uma ativa classe de mercadores, perfeitamente compatível com uma economia de mercado.[9] Isto, porém, foi há mil anos. Hoje os "xeiques do petróleo" ainda acumulam capitais fabulosos; mas a grande maioria dos muçulmanos está cada vez mais pobre, concentrada nos Estados mais pobres do mundo.

Ainda que o islã esteja adaptado aos comerciantes tradicionais (bazaris), a religião na sua forma fundamentalista também condiz com a situação de pobreza: a riqueza material é descartada em favor da dedicação a Deus, o que não depende de bens. O fundamentalismo resgata valores pré-capitalistas e não materiais que estão de acordo com a situação de pobreza da maioria dos muçulmanos: honra, obediência, solidariedade e ajuda mútua. O puritanismo islâmico providencia uma defesa ideológica contra as tentações do Ocidente permissivo no que diz respeito ao sexo, às drogas, ao álcool e ao consumismo. Além do mais, o islamismo mobiliza a ira que se alimenta da desigualdade (tanto dentro da própria sociedade quanto no âmbito geopolítico), da ausência de oportunidades e das humilhações: as emoções são canalizadas e sacralizadas na luta contra o Ocidente, sancionada pela religião.

Evidentemente não é necessário ser pobre para se tornar fundamentalista (muitos ativistas, inclusive os suicidas do 11 de setembro, são abastados). Os motivos para uma pessoa adotar o islã político são diversos; há somente duas precondições: algum contato com a modernidade e um desapontamento decorrente da sua promessa. A frustração que isto gera cria sementes que parecem germinar mais facilmente sob o impacto do fundamentalismo.

O ISLÃ É MAIS SUSCETÍVEL AO RISCO DA "FUNDAMENTALIZAÇÃO" DO QUE OUTRAS RELIGIÕES?

Há mais fundamentalismo no islã do que em outras religiões? Parece que sim, ainda que seja dificílimo documentar. Pergunta-se se pré-existem no islã fatores específicos que favoreceriam o crescimento do fundamentalismo muçulmano. Três destes fatores se destacam: a história prévia de conflitos com o Ocidente cristão; o caráter ideológico e facilmente "resgatável" da utopia social islâmica; e o universalismo do islã. Analisemos mais detidamente tais fatores.

Antiocidentalismo

O fundamentalismo propõe um modelo social alternativo bastante específico para, em princípio, só atrair uma minoria dos muçulmanos. Aproveita, contudo, de forma consistente, o antiocidentalismo, cuja presença no mundo muçulmano é muito mais ampla do que a ideologia islamista. Na sua luta pelo poder do Estado, os islamistas dispõem portanto de uma arma secreta mais poderosa do que seus

Quais os motivos para o sucesso do fundamentalismo no islã? | 325

Marrakesh, Marrocos. A pobreza da maioria dos mulçumanos se identifica com valores do fundamentalismo

"colegas" fundamentalistas operando em outras civilizações. Os fundamentalistas cristãos fazem intimamente parte daquela civilização ocidental-secular que eles rejeitam, o que é um problema; os fundamentalistas judeus, por razões políticas claras, não podem se dar ao luxo de censurar o Ocidente; os fundamentalistas hindus operam num meio talvez menos influenciado pela "invasão cultural". Só no islã existe a facilidade de resgatar o antagonismo contra a cristandade ocidental como mobilização identitária. Todos estes outros fundamentalismos têm, portanto, que fazer propaganda com base em sua própria teologia, mas só o islamismo pode adicionar a ela a raiva contra o Ocidente.

A causa desta reação antiocidental é histórico-geográfica: o islã se originou perto dos centros do cristianismo, erigiu-se contra ele e, ao longo de sua história, manteve contatos muito mais intensos (em geral antagônicos) com o Ocidente do que com as civilizações orientais da Índia e da China. Além disto, o islã tem bem mais pontos em comum com o judaísmo e o cristianismo, o que implica numa concorrência maior com este do que com o hinduísmo, o budismo ou o confucionismo. É discutível se as potências ocidentais se comportam hoje objetivamente pior para com o mundo muçulmano do que para com as demais civilizações; na subjetividade islâmica, todavia, sobrevive uma longa história de antagonismos que alimenta percepções negativas.

Militância da utopia islâmica

O islã é uma religião mais política do que qualquer outra, ou quase. Diz-se que no islã não há diferenciação entre religião e política – um ponto frequentemente enfatizado pelos fundamentalistas: *din wa-dawla*, ou seja, Estado e fé são um. Contudo, eles exageram. Já observamos que há formas interiorizadas, apolíticas, éticas e místicas do islã. O próprio termo "islã político" e a insistência em instigar esta suposta identidade são provas de que ele é menos automático do que seus seguidores acreditam.

Por outro lado, é inegável que o islã seja uma religião comunitária: não apenas é impossível ser um bom muçulmano em isolamento de outros muçulmanos como o conteúdo religioso inclui uma visão da sociedade justa. Esta ênfase na justiça social é caraterística do islã e tal visão não é, ao contrário da *civitas dei* cristã, uma vaga utopia: o esforço (*jihad*) para sua realização em toda a Terra – que responde a critérios bastante precisos – é em princípio o dever de todo muçulmano. Há possibilidades de reinterpretar de maneira mais alegórica ou subjetiva esta tarefa; a reinterpretação, porém, sempre se distancia do original, que é evidentemente "deste mundo". A compreensão literal dos textos sagrados dá – entre outras interpretações – ampla munição à militância.

Além disso, o poder político é encarregado de instaurar e preservar esta ordem social justa e ideal. Há uma diferença crucial comparada a outras religiões e civilizações. Na China o imperador tinha, na teoria confucionista, uma responsabilidade paternal com o bem-estar dos súditos; caso falhasse, era destituído de seu mandato pelo Céu: catástrofes naturais e revoluções humanas cuidariam da entronização de uma nova dinastia melhor. Porém, havia pouco de transcendência na China: a terra era fértil, a paz, forte, e a boa sociedade já existia – só era necessário preservá-la. Quando o sistema chinês implodiu sob o peso de pressões imperialistas, os deuses perderam sua credibilidade.

No Ocidente, cuja originalidade e suposta superioridade muitos autores atribuem à separação entre Estado e Igreja, a convivência entre ambos era, naturalmente, mais complicada do que a simples orientação de Jesus: "Dai a César o que é de César, e a Deus o que é de Deus" (Mt. 22:21). Na Idade Média, a Igreja católica reivindicava e muitas vezes exercia a supremacia sobre os monarcas; na Idade Moderna, os reis conquistaram esta supremacia e depois instrumentalizaram a religião para justificar o absolutismo. Na visão de pensadores absolutistas como Bodin ou Bossuet, o rei governava pela graça divina e não precisava responder a seus súditos por nada. Antes de Montesquieu inventar a separação dos poderes, César legislava, executava as leis e julgava.

Nada disto existiu nos princípios do islã, o que pode surpreender: califas e sultões orientais impressionavam seus hóspedes europeus pela total ausência de limites de seu poder arbitrário, que era de dar inveja aos colegas em Versalhes, Madri ou Viena. O mito do "despotismo oriental", que Edward Said desvendou como parte integrante do pensamento binário orientalista, tinha uma base concreta.[10] Outrossim, os potentados muçulmanos também sabiam extrair todas as legitimações desejadas de seus ulemás dependentes e servis. No Marrocos, diz-se que o sultão tinha diariamente o direito de cortar a cabeça de três homens inocentes, arbitrariamente, só para demonstrar sua autoridade. O "César" muçulmano podia oprimir os pobres e se fartar no luxo: "Melhor um século de tirania que uma hora de anarquia".

Entretanto, se isso era a realidade muçulmana, era também uma corrupção do verdadeiro islã. Em cada geração houve pensadores que souberam disto, compararam a realidade política com o exemplo transmitido pelo Profeta e se escandalizaram proferindo em voz alta a discrepância, não raramente com o risco de suas próprias vidas. Maomé colocara o exemplo da sociedade ideal, não como uma Era de Ouro perdida para sempre (ao contrário da China e das culturas da antiguidade médio-oriental e clássica), nem como utopia deferida até o hipotético fim da história (ao contrário do judaísmo e do cristianismo), mas como protótipo concreto a ser repetido no aqui e agora. O rei não possui o direito de mudar este modelo, só de realizá-lo. Ele não pode legislar, pois só Deus é legislador: a tarefa do chefe político da umma é militar, expandir esta lei imutável no mundo inteiro. Nos afazeres internos, no entanto, seu poder teórico é bem mais circunscrito do que o de um presidente ocidental contemporâneo. Ele só pode aplicar um regulamento que já existe, estimular a obediência às leis dadas, punir sua transgressão. E mesmo antes de fazê-lo, ele precisa buscar um consenso entre os membros da sociedade mais versados nas leis divinas – ou seja, os mais religiosos. Como observa Roy, o líder político do Estado islâmico – não importa se califa, imã, emir ou presidente – está essencialmente reduzido a proporcionar o quadro social dentro do qual os muçulmanos preenchem seus deveres religiosos e sociais.[11] Ele pode construir a casa mas não há jurisdição sobre o que acontece dentro dos muros: ali rege a xaria.

Tudo isto, portanto, propõe uma utopia concreta, que permanentemente convida os fiéis à sua realização. Houve sempre na sociedade muçulmana uma tensão não resolvida entre a realidade e o ideal. Esta utopia, se instaurada, promete justiça, estabilidade e segurança na Terra, e após o dia do julgamento, o paraíso. Se não é implementada, se a realidade desaponta, então a falta é dos muçulmanos que cometem erros: o islã, a utopia, é perfeita. Deus tem paciência.

A história muçulmana está pontuada por tentativas periódicas para "restaurar" o islã original e "restabelecer" a sociedade justa. Muitas vezes estas tentativas tomaram a forma de uma tribo pastoril que se deixava entusiasmar pela visão utópica-restauradora de algum pregador-santo. Limpava, então, sua própria prática religiosa de acréscimos "impuros", mágicos ou extáticos, que frequentemente se desenvolviam no islã popular, e depois ia para a cidade destronar o sultão do dia, que na sua luxúria e tirania deixava os fiéis viverem na injustiça e apostasia. A limpeza se expandia, uma tentativa severa de reconstruir a sociedade em virtude das regras islâmicas, empossando uma nova dinastia, mais puritana. Só que esta nova dinastia, após poucas gerações, por sua vez sucumbia às tentações do poder, do luxo fácil, das palavras dos ulemás que veem e perdoam tudo: o poder absoluto e a decadência recomeçam – até a próxima incursão do deserto.

Essas revoluções que movem os ciclos dinásticos do Oriente Médio foram analisadas pela primeira vez no século XIV pelo sociólogo e teólogo árabe Ibn Khaldun, na África do Norte, que as vincula à presença ou declínio da solidariedade social (*asabiyya*). Hoje em dia, observa o antropólogo tcheco-britânico Ernest Gellner, é fácil ver por que todas aquelas experiências medievais "protofundamentalistas" estavam condenadas: os Estados pré-modernos nunca tiveram – apesar das melhores intenções – os recursos técnicos e administrativos para impor e manter uma sociedade tão controlada quanto a receita fundamentalista o exige. No entanto, se a realidade desapontava, o sonho nunca se perdia. O islã integra a tradição de uma utopia nunca deslegitimada, porque (na visão dos radicais) nunca foi verdadeiramente testada.

Portanto, ela se manteve para sempre intacta e inspira cada vez mais novas gerações de reformistas. O que diferencia o fundamentalismo moderno de seus predecessores, Gellner adiciona, é que as tecnologias modernas pela primeira vez proporcionam ao Estado os meios para erradicar definitivamente os islãs "impuros" e impor a todos a versão normativa.[12]

Em conclusão, utopias se encontram em cada tradição religiosa e filosófica; e onde há utopia, há possibilidade de transformá-la numa ideologia que irá revolucionar o mundo. O fundamentalismo é uma expressão política passível de utopia. Portanto, muitas religiões abrigam em seu seio as sementes de uma "fundamentalização". Mas nem todas as possuem no mesmo grau. No islã, as sementes estão sempre prontas para serem plantadas; a crise generalizada das sociedades muçulmanas gera o chão fértil para seu crescimento.

Universalismo

A terceira pré-disposição à "transformação fundamentalista" do islã está no seu universalismo. Existem hoje apenas três grandes religiões com mensagem universal: o budismo, o cristianismo e o islã. Outros fundamentalismos se confundem com o nacionalismo de um grupo étnico particular – por exemplo, o fundamentalismo judaico com os judeus em Israel, o hinduísta com a Índia. Também as formas "fundamentalizadas" das outras duas religiões universalistas são provincianas: o budista se limita aos cingaleses em Sri Lanka; muitas Igrejas evangélicas norte-americanas apresentam um patriotismo tipicamente estadunidense. Em contraste, a expansão do islã não está limitada de antemão. Pelo contrário, o fundamentalismo busca precisamente limpar a religião de quaisquer particularismos culturais, locais, étnicos ou sociais. Seu alcance é a humanidade. O islã político só precisa aperfeiçoar a argumentação: para o islamista, o islã não é só uma mensagem, mas também uma reivindicação global que radicalmente nega e condena ao desaparecimento todas as ideologias concorrentes – o que na atualidade significa o Estado-nação e o sistema internacional constituído por unidades estatais, equilibrados na ordem pós-westfaliana de feição ocidental. Esta escorregadela ideológica constitui um passo significativo, mas fácil de ser dado. O resultado é um islã tão universalizável quanto a própria globalização.

Em suma, se a origem do próprio islã contém – como a emergência das outras grandes tradições religiosas – algo misterioso e racionalmente inexplicável, a irrupção do fundamentalismo muçulmano na cena contemporânea é bem acessível à interpretação em termos de categorias históricas e sociológicas existentes. Esta irrupção, afinal de contas, não surpreende.

Uma religião com forte mensagem social e política, grande autoconfiança e com uma história de resistência contra imposições estrangeiras; uma ampla e prolongada crise demográfica, socioeconômica e ideológica que se encaixa numa estrutura geopolítica que impõe a inferioridade para com este estrangeiro; a derrota consecutiva de uma série de propostas emancipatórias alternativas; a junção entre uma ideologia oposicionista que politiza esta religião, grupos sociais alienados que nela encontram um novo sentido e uma nova ordenação, além de estratégias às quais o suposto adversário não tem resposta. Onde se quer que se combinem estes fatores, a cristalização de movimentos fundamentalistas militantes e/ou violentos, que desafiarão as próprias bases da convivência local ou internacional, constituirá sempre uma possibilidade. Como este quadro se encontra em situações cada vez mais comuns no mundo muçulmano, novas reivindicações islamistas são pelo menos prováveis.

Coloca-se então a questão: o que fazer? Se o fundamentalismo muçulmano se explica pela coincidência de determinados fatores quase inevitáveis, seu desdobramento e o desfecho eventual de sua luta contra o Ocidente estão ainda em aberto. Ali interveem outros elementos: forças e projetos alternativos operando dentro do mundo muçulmano, e reações e "pró-ações" no mundo ocidental. As escolhas a serem feitas nestes tempos de encontro com o islamismo influenciarão o curso da humanidade nas décadas futuras. São esses dilemas que nos ocuparão na terceira e última parte deste livro.

AMANHÃ

CHOQUE DAS CIVILIZAÇÕES OU DIÁLOGO TRANSCULTURAL?

O mundo muçulmano vive hoje uma crise profunda, que se expande pelo resto do planeta. Em grande parte dos países muçulmanos, apesar da riqueza petrolífera em alguns deles, a situação econômica é hoje pior do que há cinquenta anos, e continua se deteriorando. Suas populações crescem mais rapidamente do que em qualquer outro lugar do planeta. Há meio século, quando se libertaram do impacto da colonização, o Egito, o Irã e a Argélia se encontravam na mesma faixa de renda que Taiwan, Cingapura ou o Brasil. Hoje, o PIB *per capita* destes últimos é de três a quinze vezes maior. A maioria dos Estados muçulmanos têm governos autoritários ou ditatoriais; poucos conseguiram alcançar democracias pluralistas.

Na maioria destes países, as violações aos direitos humanos ocorrem regularmente e em grande escala. O Iraque de Saddam Hussein foi apenas o exemplo mais extremo. Na América Latina, na Europa oriental, na Sérvia, na Indonésia e partes da África negra, entre outros, ondas de democratização acabaram com autocracias e estabeleceram regimes representativos. Estas ondas, porém, não chegaram ao mundo árabe e ao Paquistão. Em seu índice de desenvolvimento humano (IDH), a maior parte do mundo muçulmano se posiciona apenas acima da África subsaariana. De todos os antigos centros da civilização, o muçulmano é atualmente o mais atrasado: não há unidade política, liberdade, igualdade, nem – apesar dos valores de solidariedade islâmica – fraternidade: a exploração econômica beneficia apenas pequenas elites.

Além disso, em nenhuma outra região, de todas as outrora controladas pelo Ocidente, as questões de penetração e alienação culturais estão tão vivas. O mundo muçulmano é o único cuja cultura religiosa tradicional tem se transformado numa ideologia fundamentalista não somente defensiva, mas que inclui uma reivindicação pela primazia mundial contra o Ocidente, uma nova ordem global a ser baseada na suposta superioridade de um islã não pluralista. Embora fundamentalismos floresçam numa variedade de contextos e dentro de várias religiões, o grau de violência usado pelos movimentos fundamentalistas muçulmanos os coloca numa categoria à parte.

No momento, o islamismo constitui a única alternativa universal, coerente e assertiva à supremacia ocidental no pós-Guerra Fria a desafiar militarmente o Ocidente. Tanto na visão de culturalistas ocidentais, tais como Huntington, quanto na dos próprios islamistas, trata-se de um "choque entre civilizações" absolutamente incompatíveis: uma guerra de culturas até a morte do menos apto que, no entendimento dos primeiros, necessita de contenção militar do mundo muçulmano e que, para os últimos, só terminará com a vitória do islã sobre os inimigos de Deus em toda a Terra.

Não é preciso aceitar nem uma nem outra destas cosmovisões pessimistas e complementares; contudo, nos últimos anos, a rápida exacerbação de ataques terroristas e tensões internacionais que emanam do mundo muçulmano é inegável. Quando o ex-Secretário de Estado norte-americano e atual analista político Zbiginiew Brzezinski introduziu há um quarto de século o conceito de "Arco da Crise", para designar como zona de turbulência global a região que vai da África do Norte à Ásia meridional, a URSS ainda estava viva. Sua análise se encaixava na teoria da "Segunda Guerra Fria". Doze anos após o desaparecimento do gigante soviético, já não é mais possível culpar o comunismo por todas as guerras civis e mazelas mundiais que definem gradativamente este arco – que, não por acaso, coincide com o mundo muçulmano.

A longa e sangrenta lista, detalhada na segunda parte deste livro, sepulta definitivamente a ideia precoce do "fracasso do islã radical". Diariamente as notícias parecem ser elaboradas propositalmente para nos convencer de que o Oriente Médio muçulmano constitui o buraco negro do mundo. É possível discutir sobre as causas. Sobre os fatos, não. O mundo muçulmano vive uma crise generalizada e (com ou sem justiça) está exportando sua crise para o resto do mundo, ameaçando engolfá-lo se a comunidade internacional não conseguir reagir a esta crise. Quais os motivos? – ou melhor, como pergunta o orientalista Bernard Lewis numa de suas obras recentes –, "O que deu errado?".[1] Seria o islã responsável pelo atraso do mundo muçulmano, como os críticos acusam? E se não o próprio islã, o quê? Como responder? O que fazer? Nesta última parte deste livro, tentamos elucidar algumas destas questões críticas.

INTERNALISTAS E EXTERNALISTAS: DUAS VISÕES INCOMPATÍVEIS?

Para entender a crise do islã e a ameaça do islamismo, extensivamente discutidos na literatura e na mídia, duas escolas interpretativas se opõem no Ocidente, podendo ser esquematicamente apresentadas da seguinte maneira.

Para a primeira, que poderíamos chamar de internalista, o próprio islã é o problema; a longa história de intervenções ocidentais no mundo muçulmano não foi tão negativa, trazendo tanto oportunidades quanto desvantagens. O mundo muçulmano, porém, não soube aproveitar as oportunidades; ele permanece preso num círculo vicioso de rancor, autopiedade, teorias conspiratórias e violência. A raiz do problema seria o próprio islã, o mais importante fator da falta de desenvolvimento do mundo muçulmano. Bernard Lewis, Daniel Pipes e Martin Kramer são os representantes mais notórios desta tendência.

Os seguidores dessa teoria, chamados de reacionários e "orientalistas" por seus críticos, argumentam que este islã constitui algo de irredutível – um fator imprescindível para o entendimento das sociedades por ele atingidas e que leva a sociedade muçulmana a um rumo radicalmente diferente de outras sociedades. De fato, trata-se de um beco sem saída. O islã, após sua época de glória na Idade Média, não conseguiu mais se renovar e não providencia soluções para uma modernização das sociedades muçulmanas. E ainda impede que os muçulmanos adotem plenamente os princípios da modernidade.

A consequência tem sido uma longa série de reveses históricos. Presas numa estrutura de pensamento que insiste na superioridade dos próprios valores mas que é incapaz de explicar as repetidas derrotas do islã, estas sociedades não têm outra saída além de culpar o mundo externo, particularmente o Ocidente, por todas as suas infelicidades. O necessário para o desenvolvimento do mundo muçulmano e sua democratização seria, antes de mais nada, uma reforma do islã – tarefa que os mais radicais essencialistas consideram quase impossível. Enquanto isto não acontecer, a situação tende apenas a piorar, atraindo cada vez mais jovens para a pseudossolução do islamismo. Portanto esta escola considera que haverá mais violência, o que leva à automática conclusão de que o Ocidente precisa de uma política firme para manter sua segurança.[2]

A segunda escola, "externalista", rejeita tal visão do islã como reducionista; minimiza a responsabilidade das próprias sociedades muçulmanas por sua miséria e aponta, ao contrário, para fatores externos. Assim, tanto a desunião do mundo muçulmano como a existência de estruturas autoritárias seria resultado de intromissões ocidentais. A turbulência é a reação à integração do mundo muçulmano numa estrutura global injusta e desequilibrada em termos de poder e riqueza. A posição geoestratégica crucial do Oriente Médio e da Ásia meridional atrai a permanente atenção ocidental para garantir o controle dessas regiões. E a necessidade de o Ocidente administrar o petróleo médio-oriental – acesso, preço, lucros – leva-o a intervenções militares contra quaisquer regimes que possam desafiá-lo.

O islã constitui apenas um fator, e não necessariamente o maior, que molda os reflexos e as escolhas dos países muçulmanos, que diferem enormemente entre si em sua história, estrutura socioeconômica, composição étnica, tipo de religiosidade, opções econômicas.

Enfim, há muitos "islãs", cuja compatibilidade com os valores da modernidade varia. O verdadeiro problema se encontra na rejeição do islã pelo Ocidente: o orientalismo, estrutura ocidental de conhecimento como poder, criou uma imagem artificial, inverossímil e hostil do mundo muçulmano – um imaginário que sustenta o projeto de dominação que permanece após as independências meramente formais dos Estados muçulmanos. O Ocidente projeta sobre um Oriente (não existente) seus próprios aspectos não reconhecidos e rejeitados. Seria isto que manteria a desigualdade.[3] Maxime Rodinson, Edward Said e John Esposito estão entre os principais representantes desta escola[4], que se considera mais progressista, mas que seus detratores gostam de descrever como uma "quinta coluna" islamófila na academia.

A reação, segundo os externalistas, é inevitável. Mesmo que as manifestações do islamismo nem sempre agradem ao olhar eurocentrista, elas são apenas uma reapropriação de sua autenticidade cultural na busca de um mundo mais equitativo. O desenvolvimento e a democratização do mundo muçulmano acontecerão naturalmente (embora não necessariamente seguindo o modelo ocidental), quando o capitalismo global, e os EUA em particular, deixarem de intervir no mundo muçulmano. O Ocidente deveria se concentrar em seu próprio racismo – o próprio fundamentalismo muçulmano poderia representar uma reação saudável contra a "colonização epistemológica" ocidental. Em vez de prescrever o que fazer, externalistas enunciam mais nitidamente o que não é necessário: reagir violentamente contra as tentativas populares do mundo muçulmano de assumir seu próprio destino. Enquanto isto não acontecer, a situação tende apenas a piorar. Assim, os externalistas chegam também à conclusão de que haverá mais violência, mas quem precisa se fortalecer para manter sua segurança é, no entanto, o mundo muçulmano, para se salvaguardar das imposições do Ocidente.

Nossa forma um tanto quanto esquematizada[5] ao descrever estas escolas visa apontar que elas são muito mais do que simples opiniões: são paradigmas que refletem duas cosmovisões opostas. Também é claro que ambas as escolas dispõem de fortes argumentos e têm razão parcial. Na realidade, "a luta pela reação ao islã" exemplifica num microcosmo as grandes batalhas ideológicas travadas no mundo ocidental desde que a colonização impôs ao colonizador um esforço para um melhor entendimento do colonizado.

GANHADORES E PERDEDORES NO DEBATE ACADÊMICO

A escola internalista predominou até os anos 70. Até a Segunda Guerra Mundial, ela florescera nas universidades das potências coloniais – a França e a Grã-Bretanha em primeiro lugar – e funcionara intelectualmente como parte do próprio projeto colonial:

orientalistas o legitimaram em termos de uma suposta superioridade (genética, religiosa etc.) da civilização cristã-ocidental sobre a muçulmana e demais "raças escuras". A partir de então, a nova superpotência, os EUA, tornou-se o centro dos estudos sobre o islã. Nos anos 50 e 60, o paradigma predominante ainda partiu da superioridade do modelo ocidental (democracia parlamentar pluralista, secularismo, liberdades individuais, burocracias impessoais, capitalismo industrial etc.) mas acreditava-se que tal êxito estava ao alcance de quaisquer povos "subdesenvolvidos", inclusive dos muçulmanos, mediante a adoção da "modernização". Visões externalistas que contestavam esta visão – marxistas em particular – eram nitidamente minoritárias.

Várias influências causaram uma mudança neste quadro: a descolonização; as frustrações das tentativas desenvolvimentistas, acompanhadas pela intelectualidade ocidental; a crítica às intervenções ocidentais (particularmente norte-americanas) contra movimentos progressistas no terceiro mundo; a crescente aceitação do discurso marxista contra o imperialismo; a teoria da dependência estrutural do terceiro mundo em relação ao primeiro mundo. Depois do esvaziamento do modelo alternativo marxista, experimentamos a "virada subjetivista e relativista" na filosofia e ciências sociais – além do florescimento de uma pauta de novos movimentos sociais: feministas, ecologistas, homossexuais, dos negros nos EUA e de uma multidão de outras causas minoritárias, étnicas e religiosas – cada qual reivindicando o direito à alteridade e assim solapando a visão anterior, evolutiva, hierárquica e totalizante da sociedade humana.

Ainda que muitos daqueles movimentos tivessem objetivos próprios bastante radicais (e frequentemente separatistas), o ideal consensual pregou o multiculturalismo, ou seja, a coexistência das diferenças numa tolerância generalizada que rejeita em princípio qualquer hierarquia de valores. Todos estes movimentos ideológicos se alimentaram do debate acadêmico, repercutindo por sua vez numa mudança da atmosfera intelectual.

A nova hegemonia do pós-modernismo e do relativismo cultural dos estudos pós-coloniais resultou em parte destes fatores políticos e intelectuais, mas também, da luta entre gerações, e, por fim, do influxo demográfico (em particular nas universidades norte-americanas) de estudiosos do terceiro mundo. Os de origem médio-oriental e/ou muçulmana traziam em sua bagagem uma maior sensibilidade à subjetividade do mundo muçulmano – e um maior distanciamento intelectual do modo de pensar ocidental anteriormente predominantes.

Assim, com um certo atraso, as correntes que percorreram as ciências sociais acabaram influenciando também a discussão acadêmica e política sobre o islã. Este atraso havia sido causado por um certo hermetismo nos estudos acadêmicos sobre o Oriente Médio e o islã, enfatizando mais fortemente as línguas orientais e a filologia do que outras áreas. Nos anos 80 e 90, porém, a hegemonia da escola internalista na academia ocidental foi minada – em particular nos principais centros de pesquisa e ensino sobre o mundo muçulmano nos EUA, na Grã-Bretanha e na França. Com isso, a visão externalista se tornou mais influente – até, em certas instâncias, constituir, por sua vez, a nova ortodoxia do "politicamente correto".

A relevância dessas discussões transcendeu amplamente os limites da academia. Já vimos como, na sua forma politizada, o islã constituía um problema crescente para o mundo moderno. Nas mídias, burocracias nacionais e municipais, Igrejas e ONGs, especialistas em islã e Oriente Médio ajudam a moldar as políticas dos países ocidentais frente a suas minorias muçulmanas e aos desafios que emanam do "núcleo" do mundo muçulmano. Esta "assessoria" tem grande impacto. Políticas de imigração, de proteção cultural às minorias muçulmanas, e a crescente abertura para posições pró-palestinas, entre outros elementos, devem muito a tais influências. Não é um exagero afirmar que, às vésperas do 11 de setembro de 2001, os sobreviventes da escola internalista tais como Lewis, Pipes e Kramer haviam sido marginalizados no meio "islamologista".

Entre as muitas transformações causadas pelos ataques de Osama bin Laden – algumas ainda em andamento –, a influência sobre a discussão entre os especialistas em "como lidar com o islã" é, sem dúvida, uma das mais interessantes. Da forma mais radical, as posições islamófilas da escola externalista se viram desafiadas e deslegitimadas pela violência perpetrada por um pequeno grupo de marginais muçulmanos contra ocidentais. À luz destes acontecimentos (reforçados pelas declarações posteriores de certos meios islamistas em favor de Osama), a visão de um multiculturalismo global tal como promovida pelos externalistas – a de um islã benevolente que só os preconceitos e a islamofobia enraizada do Ocidente impediam de coexistir pacificamente com o resto do mundo, para mútuo benefício – pareceu repentinamente ingênua.

Vozes denunciaram os islamófilos por ter ideologicamente preparado e, portanto, justificado o terrorismo fundamentalista. Esta acusação é obviamente muito exagerada. Contudo, é verdade que a tendência de sempre buscar as causas do mal fora do próprio mundo muçulmano impede o entendimento do islamismo como uma reação deturpada contra a modernidade, que vem de dentro do islã. O relativismo cultural-moral impossibilita qualquer avaliação do fenômeno, assim como a ideia de que todas as opiniões têm igual valor também impede um diálogo sério entre o Ocidente e muçulmanos modernistas.

Ainda que muito tenha sido escrito desde os ataques, autores expressivos do externalismo tais como Said e Espósito não publicaram propostas realmente originais sobre como entender e reagir ao desafio fundamentalista. Julgar que os criminosos do 11 de setembro eram loucos isolados, ou que os próprios norte-americanos provocaram uma reação que lhes era devida, ou ainda afirmar que existe um islã mais aprazível, não ajudou a iluminar a questão.[6] A verborragia esconde uma pobreza conceitual.

Observa-se, portanto, uma repentina virada de jogo: enquanto os externalistas balbuciam, seus inimigos internalistas não hesitam em acusá-los do pecado (por omissão ou por corroboração) de ter desarmado psicologicamente o Ocidente frente a um inimigo implacável. Por isso, ouvem-se recentemente vozes em prol da liquidação deste "cavalo de Troia" no entendimento ocidental – se ainda houver tempo. Sinais de uma contrarrevolução acadêmica que não contribui muito à reflexão sobre a resposta desejável a um desafio que indubitavelmente existe, e que a mera contraviolência poderia conter mas não solucionar. Tentemos portanto definir o verdadeiro escopo deste desafio.

O ISLÃ É UMA RELIGIÃO DE VIOLÊNCIA?

"O Senhor, teu Deus, os entregará a ti e semeará o pânico no meio deles até que todos sejam exterminados. Entregará os seus reis nas tuas mãos, e apagarás os seus nomes de debaixo dos céus. Ninguém te poderá resistir, até que os tenhas derrotado". Este trecho não vem do Alcorão, mas do Antigo Testamento.[1] Na última década, o islã tem estado cotidianamente no noticiário, na maioria dos casos em conexão com algum tipo de violência. Isto pode levar à conclusão errônea de que o islã é uma religião inerentemente violenta. O islã não é mais violento do que outras religiões, nem predispõe seus mais seguidores ao fanatismo e à violência. Encontram-se no Alcorão versículos que tratam do amor ao próximo, da tolerância ("não há coação na religião": 2:256), da santidade da vida humana.[2] Então, de onde surge o estereótipo? Ele se alimenta de algumas fontes distintas.

Em parte, é consequência da tendência jornalística, comercialmente compreensível mas irresponsável, de preferir notícias sensacionalistas. A abertura de uma mesquita não é notícia; rezas regulares e pacíficas da congregação, ainda menos. Quando líderes comunitários muçulmanos representando um amplo espectro de opiniões assinam uma declaração em prol da coexistência pacífica e, juntamente com colegas não muçulmanos, apontam as condições e investimentos necessários para estimular uma melhor compreensão mútua, tal notícia vem como pequena nota de rodapé, ou é simplesmente ignorada.[3] Porém, quando, no clima pós-11 de setembro, o imã de uma mesquita extremista em Londres faz uma declaração incendiária, ela é amplificada como se representasse a opinião de todos os muçulmanos. Sabe-se que boas notícias não vendem jornais. Muita violência de fato acontece, mas sua apresentação pode ser distorcida.

Outras religiões não são – ou foram – menos cruéis do que o islã. As fontes alcorânicas são ambíguas, no sentido de conter tanto exortações à paz quanto à guerra – a mesma ambiguidade marca, contudo, a Bíblia. Não seria difícil produzir uma antologia de dizeres bíblicos condenando à morte (com punições semelhantes às do Alcorão) uma variedade de transgressores dos preceitos divinos, rituais, éticos e sociais, havendo inclusive incitação ao genocídio.[4] Há, em geral, um teor mais suave no Novo Testamento: Jesus foi vítima de violência, o cristianismo sobreviveu por três séculos como seita subterrânea, até um imperador romano legalizá-lo. Maomé, no entanto, foi (como lembra Lewis) "seu próprio Constantino".[5]

Mas até Jesus avisa que viera para "trazer a espada". E apesar do seu fundador ter sido pacífico em geral, a história do cristianismo foi indubitavelmente mais violenta do que a do islã. O *jihad* corresponde à cruzada; mas não há paralelo muçulmano das crueldades que acompanharam (geralmente com a benção das Igrejas cristãs) a conquista e exploração das Américas. A expansão do islã foi em geral menos violenta do que a do cristianismo e a do poder do Ocidente nas colônias num período posterior.

O hinduísmo, associado ao pacifismo graças a Gandhi, possui em seu mais sagrado texto, o *Bhagavad Gita*, uma discussão aprofundada do dever de casta do guerreiro de matar. Na China, filósofos da escola "legista" discorreram sobre as virtudes da crueldade para impor a obediência ao imperador dois mil anos antes do Maquiavel. O budismo, no Japão, integrou o culto samurai à violência. Se voltarmos nossa atenção para o Ocidente contemporâneo, a simples menção dos termos "nazismo" e "stalinismo" bastará para nos certificarmos de que a violência no mundo muçulmano contemporâneo, por lamentável que seja, está longe de ser excepcional.

Se a guerra Irã-Iraque parece indicar, com seu incrível desperdício humano, um desrespeito à vida, lembremos que os paralelos mais próximos – os campos de matança da Primeira Guerra Mundial na França e na Bélgica, coração da civilização ocidental, no Camboja sob os Khmer Vermelhos e em Ruanda em 1994 – também conseguiram aniquilar milhões sem nenhum envolvimento do islã. Quanto ao terrorismo moderno como método de luta, ele teve sua origem nos meios anarquistas europeus do século XIX, sendo trazido ao Oriente Médio nos anos 40 por sionistas de direita.

O homem-bomba é um desenvolvimento dos Tigres Tâmeis de Sri Lanka. Se, mesmo assim, a associação do islã com a violência é verossímil, pelo menos parcialmente isto é devido aos estereótipos antimuçulmanos do Ocidente que, após quase 1.400 anos de interação mais hostil do que amistosa, ainda estão presentes no inconsciente coletivo. Em conclusão, numa visão comparativa abrangente, não se justifica destacar especialmente o islã como fonte de violência.

Porém, tampouco se justifica sermos demasiadamente condescendentes diante da atual conjuntura crítica. Apesar de todas as observações anteriores – incluindo intervenções ocidentais militares –, é inegável que a recente explosão de violência no "arco da crise" muçulmano parte essencialmente de dentro dele mesmo. Aliás, a maioria das vítimas da violência muçulmana são outros muçulmanos. O islã não abriga um perigoso elemento violento? Dos grupos *Jihad* que assassinaram coptas e turistas no Egito – passando pela revolução islâmica no Irã e a resistência anti-israelense do Hezbollah xiita e do Hamas palestino, até a violência anticristã, anti-hindu e antixiita no Afeganistão, no Paquistão e na Índia, e ainda os pogrons na Argélia, Indonésia, Nigéria e Sudão, e a imposição violenta de leis islâmicas draconianas numa variedade de lugares – os capítulos anteriores demonstraram que o mundo muçulmano produz e sofre hoje de violência sem limites.

Isso certamente não é incidental, nem pode ser atribuído em cada caso a fatores contingenciais, específicos do lugar e do momento. Também é fácil demais desculpar o derramamento de sangue com uma referência à "violência estrutural" anterior imposta pelo imperialismo ocidental, contra a qual a violência muçulmana seria apenas uma reação. Pois outras regiões do mundo (a China, a Indochina ou a África negra, por exemplo) foram não menos vitimadas por este imperialismo e nem por isso produzem e exportam reações violentas comparáveis às do mundo muçulmano. Na fórmula de Huntington, "O islã tem fronteiras sangrentas".[6] Há um verdadeiro problema que parece se distinguir de outros momentos violentos na história. É verdade que a história do cristianismo é mais violenta do que a muçulmana, mas há muito o cristianismo vem perdendo seu poder, situando-se em uma nova posição na sociedade, mais limitada e privatizada.

Esta acomodação em geral funciona. O fundamentalismo protestante, por extremo que seja, geralmente não utiliza violência aberta. O judaísmo perdeu seu poder político há dezenove séculos e não controla (no máximo, influencia) as políticas do Estado de Israel. O islã, por outro lado, representa uma "civilização ferida",[7] outrora potência acima de qualquer outra, mas nos últimos duzentos anos sistematicamente derrotada e humilhada por seu único concorrente religioso e antagonista histórico – uma "impossibilidade teológica" que o transformou em um amplo barril de pólvora, aberto a tentativas para restaurar a "ordem natural das coisas".

OS MOTIVOS DA VIOLÊNCIA

A violência no islã atual se explica, portanto, pela confluência de três motivos: a existência de uma chaga psicológica aberta que tenta cicatrizar; a exacerbação de uma ampla crise socioeconômica e política em países periféricos muçulmanos e que o desequilíbrio de poder e riqueza entre o Ocidente e o mundo muçulmano não permite solucionar de maneira gradual e pacífica; e a presença de grupos islamistas que usam a crise e a insatisfação para promover seu programa específico.

Não devemos nos esquecer que o fundamentalismo, causador dos presentes atos de violência, constitui uma escolha entre outras dentro do islã. Ele não exaure suas possibilidades e, para muitos muçulmanos, significa a desnaturação da religião. Mesmo que esta escolha seja a de uma minoria, ela é, contudo, mais barulhenta e intolerante, e – numa série de contextos muçulmanos – mostra atualmente a opção mais expressiva do islã: uma vanguarda que tenta, e frequentemente consegue, silenciar as outras tendências.

Atualmente, os islamistas monopolizam as notícias sobre o islã. Outros grupos, como irmandades sufis, partidos políticos que pretendem islamizar a vida pública sem afetar a neutralidade do Estado secular, e pensadores muçulmanos modernistas individuais não desafiam a ordem existente de maneira brutal e revolucionária. Como analisado anteriormente, o fundamentalismo muçulmano está longe de ser homogêneo, mas todos os seus ramos compartilham, em princípio, a mesma rejeição radical à modernidade ocidental. Nem todos os grupos defendem a violência ou adotam meios terroristas, mas as minorias extremistas que optam pela violência constituem um perigo iminente para as sociedades muçulmanas onde operam e, crescentemente, para o resto do mundo.[8]

Os fundamentalistas muçulmanos se consideram bons e autênticos muçulmanos – muitas vezes, como os únicos autênticos – convocados a reformar os outros, se necessário pela força, conforme já vimos. Eles tiram suas justificativas das fontes islâmicas comuns a todos os crentes, dando por exemplo uma interpretação restritiva (unicamente bélica) ao conceito de *jihad*. As fontes sagradas do islã são, assim como as de outras religiões, variadas e passíveis de múltiplas interpretações. Neste ponto, não há grande diferença se comparadas a cristãos e judeus, cujos fundamentalistas usam do mesmo método. O que diferencia os islamistas é a posição de destaque do próprio texto sagrado na religião.

O lugar do Alcorão no islã é incomparavelmente superior ao da Bíblia no cristianismo, não havendo qualquer paralelo com outra religião (com a possível exceção do papel da Torá para judeus ortodoxos). Como resultado, um grande número de injunções bíblicas pôde ser colocado entre parênteses por judeus e cristãos (como o apedrejamento de homossexuais). Por uma variedade de causas, nem todas completamente claras, a evolução histórica do islã foi oposta e conduziu a uma restrição em lugar de uma liberdade de exegese.

A eternidade e imutabilidade do texto foram aceitas como dogmas da religião: consequentemente, o Alcorão não pode ser estudado como produto de seu tempo, sendo mais difícil relativizar os versículos mais rígidos. Tal historização, porém, paralelamente ao que aconteceu no protestantismo e no judaísmo, constitui a precondição para apurar e separar o que no Alcorão reflete o núcleo do que poderia ser uma autêntica inspiração divina daquilo que representa a mera recepção humanamente limitada e historicamente condicionada desta inspiração – ou seja, o "ruído" histórico que impede a recepção da mensagem e que não necessariamente compromete os fiéis atuais. Tal procedimento até hoje é tabu no islã.

Não há dentro do islã mais fatores que predispõem à violência do que em outras religiões, mas o islã contemporâneo carece dos mecanismos que em outras religiões permitiram mitigar estes fatores. Os muçulmanos que abraçam a xaria como base da ordem social almejam uma segurança física e psicológica: eles não são mais sanguinários do que os demais seres humanos, mas aceitam as severidades da lei islâmica como o preço a pagar, pois modelos superficialmente mais benevolentes tais como a "democracia" importada do Ocidente não cumpriram a promessa dos benefícios prometidos.

O ISLÃ CONSTITUI UMA AMEAÇA À CIVILIZAÇÃO OCIDENTAL?

CONTATOS ANTIGOS

Antes de abordar a tese controvertida do "choque das civilizações" é necessário problematizar o próprio termo. Em primeiro lugar, precisamos ter cautela com a reificação do conceito de civilização. Civilizações não são entidades tangíveis, mas construções mentais abrangentes e fluidas, que ligam sociedades entre si por meio de modos de organização social e/ou normas, valores, epistemologias, sensibilidades estéticas comuns. Edward Said tem sem dúvida razão quando desmascara a polarização Ocidente-Oriente como uma construção ideológica e interesseira; mas isto não implica que algo como civilizações diferentes não exista. Ao contrário de Estados territoriais, civilizações não têm fronteiras claras, mas elas se justapõem e se influenciam reciprocamente.

Devido aos processos de modernização e globalização, civilizações antes relativamente isoladas estão hoje em comunicação mais intensa, e sua coexistência pode gerar tensões. Todavia civilizações estão longe de ser o único fator que determina as relações entre grupos humanos – interesses econômicos, cálculos políticos, pressões do sistema internacional como um todo, entre outros, também moldam as inter-relações. O mundo contemporâneo constitui, justamente, uma combinação de crescentes interdependências econômicas, políticas e até culturais – e as reações defensivas a isto por parte de grupos religiosos, étnicos e outros que se sentem ameaçados pela caótica mas aparentemente irresistível interpenetração de economias, governos e civilizações. O problema "islã x Ocidente" deve ser abordado dentro desta perspectiva. Ou seja, tanto "o islã" quanto "o Ocidente" (antes, "a cristandade"), embora existam enquanto civilizações, nunca constituiram entidades unificadas e fechadas com conteúdo e fronteiras bem definidos. Elas diferem bastante mas também se justapõem em certos aspectos e compartilham muito; portanto, encontram-se na sua interação conflito e cooperação.

O encontro entre islã e o "Ocidente" não é recente. Ambos se definiram, num grau significativo, por sua diferenciação um do outro. Historicamente, as relações entre as civilizações oscilam entre os polos de diálogo e conflito. Elas se chocam quando (e porque) não há comunicação aberta. O relacionamento entre islã e Ocidente não é uma exceção. De fato, o primeiro aspecto que sobressai é a semelhança entre ambos – comparado às outras civilizações do Oriente, pelo menos até o advento da modernidade secularista no Ocidente com as revoluções políticas e industriais dos séculos XVIII-XIX.

Como vimos, ambas são civilizações construídas em torno de uma religião monoteísta de revelação. O fato de serem religiões universalistas e monopolistas as lançou numa série de confrontos. Lembremos que os quatro momentos-chave que marcaram a relação Ocidente-Oriente abarcam quase toda a extensão de sua história. O primeiro momento foi o da expansão árabe (séculos VII-VIII), que começou já no tempo de Maomé e estabeleceu os califados omíada e abássida, às custas do Império Bizantino e dos reinos germânicos pós-romanos.

A cristandade perdeu definitivamente o Oriente Médio e a África do Norte, mas no segundo momento (séculos XI-XV) conseguiu retomar a Península Ibérica, a Sicília, a Moscóvia e, temporariamente, a Palestina. No terceiro momento (séculos XIV-XVII), a iniciativa voltou aos muçulmanos. O Império Otomano conquistou do mundo cristão os Bálcãs e chegou a ameaçar a Europa central. Seu dinamismo foi, porém, quebrado no último período, o da colonização europeia (séculos XVI-XX), que sucessivamente derrotou os "impérios da pólvora" muçulmanos, reconquistou os Bálcãs e a Ucrânia, posteriormente colonizou regiões densamente islamizadas na Ásia Central, Índia, sudeste da Ásia e, por fim – durante uma era relativamente breve entre as guerras mundiais –, controlou o próprio coração do mundo muçulmano: o Oriente Médio.

As potências ocidentais deixaram independentes apenas algumas zonas consideradas primitivas demais para justificar sua incorporação. Estas zonas incluíam a Península Arábica com as cidades sagradas e berço do islã. Este quarto momento chegou oficialmente a seu fim com a descolonização, essencialmente completada nos anos 70 – mas continua de forma mais insidiosa pela influência informal que o Ocidente mantém no mundo muçulmano.

Essas trocas territoriais refletem uma inimizade que se resume nas palavras *jihad* e cruzada. Tal hostilidade se expressava também no campo teológico: para o islã, o cristianismo era uma versão ultrapassada e, portanto, desprezível, da verdadeira fé; para o cristianismo, o islã era visto de forma ainda muito mais negativa, como a falsa alternativa por excelência. Dante Alighieri, em sua *Divina Comédia*, coloca um Maomé condenado e torturado como herege no nono abismo do inferno. Todavia, esta hostilidade constitui o pano de fundo que dissimula períodos extensos de interação mais positiva: comércio, diálogo, trocas culturais, coexistência. Tais encontros ocorreram com maior facilidade no território do islã, mais pluralista, do que no cristão.

A participação de muçulmanos, judeus e cristãos numa economia e cultura comum é comemorada nos casos da Sicília e Espanha medievais. Ali, a interação filosófica e científica entre as três religiões e o contato com as fontes gregas por ela facilitado se comprovariam vitais para o futuro desenvolvimento do próprio Ocidente. Tampouco foi o Ocidente sempre antimuçulmano. Interesses econômicos sempre contrabalançaram a incompatibilidade ideológica. Apesar de Veneza se enriquecer fazendo a travessia de cruzados para a Terra Santa, a cidade também comerciava com o inimigo – como na ligação mercantil, mutuamente lucrativa, entre mamelucos egípcios, provedores de artigos de luxo orientais, e as galés italianas que forneciam escravos aos sultões do Cairo.

Desde o século XVI, as potências europeias fizeram acomodações políticas frequentes com o Império Otomano e, durante toda a Idade Moderna, o comércio mediterrâneo sobrepujou as barreiras religiosas. Uma *Realpolitik* destituída de princípios levou o rei da França, Francisco I de Valois, a pactuar com Solimão, o Magnífico, para abrir uma segunda frente contra o imperador Carlos V de Habsburgo, e depois provocou os ingleses a explorar uma ação comum com os persas safávidas contra o império marítimo dos portugueses. Os turcos integraram o incipiente sistema internacional, ainda que não da mesma maneira íntima que as demais potências cristãs.

No século XIX, o jogo das rivalidades imperialistas levou uma ou outra potência a posições de "protetoras" do islã; o imperador alemão Guilherme II gostava de se apresentar como "amigo dos muçulmanos". Na Primeira Guerra Mundial, os ingleses derrotaram os alemães em seu próprio jogo, com o célebre episódio de Lawrence da Arábia. E, num período mais recente, o apoio incondicional norte-americano e ocidental ao regime fundamentalista da Arábia Saudita exemplifica novamente que incompatibilidade ideológica e coexistência prática baseadas em interesses comuns não se excluem necessariamente.

Além da política, também houve tentativas intelectuais de compreensão e aproximação filosófica e cultural. Pensadores do Renascimento exibiram um ardente interesse pelo mundo árabe. Igualmente, uma atitude relativamente positiva marcou certos pensadores iluministas, de Leibniz e Montesquieu a Voltaire e Goethe. O século XVIII foi a origem tanto das primeiras pesquisas científicas sobre o mundo muçulmano quanto dos estereótipos sobre "o Oriente", que não deixam de ser influentes até nossos dias. Entretanto, é útil lembrar que esses estereótipos não eram todos negativos, e se misturavam a uma dose de admiração, trazendo modas exóticas desde móveis "turcos" até as *Mil e uma noites*. Por mais superficial que seja, tal exotismo manifesta uma curiosidade pelo mundo muçulmano que não era inteiramente marcada pelo antagonismo.

CONTATOS NOVOS

Tal relacionamento se tornou imensamente mais complicado quando das conquistas imperialistas do século XIX e XX. Não devemos esquecer que, no meio da predominante atmosfera intelectual presente de condenação do "orientalismo", os conhecimentos desenvolvidos a serviço do controle ocidental incluíram tentativas sérias de entender o islã, sua religião e história em seus próprios termos e não em função de uma polêmica cristã. Antropólogos, filólogos, visitantes, administradores, fotógrafos e jornalistas abriram os tesouros da cultura muçulmana para o mundo externo – além de, num grau que não se pode negligenciar, providenciar um redescobrimento da própria civilização aos muçulmanos. Um trabalho que constituiu um preparo imprescindível para os movimentos nacionalistas e reformistas islâmicos, entre outros. Em outras palavras, apesar da predominância de precedentes hostis, não faltavam as interações mais positivas.[1] A conclusão evidente é que o islã – que desde 1683 nunca apresentou uma ameaça estratégica ao Ocidente – podia coexistir com o Ocidente cristão. Não obstante as intolerâncias, as três grandes religiões monoteístas compartilharam uma visão da sociedade religiosa voltada ao serviço de um mesmo Deus que, em princípio, permitiria uma coexistência frutífera.

Ora, nos últimos dois séculos esta situação de correspondências intercivilizacionais se transformou estruturalmente pela descristianização, pela secularização do Ocidente e pelos avanços científico-tecnológicos, industriais e militares ligados ao processo de modernização. Esta tríplice revolução retirou a base comum a ambas as civilizações, a europeia e a muçulmana, distanciando definitivamente a primeira do ideal da sociedade "sob Deus". Quebrando o equilíbrio político-militar internacional, a revolução da modernidade tornou o Ocidente imensamente mais poderoso do que o mundo muçulmano, o que causou neste último a implosão das estruturas antiquadas, as perdas políticas, a exploração econômica e o declínio de seus padrões religiosos e culturais tradicionais.

A mesma revolução levou diretamente à contínua influência ocidental que tanto irrita as populações muçulmanas – influência unidirecional, que expressa a assimetria do poder. Doravante a pergunta não deve ser se o islã constitui uma ameaça, mas se o próprio islã é capaz de sobreviver ao Ocidente moderno. Toda a problemática atual das relações Ocidente-Oriente resulta das várias tentativas para fazer frente ao "perigo ocidental" e para contrabalançar a assimetria.

No entanto, a própria modernidade está se emancipando das suas origens ocidentais. Em seu coração territorial, a Europa ocidental e a América do Norte, a civilização cristã, branca e de classe média, está se transformando em sociedade multiétnica e multicultural, constituída por uma variedade de grupos identitários que aceitam suas diferenças como base mínima da coexistência. Este processo está sem dúvida mais avançado nos EUA. A convivência de anglo-saxões protestantes, latinos católicos, negros, judeus, *sikhs* e budistas, entre outros, contudo, está condicionada a algumas regras – sendo a mais importante a manutenção da identidade na esfera privada. Todos estes grupos podem participar de uma mesma economia e partilhar um campo político comum porque, como cidadãos, eles não se manifestam sob a bandeira de suas identidades específicas. Todos pagam os mesmos impostos, obedecem às mesmas leis, usam os mesmos bancos e lojas.

A sociedade onde todas estas identidades se encontram é em si uma entidade abstrata sem fisionomia própria. Essa civilização "ocidental", reduzida a poucos valores e procedimentos comuns, mas tendo forte enquadramento institucional, é anônima o bastante para ser exportada para sociedades originalmente não ocidentais. Numa tal "civilização da modernidade" pluralista, constitucionalmente separada em esfera pública e privada, os muçulmanos podem, como quaisquer outros grupos, constituir sua própria "Igreja" ou "identidade coletiva" – e inclusive militar em prol de subsídios públicos para os serviços que eles prestam para seus membros (ou até como compensação pelos sofrimentos vividos por seus antepassados). Na medida que eles fazem isto – e muitos o fazem – diz-se que "nossos cidadãos muçulmanos são bem integrados". Do ponto de vista da "civilização da modernidade" não existe problema em coexistir com o islã, contanto que ele se comporte como religião privada do mesmo modo como as outras identidades coletivas que compõem esta civilização.

O problema é que, lembremos, o islã não se considera como uma congregação entre outras, mas como único detentor da verdade. Uma certa vertente islâmica minoritária, mas ativista, vê como seu compromisso estabelecer, literalmente, "o governo de Deus" ou seja Sua supremacia aqui na Terra, na forma de uma comunidade militante de fiéis que eventualmente englobará toda a humanidade. Nesta visão, a sociedade como um todo não pode ter um vácuo de identidade, mas tem a obrigação de assumir uma identidade islâmica. Os muçulmanos que dão precedência a este preceito no sentido literal são os fundamentalistas. Muçulmanos fundamentalistas rejeitam tal subordinação de um "islã domesticado". Como analisamos, uma facção significativa deles aceita o uso da violência para realizar seu objetivo.

Ao contrário dos outros muçulmanos, os islamistas constituem um grupo inassimilável à civilização da modernidade. O verdadeiro "choque de civilizações" que ameaça se estender sobre a Terra, portanto, não é entre a "cristã" e "o islã", mas entre uma modernidade universalizada por um lado (e que poderia acomodar um islã reformado), e uma versão radicalmente antimoderna do islã político, que usa as armas da modernidade contra o próprio mundo moderno. Pode-se imaginar, aliás, choques paralelos com outros fundamentalismos: o protestante nos EUA, o judaico em Israel, o hinduísta na Índia etc. No entanto, o islamismo é o único a combinar um alcance global com a vontade de usar violência maciça.

Pode-se concluir dos acontecimentos do último meio século que todas as tentativas do mundo muçulmano para se regenerar – as experiências liberais, autoritário-estatais, socialistas, capitalistas, pan-árabes, nacionalistas regionais e até as islamistas – têm se revelado fracassos, com uma exceção: a última, ou seja, a estratégia de extremistas islamistas de fomentar uma guerra "de libertação" contra o Ocidente, no próprio território ocidental, pelo uso de grupos terroristas transnacionais com base no (e usufruindo da vulnerabilidade do) Estado muçulmano.

Os islamistas da mais recente onda travam esta guerra em nome de uma transformação não apenas da estrutura interna das sociedades muçulmanas como também de todo o sistema internacional. Este sistema, ainda essencialmente westfaliano, baseia-se em Estados soberanos que mantêm entre si um mínimo de ordem por meio de instituições e procedimentos consensuais (de origem europeia mas atualmente desnacionalizados). Ou seja, o islã dos islamistas não é apenas uma religião, mas um sistema ideológico abrangente e – como os islamistas são os primeiros a admitir – absolutamente incompatível com o Ocidente.

Os islamistas rejeitam os princípios que subjazem a este sistema: independência e inviolabilidade do Estado, soberania do povo, liberdades individuais, direitos humanos entre outros. Eles desejam substituir este sistema, reconhecidamente de cunho ocidental, não por um sistema mais pluralista e multipolar, mas por um mais monista e unipolar: a umma islâmica não territorial, suprema sobre todas as outras comunidades e que lutaria contra as demais até a imposição do islã no mundo inteiro. Esta reivindicação não é nova, mas tem sido recentemente revitalizada. Foi o êxito relativo da estratégia de Osama bin Laden que criou no Ocidente – após os "perigos" anteriores vermelho e amarelo – a histeria atual do "perigo verde", cor da bandeira do Profeta.

É cedo para determinar se a estratégia de Osama bin Laden trará vantagens para a causa islamista, mas já é possível perceber que esta guerra terrorista causou graves danos ao Ocidente, ao mundo muçulmano e à comunidade internacional como um todo. O "terror islamista" – termo vago que usamos por falta de outro melhor – e a não menos vaga "guerra ao terror" estão provocando uma profunda reconfiguração do cenário global, com repercussões sobre uma pauta de assuntos de primeira importância: a relação entre as grandes potências; a relação entre Norte e Sul globais; o funcionamento da ONU e da lei internacional (como o significado do conceito da soberania e da guerra preventiva); a interação entre globalização, vulnerabilidade e segurança coletiva; a relação contraditória entre liberdades individuais e a proteção da sociedade; o poder do Estado para lidar com desafios não estatais.

Esses temas afetam inclusive populações que vivem a milhares de quilômetros da concentração muçulmana mais próxima e que nunca se interessaram pela questão da coexistência das civilizações. Pode-se afirmar pelo menos que o islamismo tem tido grande êxito em se colocar no topo da agenda internacional. A guerra entre o islamismo e a comunidade internacional como ela se concebia até há pouco, ilustra – melhor do que qualquer outro conflito no mundo – como a globalização causa simultaneamente interações cada vez mais intensas no campo técnico-econômico e fragmentações cada vez mais insuperáveis no campo cultural-identitário.

Além disso, tal guerra pode matar, sem aviso prévio, civis inocentes em qualquer lugar do mundo, sem qualquer justificativa que faria sentido a alguém fora do círculo dos "já convertidos" (que, aliás, já não estarão vivos para gozar de sua "vitória"). A guerra, portanto, se trava de forma tão violenta e de alcance tão amplo que ela necessariamente minará as próprias bases da convivência internacional a não ser que seja desenvolvida uma contraestratégia eficaz. A pergunta-chave que se coloca, portanto, é "O que fazer?"

A REAÇÃO OCIDENTAL: PRECONDIÇÕES PARA O DIÁLOGO COM O ISLÃ

Observa-se, nos últimos anos, um assustador crescimento de incidentes violentos antiocidentais e antimodernistas dentro do mundo muçulmano. Até agora a reação ocidental tem sido uma mistura ineficaz de, por um lado, uma "sub-reação", na forma de seminários e diálogos interfés bem-intencionados, mas de alcance questionável, editoriais tentando entender e ocasionalmente assumindo a culpa do Ocidente; e, por outro, "super-reações" extremas, inclusive militares, implicando em amplos prejuízos colaterais, cuja eficiência em conter "o Terror" (como se este fosse uma entidade física) não é menos questionável.

A proteção militar do mundo moderno urbanizado contra atentados terroristas é indispensável, mas insuficiente em si para mudar a relação islã-Ocidente. Ela não terá efeitos positivos a menos que venha acompanhada de mudanças estruturais, que implicam em novo relacionamento, menos desigual, com o mundo muçulmano. Pensando as relações entre muçulmanos e não muçulmanos, a mais urgente tarefa é a de distinguir entre muçulmanos e islamistas. Com o islã, a coexistência é tanto possível quanto necessária; em princípio, ela enriquecerá mutuamente muçulmanos e outros grupos. Com o islamismo, não há diálogo possível.

Pelo menos desde o 11 de setembro 2001 é ingênuo acreditar que o fundamentalismo muçulmano não constitua uma ameaça à própria base da coexistência no mundo moderno. O futuro *modus vivendi* desejável entre o islã e o resto do mundo dependerá da reformulação das bases desta coexistência. A expressão "tolerância e diálogo para com o islã, repressão frente ao islamismo"[1] tem, contudo, que ser esclarecida por uma série de observações.

Em primeiro lugar, a diferenciação entre fundamentalistas e demais muçulmanos não é absoluta; trata-se antes de uma escala gradual: ninguém nasce fundamentalista. Experiências religiosas e políticas, entre outras, levam determinados crentes a adotar a visão fundamentalista. Como analisamos anteriormente, há entre o núcleo dos "já-convertidos" (e que dificilmente abandonariam sua fé) e a massa da população muçulmana, parcialmente tradicional e parcialmente modernizada, uma mal definida mas ampla parcela de fiéis que tendem a aceitar o apelo do islamismo, mesmo que não tenham um compromisso irreversível ou se mobilizem num partido ou movimento fundamentalista.

Este apelo pode cair num chão fértil por causa do vazio espiritual que estas populações sentem. Mas é igualmente provável que eles sejam atraídos pelo *slogan* simplificador "O islã é a solução" porque são clientelistas dos serviços sociais islamistas não fornecidos pelo Estado; ou porque a resistência antiocidental dos fundamentalistas faz eco à sua própria frustração e contrapõe-se à experiência de impotência à qual o desequilíbrio global os condena. Ou seja, enquanto o núcleo dos islamistas é movido provavelmente por razões propriamente religiosas, há uma ampla periferia de fundamentalistas em potencial. Esses "fundamentalistoides" poderão ser empurrados para um ou outro lado conforme a conjuntura política (além de outros fatores contingentes).

Muitos no mundo muçulmano se abrem ao discurso islamista não em virtude de seu extremismo teológico e político antimoderno, mas apesar dele. O que estes milhões de pessoas buscam é fugir da impotência coletiva estrutural – uma evasão que projetos anteriores, modernistas, não forneceram. Se esta hipótese for correta, então há uma ampla população cuja passagem para o fundamentalismo não é inevitável, contanto que se adote uma política correta. Isso não impossibilitaria futuros atos terroristas por pequenas minorias radicais, mas mudaria dramaticamente o contexto político e as reações que despertariam.

Essa política conduz à seguinte observação: uma coexistência pacífica e mutuamente benéfica entre a civilização ocidental e o islã só pode se basear no respeito e na tolerância mútua. Como esses valores já fazem parte do repertório de ambas as civilizações, não é impossível reativá-los mesmo nas atuais condições polarizadas. A tolerância e a celebração da diferença já estão embutidas como valores-chave da modernidade multicultural. Contudo, a tolerância conduz a uma coexistência passiva e, portanto, suscetível de erosão no caso de fortes tensões.

Uma melhor coexistência, ativa, se baseia no conhecimento do "outro" e num exame de quais de seus elementos identitários são compatíveis com nossos próprios e quais nos são alheios. Este processo de conhecimento e integração transforma o "outro" de estrangeiro tolerado em sócio e parceiro. Uma maneira de iniciar tal processo de aprendizagem e aproximação é o diálogo interfés – sempre que este diálogo conseguir sair do gueto dos islamófilos já convertidos e inclua a possibilidade de honesta crítica mútua. Tentativas nesta direção já foram feitas. Na sociedade pós-cristã atual, a responsabilidade caberia não apenas às Igrejas, mas a todos em geral.

É possível, então, combinar o diálogo com o islã "civilizado", aberto à convivência, com uma repressão ao islamismo "selvagem" dos fundamentalistas? É claro que uma resposta tão dicotômica não funcionará num contexto em que boa parte dos muçulmanos se encontra dividida entre esses polos extremos. Uma política meramente repressiva frente ao fundamentalismo, no melhor dos casos, apenas o empurrará para a clandestinidade sem modificar o ímpeto de seus argumentos.

Não há chance de um diálogo viável se ele não se acompanhar de reformas estruturais, a fim de começar a melhorar o desequilíbrio de forças entre o Ocidente poderoso e o mundo muçulmano impotente. Sem indicações visíveis de tal desenvolvimento, o diálogo será recusado como "enfeite" ou "subterfúgio" pela maioria dos líderes muçulmanos, ou se tornará uma farsa que apenas servirá para alguns muçulmanos descarregarem suas frustrações e queixas, e para alguns ocidentais aliviarem seu sentimento de culpa. Um lado acusa, o outro se desculpa: tal exercício logo se tornará maçante.

É importante assinalar, na problemática do "choque das civilizações", o conceito popularizado por Huntington e pelos próprios fundamentalistas muçulmanos, de que há autênticos problemas de convivência entre o islã e a modernidade ocidental, mas que existem igualmente recursos e precedentes de comunicação e coexistência intercivilizacional. Não há incompatibilidade de antemão. Todavia, o que leva cada vez mais muçulmanos a posições islamistas – posições que tornam inviável a coexistência das civilizações – é que o islamismo lhes proporciona o que parece ser o único caminho ainda não testado e, portanto, ainda não fracassado contra o desequilíbrio do mundo maciçamente inclinado em favor da esfera do Ocidente – desequilíbrio que tem, mais do que qualquer outro fator, impossibilitado um desenvolvimento da civilização muçulmana.

O que move o confronto entre os mundos muçulmano e ocidental é uma questão de poder e acesso a recursos não menos do que de cultura. Lewis tem razão quando nos lembra que há tendência de autoderrota no Oriente Médio quando este projeta a causa de todos seus males em forças hostis externas.[2] Contudo, isto só explica parcialmente o atraso e a involução do mundo muçulmano. Há regiões do planeta que começaram num ponto mais atrasado do que os países árabes mas que, assumindo responsabilidade por sua própria sorte, conseguiram resultados melhores (como os Tigres asiáticos). Há outras regiões que não avançaram tão impressionantemente, mas tampouco ficaram presas na armadilha da postura vitimizada (como a Índia). Por outro lado, há igualmente regiões pouco ou nada influenciadas pelo islã que progrediram inicialmente para depois estagnar (como partes da América Latina); outras ainda estão numa situação pior que a do mundo muçulmano (por exemplo, a África negra).

O desenvolvimento de uma zona geográfica ou civilizacional é determinado por muitos fatores, tanto internos quanto externos. Entre os primeiros certamente se encontram posturas em relação à modernidade ou à própria história que podem constituir sejam recursos proveitosos sejam empecilhos. É inegável que o Oriente Médio carrega uma bagagem cultural pelo menos parcialmente contraproducente. Mas, por outro lado, ele opera sob desvantagens específicas externamente geradas ou impostas, ou seja, "mesmo sendo paranoicos podem ter inimigos reais".

Não vale a pena entrar num debate de quem tem mais culpa nesta situação – tanto o mundo muçulmano quanto o Ocidente estão envolvidos numa complicada interação há catorze séculos. Uma cadeia de circunstâncias lançou o Ocidente na trajetória – anteriormente preenchida pelo islã – de civilização-guia que conseguiu desenvolver aqueles moldes psicológicos, sociais e organizacionais cujo êxito fez com que transcendesse os limites da própria civilização. Neste processo, o mundo muçulmano, a civilização anteriormente pioneira, viu-se vitimado. Parte desta vitimação vem de fora, outra parte é internamente gerada e mantida. Não adianta negar a presença de ambos os tipos de influência. O importante é o esforço para transcendê-los – o que exigirá o empenho tanto de muçulmanos progressistas quanto de pessoas de fora interessadas em evitar um "choque de civilizações" mutuamente destruidor. Daí a importância do diálogo.

Se a comunicação com o islã implica em reformas concretas, internacionais inclusive, o diálogo tem também exigências internas. A comunicação tem que ser autêntica, de forma que implique num espaço para a crítica, não só do islã frente ao Ocidente como também do Ocidente frente ao islã. Uma visão que descarta de antemão qualquer crítica ao islã por considerá-la preconceituosa (tendência extrema e "politicamente correta"), e que às vezes caracteriza tais encontros, não gerará respeito mútuo nem aproximação. Diferentemente do que dizem certos islamófilos[3] e certos modismos relativistas que saúdam o islamismo como "descolonização cultural" e "reconquista da autenticidade", não há, na verdade, diálogo possível com uma ideologia que recusa o pluralismo e abraça a violência para realizar seu objetivo.

A conversa com o islã só dará oportunidade à despolarização das tensões se evitar duas armadilhas opostas. A primeira armadilha seria encetar o diálogo por meio de uma agenda política que se proponha a converter o interlocutor muçulmano, ou a convencê-lo de modificar o islã, para tornar esta religião mais palatável ao Ocidente. Quaisquer tentativas de repensar e reformar o relacionamento com as fontes do islã não pode ser senão o fruto do trabalho dos próprios muçulmanos. Aliás qualquer intromissão não muçulmana em assunto tão sensível constituirá o beijo da morte para seus proponentes.

A segunda armadilha consiste no relativismo cultural extremo, que legitima a ira e a violência muçulmanas. Aqui entram vários elementos – reações terceiro-mundistas da esquerda, uma certa apreciação existencialista da violência, o pavor pós-modernista de qualquer julgamento de valor, entre outros. Tal postura é inútil e, aliás, considerada ridícula dentro do pensamento do islã político, que é o primeiro a rejeitar a "multiplicidade das verdades". No longo prazo ela não é menos nociva do que a rejeição ao islã por parte da direita ocidental, antipluralista, em nome da retomada da "autoconfiança".[4] Entender as causas da insatisfação e ter empatia com elas é diferente de outorgar legitimidade à violência contra civis – sejam as vítimas ocidentais ou muçulmanas.

OS CINCO DILEMAS DO ISLÃ FUTURO

Não é tarefa do interlocutor não muçulmano propor mudanças no islã. Qualquer evolução futura que, espera-se, facilitará a aproximação com a modernidade deverá ser o fruto de reflexões e debates entre muçulmanos, como já foi apontado. É possível, no entanto, elencar alguns temas críticos – dilemas cujo desfecho determinará o rumo do islã no século XXI. Cinco destes se destacam: a questão da relação do islã com suas fontes, suas divisões internas, a razão científica, a democracia e os novos impulsos que indubitavelmente o desafiarão por parte do "islã ocidental". As respostas dadas a essas questões decidirão também o futuro da relação do islã com o mundo não muçulmano.

A CRÍTICA DAS FONTES

O primeiro dilema é se haverá ou não uma reforma islâmica que historicize as fontes sagradas. Tivemos ocasião, ao longo destas páginas, de observar como a leitura anti-histórica do Alcorão e dos *hadiths* tem prejudicado o desenvolvimento no islã. O mundo muçulmano conseguirá se libertar dos tabus sobre o *status* excepcional do Alcorão, enquanto mensagem divina? Houve no islã pensadores progressistas racionalistas e protoiluministas tais como Ibn Rushd (Averroes) e Ibn Khaldun. Porém, a "esquerda aristotélica" foi logo derrotada: a liquidação política dos mutazilitas ocorreu já antes de 850 – em plena glória abássida.

A fragmentação do islã em três califados inimigos datou de 950, o fechamento do *ijtihad* ocorreu antes de 1050 – todos antes das calamidades dos séculos XII-XIV, comumente responsabilizadas pelo declínio do islã. Isto não significa que uma reconstrução do pensamento islâmico libertário seja impossível, mas a tradição oposta é sólida. Todavia, só uma crítica das fontes da religião permitirá um repensar dos princípios que mais dificultam a convivência do islã com a modernidade. Uma leitura histórica crítica permitiria, idealmente, contextualizar e relativizar os princípios mais ferrenhos que parecem gravados em perpetuidade nos textos – por exemplo, o antagonismo para com o mundo não muçulmano, a supremacia para com minorias não muçulmanas, a subordinação da mulher entre outros. Fundamentalistas se juntam aos tradicionalistas numa oposição acirrada contra qualquer abertura epistemológica; esta é promovida por pensadores reformistas tais como Arkoun. Qual destas tendências vencerá a outra?

HOMOGENEIDADE OU HETEROGENEIDADE?

Haverá uma reforma que livrará a tradição islâmica de elementos tribais, étnicos e outros particularismos? O islã foi concebido originalmente como religião universal, mas desde o início foi infiltrado por motivos particulares – desde a luta pela sucessão (que não foi uma controvérsia teológica, mas sim uma briga pelo poder) entre vários ramos da família do Profeta. No histórico confronto entre o islã e as lealdades tribais, as últimas nunca foram definitivamente derrotadas; em consequência, o islã nunca produziu um Estado homogêneo, mas uma cadeia de estruturas políticas sempre frágeis e dependentes de lealdades pessoais, familiares etc., em vez de regidas por princípios abstratos.

Em seguida, a expansão do islã exportou inadvertidamente os moldes da sociedade árabe tribal; os reinos muçulmanos sucessivos permitiram a sobrevivência e reprodução de particularismos. Até o Império Otomano, exemplar mais acabado e duradouro, sofreu de uma falta de coerência interna bem maior do que a de seus concorrentes ocidentais – diferencial que por fim lhe foi fatal. Esta fraqueza sociopolítica característica do islã fez com que coubesse ao Ocidente desenvolver unidades políticas mais sólidas e um conceito mais unitário de Estado – que, aliás, não exclui necessariamente a heterogeneidade. Contudo, mesmo Estados ocidentais internamente divididos tais como os EUA ou a Suíça têm em comum a lealdade a um conceito de cidadania e a uma cultura política consensuais. Muitos países muçulmanos, no entanto, continuam sofrendo de divisões internas extremas e de lutas fratricidas. Conseguirá o islã encontrar uma alternativa à lâmina padronizadora do islamismo?

MODERNIDADE, RACIONALISMO E CIÊNCIA

Há mil anos, o islã estava integrado no progresso científico, trabalhando os clássicos gregos perdidos na cristandade e avançando na matemática, astronomia, química, ótica, medicina, geografia e outras ciências. Novas invenções ajudaram a tornar o império muçulmano o mais poderoso do mundo. Esses avanços, porém, dependeram de um ambiente de livre exame, que foi gradualmente solapado pela virada ortodoxa do sunismo. Há muito, estudos científicos antes bem-vindos no Cairo, Bagdá e Shiraz se transferiram para Paris, Londres e Nova York – e, recentemente, também para Tóquio, Bangalore e Tel-Aviv. Ainda não voltaram para Bagdá, Teerã ou Islamabad.

A ciência, que está na base das tecnologias que permitiram ao Ocidente conquistar o resto do mundo e, posteriormente, a universalização da modernidade, há mil anos tem sido vista com suspeita no mundo muçulmano, pois o pensamento científico não se baseia numa revelação imutável mas sim na institucionalização da dúvida[1] e na aceitação da incerteza dos resultados da pesquisa. Ora, a ortodoxia islâmica mantém uma atitude hostil para com a ciência e seus corolários: o livre exame e o racionalismo (neste ponto, parece haver pouca diferença entre o conservadorismo sunita da Arábia Saudita ou do Paquistão e o xiismo revolucionário do Irã).[2] Em termos de educação, quantidade e qualidade de trabalhos científicos produzidos, descobertas e invenções feitas, o mundo muçulmano está hoje claramente atrasado não só em relação ao Ocidente, mas a quase todas as outras civilizações.

Atingimos aqui uma fraqueza provavelmente fatal. O islamismo, como já afirmado, é um fenômeno da modernidade, uma revolta contra a modernidade secularista que surge dela própria, sendo impensável fora dela. Os fundamentalistas usam na sua luta pelo poder as realizações da tecnologia e ciência modernas, baseadas no racionalismo e impossíveis sem ele: gravações, explosivos sofisticados, fax, televisão, Internet, aviões etc. Porém, eles são teologicamente opostos ao racionalismo inerente a essas invenções e, onde chegam ao poder, tentam destruí-lo.

Mesmo um país relativamente esclarecido como o Paquistão mudou o critério da alfabetização para incluir o conhecimento religioso, introduziu a memorização do Alcorão como critério de aprovação para alunos universitários de ciências exatas e de engenharia, e seleciona professores de ciência por sua religiosidade. A situação é ainda pior no Afeganistão dos Talebã e na Arábia Saudita. Este quadro, em lugar de fortalecer os muçulmanos frente ao Ocidente, os mantém vulneráveis. Bassam Tibi chama a profunda ambivalência dos islamistas em relação a razão de "meio-modernidade" – eles aproveitam seus frutos mas recusam suas raízes.[3]

É, todavia, uma ambivalência que permeia o meio muçulmano bem além do fundamentalismo. Uma mera transferência de recursos para o mundo muçulmano não trará nenhuma capacitação: para isto, o próprio islã precisa se reformar. Voltamos aqui para as limitações internas ao desenvolvimento do mundo muçulmano. Podemos supor que um islã mais racionalista e mais aberto à ciência será também um islã mais compatível com o Ocidente. A abertura ou fechamento dos muçulmanos frente à ciência, tecnologia, globalização etc. determinará a qualidade do futuro islâmico.

Podemos ainda supor que, na sua rejeição aos valores da modernidade, os fundamentalistas estejam condenando seu próprio projeto, pois suas táticas, sejam elas primitivas e heroicas (bombas, suicidas etc.), sejam elas baseadas em tecnologia moderna (gravações, aviões etc.), nunca introduzem novas armas. O mundo moderno, no entanto, está reagindo à ameaça islamista desenvolvendo novas tecnologias. Historicamente, em choques de civilização, tendeu a ganhar aquela civilização que mais criativamente conseguiu mobilizar as energias de seus seguidores nas esferas econômica, tecnológico-científica e militar.

O islamismo tem o entusiasmo de seus seguidores (recurso crítico que a civilização ocidental carece), mas a clausura mental exclui os avanços científicos necessários para derrotar seu inimigo. Avanços tecnológicos e científicos imprescindíveis para uma mudança decisiva do equilíbrio das forças em favor dos islamistas não se desenvolverão num meio ideológico que sufoca o livre pensamento.

A DEMOCRACIA

Por uma confluência de causas, a maioria das sociedades muçulmanas enfrenta simultaneamente uma série de gravíssimos problemas de desenvolvimento e de coexistência. Porém, já que quase não há vias legítimas para expressar as reivindicações populares, e as tradições democráticas estão quase ausentes ou reprimidas, resta a violência como única forma de expressão. Este fracasso do desenvolvimento democrático resulta da inimizade do islá à democracia? O islá e a democracia, importação da modernidade de origem ocidental, são compatíveis? Tais questões estão no centro do debate das últimas décadas sobre o futuro do islá.

Ao contrário de outras religiões, o islá é comunal (é possível ser um bom cristão numa ilha isolada, mas não um bom muçulmano). O islá pede um compromisso não individual mas coletivo, e seu objeto não é nem mesmo a comunidade imediata, mas a humanidade inteira. A questão de direitos individuais ocupa um lugar muito menor no islá do que no pensamento jurídico ocidental. A mais importante garantia consagrada no direito natural ocidental, a autodeterminação, é explicitamente negada pelo islá: não é o homem que é soberano, mas sim Deus. As criaturas pertencem ao Criador, que tem um direito de propriedade sobre elas. Para os islamistas, a soberania de Deus é incompatível com a democracia, expressão de uma soberania do povo ilusória e ilegitimamente autoatribuída.

Os islamistas se encontram, em muitos países, na vanguarda da luta contra governos autoritários de elites minoritárias, aparentemente se comportando objetivamente como força de democratização. Porém, esta observação é enganosa: sua posição na coalizão democrática é apenas instrumental. No olhar fundamentalista, o homem tem apenas o direito (que é também seu dever) de se prostrar e aceitar o poder incomensurável e arbitrário de Deus, o que se fez por exemplo no referendo que aprovou a constituição islâmica no Irã em 1979 – ou seja (na formulação sarcástica de Bernard Lewis), "uma pessoa, um voto, uma vez".[4] Segue a demanda da (re)introdução integral da xaria como lei: a função da política se reduziria doravante a interpretar e aplicar uma legislação já existente para toda a eternidade – sendo isto uma tarefa que cabe a especialistas da xaria, os ulemás.

Na prática, contudo, os movimentos fundamentalistas em geral não aceitam a autoridade dos ulemás, considerados como corruptos pelo poder existente, mas se autoproclamam os novos intérpretes – em outras palavras, optam por uma liderança carismática, autonomeada, que após a revolução islâmica se tornará a nova elite clerical-burocrática. Ao lado deste modelo, porém, também há de fato tendências democráticas. Nem no Irã foi estabelecido um autêntico regime teocrático, mas um híbrido de teocracia e democracia.

As mais severas interpretações antidemocráticas dos mais conservadores fundamentalistas se chocam com a vontade democrática das massas muçulmanas. Desde Abdu, pensadores reformistas apontam para o valor do *shura* (ou "consulta"): o líder da comunidade é obrigado a consultar os representantes dos fiéis antes de tomar sua decisão. Ora, esta exigência, religiosamente sancionada, pode ser aplicada de formas diversas: de maneira tradicional, como quando o sultão ouve as ideias de seus ulemás supremos; ou de modo mais progressista, pelo estabelecimento de regras na prática muito semelhantes às da democracia parlamentar.

Quem pensa que muçulmanos são incapazes de viver sob uma democracia precisa explicar como a democracia tem se enraizado em países muçulmanos tais como Turquia, Bósnia, Indonésia e alguns outros casos. Ao lado dos "rigoristas", há modernistas que recusam um papel político privilegiado para o "clero" ou para qualquer outro grupo com base em critérios religiosos: muitos modernistas querem restringir o islã ao papel de fonte de inspiração ética na vida social e política da nação. Se tal princípio conquistar a hegemonia intelectual no mundo muçulmano, será um grande passo na integração deste numa comunidade global e pluralista de civilizações. Neste momento, a influência dos fundamentalistas antidemocráticos é mais forte, mas o debate está em aberto. Sua conclusão terá grandes consequências para a convivência internacional.[5]

A RELEVÂNCIA DO ISLÃ OCIDENTAL

O islamismo poderia derrotar a civilização da modernidade? A situação não parece ser iminente mas não é impensável. Como vimos anteriormente, fundamentalistas usam produtos da racionalidade moderna para fins reacionários, mas na verdade não podem desenvolvê-los sem o risco de despertar dúvidas teológicas. Essa rejeição do racionalismo é, portanto, uma deficiência com grandes consequências. Armas de destruição em massa adquiridas por Osama bin Laden constituem um risco real e poderiam, num cenário adverso, serem usadas para chantagear o Ocidente. O pesadelo de uma nova superbomba "islâmica" de tecnologia desconhecida e secretamente pesquisada é muito menos provável. Ainda assim, a combinação de problemas sistêmicos gerados pela modernidade, os ataques simultâneos sobre frentes múltiplas e uma perda moral nas sociedades modernas poderiam sobrecarregar o sistema moderno ocidental de maneira letal.

O islamismo poderia vencer, teoricamente, nos seguintes contextos: (a) uma nova grande potência nuclear muçulmana, comprometida com o programa fundamentalista, forçará um rearranjo dramático do equilíbrio geopolítico; (b) redes não territoriais terroristas conseguirão desestabilizar o funcionamento da economia global e dos regimes políticos internacionais; ou (c) camadas fundamentalistas fomentarão uma revolução bem-sucedida dentro das sociedades ocidentais. Estes três cenários parecem atualmente pertencer mais à ficção científica do que a uma avaliação racional das probabilidades. Uma pequena análise pode mostrar, entretanto, que a última destas hipóteses não é totalmente destituída de lógica.

Uma superpotência islamista?

Novos desafios militares do Sul global contra o Norte continuarão ocorrendo enquanto não houver uma redistribuição mais justa em escala planetária. Mas eles surgirão novamente do mundo muçulmano? A emergência de um super-Estado muçulmano foi (numa forma mais ou menos secularizada) o projeto de Nasser no Egito nos anos 50 e 60, e de Saddam Hussein do Iraque nos anos 80 e 90. Ambos fracassaram. Atualmente, uma nova tentativa deste gênero "bismarckiano" – com ou sem restauração do califado – está extremamente distante. Criar uma base territorial, depois unificar uma região suficientemente extensa, centralizar, armar, islamizar populações diversas etc. constituiria uma tarefa dificílima.

Qualquer unificação no Oriente Médio, atualmente muito desunido, mesmo que houvesse um novo candidato para liderá-la, necessitaria de um longo período de aplicação de violência para reprimir resistências internas e externas, e depois um outro, provavelmente ainda mais longo, para mobilizar as energias populares e preparar a economia e o exército para uma tentativa hegemônica mundial; isto só seria possível se usasse a renda petrolífera para transformar a educação e o aparelho produtivo e se o resto do mundo não interviesse. Uma combinação altamente improvável.

Redes terroristas não territoriais?

Uma nova onda de grupos terroristas da escola de Osama bin Laden poderia tentar solapar o Ocidente não pelo poder do Estado, mas com o uso de redes transnacionais, não nacionais e invisíveis. Teoricamente, tais ataques – tanto isolados quanto em conjunção com outras redes: guerrilhas, sabotadores antiglobalização, máfias, narcotraficantes etc. – poderiam enfraquecer e até inviabilizar os fluxos comerciais e de informações, causando uma crise econômica mundial. Na realidade, porém, é mais provável que eles provocassem movimentos de reação emergindo no centro do mundo capitalista desenvolvido: as guerras do Afeganistão e do Iraque poderiam ser uma amostra disto. A "guerra contra o Terror" com certeza poderia transformar profundamente o cenário mundial – não necessariamente numa direção desejável, provocando por exemplo uma integração internacional mais estrita sob liderança unilateral norte-americana, ou uma fragmentação que levaria a maiores tensões internacionais, além ainda de outras resoluções.

Contudo, é pouco provável que isto conduzisse a uma vitória fundamentalista (o que não significa que fundamentalistas não possam chegar ao poder numa série de países muçulmanos). O cenário, portanto, é distante.

Revolução islamista dentro do Estado ocidental?

Tanto a Europa ocidental quanto os EUA estão importando um problema cada vez mais difícil de ser solucionado: uma população muçulmana empobrecida, pouco identificada com os valores-chave de seu país de residência e vista pela maioria com crescente desconfiança. Fica claro que, ao contrário das vozes alarmistas da direita, a presença de uma ampla população muçulmana no Ocidente não precisa constituir um risco em si para a coerência destas sociedades, desde que estas minorias sejam plenamente integradas – e esforços se fazem nesse intuito. A questão é se os esforços multiculturalistas podem contrabalançar forças opostas de não integração.

Há diversas correntes xenófobas nas sociedades ocidentais. As dificuldades socioeconômicas nos países do primeiro mundo tendem a excluir grupos vulneráveis da periferia da sociedade, dentre os quais se destacam minorias muçulmanas. O risco de um novo *apartheid* de "classes perigosas" – étnica e/ou religiosamente distintas –, com uma segregação de fato, não é impensável. Em tal situação de alienação, massas de jovens muçulmanos poderiam se radicalizar. Movimentos islamistas revolucionários operando na subclasse muçulmana explorada e radicalizada nos países europeus ou entre negros muçulmanos nos EUA poderiam criar uma conjuntura bem mais incontrolável do que nas conjunturas anteriores.

O fator mais significativo seria, contudo, a conversão de importantes segmentos da própria população ocidental ao islã – fenômeno até agora limitadíssimo. Ocidentais (ex-cristãos ou ex-ateístas) bem integrados em posições de destaque na sociedade moderna, mas identificados com o programa islamista, colocariam em xeque o projeto da modernidade?

Entende-se então o significado central do islã ocidental, que está numa encruzilhada apontando para três caminhos. (a) Ele se desenvolverá numa direção mais modernista – aproveitando a maior liberdade de expressão no Ocidente, e trabalhando a modernização de sua própria experiência comunitária e religiosa? Esta opção o tornaria mais acessível à integração? Ou, (b), ele se inclinará alternativamente na direção do autoisolamento, mantendo uma postura de "identidade de resistência", mas onde a religião funcionaria primariamente como um "substituto à etnicidade"?[6] Ou, ainda, a última e mais perigosa alternativa (c), ele se identificará com o fundamentalismo muçulmano internacional, criando deste modo um perigo para a sociedade anfitriã? Em quaisquer destes cenários, o islã ocidental terá um papel crucial para o futuro caminho de todo o mundo muçulmano.

CONSIDERAÇÕES FINAIS

Pelas respostas dadas aos dilemas esboçados anteriormente, o mundo muçulmano definirá nas próximas décadas sua nova feição e, com isto, as chances para uma coexistência entre "Ocidente" e "Oriente". Em última instância, uma acomodação entre ambos poderia ser ainda mais crucial para a sobrevivência do islã do que da modernidade ocidental. Para o islã, as opções são muitas, mas elas se resumem a três tipos:

• O *fundamentalismo*, que uniformizaria a prática religiosa, politizando-a, e transformaria o islã num projeto islamista antissecular coerente. Esta é a opção da confrontação, que parece ter atualmente as melhores cartas.

• A *secularização*, que transformaria o islã numa religião privada, com impacto gradualmente menor na vida social e política. Opção preferida do Ocidente, parece ter sido derrotada definitivamente nas crises do século XX. Porém, o veredicto ainda não é claro: a força da globalização pode ter resultados inesperados.

• A *reforma islâmica*: uma futura remodelagem total do islã, que produziria um novo islã pluralista e liberal, mas nem por isso menos intensamente religioso. Isto implicaria uma ruptura não menos radical do que a Reforma na Igreja Católica, ou o Iluminismo na história intelectual europeia. Opção momentaneamente minoritária, ela envolve contudo o desempenho de vários importantes pensadores islâmicos do mundo atual.

Provavelmente, as três opções se desenvolverão simultaneamente, em lugares diferentes e em graus variados. É impossível profetizar qual será por fim a linha predominante. As discussões, contudo, não se desenvolvem num isolamento artificial, mas em interação e em reação a impulsos vindos do mundo não muçulmano. O Ocidente tem todo interesse em ajudar o islã em seus difíceis diálogos, conosco e consigo mesmo. Porém, até agora não o fez: as reações aos desafios lançados têm sido, como vimos, incoerentes. A tríade das políticas mais indicadas para promover tanto a segurança internacional quanto a coexistência é:

• Com o islã: diálogo;
• Com o islamismo: luta;
• Com o mundo muçulmano empobrecido e enraivecido: justiça, desenvolvimento e democratização.

A discussão sobre o futuro do islã é fundamental para o mundo muçulmano, pois envolve suas relações com a modernidade ocidental – ou seja, a civilização concorrente que derrotou a muçulmana, jogando-a num vazio ideológico. Para muçulmanos crentes – que são a maioria –, trata-se nada menos do que de resgatar a própria alma. Para o resto do mundo, trata-se de desenvolver, urgentemente, precondições melhores para a coexistência com este "outro" tão "difícil", mas tão enriquecedor. O mundo seria mais pobre sem a participação de 1,3 bilhão de muçulmanos. E um real choque das civilizações, afinal, seria catastrófico para todos.

CRONOLOGIA

AS DEZ DATAS FUNDAMENTAIS DA HISTÓRIA MUÇULMANA

- 622: *Hijra* (hégira), início da expansão islâmica.
- 750: Revolução Abássida, início da época de ouro árabe.
- 1258: Massacre mongol de Bagdá, fim do califado e da época de grandeza.
- 1453: Queda de Constantinopla, início da época de ouro turca.
- 1798: Invasão de Napoleão Bonaparte no Egito, início da época de confronto com a modernidade.
- 1914-1918: Primeira Guerra Mundial, fim do Império Otomano e começo da partilha do mundo árabe.
- 1967: junho, Guerra dos Seis Dias, terceira derrota árabe (secularista) contra Israel e início do processo de islamização no Oriente Médio.
- 1978: Revolução islâmica no Irã, primeiro regime islamista.
- 1991: Guerra do Golfo, nova etapa no confronto militar entre o mundo muçulmano e o Ocidente.
- 2001: 11 de setembro, atentados fundamentalistas em Nova York.

O CALENDÁRIO DO MUNDO MUÇULMANO
(Datas gerais em itálico)

Origem – Calendário cristão (d.C.)

- 33 - *Data tradicional da crucificação de Jesus de Nazaré.*
- 330 - *Partilha do Império Romano, início do império oriental ou bizantino.*
- 476 - *Fim do Império Romano do Ocidente.*
- 570-632 - Vida de Maomé (Muhammad).
- 610 - Começam as revelações divinas ao Profeta.
- 622 - Hégira: migração de Maomé de Meca para Medina.

632-661 Era dos califas ortodoxos

- 632-634 - Califado de Abu Bakr: Guerras da Apostasia e conclusão do processo de islamização da Península Arábica.
- 634-644 - Califado de Umar ibn al-Khattab: conquista do Egito, Palestina, Síria, Mesopotâmia (Iraque) e parte da Pérsia (Irã).
- 644-656 - Califado de Uthman ibn Affan: conquista do Irã e da África do Norte definição do texto do Alcorão.
- 656-661 - Califado de Ali ibn Abi Talib: cisma xiita; guerras da primeira *fitna*; assassinato de Ali.

661-749 O califado Omíada (capital: Damasco)

- 661 - Mu'awiya ibn Abi Sufyan toma o poder e estabelece dinastia califal.
- 689 - Sucessão de Yazid, filho de Mu'awiya, provocando guerras da segunda *fitna*: martírio de Hussein ibn Ali em Karbala.
- 685-705 - Califado de Abdul Malik.
- 692 - Supressão da rebelião de Ibn Zubair.
- 699-767 - Abu Hanifa – primeiro codificador da xaria (escola hanifita).
- 711 - Tariq e conversos berberos atravessam Gibraltar e conquistam a Espanha.
- 713-795 - Malik ibn Anas – segundo codificador da xaria (escola malikita).
- 712 - Conquista da Transoxiana: Bucara, Samarcanda.
- 732 - Batalha de Poitiers: Carlos Martel contém o avanço muçulmano na França.

750-1258 O califado Abássida (capital: Bagdá)

750-945 Época de ouro clássica árabe

- 744-750 - A Revolução Abássida: extermínio dos omíadas.
- 756 - Abd al-Rahman, último sobrevivente omíada, estabelece emirado de Espanha (Andalus).
- 765 - Morte de Ja'far al-Sadiq leva a novo cisma entre xiitas ismailitas, zaiditas e duodécimos.
- 767-820 - Al-Shafi'i - terceiro codificador da xaria (escola shafi'ita).
- 780-855 - Ahmad ibn Hanbal - quarto codificador da xaria (escola hanbalita).
- 786-809 - Califado de Harun al-Rashid: auge abássida.
- 800 - *Carlos Magno coroado imperador do Sacro Império Romano.*

- 810-870 - Al-Bukhari compila os *hadiths*.
- 813-833 - Califado de al-Mamun: hegemonia dos mutazilitas (racionalistas).
- 847-861 - Califado de al-Mutawakkil: contrarrevolução ortodoxa antimutazilita.

861-945 Declínio abássida: Fragmentação do império em territórios autônomos

- 874 - Muhammad al-Muntazar, o décimo segundo imã xiita, desaparece: começa a "Pequena Ocultação": o imã se apresenta por meio de representantes.
- 909 - Ifriqiyya ("África" - Tunísia) os ismailitas estabelecem um Estado xiita.
- 922 - Martírio do místico sufi al-Hallaj.
- 929-961 - Abd al-Rahman III estabelece califado omíada de Córdoba (Espanha).
- 873-935 - Abu al-Hassan al-Ash'ari, teólogo que desenvolve uma summa teológica, combinando ortodoxia com racionalismo.
- 940-hoje "A Grande Ocultação": o imã xiita deixa de estar em contato com os crentes duodécimos.

945-1258 Califas e anticalifas

- 945-1062 - Buídas xiitas controlam Bagdá – o califa se torna mero testa de ferro.
- 969-1171 - Califado fatímida (ismailita-xiita; capital: Cairo) no Egito, África do Norte e na Síria.
- 998-1030 Mahmud de Ghazna (Afeganistão): incursões no Punjab indiano.
- 1009 - O califa fatímida al-Hakim destrói o Santo Sepulcro em Jerusalém.
- 980 -1037 - Ibn Sina (Avicenna) filósofo aristotélico.
- 1037-1243 - Turcos seljúcidas conquistam desde a Pérsia até a Anatólia (Turquia): restauração sunita.
- 1071 - Batalha de Manzikert: seljúcidas derrotam os bizantinos e começam a colonizar a Turquia oriental.
- 1056-1147 - Dinastia almorávida no Marrocos e na Espanha.
- 1090-1118 - Revoltas dos nizaris (ismailitas).
- 1091 - Bagdá se torna capital seljúcida.
- 1096-1291 - Cruzadas conquistam a Palestina e o Levante: Líbano – Síria – Turquia meridional - Estados cruzados.
- 1099 - Cruzados conquistam Jerusalém.
- 1058-1111 - Al-Ghazali, teólogo e místico.
- 1130-1269 - Dinastia almóada na África do Norte e Espanha.

- 1130 - Morte de Ibn Tumart, fundador da dinastia almóada, em Marrocos-Espanha.
- 1169-1252 - Dinastia aiúbida no Egito: restauração sunita.
- 1187 - Saladino (Salah al-Din), o aiúbida, derrota os cruzados na Batalha dos Chifres de Hittin e reconquista Jerusalém.
- 1126-1198 - Ibn Rushd (Averroes), filósofo aristotélico.
- 1205-1555 - Sultanato de Déli.
- 1220-1370 - *Mongóis controlam a Ásia central.*
- 1220-1231 - Genghis Khan: invasões mongóis destrutivas na Transoxânia e no Irã.
- 1212 - Espanha: Batalha de Navas de Tolosa: a reconquista derrota os almóadas e reduz muçulmanos ao reino de Granada.
- 1165-1240 - Ibn al-Arabi, místico sufi panteísta.
- 1250-1517 - Dinastia mameluca no Egito.
- 1256 - Queda de Alamut, última fortaleza ismailita.
- 1258 - Destruição e massacre mongol em Bagdá; assassinato do último califa abássida.
- 1260 - Palestina: Batalha de Ayn Jalut: mamelucos egípcios derrotam mongóis de Hulagu.

1281-1922 Império Turco Otomano
(capital: Bursa, Adrianopla, depois Constantinopla)

- 1326 - Conquista de Bursa, primeira capital otomana.
- 1345 - Otomanos atravessam Estreito de Galípoli.
- 1362 - Conquista de Adrianopla na Europa, segunda capital otomana.
- 1378-1405 - Timur Leng (Tamerlã), o Mongol, conquista e devasta Transoxânia e Oriente Médio.
- 1389 - Batalha de Kosovo (dos Pássaros Negros): turcos otomanos destroem a Sérvia.
- 1400 - Fundação de Málaca.
- 1402 - Batalha de Ankara: vitória mongol sobre os turcos temporariamente contém a expansão otomana.
- 1326-1405 - Ibn Khaldun, historiador e sociólogo norte-africano.
- 1453 - Sultão Mehmet Fatih, o Conquistador, domina Constantinopla, nova capital otomana. *Fim do Império Bizantino.*
- 1478 - Conquista muçulmana do reino de Majapahit em Java.
- 1492 - Castela conquista Granada: fim da Espanha muçulmana; *expulsão dos judeus e muçulmanos espanhóis. Cristóvão Colombo descobre a América.*
- 1498 - *Viagem de Vasco da Gama para a Índia – fim do monopólio muçulmano do comércio das especiarias.*

1500-1789 Idade moderna

- 1501-1722 - Pérsia: dinastia safávida impõe o xiismo.
- 1511 - Portugueses conquistam Málaca.
- 1514 - Batalha de Çaldiran: otomanos derrotam os safávidas.
- 1517 - Otomanos conquistam a Síria, Palestina, Meca, Medina e Egito.
- 1526 - Primeira batalha de Panipat: Babur estabelece poder grão-mughal sobre a Índia setentrional. Batalha de Mohacs: turcos derrotam os habsburgos e conquistam Hungria.
- 1520-1566 - Sultão Solimão, o Magnífico: auge do Império Otomano.
- 1520-1857 - Império Grão-Mughal na Índia.
- 1529 - Primeiro cerco turco a Viena.
- 1552 - A Moscóvia (futura Rússia) conquista o canato de Kazan.
- 1556-1605 - Sultão Akbar: auge do Império Grão-Mughal; coexistência muçulmana-hindu.
- 1564-1625 - Ahmad Sirhindi, teólogo indiano ortodoxo.
- 1571 - Batalha de Lepanto: espanhóis e venezianos derrotam os otomanos no Mediterrâneo.
- 1588-1629 - Sultão Abbas I, o Grande: auge do império safávida.
- 1639 - Tratado de Qasr-i Shirin delimita fronteira otomana-safávida; controle do Iraque pelos otomanos.
- 1648 - *Paz de Westfália – fim da Guerra dos Trinta Anos, fim da tentativa hegemônica dos habsburgos.*
- 1658-1707 - Aurangzebe, último grão-mughal poderoso, conquista quase toda Índia e discrimina os hindus.
- 1683-1699 - Guerra turco-austríaca.
- 1683 - Segundo cerco turco a Viena.
- 1699 - Tratado de Karlowitz: otomanos perdem a Hungria, a Croácia, a Transilvânia.
- 1702-1762 - Shah Waliullah, reformista indiano.
- 1714 - *Paz de Utrecht – fim da Guerra da Sucessão Espanhola, fim da primeira tentativa hegemônica francesa.*
- 1739 - Saque em Déli: fim do controle efetivo dos grão-mughals.
- 1745 - Inicia-se movimento wahhabita na Arábia.
- 1757 - Batalha de Plassey: ingleses conquistam Calcutá, base da sua expansão na Índia.
- 1757 - Wahhabitas conquistam a Arábia oriental.
- 1761 - Terceira batalha de Panipat entre afegãos e maratas, abre-se um vazio de poder na Índia.
- 1768-1774 - Primeira guerra russo-otomana: otomanos perdem a Crimeia.

- 1774 - Tratado de Küçük-Kainarji: a Rússia ganha liberdade de navegação nos estreitos.
- 1779-1924 - Dinastia Qajar na Pérsia.
- 1786-1831 - Sayyid Ahmad Barelvi, líder de *jihad* antibritânico e anti-*sikh* na Índia.
- 1788-1792 - Segunda guerra russo-otomana: Rússia ganha litoral setentrional do Mar Negro.

1789-1914 Idade da decadência muçulmana

- 1789 - *Revolução Francesa*.
- 1789-1807 - Selim III: primeira tentativa de reforma otomana.
- 1798 - Expedição de Napoleão Bonaparte ao Egito; Batalha das Pirâmides: derrota dos mamelucos.
- 1803-1837 - Movimento Padri na Sumatra.
- 1803-1848 - Muhammad Ali torna o Egito autônomo dos otomanos e inicia processo de modernização.
- 1820-1823 - Muhammad Ali: conquista do Sudão pelo Egito.
- 1806 - Wahhabitas destroem santuários xiitas em Karbala e Najaf.
- 1815 - *Paz de Viena – fim das Guerras Napoleônicas, fim da segunda tentativa hegemônica francesa.*
- 1818 - Muhammad Ali derrota os wahhabitas; a Arábia volta à dominação otomana.
- 1818-1842 - A Grã-Bretanha consolida poder na Índia.
- 1821-1832 - Revolta antiotomana leva à independência da Grécia.
- 1825-1830 - Revolta anti-holandesa de Dipanegara em Java.
- 1826 - Sultão Mahmud II elimina os janízaros e inicia as primeiras reformas otomanas, abrindo a era das *tanzimat*.
- 1830 - Início da conquista e colonização da Argélia pela França; resistência de Abd al-Qadir até 1847.
- 1839 - Grã-Bretanha ocupa Áden: inicia-se a influência inglesa no Golfo.
- 1839-1840 - Guerra egípcia-turca: as potências europeias salvam o império otomano; o Egito cai sob influência anglo-francesa.
- 1854-1856 - Guerra da Crimeia garante soberania otomana.
- 1856 - Abdul Majid II promulga constituição otomana, abolindo feudalismo e introduzindo o princípio da cidadania sem restrição religiosa.
- 1856-1873 - Rebelião muçulmana no Yunnan contra a China.
- 1857 - Revolta dos Sipaios na Índia: reprimida, mas leva à abolição do sultanato grão-mughal; a Índia é doravante diretamente administrada pela Grã-Bretanha; abolição da Companhia das Índias Orientais.

- 1859 - Rússia anexa Chechênia e Daguestão.
- 1860 - Monte Líbano: intervenção francesa na guerra civil cristã-druza leva à autonomia do Império Otomano e à *nahda* (renascimento árabe).
- 1817-1898 - Sayyid Ahmed Khan, reformista indiano modernista e ocidentalizador.
- 1838-1897 - Jamal al-Din al-Afghani, reformista pan-islamista.
- 1868 - Rússia conquista o Cazaquistão e Bucara (Uzbequistão).
- 1869 - Abertura do Canal de Suez.
- 1871 - *Unificação da Alemanha.*
- 1873-1908 - Guerras de Aceh na Sumatra entre muçulmanos e holandeses.
- 1875 - Bancarrota egípcia conduz ao controle inglês das finanças. Estabelecimento do colégio reformista de Aligarh na Índia.
- 1876 - Estabelecimento da escola conservadora de Deoband na Índia britânica.
- 1876-1909 - Sultão Abdulhamid II, pan-islamista otomano. Seu "autogolpe" anula a constituição mas mantém a modernização autoritária.
- 1878 - Congresso de Berlim: os otomanos perdem a Sérvia, Montenegro, a Bósnia-Herzegovina, a Albânia e a Romênia.
- 1881 - França ocupa a Tunísia.
- 1879-1882 - Revolta do Egito sob o coronel Ahmad 'Urabi conduz à imposição de um protetorado inglês.
- 1885-1898 - Revolta mahdista no Sudão; conquista e imposição de um domínio conjunto egípcio-britânico.
- 1849-1905 - Muhammad Abdu introduz modernismo no islã
- 1890 - O movimento nacionalista armênio na Anatólia provoca repressão turca.
- 1891 - O Protesto do Tabaco na Pérsia força revogação da concessão a europeus.
- 1897-1975 - Elijah Muhammad, líder da Nação do islã nos EUA.
- 1898 - Batalha de Omdurman, fim da revolta mahdista no Sudão.
- 1906 - Estabelecimento da Liga Muçulmana na Índia. Revolução Constitucionalista no Irã.
- 1908 - Revolução dos Jovens Turcos: restauração da constituição otomana.
- 1909 - Separação dos distritos eleitorais para muçulmanos e hindus na Índia britânica.
- 1911 - Itália ocupa a Líbia otomana.
- 1912 - França ocupa Marrocos. Indonésia: estabelecimento do movimento reformista muhammadiya.
- 1912-1913 - Guerras dos Bálcãs: o Império Otomano perde a Bulgária, Macedônia e Sérvia, sendo reduzido a uma estreita zona europeia na Trácia oriental.
- 1912 - Estabelecimento de *Sarekat Islam* na Indonésia.

1914-1918 Primeira Guerra Mundial
(Alinhamento do Império Otomano com a Alemanha e a Áustria)

- 1915 - Correspondência McMahon-Hussein: a Grã-Bretanha promete aos árabes um reino independente; genocídio turco dos armênios.
- 1916-1918 - Revolta árabe contra os turcos: o xarif Hussein de Meca e seus filhos, junto com a Grã-Bretanha, conquistam a Arábia, Palestina e Síria (episódio de Lawrence da Arábia).
- 1917 - *Revolução Russa.*
- 1917 - Declaração de Balfour: a Grã-Bretanha promete aos sionistas um "lar nacional judaico" na Palestina.
- 1917-1920 - A Revolução Russa e a Guerra Civil provocam tentativas independentistas de regiões muçulmanas no Turquestão, Uzbequistão, entre outras; estas zonas são posteriormente reincorporadas à URSS.
- 1918- *Armistício e fim da primeira tentativa hegemônica alemã.*

1919-1939 Entreguerras

- 1919 - Congresso de San Remo atribui como mandatos da Liga das Nações a Palestina e a Mesopotâmia (Iraque) à Grã-Bretanha, e a Síria e o Líbano à França; fracasso do Parlamento árabe em Damasco; os filhos do xarif Hussein se tornam monarcas hachemitas, Faissal no Iraque e Abdallah na Transjordânia.
- 1865-1935 - Rashid Ridda, reformista *salafi*.
- 1919-1925 - Índia, movimento Khilafat, cooperação hindu-muçulmana contra os britânicos.
- 1919-1922 - Guerra da independência turca: o Tratado de Sèvres partilha a Anatólia (estabelecendo também independência armênia) e provoca revolução nacionalista sob Mustafa Kemal Atatürk, que expulsa os gregos e invasores.
- 1921 - Reza Khan toma o poder no Irã.
- 1922 - Abolição do Império Otomano: a Turquia se torna república e o Egito ganha a independência, com controle britânico sobre o Canal de Suez e o Sudão.
- 1924 - Tratado de Lausanne: restabelecimento da independência e integridade territorial da Turquia. Abolição do califado inicia secularização da Turquia; acaba movimento pró-califal (Khilafat) na Índia britânica. Ibn Sa'ud do Najd conquista o Hijaz, expulsa xarif Hussein de Meca e estabelece regime wahhabita fundamentalista.
- 1925 - Reza Khan estabelece o império Pahlevi (até 1979); tentativa de modernização.

- 1926 - A França concede territórios sírios ao Líbano e cria o "Grão-Líbano". A Turquia introduz legislação de tipo ocidental.
- 1928 - Hassan al-Banna estabelece a Irmandade Muçulmana no Egito.
- 1929 - Distúrbios entre judeus e árabes com base em Jerusalém se expandem por toda a Palestina.
- 1932 - Independência do Iraque. Arábia Saudita se torna monarquia absolutista.
- 1933 - *Nazistas chegam ao poder na Alemanha.*
- 1933-1977 - Ali Shari'ati, ideólogo da revolução islâmica iraniana.
- 1936-1936 - Grande Revolta árabe antibritânica e antissionista na Palestina.
- 1936 - Nova constituição da URSS reorganiza os territórios muçulmanos em seis repúblicas socialistas soviéticas (Uzbequistão, Tadjiquistão, Cazaquistão, Turcomenistão, Quirguistão e Azerbaijão) além de oito repúblicas autônomas socialistas (Tataristão, Daguestão e outras).
- 1937 - A Comissão Peel propõe a partilha da Palestina em dois Estados independentes, um judaico e um árabe.
- 1875-1938 - Muhammad Iqbal, poeta e ideólogo que defende a criação do "Paquistão".
- 1939 - O Livro Branco da Grã-Bretanha limita a imigração judaica para a Palestina.

1939-1945 Segunda Guerra Mundial

- 1940 - A Liga Muçulmana sob Ali Jinnah pede a partilha da Índia britânica e a independência separada para os muçulmanos.
- 1941 - Golpe pró-nazista de Rashid Gailani no Iraque: repressão. Abu al-Ala' Mawdudi estabelece Jama'at-i Islami na Índia. A Grã-Bretanha e a URSS demitem o xá Reza Khan Pahlevi, pró-nazista.
- 1941-1944 - Holocausto dos judeus europeus.
- 1942 - A Grã-Bretanha pressiona o Egito a mudar seu governo pró-Eixo. Batalha de El Alamein: os Aliados derrotam o Eixo e previnem avanço alemão no Oriente Médio.
- 1943- Independência da Síria e do Líbano. A direita sionista começa campanha terrorista antibritânica. O Pacto Nacional partilha o poder entre as comunidades no Líbano. O Japão estimula a mobilização muçulmana antiocidental na Indonésia ocupada no movimento Masyumi.
- 1945 - Estabelecimento da Liga Árabe sob patrocínio britânico. Independência da Indonésia: predomínio da visão da pancasila; islamistas não conseguem impor sua visão. *Fim da segunda tentativa hegemônica alemã. Partilha da Alemanha.*

1945-1989 Guerra Fria
EUA x URSS
Europa ocidental e Japão sob influência norte-americana
Europa oriental sob influência soviética

- 1945-1949 - Guerra da Independência da Indonésia.
- 1946 - Independência da Transjordânia sob o rei Abdallah I, dinastia hachemita (ainda permanece sob influência britânica). Pressão soviética sobre a Turquia e o Irã; a URSS retira-se do Azerbaijão iraniano. Distúrbios intercomunitários entre judeus e árabes na Palestina e entre hindus e muçulmanos na Índia.
- 1947 - Partilha da Índia britânica: independência da Índia e do Paquistão; maciças migrações e genocídio mútuo; início do conflito sobre a Caxemira. Decisão da ONU de partilhar a Palestina: início da guerra civil entre judeus e árabes. A Turquia recebe apoio militar antissoviético dos EUA, tornando-se aliada pró-ocidental e iniciando processo de democratização.
- 1948 - Fim do mandato britânico da Palestina; guerra da independência de Israel, com derrota dos Estados árabes e êxodo dos palestinos árabes; *independência da Índia*; conquista da Cisjordânia pela Transjordânia e da Faixa de Gaza pelo Egito; partilha de Jerusalém entre Israel e Transjordânia. Proscrição no Egito da Irmandade Muçulmana, que assassina o primeiro ministro Mahmud Fahmi Nuqrashi.
- 1949 - Armistícios entre Israel e o Egito, a Transjordânia, a Síria e o Líbano. Assassinato de Hassan al-Banna, fundador da Irmandade Muçulmana. A Holanda reconhece a independência da Indonésia sob Sukarno. *Revolução Chinesa*.
- 1950 - A Transjordânia anexa a Cisjordânia e se renomeia como reino hachemita da Jordânia. O Partido Popular, liberal e islamizante, chega ao poder na Turquia sob liderança de Adnan Menderes; reintrodução da educação religiosa.
- 1951 - Assassinato do rei Abdallah I da Jordânia; sucessor: Hussein ibn Talal.
- 1952 - Revolução dos Oficiais Livres liderados por Muhammad Naguib e Gamal Abdal Nasser, com apoio da Irmandade Muçulmana, abole a monarquia e estabelece regime nacionalista pan-árabe.
- 1953 - Nacionalização do petróleo pelo primeiro ministro iraniano Mohammad Mossadeq, provocando golpe planejado pela CIA, que leva ao poder Muhammad Reza Pahlevi como xá.
- 1954 - Ruptura entre os nacionalistas e a Irmandade Muçulmana no Egito: perseguição à Irmandade Muçulmana.
- 1954-1962 - Guerra de independência da Argélia.
- 1955 - A Turquia, o Iraque e o Irã integram o Pacto de Bagdá, anticomunista. Indonésia: islamistas não chegam a 50% nas eleições; virada para a esquerda.

- 1956 - Nasser nacionaliza o canal de Suez: reação britânica-francesa-israelense na Guerra de Suez; Israel ocupa a península do Sinai. Independência da Tunísia; curso secularista e pró-ocidental sob Habib Bourguiba. O Paquistão adota constituição definindo-o como Estado islâmico. Independência de Marrocos: monarquia absolutista alawita pró-ocidental. *Revolta de Budapeste.*
- 1957 - Retirada israelense e posicionamento de tropas da ONU no Sinai.
- 1958 - Revoltas antiocidentais na Transjordânia (a influência estadunidense substitui a britânica) e no Líbano (intervenção militar estadunidense); golpe antibritânico no Iraque elimina a monarquia: regime nacionalista do general Abdul Karim Qasim. O Egito e a Síria se unem na República Árabe Unida (RAU).
- 1960 - Turquia: golpe militar; execução de Menderes. A Síria abandona a RAU. Estabelecimento da OPEP (Organização dos Países Exportadores de Petróleo).
- 1962 - Acordos de Évian: independência da Argélia sob a Frente de Libertação Nacional (FLN) de Ahmed Ben-Bella; repatriação de um milhão de colonos franceses; construção socialista.
- 1963 - No Iraque, golpe militar de Abdul Salam Arif derruba o regime de Qasim. Na Síria, golpe leva ao poder o Ba'ath, partido pan-arabista: líder Amin al-Hafiz. No Irã, ampla revolta liderada pelo clero xiita contra a "Revolução Branca" modernizadora imposta pelo xá; exílio do *mujtahid* Ruhollah Khomeini.
- 1964 - Estabelecimento da Organização para a Libertação da Palestina (OLP) em Jerusalém, sob o auspício da Liga Árabe.
- 1965 - Argélia: golpe de Houari Boumedienne derruba Ben Bella. Índia-Paquistão: Segunda Guerra da Caxemira – terminada por mediação soviética nos Acordos de Tashqent. Golpe militar de Suharto na Indonésia: anticomunista, mas o controle militar dos islamistas se mantém. Egito: repressão contra a Irmandade Muçulmana.
- 1966 - O Egito executa Sayyid Qutb, ideólogo extremista da Irmandade Muçulmana.
- 1967 - Guerra de Junho ("de Seis Dias"): Israel derrota coalizão árabe e ocupa o Sinai (do Egito), a Faixa de Gaza, a Cisjordânia (da Jordânia) e as colinas do Golã (da Síria); anexação israelense de Jerusalém oriental; os árabes recusam a paz no Congresso de Khartoum; a ONU pede retirada de territórios ocupados em troca da paz (Resolução 242 do Conselho de Segurança).
- 1968 - No Iraque, golpe militar leva ao poder o Ba'ath sob liderança de Hassan al-Bakr. Guerrilheiros palestinos fazem incursões em Israel partindo da Jordânia, provocando ataques de retaliação israelenses; internacionalização do terrorismo palestino (sequestros de aviões etc.); *revoltas estudantis.*
- 1969 - A OLP se torna independente da tutela árabe sob o presidente Yasser Arafat. Incêndio da mesquita de al-Aqsa em Jerusalém; a Arábia Saudita convoca

um *jihad* contra Israel. Estabelecimento da Organização do Congresso Islâmico. Líbia: derrubada da monarquia sanusi pró-britânica num golpe islamista liderado por Mu'ammar Kadafi.
- 1969-1970 - Guerra de Atrito egípcia-israelense ao longo do Canal de Suez.
- 1970 - Turquia: golpe militar. Jordânia: desestabilização da monarquia leva à guerra civil antipalestina: o Setembro Negro; guerrilha palestina move-se para o sul do Líbano. Egito: morte de Nasser; sucessão de Anwar al-Sadat. Síria: golpe militar de Hafez al-Asad elimina oposição dentro do Ba'ath e estabelece ditadura alawita velada.
- 1971- Paquistão: guerra de secessão leva à independência de Bangladesh (com apoio indiano – terceira guerra indiano-paquistanesa).
- 1972 - Iraque: nacionalização do petróleo (outros países árabes seguem o exemplo nos anos seguintes). Turquia: o Partido da Salvação Nacional de Necmettin Erbakan preconiza a islamização.
- 1973 - Guerra de Outubro (do Yom Kippur) egípcio-síria contra Israel: avanços temporários árabes quebram o mito da invencibilidade israelense.
- 1974-1975 - Iraque: levante curdo contra Bagdá instigado pelo Ocidente e apoiado pelo Irã.
- 1974 - A OPEP quadruplica o preço do petróleo, causando grande aumento da renda petrolífera nos países exportadores (parte disto beneficiando grupos islamistas) e provocando a primeira crise petrolífera e a recessão da economia internacional. XII Congresso Nacional Palestino no Cairo: a OLP adota o programa de estágios; a Liga Árabe reconhece a OLP como representante dos palestinos. Acordos de separação de forças entre Israel, Egito e Síria, mediados pelos EUA (Henry Kissinger); tentativa de golpe pela Jama'a Islamiyya fracassa. Líbano: Mussa al-Sadr estabelece o movimento xiita. Chipre: guerra civil entre as comunidades grega (ortodoxa) e turca (muçulmana) leva à intervenção militar da Turquia e à partilha da ilha em dois Estados. Afeganistão: golpe abole a monarquia; guerra civil na sequência.
- 1975 - Acordo Irã-Iraque estabiliza a fronteira e põe fim à revolta curda. Inicia-se a guerra civil libanesa provocada pela presença de guerrilheiros palestinos e retaliações israelenses, e opondo cristãos maronitas, gregos ortodoxos, drusos, sunitas e xiitas. A ONU condena o sionismo como uma forma de racismo.
- 1976 - Beirute: intervenção pró-cristã síria contra os palestinos; falangistas (cristãos fascistas) massacram palestinos no campo de Tell al-Za'atar.
- 1977 - Paquistão: golpe militar do general Zia ul-Haq contra Zulfiqar Ali Bhutto; admirador de Mawdudi, Zia inicia um processo de islamização e instiga abertura de inúmeras madrasas fundamentalistas. Visita de Sadat a Jerusalém: inicia-se negociação de paz egípcio-israelense. No Egito, o grupo islamista Takfir wa-Hijra (líder: Shukri

Mustafa) ataca boates e assassina líder muçulmano moderado. Morte de Ali Shari'ati, intelectual iraniano: reinterpretação revolucionária do xiismo.
- 1978-1979 - Revolução Iraniana abole a monarquia absoluta do xá Pahlevi.
- 1978 - "Operação Litani": incursão israelense punitiva no Líbano. O líder xiita imã Mussa al-Sadr "desaparece" na Líbia: catalização do movimento xiita *Amal* no Líbano. Acordos de Camp David estabelecem cronograma de uma paz israelo-egípcia em troca da retirada israelense do Sinai e autonomia para os palestinos (que recusam). Afeganistão: instabilidade do regime comunista. Argélia: morte de Boumedienne; sucessão de Chadli Benjedid.
- 1979 - Iraque, golpe de Saddam Hussein elimina opositores dentro do Ba'ath. Aiatolá Ruhollah Khomeini volta do exílio e estabelece República Islâmica do Irã (mistura de teocracia e democracia); sequestro da embaixada estadunidense. Paz de Washington entre Israel e Egito, rejeitada pela Liga Árabe. Sadat defende a separação de Estado e religião no Egito. Arábia Saudita: breve ocupação da Grande Mesquita de Meca por Juhaiman al-Utaybi e grupo de fundamentalistas. Invasão soviética no Afeganistão em apoio ao regime pró-comunista: a resistência de *mujahadin* islamistas recebe apoio do Paquistão e dos EUA. Morte de Abu Ala Mawdudi, teólogo paquistanês islamista, fundador da Jama'at-i Islami.
- 1980-1981 - Escaramuças entre israelenses e palestinos na fronteira israelo-libanesa terminam com acordo de cessar-fogo.
- 1980-1988 - Irã-Iraque: primeira Guerra do Golfo (cerca de um milhão de mortos); inicialmente os EUA clandestinamente apoiam o Irã, mas posteriormente se aliam ao Iraque, junto com outras potências (França, URSS).
- 1980 - Turquia: golpe militar reprime militância da direita e da esquerda. Líbano: estabelecimento do Hezbollah.
- 1981 - Atrocidades anticoptas; assassinato do presidente egípcio Sadat, por Khalid Islambouli do Jihad, organização islamista, com aval do xeique Umar Abdul Rahman. Sucessor: Hosni Mubarak. Levante islamista em Asyut. Tunísia: repressão anti-islamista por Bourguiba.
- 1982 - Invasão israelense no Líbano expulsa a OLP para a Tunísia; falangistas libaneses cometem massacres nos campos de refugiados palestinos de Sabra e Shatila em Beirute, com conivência israelense; intervenção norte-americana e francesa; resistência xiita se cristaliza no Hezbollah sob o xeique Mohammed Hussein Fadlallah, com aval sírio e apoio iraniano. Síria: repressão a levante islamista em Hama da Irmandade Muçulmana.
- 1983 - Repressão no Irã elimina a esquerda secularista e islamista (Mujahidin-i Khalq). Beirute: batalhas entre cristãos, druzos e xiitas; ataque suicida xiita contra tropas israelenses e ocidentais causa saída americana e francesa; início da era de sequestros

libaneses. Tendência "diplomática" de Arafat causa cisma dos "rejeicionistas" no campo palestino. Sudão: regime de Nimeiri estabelece islamização.
- 1984 - Retirada israelense do sul do Líbano, com exceção de uma faixa de segurança de quinze quilômetros de extensão. Turquia: inicia-se revolta curda do PKK.
- 1985 - Líbano: Guerra dos campos; ações do Hezbollah xiita libanês contra Israel. Sudão: execução de Muhammad Mahmud Taha, reformista moderado.
- 1986 - Egito: ataques de tropas islamistas contra boates e símbolos ocidentais em Giza. Líbia: ataque aéreo americano após ataque árabe contra soldados estadunidenses em Berlim.
- 1987-1993 - Primeira intifada: levante popular palestino contra a ocupação israelense.
- 1987 - A URSS começa retirada do Afeganistão. Massacres entre sunitas árabes e xiitas iranianos durante o *hajj* na Arábia Saudita. Reintegração do Egito no mundo árabe sob a pressão de vitórias iranianas contra o Iraque. Tunísia: golpe de Zine el-Abidine Ben Ali derruba Bourguiba devido a demasiada secularização.
- 1988 - Jordânia: o rei Hussein retira sua reivindicação sobre a Cisjordânia em favor dos palestinos. Khomeini aceita armistício entre o Irã e o Iraque com volta às posições anteriores. Operação Anfal: o Iraque desaloja centenas de milhares de curdos; tentativas genocidas (uso de gás em Halabja). Lockerbie (Escócia): avião civil abatido por ato terrorista. Argel: o XVIII Conselho Nacional Palestino aceita a solução de dois Estados. Gaza: o xeique Ahmad Yassin estabelece o Hamas, movimento de resistência islâmica contra Israel. Paquistão: morte do ditador Zia ul-Haqq; sucessão de Benazir Bhutto. O autor indo-inglês Salman Rushdie publica *Os Versos Satânicos*. Argélia: protestos contra corrupção e monopólio do poder da FLN. Tunísia: avanços islamistas nas eleições.
- 1989 - Khomeini publica *fatwa* condenando Rushdie à morte por blasfêmia: aprofunda-se crise entre o Irã e o Ocidente; morte de Khomeini, sucedido como supremo líder religioso por Ali Khamenei (conservador); Presidente: Ali Akbar Hashem Rafsanjani. Democratização da Argélia: sucesso eleitoral da FIS (Frente Islâmica de Salvação). Término da retirada soviética do Afeganistão. Líbano: sangrenta revolta cristã-druza liderada por Michel Aoun (com apoio iraquiano) contra a ocupação síria (que apoia os sunitas) e xiitas (apoiados pelo Irã). Sudão: golpe do general 'Umar Hassan al-Bashir; inicia-se islamização com apoio do xeique Hassan al-Turabi. Tunísia proíbe participação do partido islamista Nahda (Renascimento) de Rachid Ghannouchi nas eleições. O Pacto de Ta'if: fim da guerra civil do Líbano, com desmantelamento das milícias e perda de poder maronita.
- *1989-1991: fim da guerra fria. Implosão da União Soviética e democratização da Europa oriental.*

1990-hoje: O pós-Guerra Fria – a época atual

- 1990
— Derrota de Aoun; pacificação do Líbano, que se torna de fato um protetorado sírio; contestação de cristãos e druzos e apoio dos muçulmanos.
— Invasão e anexação do Kuwait pelo Iraque e ameaça à Arábia Saudita: a ONU pede retirada incondicional, mas Saddam Hussein recusa, ganhando popularidade no mundo árabe e entre grupos islamistas por seu desafio ao Ocidente. Os EUA mandam uma força militar maciça para a Arábia Saudita.
— Jordânia: ganhos islamistas nas eleições parlamentares.
— Unificação do Iêmen do Norte e do Sul.

- 1991
— Operação "Tempestade do Deserto": ataque multinacional liderado pelos EUA (com apoio do Egito, Síria, Paquistão e outros) liberta o Kuwait e ameaça o regime iraquiano. Repressão da revolta xiita no sul. O presidente estadunidense George Bush proclama uma "nova ordem internacional". A ONU impõe sanções econômicas ao Iraque além de inspeções de armas de destruição em massa, e os EUA e a Grã-Bretanha impõem zonas *no-fly*, mas não conseguem enfraquecer a ditadura de Saddam Hussein.
— Estabelecimento de duas regiões autônomas curdas no norte do Iraque sob proteção da ONU.
— Congresso de Madri: negociações de paz entre Israel, Líbano, Síria e uma delegação jordaniano-palestina (a OLP está excluída).
— A ONU revoga sua condenação (1975) do sionismo como forma de racismo.
— O desmantelamento da URSS conduz à independência das repúblicas socialistas soviéticas muçulmanas: Azerbaijão, Cazaquistão, Turcomenistão, Uzbequistão, Quirguistão, Tajiquistão. Guerra civil no Tajiquistão entre elite pós-comunista e oposição islamistas.
— Argélia: FIS (Frente de Salvação Islâmica) ganha eleições parlamentares.

- 1992
— Argélia: demissão de Benjedid; avanços eleitorais da FIS provocam golpe militar para prevenir vitória islamista, desencadeando brutal guerra civil.
— Egito: islamistas agridem coptas e assassinam Farag Foda, publicista liberal. Jama'a Islamiyya estabelece "república islâmica" no bairro Imbaba do Cairo; reprimido.
— Israel bane trezentos islamistas para o Líbano: golpe publicitário em favor do Hamas.

– Afeganistão: o regime pró-comunista cai em Cabul, conduzindo à guerra civil entre grupos rivais de *mujahidun* islamistas.
– Índia: fundamentalistas hindus destroem a mesquita Babri em Ayodhya, desencadeando onda de distúrbios e massacres intercomunitários hindu-muçulmanos, em particular em Bombaim e Calcutá.
– Irã: marginalização da linha dura nas eleições parlamentares.

• 1993
– Guerra da Bósnia na ex-Iugoslávia: luta triangular de muçulmanos, sérvios e croatas.
– "Acordos de Oslo": reconhecimento mútuo de Israel e da OLP, que concordam sobre um cronograma de medidas e negociações de paz.
– Fracassa a tentativa de explodir o World Trade Center (as torres gêmeas) em Nova York, guiada pelo xeique egípcio Umar Abdul Rahman, do Jihad.
– Turquia: rixa islamista contra congresso secularista em Sivas mata 37 pessoas.

• 1994-1996 A primeira guerra russa-chechena

• 1994
– Argélia: islamistas assassinam autores (Tahar Djaout) e cantores progressistas *raï* (Cheb Hasni).
– Territórios palestinos: autonomia se estabelece em Gaza e em Jericó; repatriação da diretoria exilada da OLP. O processo de paz é intermitentemente interrompido por ataques terroristas suicidas (majoritariamente pelo Hamas). Israel assina a paz com a Jordânia.
– Egito: atentado islamista fere o autor Naguib Mahfouz.
– Bósnia: intervenção internacional pela OTAN.

• 1995
– Bangladesh: Taslima Nasreen publica *Vergogna*. Agredida por "incitação", ela foge para o exterior.
– Bósnia: sete mil homens muçulmanos são massacrados em Srebrenica por sérvios após uma força holandesa da ONU fracassar em proteger seu enclave. Por meio de uma partilha territorial, os Acordos de Dayton põem fim à Guerra da Bósnia. Expulsão dos guerrilheiros islamistas.
– "Acordos de Oslo II": Israel e a OLP concordam sobre expansão da autonomia palestina e negociações sobre a paz definitiva. Judeu extremista assassina primeiro ministro israelense Yitzhak Rabin.

– A França é atingida por uma onda de ataques terroristas e culpa islamistas argelinos enraivecidos com o apoio francês ao regime militar na Argélia.
– Arábia Saudita: carro-bomba terrorista antiamericano explode em Riad.

- 1996
– Arafat vence eleições palestinas. Primeiros atentados suicidas pelo Hamas causam em Israel vitória eleitoral da direita. Operação israelense "Vinhas da Ira" contra o Hezbollah no sul do Líbano. Sob o governo de Netanyahu, as negociações israelo-palestinas são congeladas e a expansão dos assentamentos acelerada. Aprofunda-se a amargura dos palestinos: erupção violenta na Cidade Velha de Jerusalém e na Cisjordânia. O xeique Tantawi de Al-Azhar legitima os ataques suicidas palestinos ("autodefesa").
– Egito: atentado islamista mata dezoito turistas em Luxor.
– Afeganistão: os talebã conquistam Cabul e estabelecem regime islamista extremo.
– A primeira guerra da Chechênia termina com autonomia factual da população muçulmana.
– Turquia: partido islamista Refah chega ao poder nas eleições; líder: Necmettin Erbakan.
– Arábia Saudita: ataque terrorista antiamericano em Dhahran.

- 1997
– Irã: eleição do reformista Mohammad Khatami como presidente; início da política de abertura.
– Egito: terroristas islamistas assassinam sessenta turistas ocidentais em Luxor.
– Turquia: o exército kemalista derruba o partido islamista Refah do governo, banindo-o; volta do governo secularista.
– Argélia: atrocidade possivelmente islamista em Rais com trezentos civis mortos.
– Israel fracassa numa tentativa de eliminar líder do Hamas na Jordânia e é obrigado a libertar seu líder, o xeique Ahmad Yassin.

- 1998
– Afeganistão: os Talebã conquistam Mazar-i Sharif. Massacre de xiitas hazara.
– Argélia: quatrocentos mortos numa incursão islamista em Relizane durante o ramadã.
– Iraque: Operação "Raposa do Deserto" – bombardeio estadunidense. O Iraque suspende as inspeções de armamento pela ONU.
– Jerusalém: extensão da colonização israelense conduz a protestos palestinos. "Acordo de Wye": negociado com os palestinos mas logo tornado irrelevante.
– O grupo fundamentalista *al-Qaʿida* (al-Qaeda, líder: Osama bin Laden) explode embaixadas dos EUA na Tanzânia e no Quênia, provocando trezentas mortes.

Em retaliação, EUA bombardeam fábrica de armas químicas supostamente financiada por Bin Laden no Sudão.
— Indonésia: movimento democrático demite Suharto. Tendências descentralizadoras aumentam.

- 1999
— Jordânia: morte do rei Hussein; sucessão de Abdallah II ibn Hussein.
— Argélia: eleição contestada de Abdulaziz Bouteflika num programa de reconciliação. Fim informal da guerra civil (cem mil mortos – muitos pelo GIA, Grupo Islâmico Armado).
— Caxemira: deterioração da tensão indiano-paquistanesa; ambos os países testam bombas nucleares.
— Irã: Teerã – protestos pró-democracia e repressão do movimento reformista pelos conservadores.
— Kosovo: a Sérvia sob Slobodan Milosevic faz limpeza étnica de um milhão de kosovares muçulmanos: intervenção militar da OTAN, que restaura os kosovares, seguida de expulsão dos sérvios (ortodoxos).
— Israel: vitória do trabalhista Ehud Barak possibilita a retomada das negociações com a Síria e os palestinos. Miniguerra entre Israel e Hezbollah.
— Turquia: condenação do líder curdo Abdullah Öcalan à morte; fim da revolta curda (37 mil mortos).
— Marrocos: morte do rei Hassan II; sucessão de Muhammad VI.
— Rússia: wahhabitas proclamam independência no Daguestão. Moscou: bombas terroristas atribuídas aos chechenos. Vladimir Putin lança a segunda guerra da Chechênia.
— Sudão: 'Umar al-Bashir demite o líder islamista Hassan al-Turabi.
— Indonésia: massacres de cristãos por *Lashkar al-Jihad* no Celebes e nas Molucas.

- 1999-2000 - Segunda guerra da Chechênia: a Rússia ocupa a capital Grozny e destrói a independência. Como reação, chechenos reforçam ataques terroristas.

- 2000
— Paquistão: golpe militar do general Pervez Musharraf.
— Israel se retira do Líbano mas os ataques do Hezbollah continuam. Fracasso das negociações israelo-palestinas em Camp David. Início do levante palestino (Segunda Intifada ou Intifada de al-Aqsa). No Congresso de Taba, palestinos rejeitam as últimas propostas do presidente Bill Clinton.
— Síria: morte do presidente Hafez al-Asad; sucessão de Bashar al-Asad.

– Iêmen: ataque islamista ao navio da marinha estadunidense deixa dezessete mortos.
– Iraque: renova a campanha anticurda para arabizar Kirkuk.
– Nigéria: dois mil mortos em massacres intercomunitários cristãos-muçulmanos em Kaduna.

- 2001
– aprofunda-se a violência mútua contra civis no conflito israelo-palestino (que domina o Congresso da ONU sobre o racismo em Durban, África do Sul). Barak perde o poder, a direita ganha as eleições com Ariel Sharon. Arafat perde autoridade em favor do Hamas.
– Afeganistão: os talebã destroem estátuas budistas.
– Argélia: distúrbios antirregime dos bérberos. Retomada da violência islamista.
– Egito: prisão do ativista democrata Saededdin Ibrahim. Processo por apostasia da feminista Nawal El Saadawi.
– Junho: Irã, reeleição do presidente Khatami; revogação da *fatwa* contra Salman Rushdie
– Líbano: retirada síria parcial.
– 11 de setembro: dezenove membros da organização al-Qaeda liderada por Osama bin Laden (na maioria sauditas) cometem atos terroristas suicidas contra as torres gêmeas em Nova York e contra o Pentágono em Washington (EUA), somando mais de três mil mortos.
– Outubro: manifestações antiamericanas no Paquistão, na Malásia e na Indonésia após bombardeio de base da al-Qaeda no Afeganistão.
– Novembro/dezembro: Afeganistão, com apoio militar internacional sob liderança estadunidense, a oposição Coalizão Setentrional abole o regime islamista dos talebã, acusados de abrigar al-Qaeda (que se dispersa; Bin Laden escapa). Instala-se regime multipartidário moderado sob liderança *pashtu* de Hamid Karzai.
– Déli: grupos islamistas caxemirianos pró-paquistaneses atacam parlamento indiano. Crise com o Paquistão.

- 2002
– Janeiro: o presidente estadunidense George W. Bush acusa o "eixo do Mal", consistindo no Iraque, Irã e Coreia do Norte, de minar a segurança dos EUA.
– Paquistão: o general Musharraf defende a liberdade de pensamento. Exacerbação de ataques contra norte-americanos, cristãos e xiitas: dezenas de mortos em incidentes frequentes.
– Egito: novos massacres entre coptas e muçulmanos. Novela antissemita na tevê atrai condenação oficial.

– Nigéria: Estado setentrional de Zamfara introduz a xaria.
– Líbia assume responsabilidade por Lockerbie (1988) e se diz disposta a pagar reparações.
– Fevereiro Índia: nova tensão intercomunitária e onda de massacres de muçulmanos em Gujarat.
– Liga Árabe propõe paz e normalização a Israel em troca de retirada territorial em prol de um Estado palestino; exacerbação recíproca no conflito israelo-palestino. Março-Abril: invasão temporária israelense nos territórios palestinos após ato terrorista letal pelo Hamas em Herzliya; Israel acusado de atrocidades na cidade cisjordaniana de Jenin. Isolamento de Arafat. A Síria reforça sua posição militar no Líbano.
– Março: congresso muçulmano internacional em Kuala Lumpur sobre o terrorismo não consegue consenso.
– Filipinas: grupo fundamentalista separatista Abu Sayyaf culpado por atos terroristas em Manila.
– Abril: Tunísia – ataque terrorista contra a sinagoga na ilha de Djerba. Paquistão: ataque antifrancês mata catorze.
– Maio: Exacerba-se o conflito da Caxemira com massacre de 35 num campo indiano: ameaça de guerra nuclear indiano-paquistanesa. Na Argélia, a FLN volta ao governo.
– Setembro: ataque terrorista contra hindus em Gujarat mata 31 pessoas.
– Outubro: ataque contra um navio-tanque francês no porto iemenita de Áden. Cresce o sentimento antiamericano no mundo muçulmano. Grupos pró-Talebã ganham nas eleições no Paquistão. Duzentos mortos numa explosão islamista num hotel em Bali (Indonésia): a Jama'a Islamiyya de Abu Bakar Bashir, ligada à al-Qaeda, é suspeita. Atentados letais em Zamboanga (Filipinas).
– Novembro: eleições na Turquia resultam na vitória do partido islâmico moderado Justiça e Desenvolvimento (líder: Tayip Erdogan). Rebeldes chechenos sequestram teatro em Moscou: mais de cem russos são mortos na libertação. Ganhos islamistas nas eleições no Kuwait. O Irã condena Muhammad Aghajari à morte por criticar o regime. Nigéria: concurso de beleza provoca duzentas mortes em atrocidades intercomunitárias cristãs-muçulmanas em Kaduna. Mombasa (Quênia): ataque terrorista contra turistas israelenses mata dezesseis. Islamistas tomam poder local em Peshawar, Paquistão. O Conselho de Segurança da ONU pede desarmamento do Iraque, acusado de desenvolver armas de destruição em massa, e estabelece um regime de inspeções internacionais (Resolução 1.441).
– Dezembro: ataque suicida antirrusso em Grozny, Chechênia.

- 2003
  - Janeiro: Argélia – nova onda de massacres islamistas mata cem pessoas. Israel: nova eleição reforça virada à direita e o domínio de Sharon.
  - Fevereiro: Paquistão: ataque mata dez xiitas. Crise diplomática internacional sobre o Iraque: o Conselho de Segurança não chega à conclusão sobre a existência de armas químicas ou de destruição em massa no território iraquiano. Oposição internacional liderada pela França e pela Federação Russa contra a guerra preventiva e unilateral. Os EUA acusam o Iraque de coalizão com terroristas islamistas e insiste numa "mudança de regime". A Grã-Bretanha apoia os EUA na questão do desarmamento iraquiano.
  - Março: invasão estadunidense-britânica-australiana contra o Iraque, com apoio dos curdos. O país é ocupado e o regime ba'athista derrubado; Saddam Hussein desaparece.
  - Abril: ocupação estadunidense-britânica do Iraque. Liberdade de culto para os xiitas e estabelecimento de um conselho dos ulemás sunitas.
  - Maio: Riad (Arábia Saudita), Karachi (Paquistão), Casablanca (Marrocos), Chechênia: atentados atribuídos a al-Qaeda.
  - Junho-agosto: Ariel Sharon e Mahmud Abbas (Abu Mazen) aceitam o "mapa do caminho" para a paz israelo-palestina; cessar-fogo apoiado por Israel, Hamas, Jihad Islami e Mártires de al-Aqsa desmorona após atentado palestino suicida em Jerusalém matando dezoito.
  - Agosto: atentados no Iraque contra embaixada jordaniana, a sede da ONU em Bagdá e a mesquita do Imam Ali em Najaf (95 mortos, incluindo o aiatolá Muhammad Baqr al-Hakim).
  - Setembro: Bombaim: atentados islamistas matam cerca de quarenta pessoas.
  - Outubro: aumenta a pressão internacional sobre o Irã, suspeito de desenvolver armas nucleares. Malásia: Mahathir convoca para modernização islâmica com a finalidade de enfrentar a "dominação judaica". Afeganistão promove constituição a meio-caminho entre democracia e islamismo.
  - Novembro: Istambul, Turquia: atentados associados à al-Qaeda contra alvos judaicos e britânicos matam 45. Riadh, Arábia Saudita, atentado atribuído à al-Qaeda mata 17. Bagdá e o 'triângulo sunita' no Iraque: aumentam os ataques contra americanos e seus aliados, atribuídos a ba'athistas e islamistas; decide-se a restituição da soberania para meados de 2004.
  - Dezembro: Chechênia: atentado contra trem russo mata 34. Progressistas israelenses e palestinos assinam os Acordos de Genebra, modelo de paz virtual. Iraque: Saddam Hussein capturado pela força de ocupação estadunidense.

GLOSSÁRIO

abangan (malaio): em Java, pessoa com religião sincretista, apenas superficialmente islamizada.
abbasi: abássida, segunda dinastia califal (750-1258).
abd: escravo. Em muitos nomes muçulmanos, como Abdullah, "Escravo de Deus".
abu (forma patronímica): pai de.
ada (malaio: *adat*): lei consuetudinária, em contraposição à xaria.
adab: cultura, costumes, qualidade da pessoa preparada.
adib: homem educado, culto, que seguia o *adab*.
agha (turco): "irmão", senhor, título militar otomano.
ahl: pessoas dentro de uma tenda; povo, grupo.
ahl al-kitab: "povos do livro", grupos monoteístas citados no Alcorão e que não pertencem ao islã, como judeus e cristãos.
ahl al-sunna: o povo da *sunna*, muçulmanos ortodoxos, xiitas.
Ahriman: demônio da escuridão, no zoroastrismo.
Ahura-Mazda: força da luz e do bem, no zoroastrismo.
aiatolá: ver *ayatollah*.
aiúbidas: dinastia sunita no Egito e na Síria (1171-1250).
akbar: grande, ou o maior.
alawitas ou *nusairis*: seita xiita extrema na Síria que venera Ali; igualmente dinastia reinando no Marrocos desde o século XVII.
alevis: (turco) xiitas duodécimos na Turquia.
alim: sábio, preparado. Singular de *ulama*, ulemás.
Allah: Deus ou "o Deus" (contração de al-Ilahu), usado em árabe tanto por muçulmanos quanto cristãos.
Almóadas: al-muwahhidun, dinastia muçulmana puritana no Magreb e na Espanha (1146-1275).
Almorávidas: al-murabitun, dinastia muçulmana puritana no Magreb e na Espanha (1036-1148).
Amal: "esperança", movimento xiita no sul do Líbano nos anos 1970.
amir: emir; príncipe ou líder guerreiro; *amir al-muminin*: comandante dos fiéis; título do califa.
ansar: os ajudantes de Medina que apoiaram Maomé.

asabiya: solidariedade tribal na teoria política de Ibn Khaldun.
ashraf: plural de *sharif*.
ashura: no xiismo, comemoração do martírio de Hussein no dia 10 do mês de *muharram*.
aya: sinal, reflexão.
ayatollah: aiatolá, "sinal de Deus"; no xiismo iraniano, título dos mais altos *mujtahids*.
a'yan (turco; sing.: ayn): notáveis; no fim do Império Otomano, as elites políticas locais.
ba'ath: ver *ba'th*.
bab: "porta"; no xiismo significa representante do Imã Oculto.
baba (turco): pai, velho; título de mestre sufi.
badu: beduínos; no Mashriq, pastores nômades que vivem nas estepes ou deserto.
baha'i: religião sincretista e universalista estabelecida como seita xiita na Pérsia no século XIX.
bait: casa.
baraka: benção, qualidade de santidade e poder mágico inerente em certas pessoas, lugares ou objetos.
basij: mobilização.
ba'th: "renascimento", nome do principal partido pan-arabista.
batin: interno; diz-se do sentido esotérico de textos sagrados; *batiniyya* se refere a grupos preocupados com este aspecto, em particular os isma'ilitas.
bazar: mercado (muitas vezes coberto) no Oriente Médio.
bazari: comerciante tradicional.
beur (francês): jovem norte-africano na França.
bey (turco: beg): alto título militar; atualmente significa "senhor".
bid'a: inovação na teologia.
bint: filha de.
brahman (sânscrito): no hinduísmo, a Alma universal.
caaba: ver *kaaba*.
cádi: ver *qadi*.
califa: ver *khalifa*.
caridjitas: ver *khariji*.
coraixitas: ver *quraysh*.
dar: casa; reino.
dar ul-Islam: "a casa do Islã", os territórios controlados pelos muçulmanos. Opõe-se à *dar ul-harb*, "casa da guerra".
darvish (persa): mendicante, membro de uma *tariqa* sufista.
da'wa: "apelo", missão islâmica.
dawla: "dinastia", Estado – no sentido ocidental do termo.
deobandi: na Índia britânica, uma influente escola islâmica modernista, inicialmente na cidade de Deoband. No Paquistão, grupo sunita que apoia o fundamentalismo.

dhikr: "lembrança"; ritual *sufi* de repetição do nome divino – como um mantra – com intuito de alcançar consciência superior.

dhimma: "proteção"; segurança e liberdade de religião garantida a monoteístas não muçulmanos, *ahl al-dhimma* ou *dhimmi*.

din: fé.

diwan: escritório governamental, conselho governamental, administração.

druzos: comunidade religiosa na Síria, Líbano e Israel, originária de um cisma no ismailismo do século XI.

duodécimos ver *shi'a*.

effendi: proprietário.

falsafa: "filosofia", teologia de tendência racionalista que se inspira na filosofia grega.

fallah (pl. *fellahin*): camponês.

faqih: ver *fiqh*.

faqir: "pobre", praticante iterantedo sufismo.

fath: abertura, conquista. Daí *Fatah*, o nome do partido central na OLP (sigla invertida de *Harakat ul-Tahrir Filastin*, Movimento para a Libertação da Palestina).

fatímidas: dinastia ismailita controlando a Tunísia e o Egito (909-1171).

fatwa: decisão jurídica por um especialista chamado *mufti*.

fida'i (pl. *fida'iyyin*): "mártir"; guerrilheiro da resistência palestina.

fiqh: "entendimento"; a jurisprudência ou sistema de interpretação da xaria; o especialista se chama *faqih* (pl. *fuqaha*); no Irã pós-revolucionário, o poder político se concentrava no *faqih* supremo.

fitna: "fascínio", "tentação" (diz-se da atração feminina) ou "sedução"; as guerras civis que pontuaram o fim da época dos quatro califas ortodoxos (656-689)

ghayba: ausência, ocultação do imã xiita.

ghazi (turco): guerreiro no *jihad*; grupos organizados para incursões e ataques nas fronteiras.

grão-mughals: dinastia indiana de ascendência mongol (1526-1856).

guru: mestre esotérico no hinduísmo e no sikhismo.

hashemitas: dinastia descendendo do clã dos Hashem, controlando o Hijaz (até 1924) e reinando na Jordânia (desde 1922) e no Iraque (1920-1958).

hadd (pl. *hudud*): "limite"; punição islâmica.

hadith (pl. *ahadith*): "notícia"; tradição sobre atos ou falas de Maomé.

hajj: peregrinação para Meca; quem a completa, ganha prestígio como *hajji*.

halal: algo permitido aos muçulmanos (como certos alimentos).

Hamas: sigla de *Harakat al-Muqawwama al-Islamiyya*, Movimento Islâmico de Resistência, partido islamista palestino.

hanafita: da escola de *fiqh* segundo Abu Hanifa (699-767).

hanbalita: da escola de *fiqh* segundo Ahmad ibn Hanbal (780-855).

haram: proibido ou separado; santuário, no sentido religioso. Daí também os quartos não públicos reservados às mulheres, o harém; quem está num grau de consanguinidade que exclui o casamento é *mahram*.
hégira: ver *hijra*.
Hezbollah: o Partido de Deus, partido fundamentalista libanês xiita.
hijab: "tela" ou "cortina", véu que cobre os cabelos, usado por muçulmanas ortodoxas.
hijra: hégira; "migração", a fuga de Maomé de Meca para Medina em 622, começo do calendário islâmico.
hizb: partido.
Ibaditas: caridjitas moderados, hoje no Omã e no Saara argelino.
ibn / bin / banu: filho de.
id al-adha: comemoração do sacrifício, no final do *hajj*.
id al-fitr: festa que comemora o fim do jejum do ramadã.
ijmaʻ: consenso dos representantes da *umma*, considerado imprescindível como base de decisões religiosas.
ijtihad: interpretação pessoal e inovadora da religião; no xiismo, quem é qualificado a fazê-lo é um *mujtahid*.
ikhwan (pl. de *akh*): irmãos, irmandade; em particular, os beduínos sedentarizados em comunas wahhabitas por Ibn Saʻud e que constituíram seu exército irregular na conquista da Península Arábica nos anos 1920.
Ikhwan al-Muslimin: a Irmandade Muçulmana.
illahi: divino.
imam: imã (1) quem está na frente, líder da congregação na reza; (2) no xiismo, autoridade suprema legítima da *umma* muçulmana (correspondente ao califa no sunismo): Ali e seus sucessores, na linhagem de Maomé.
imamita: outro nome dos xiitas duodécimos (q.v.).
intifada: levante palestino.
infitah: "abertura" neoliberal da economia egípcia que começou sob Sadat a partir de 1971.
iqtaʻ: ver *timar*.
Islam: islã; submissão à vontade de Deus.
islamiyya: islamismo, fundamentalismo muçulmano.
ismaʻili: ismailitas; xiitas "sétimos" seguidores de Ismaʻil, filho Jaʻafar al-Sadiq (m. 765).
jaʻfari: legislação religiosa xiita de Jaʻfar al-Sadiq (f. 765).
jahiliyya: era da ignorância, antes da revelação do Islã a Maomé.
jamaʻa: sociedade, associação.
jami: mesquita central de uma comunidade muçulmana, lugar do sermão de sexta-feira.
janízaros: ver *yeni ceri*.
jihad: luta em favor de Deus; aplicada tanto para busca do autocontrole quanto à islamização da sociedade e a luta armada contra os infiéis; quem participa é *mujahid*.

jinn: djinn, espírito sobrenatural.
jinna: paraíso.
jizya: o imposto por cabeça arrecadado dos povos protegidos não muçulmanos dentro de uma sociedade muçulmana.
ka'aba: Caaba, prédio quadrado em Meca que abriga a pedra negra, supostamente parte do primeiro templo a Deus.
kafir: infiel.
kalam: teologia muçulmana medieval, "escolástica" equilibrando revelação e razão.
karma (sânscrito): no hinduísmo, o total dos atos bons e maus de um indivíduo, cujo saldo determina as consequências nesta vida e em futuras.
khalifa: califa; "tenente", representante do Profeta após sua morte que combina as funções religiosa e política de líder da *umma*.
khalq (farsi): povo.
khan: albergue para mercadores viajantes; (turco) título do soberano; posteriormente, título de honra.
khanqa: hospedaria *sufi*.
khariji (pl. khawarij): caridjitas; "aqueles que saem"; grupo cismático puritano que na primeira *fitna* se separou de Ali ibn Abi Talib e, considerando-se como os únicos muçulmanos autênticos, fez o *jihad* contra os demais.
khedive: título dos governadores do Egito autônomo, e posteriormente dos reis do Egito independente da dinastia de Muhammad Ali (1805-1952).
khums: "quinto" do espólio no *jihad*, reservado ao profeta; no Irã, imposto pago ao alto clero xiita para benefício da comunidade.
kiyayi (malaio): ulemá rural em Java.
kufr: não crença, rejeição da fé; quem nega Deus é *kafir*, ou seja, infiel.
madhhab: uma das quatro escolas de *fiqh* reconhecidas como ortodoxas.
madina: Medina; cidade. Al-Madina é "a cidade" (antes chamada Yathrib, Iatreb) onde o profeta Maomé estabeleceu a primeira comunidade muçulmana em 622
madrasa: escola para altos estudos islâmicos.
maghreb: poente; Magreb, região ocidental do mundo muçulmano, constituindo-se da Tunísia, Argélia e Marrocos atuais.
maharadja (sânscrito): "grande rei", título de príncipes (de qualquer religião) na Índia; marajá.
mahdi: "quem está guiado no caminho certo", figura de cunho messiânico futuramente esperado para restaurar a sociedade muçulmana; no xiismo, o décimo segundo Imã.
mahr: dote que a esposa recebe no casamento.
mahram: pessoa de um grau de consanguinidade que exclui o casamento.
majlis: assembleia, parlamento.
malikita: da escola de *fiqh* segundo Malik ibn Anas (715-795).

mamluk: mameluco; escravo, pessoa que pertence ao rei; dinastia de sultões-escravos de origem transoxaniana ou circassiana, particularmente no Egito de 1250-1516.
manara: a torre da mesquita, minarete.
mansabdar (origem persa ou indiano): na Índia grã-mughal, governador provincial responsável por um número específico de soldados.
marabout: no Magreb, líder religioso carismático popular.
maronitas: comunidade cristã do Monte Líbano, desde 1181 unida à igreja católica romana.
masjid: mesquita; lugar para reza comunal de muçulmanos.
mashriq: "nascente"; Machrek, a região oriental do mundo muçulmano árabe (Crescente Fértil mais Península Arábica).
mawali (sing. *mawla*): "servidores" ou "mestres"; não árabes que se converteram ao Islã e se tornam clientes de árabes.
mawalimillet (turco): comunidade religiosa autônoma no Império Otomano (*milla* em árabe significa nação).
mihrab: ver *qibla*.
monofisitas: tendência cristã, majoritária no Oriente Médio, acreditando que Jesus Cristo tem uma natureza (*monos physis*), considerado como herético pela ortodoxia bizantina e pelos católicos romanos.
muadhin: muezzin; muçulmano que anuncia a hora para a reza (o *adhan*).
mufti: legista perito na xaria e oficialmente qualificado para enunciar regras religiosas (*fatwa*).
muhajirun (sing. *muhajir*): "migrantes", (1) que foram com Maomé de Meca para Medina; (2) muçulmanos que foram da Índia para o Paquistão.
mujahid (pl. *mujahidin*): guerreiro no *jihad*.
mujtahid: no xiismo, legistas religiosos qualificados a enunciar interpretações pessoais.
mulla (farsi: *mollah*): professor ou pregador religioso que pertence aos ulemás.
muslim: "quem se submete"; seguidor do Islã, muçulmano.
mustadh'afun (farsi: *mustazafin*): "os miseráveis", "os condenados da terra", favelados.
mut'a: casamento temporário, legal no xiismo.
mu'tazila: "separação", escola teológica medieval de tendência racionalista que enfatiza a livre vontade e responsabilidade humana.
muwahhid: "quem acredita na unidade de Deus"; unitarista.
nahda: renascimento; o movimento literário de renovação nacional árabe no século XIX.
nakba: catástrofe, a perda da Palestina pelos árabes em 1948.
nawab (ou *nabob*): na Índia, governador mughal que se torna autônomo.
negara islam (malaio): Estado islâmico.
nizam: "ordem"; título de governador político, como no Hyderabad indiano.
nusairi: outro nome das alawitas.
omíadas: ver *ummayi*.
otomanos: dinastia turca que reinou na Ásia Menor, o Oriente Médio e os Bálcãs (1281-1922).

pancasila (malaio): ideologia oficial indonésia que consiste em cinco princípios, sendo o primeiro a fé em Deus.
pasdar (pl. *pasdaran*; persa): guardião; guardiões revolucionários na Revolução Iraniana.
pasha (turco) paxá; título de governador.
pieds-noirs (francês): "pés negros"; colonos franceses enraizados na Argélia.
pir (farsi): mestre sufi.
priyayi (malaio): em Java, membro da aristocracia hinduizada.
purdah (persa): na Ásia meridional muçulmana, a separação ou clausura das mulheres.
qadi: cadi; juiz ou magistrado que aplica a xaria.
qajar: dinastia persa (1779-1925).
qanun: lei positiva fora da xaria, promulgada pelo governo.
qasba: fortaleza; residência de magistrados; pequena cidade.
qawm: povo; nação.
qawmiyya: nacionalismo pan-árabe.
qibla: a direção da reza, voltada para a *kaaba* em Meca; esta direção se visualiza na mesquita por uma fresta chamada *mihrab*.
qiyas: analogia; na xaria, uma das maneiras para decidir sobre situações não encontradas nas fontes da fé.
al-Quds: "a cidade santa", Jerusalém.
quds ou *muqaddas*: santo.
quraysh: a tribo do profeta Maomé: os coraixitas.
qur'an: Alcorão, Corão; "recitação", o texto das revelações recebidas pelo profeta Maomé.
raï: música argelina popular entre jovens e considerada imoral por islamistas.
ramadan: ramadã; mês de jejum no calendário muçulmano.
rashid (pl. *rashidun*): "guiado no caminho certo"; diz-se dos quatro primeiros califas "ortodoxos" aceitos tanto por sunitas quanto xiitas.
riba': usura ou juros proibidos no Islã.
safávidas: dinastia persa (1502-1722).
sahib: seguidor, companheiro (em particular, os Companheiros do Profeta); senhor.
salaf: "antecessores"; os muçulmanos religiosos da primeira geração.
salafiyya: a tendência de imitar os *salaf*.
salat: "rezas"; oração em veneração a Deus, obrigatória cinco vezes por dia.
samsara (sânscrito): o ciclo existencial de (re)nascimento e morte.
santri (malaio): em Java, muçulmano ortodoxo.
sayyid: descendente do profeta através a linhagem de Ali e Hussein.
seljúcidas: dinastia turca sunita reinando na Anatólia oriental, no Irã e na Síria (1055-1194); os seljúcidas de Rum controlam Anatólia (1077-1307).
şeyhülislam (turco): o supremo funcionário religioso muçulmano no Império Otomano.
shafi'ita: da escola de *fiqh* segundo imã al-Shafi'i (767-820).

shah (persa): título real; xá, imperador da Pérsia.

shahada: "testemunho"; credo muçulmano afirmando que há somente um Deus e que Maomé é seu profeta, e cuja afirmação transforma uma pessoa em muçulmano.

shahid: "testemunha", mártir, quem se sacrifica pela causa da fé.

shaikh: xeique; "velho", líder de uma tribo; pessoa com autoridade (religiosa), sábio; mestre *sufi*.

shari'a (turco: šeriat): xaria; "rumo para uma fonte"; a Código Legal Islâmico que, para os muçulmanos, estabelece as regras que governam todos os aspectos da vida.

sharif (pl. *ashraf*): xarif, venerável. Na Índia, pessoa de ascendência árabe, afegã ou mughal; no Marrocos, descendente do profeta Maomé.

shi'a: facção, em particular o partido de 'Ali ibn Abi Talib; *shi'i* (xia, xiita): seguidor da *shi'a*, comumente usado para xiitas *duodécimos* que aceitam a linhagem de 12 imãs, de 'Ali até Muhammad al-Mahdi.

shirk: "associação" (de outras divindades a Deus), politeísmo, idolatria.

shura: consulta; na teoria política islâmica, o governador constrói um consenso não comprometedor de suas decisões; interpretado como "democracia" por modernistas.

sikh (hindustani): "discípulo", seguidor do sikhismo, religião estabelecida no séc. XVI na Índia por Nanak Guru.

sipahi (turco; na Índia: *sepoy*): cavalheiro otomano; na Índia, sipaio, soldado indiano no exército inglês.

sultan: sultão; autoridade política; governador (sem conotação religiosa, ao contrário de califa).

sufi: seguidor do sufismo (*tasawwuf*), tendência mística no sunismo que enfatiza a imanência de Deus ao invés de Sua transcendência; possivelmente derivado de *suf*, lã, nome dado a partir das vestimentas destes místicos.

sunna: "caminho trilhado"; costumes, maneira de fazer sancionada pela tradição e o precedente do profeta (*sunnat al-nabi*); *ahl al-sunna*: o povo da sunna, muçulmanos ortodoxos, sunitas.

sura: capítulo do Alcorão.

tabligh: "evangelização" do Islã reformista.

tafsir: comentário que explica o Alcorão.

taghallub: "superação", a supremacia no mundo dos muçulmanos.

takfir: julgar que alguém é um infiel, "excomunhão".

talib (pl. *taliban*): aluno (de uma escola religiosa); grupo fundamentalista que governou o Afeganistão de 1996 a 2001 (Talebã).

tanzimat: "reorganização"; editos reformistas promulgados para modernizar o Império Otomano no século XIX.

taqiya: "cautela"; dissimulação de crença, pretensão de conformismo religioso, aceitável no xiismo em situações de perigo.

taqlid: "imitação"; aceitação cega da autoridade de uma fonte tradicional como base de decisão legal; tradicionalismo.

tariq (pl. *turuq*) ou *tariqa*: caminho de crescimento espiritual; daí também a organização que cuida dela – irmandade sufi.

tasawwuf: ver *sufi*.

tawhid: unidade de Deus, monoteísmo.

ta'ziya: no xiismo, representação dramática da paixão de Hussein ibn Ali.

timar (turco): no Império Otomano, parcela de terra conquistada entregue como benefício a um guerreiro, mas que se mantém propriedade sultanal e não é hereditária; em árabe se chama *iqta'*; o senhor é o *timariote*.

tzedaká (hebraico): contribuição dada pelo judeu, equivale ao dízimo cristão.

ulama ou *ulemás* (sing. *alim*): "sábios" ou "preparados"; camada de especialistas em questões religiosas e jurídicas.

umma: comunidade, tanto de fiéis quanto no sentido nacional; o ecúmeno muçulmano universal.

ummayi: omíada; primeira das dinastias califais (661-749).

velayat-e faqih (farsi): "a tutela do jurista"; teoria política de Khomeini no Irã contemporâneo.

vizir: ver *wazir*.

wafd: delegação; nome do partido nacionalista burguês no Egito 1918-1952.

wahhabi: wahhabita; seguidores de Muhammad ibn Abd al-Wahhab, pregador ultrapuritano na Península Arábica (1703-1792).

wali: "protetor", santo sufi; curador jurídico de uma mulher ou menor.

waqf (pl. *awqaf*): fundação religiosa ou beneficente baseada na doação de bens para fins religiosos ou sociais.

watan: pátria; *wataniyya*: patriotismo local.

wazir: vizir, alto funcionário nomeado pelo sultão, "ministro".

wilaya: tutela, curadoria, estar responsável no lugar de.

xador: no Irã, vestimenta feminina preta que cobre o corpo inteiro.

xaria: ver *shari'a*.

xarif: ver *sharif*.

xia, xiita: ver *shi'a*.

xeique: ver *shaikh*.

xiismo, xiitas: ver *shi'a*.

yazidi: religião heterodoxa entre certos curdos iraquianos com elementos cristãos e pré-islâmicos.

yeni ceri (turco): "novo exército", janízaros, corpo de infantaria otomana constituído por cristãos recrutados e convertidos.

yishuv (hebraico): comunidade judaica na Palestina antes do Estado de Israel.

zahir: visível, os aspectos manifestos de Deus; o significado evidente do Alcorão.

zaidi: zaidita, corrente xiita moderada, "quinta" que reconhece linhagem de cinco imás, hoje presente no Iêmen setentrional.

zakat: imposto sobre o capital ou renda (em geral 2,5%) pago anualmente por muçulmanos para fins sociais ou beneficentes.

zamindar (persa e hindustani): proprietário; na Índia mughal, funcionário local responsável pela arrecadação do imposto sobre a colheita, ganhando uma parte dela.

zar: cerimônia de exorcismo no Islá popular.

ALGUNS NOMES BÍBLICOS QUE SE ENCONTRAM NO ISLÁ

Adão – Adam
Abraão – Ibrahim
Isaac – Ishaq
Ismael – Isma'il
Jacó – Ya'qub
Joseph – Yusuf
Moisés – Mussa
Davi – Daud
Salomão – Sulayman
Jonas – Yunis
Jesus – Issa
Maria – Maryam
João – Hanna
Gabriel – Jibril
Satanás – Shaitan

NOTAS

INTRODUÇÃO

[1] "Corão" e "Alcorão" são formas variantes, em língua portuguesa, para designar o livro sagrado dos muçulmanos. Há quem prefira a primeira forma, argumentando que "al", em árabe, já corresponde ao artigo definido "o" em português e, portanto, seria um pleonasmo dizer "o Alcorão". O autor, entretanto, preferiu a segunda forma, já consagrada em nosso idioma, a exemplo de outras palavras de língua portuguesa de origem árabe como álcool, alface e algodão.

O ISLÃ NO TEMPO

[1] O acadiano, o aramaico e o hebraico pertenciam ao ramo setentrional da família semita.
[2] Alcorão sura 96: 1-5.
[3] Usamos neste livro propositalmente a palavra "Deus", pois Alá não é um nome próprio, mas transcreve *Allah*, que é em si uma contração de *al-Ilahu*: "o Deus", palavra cognata a *Elohim*, no hebraico. Ou seja, trata-se do único e mesmo Ser supremo que se manifestara, antes, no judaísmo e no cristianismo.
[4] O calendário religioso muçulmano, estritamente lunar, se move regularmente através das estações, com um deslocamento de aproximadamente dez dias por ano.
[5] Godfrey H. Jansen, *Militant Islam*. London: Pan Books, 1979. Em holandês *De militante islam*. Utrecht: Spectrum, 1982, p. 32.
[6] Um elemento ausente no judaísmo e que também não se encontrará no islã é a teologia cristã do pecado original e a salvação do fiel pela fé na eficácia da morte de Jesus, que resgatou um mundo decaído no pecado. Ela traz consigo um certo antinaturalismo que desvaloriza o mundo sensorial em favor do sobrenatural e da vida pós-morte – igualmente raro no islã.
[7] Em 1998, havia 1.179.326.000 muçulmanos: Ninian Smart (ed.), *Atlas of the World's Religions*. London: Calmann & King, 1999, p. 13.
[8] *Imam*, "quem está à frente", é o título do líder da comunidade muçulmana na tradição xiita.
[9] Há no Alcorão algumas menções aos sabeanos, devotos de uma religião pouco conhecida mas que o islã considera como "povo do livro" protomonoteísta (cf. Alcorão 5:69). Originários de Harran, no norte da Mesopotâmia, os sabeanos veneravam originalmente a deusa da Lua além de outros planetas e estrelas, e teriam adotado uma forma sincrética e dualista do cristianismo no século II d.C. Os mandeos, pequena comunidade também pouco conhecida, vivendo nos pântanos no sul do Iraque, e praticantes de uma forma de batismo, seriam seus sobreviventes. Cf. J.B. Segal, "Mysteries of Saba". In: Edward Bacon, *Vanished Civilizations*. London: Thames and Hudson, 1963, pp. 201ss.

[10] Um exemplo é o "Domo da Rocha" no *Haram al-Sharif* (antigo Monte do Templo) em Jerusalém, erigido acima do suposto lugar do sacrifício de Abraão e da viagem noturna de Maomé para o paraíso. Datado do século VIII, o santuário constitui um dos primeiros exemplos de arquitetura sagrada muçulmana. Tanto o plano arquitetônico quanto os mosaicos decorativos devem muito, graças ao trabalho dos artesãos cristãos, aos modelos bizantinos – ainda que o conteúdo simbólico fosse, evidentemente, islâmico. cf. Ernst J. Grube, *The World of Islam*. Paul Hamlyn, 1966. p. 13.

[11] O próprio califa estava igualmente submetido à xaria: o governo ideal é o dos ulemás; a esfera do governo era limitada aos assuntos não regulamentados na xaria: Roy, *The Failure of Political Islam*. Cambridge, MA.: Harvard University, 1996. p. 14.

[12] Muhammad b. Isa al-Tirmidhi, Sahih. Ruud Peters, "Fiqh". In: Jacques Waardenburg (red.), *Islam: Norm, Ideaal en Werkelijkheid*. Houten: Het Wereldvenster, 1984. p. 174.

[13] Marshall Hodgson, *The Venture of Islam*. Chicago and London: University of Chicago Press, 1974. I, pp. 444-72.

[14] Kublai Khan, outro neto de Genghis Khan, derrotou em 1279 a dinastia chinesa dos Sung, uma das mais inovadoras na tecnologia e economia.

[15] Em Marrocos, se estabeleceu no século XVII um sultanato concorrente, o alawita, que se mantém no poder até hoje como monarquia absolutista. Cf. Abdallah Laroui, *L'histoire du Magreb: un essai de synthèse*. Paris: Maspéro, 1975. vol II. Pp. 48-57, 90-7.

[16] Quando começou a revolta grega contra os turcos em 1821, Constantinopla reagiu enforcando o patriarca grego-ortodoxo. Cf. Noel Barber, *Lords of the Golden Horn: From Suleiman the Magnificent to Kamal Ataturk*. London: Arrow, 1988. p. 138.

[17] A teoria do consocionalismo explica como sociedades plurais, religiosa ou etnicamente segmentadas, conseguem uma estabilidade "democrática" pela mobilização de suas populações dentro de "pilares" verticais que as organizam separadamente (em partidos políticos, sindicatos, escolas, hospitais, clubes etc.), de maneira que as comunidades não tenham muito contato entre si, e as decisões políticas sejam tomadas por suas respectivas elites com base em uma "chave" consensual de partilha do poder e dos recursos. A teoria é associada ao nome do cientista político holandês-americano Arend Lijphart, que a desenvolveu nos anos 60 baseado no caso da Holanda: *The Politics of Accommodation: Pluralism and Democracy in the Netherlands*, University of California, 1976. Em seu *Democracy in Plural Societies: A Comparative Exploration*, Yale University, 1980, aplicou o conceito também a outras sociedades como a Bélgica, a Áustria e o Líbano, entre outras.

[18] Em Ayodhya, ele fundou, no lugar venerado como berço de Rama, encarnação do deus Vishnu, a mesquita Babri, que porta seu nome. Em 1992, o monumento se tornou alvo dos piores pogrons comunitários hindu-muçulmanos recíprocos desde a independência da Índia. Cf. Ranbir Vohra, *The Making of India: A Historical Survey*. Armonk, NY and London: M.E. Sharpe, 1997.

[19] O profeta Nanak (1469-1539) estabeleceu no Punjab uma religião integrando bhakti (hinduísmo devocional) e sufismo, cujos seguidores são os *sikhs* (discípulos). A feroz perseguição de seus sucessores, os dez gurus, pelos mughals no século XVII, resultou na transformação da seita originalmente pacífica numa irmandade guerreira. No século XIX, ela conseguiu a dominação no Punjab e no século XX suas reivindicações políticas iriam complicar ainda mais o quadro das relações comunitárias no subcontinente. Ninian Smart, *The World's Religions*. Cambridge: Cambridge University, 1998. Pp. 100-1, 398-404.

[20] Lapidus, *A History of Islamic Societies*. Cambridge, 1995. Smart, *Atlas of the World's Religions*, p. 184.

O ISLÃ NO ESPAÇO

[1] Malise Ruthven, *Islam in the world*. London, etc.: Penguin, 2000, p. 304.
[2] Mehmet VI Vahideddin 1918-1922 foi o último sultão otomano. Ele combinou as funções de sultão e califa. O sultanato, efetivamente, foi abolido em 1922. Seu sobrinho Abdulmecid II reteve, na verdade, apenas a dignidade de califa.
[3] Benedict Anderson, *Imagined communities: Reflection on the origin and spread of nationalism*. London: Verso, 1983.
[4] Cf. o sociólogo israelense Emmanuel Sivan que fala nesse contexto do fundamento religioso ("bedrock") das sociedades árabes. Voltaremos a analisá-lo posteriormente: *Radical Islam: Medieval Theology and Modern Politics*. Yale University, 1985, p. 181.
[5] Saadeh viveu durante anos no Brasil. Quando voltou para Beirute em 1949, as autoridades libanesas acharam mais prudente fuzilá-lo. Cf. Fouad Ajami, *The Dream Palace of the Arabs: A Generation's Odyssey*. New York: Random, 1998. p. 50-67.
[6] Ruthven, p. 308.
[7] Sobre as causas, controversíssimas, do êxodo palestino, cf. Benny Morris, *The birth of the Palestinian refugee problem, 1947-1949*. Cambridge and New York: Cambridge University Press, 1987.
[8] Cf. Anthony Sampson, *The Seven Sisters: The Great Oil Companies and the World they Made*. London: Hodder and Stoughton, 1976. As sete companhias eram Esso, Gulf, Texaco, Mobil, Chevron, BP e Shell.
[9] As rendas petrolíferas beneficiaram a todos os exportadores da OPEP – que além dos países árabes Arábia Saudita, Iraque, EAU, Kuwait etc., incluía outros tais como o Irã, a Indonésia, a Venezuela, tanto quanto os que dela não participavam.
[10] Os cristãos ortodoxos árabes são uma comunidade árabe pertencente à Igreja Ortodoxa Grega, cuja elite era tradicionalmente controlada pelo clero grego, que desprezava os árabes. Desde 1899, o baixo clero arabófono e os fiéis árabes tomaram o controle do patriarcado de Antioquia; no patriarcado de Jerusalém se mantém uma partilha entre o alto clero gregófone e o baixo clero árabe.
[11] Desde o século XIX, os libaneses se espalharam pelo mundo inteiro mas são particularmente numerosos nas Américas. O Brasil acolheu a maior imigração, e os libanodescendentes em nosso país constituem atualmente a maior comunidade no mundo.
[12] Além de trezentos mil refugiados dentro do próprio país: Amir Taheri, *The Cauldron: The Middle East behind the Headlines*. London: Hutchinson, 1988. Pp. 166-7.
[13] As duas outras acusações de Osama bin Laden contra os EUA foram a questão palestina e a presença de soldados norte-americanos, "novos cruzados", nos lugares santos do islã.
[14] Lapidus, op. cit., pp. 733-4.
[15] Parsis são uma comunidade de descendentes de imigrantes persas em Bombaim, que mantêm o zoroastrismo como religião.
[16] Por exemplo, numa tentativa de melhor controlar o radicalismo dos congressistas, a Grã-Bretanha decidiu dividir Bengala, província com forte identidade regional e tradição literária nacional, em duas partes – sendo a Bengala oriental (atual Bangladesh) maciçamente muçulmana, enquanto a ocidental era majoritariamente hindu. A decisão agradou aos muçulmanos, mas indispôs os hindus e foi anulada em 1911, após fortes protestos nacionalistas, decisão que enfureceu os muçulmanos.
[17] Lapidus, op. cit., p. 735.
[18] Algumas informações em: Ahmed Rashid, *Taliban: Militant Islam, Oil and Fundamentalism in Central Asia*. New Haven and London: Yale University, 2001, pp. 88-94.

[19] Em 1960-61, uma parte menor da Caxemira setentrional foi conquistada pela China numa guerra fronteiriça contra a Índia, e está desde então sob ocupação chinesa.

[20] Ranbir Vohra, *The making of India: A historical survey*. Armonk, NY and London: M.E. Sharpe, 1997, p. 223, pp. 268-269.

[21] Lapidus, op. cit., pp. 757-66.

O OUTRO NO ISLÃ

[1] Maurice Lombard, *L'islam dans sa première grandeur* (*VIIIe-XIe siècle*). Paris: Flammarion, 1980. pp. 213-221.

[2] Bernard Lewis, *What Went Wrong: Western Impact and Middle Eastern Response: The Clash between Islam and Modernity in the Middle East*. New York: Perennial, 2002, pp. 86-93. Em português: *Que deu errado no Oriente Médio?* Jorge Zahar, 2002.

[3] In Ruth Roded (Ed.), *Women in Islam and the Middle East: A Reader*. London & NY: I.B. Tauris, 1999, pp. 3, 21.

[4] Ruthven, op. cit., p. 154; Fatima Mernissi e outras feministas muçulmanas contemporâneas tentam provar a inautenticidade de tais *hadiths* misóginos.

[5] Ruthven, op. cit., pp. 156-163.

[6] Nawal El Saadawi, *The Hidden Face of Eve*. Zed, 1980, p. 146. (português: *A face oculta de Eva*. São Paulo: Global, 2002.)

[7] "Copula e procria. Ganharei glória por teus números no dia do julgamento": Ruthven, op. cit., p. 154; "Casa-te e multiplica [...] recusar o casamento é como recusar arar a terra e gastar a semente": Saadawi, op. cit., p. 137. Cf. Abdelwahab Bouhdiba, *La sexualité en Islam*. Paris: Quadrige/Presses Universitaires de France, 1982.

[8] Saadawi, op. cit., p. 136.

[9] Um caso claro da justaposição de religião e identidade coletiva é a clitoridectomia e outras formas de mutilação genital, praticadas em particular na África do Norte e Central (a circuncisão feminina não se encontra no Oriente árabe). Não existe justificativa islâmica para tais práticas; porém, elas fazem parte de tradições que se encobrem com a máscara do islã. Protestos de feministas ocidentais contra elas e contra a imposição de limitações às mulheres no Irã pós-revolucionário foram rejeitados como uma arrogante intervenção neocolonialista – em nome da "autenticidade" da própria civilização muçulmana.

[10] Lewis, op. cit., pp. 64-72. Cf. Margot Badran and Miriam Cooke, *Opening the Gates: A Century of Arab Feminist Writing*. Bloomington: Indiana University, 1990.

[11] Taheri, *Holy Terror: The Inside Story of Islamic Terrorism*. London: Sphere Books, 1987, pp. 11-12.

[12] Cf. Sami Zubaida, "Is Iran an Islamic State?" in: Joel Beinin and Joe Stork, *Political Islam: Essays from Middle East Report*. Berkeley and Los Angeles: University of California, 1997, pp. 113-118. Ver também Homa Hoodfar, "Devices and Desires: Population Policy and Gender Roles in the Islamic Republic". In: ibid., pp. 220-233.

[13] Ruthven, op. cit., p. 329.

[14] Saadawi, op. cit., p. 136.

[15] Cf. os trabalhos da pesquisadora israelense Hava Lazarus-Yafeh.

[16] "A vós a vossa religião e a mim a minha religião": Alcorão 109:6.

[17] Alcorão 2: 256

[18] Alcorão 11:118; cf. 16:93 – 42:8.

O ISLÃ DENTRO DO OUTRO

1. Aqueles chechenos que no século XIX reemigraram para o Oriente Médio são chamados de cherquesses ou circassianos.
2. Aproximadamente três milhões na França (majoritariamente do Magreb), 2,5 milhões na Grã-Bretanha (majoritariamente do subcontinente indiano) e 2,5 milhões na Alemanha (da Turquia). Abaixo estão os números (com os principais países de origem): Alemanha: 2,5 milhões (Turquia); Áustria: cem mil; Bélgica: 250 mil (Turquia e Marrocos); Dinamarca: 60 mil (Turquia e Bósnia); Espanha: 450 mil; França: três milhões (Magreb e África ocidental); Grécia: 150 mil; Holanda: 408 mil (Suriname, Turquia e Marrocos); Irlanda: cinco mil; Itália: 500 mil (Bósnia, Albânia, curdos); Noruega: 22 mil (Paquistão); Portugal: 15 mil; Reino Unido: dois milhões (subcontinente indiano e África, além de árabes e refugiados políticos de muitos países); Suécia: cem mil (Turquia e Bósnia; refugiados); Suíça: cem mil. Total para a Europa ocidental: 9,660 milhões. Fonte: Yvonne Yazbeck Haddad, "The globalization of Islam", *in*: John Esposito. (Ed.), *The Oxford History of Islam*. Oxford University, 2000, pp. 601-641.
3. Lewis, op. cit., pp. 25-27.
4. Sobre as opções para os muçulmanos europeus, cf. Olivier Roy, *L'islam mondialisé*. Paris: Seuil, 2002.
5. Cf. Fred Halliday, "Anti-Muslimism and contemporary politics: One ideology or many?". In: Fred Halliday, *Islam and the myth of confrontation: Religion and politics in the Middle East*. London and New York: I. B. Tauris, 1996, pp. 160-194; Alain Gresh, "Islamophobie". In: *Le Monde Diplomatique*, novembro de 2001, p. 32.
6. No sentido em que Hobsbawm o emprega, cf. Eric Hobsbawm e Terence Ranger (orgs.), *A invenção das tradições*. Rio de Janeiro: Paz e Terra, 1984.
7. Tariq Ramadan, "Le temps de la réforme". In: *Manière de Voir, 64* (Le Monde Diplomatique) julho-agosto 2002, p. 88.
8. Fontes islâmicas alegam números substancialmente mais altos; mas há outros levantamentos afirmando que nos anos 1980 chegavam a apenas vinte mil muçulmanos.
9. Lapidus, op. cit., p. 842. Maiores informações no website http://www.geocities.com/islamicchat de Maria C. Moreira.

A PRIMEIRA ONDA FUNDAMENTALISTA

1. Cf. Emmanuel Sivan, *Radical Islam: Medieval Theology and Modern Politics*. New Haven and London: Yale University Press, 1985. Pp. 66-68. Numa crítica aos modernistas muçulmanos tanto quanto à modernidade, retomada pelos fundamentalistas de cunho qutbiano, Mawdudi costumava afirmar que "ao invés de afirmar que o Islã é realmente racional, precisamos manter que a razão real é islâmica".
2. Ruthven, op. cit., p. 328.
3. Citado em Rudolph Peters, *Jihad in Classical and Modern Islam*, Marcus Wiener Publishers, Princeton, N.J., 1996, p. 128.
4. Cf. Jürgen Habermas, *Der philosophische Diskurs der Moderne: Zwölf Vorlesungen*. Frankfurt/M, 1985.
5. Aqui usamos o termo "reformismo" em seu sentido socialista histórico, ou seja, o projeto de transformar a sociedade de maneira gradual, não violenta. No contexto da discussão sobre o

islamismo, usa-se também o termo reformismo, porém para apontar o projeto de reformar o islã tradicional a fim de melhor adaptá-lo à condição contemporânea. Esse reformismo, que começou com Afghani e Abdu, pode conduzir tanto a uma acomodação modernista com a modernidade quanto a um confronto fundamentalista com ela, mas é sempre antitradicionalista. Cf. Albert Hourani, *Arabic thought in the liberal age – 1798-1939*. Cambridge and New York: Cambridge University Press, 1983.

[6] Ruthven, op. cit., p. 315 e Leonard Binder, *Islamic Liberalism: A Critique of Development Ideologies*. Chicago and London: University of Chicago, 1988. p. 195 notam que esta posição é equivalente ao salto de fé do filósofo cristão protoexistencialista, o dinamarquês Søren Kierkegaard.

[7] Cf. Sivan, op. cit., pp. 94-107.

[8] *Ma'alim fi al-tariq*, a obra mais importante de Qutb, ainda não foi traduzida em português: o título original significa "Sinais na estrada" ou "Marcos Miliários". Uma tradução em inglês está na página http://www.youngmuslims.ca/online_library/books/milestones/

[9] Sadat era pessoalmente muito religioso e tolerou novamente a atividade pública deste grupo com o qual ele simpatizara quando jovem. Anwar el-Sadat, *In Search of Identity: An Autobiography*. New York: Fontana/Collins, 1981, pp. 34-35.

[10] Condenado, Abdul Rahman atualmente cumpre prisão perpétua.

[11] Cf. Rudolph Peters, op. cit.

[12] Num caso exemplar, um tribunal egípcio impôs o divórcio obrigatório por blasfêmia ao professor Nasser Hamed Abu Zeid que publicamente expressara dúvidas à verdade literal do Alcorão. O casal obteve asilo na Holanda. Cf. Ziad Hafez, "De nouveaux penseurs". In: *Manière de Voir* 64 (*Le Monde Diplomatique*) julho-agosto 2002, pp. 89-93.

A SEGUNDA ONDA

[1] Ibaditas, caridadas despolitizados, sobrevivem no Omã e em algumas pequenas comunidades mozabitas no Saara argelino.

[2] Ruthven, op. cit.

[3] Henry Munson, Jr., *Islam and Revolution in the Middle East*. New Haven and London: Yale University, 1988, p. 57.

[4] O mesmo princípio foi também introduzido na constituição palestina, com distritos para muçulmanos, cristãos e samaritanos.

[5] Os *bahai* começaram no século XIX como seita dentro do xiismo duodécimo. Em 1844, Sayyid Ali Muhammad se declarou, no Irã, o *bab* anunciador em contato com o imã oculto, e foi executado por heresia. Um dos *babis* seus seguidores, Mirza Hussein Ali (Bahaullah), recebeu em 1852 a revelação de que aquele era o eleito de Deus, integrando uma linhagem inacabada de profetas que inclui Jesus, Krishna, Maomé e outros. A religião que enfatiza a concordância entre a ciência e a religião, a igualdade dos sexos, a educação e a paz tem um teor marcadamente mais liberal do que o islã normativo. Perseguidos na Pérsia, os *bahai* se espalharam no mundo, e contam hoje entre dois e cinco milhões de seguidores.

[6] Maxime Rodinson, *Islam et capitalisme*. Paris: Seuil, 1966.

[7] Munson, op. cit., pp. 118-124.

[8] Os reféns americanos foram libertados em janeiro de 1981, minutos após o juramento de Reagan, num acordo secreto entre o Irã e os republicanos nos EUA.

[9] Taheri, op. cit., pp. 80-83, 239-240. Na prática crianças a partir de catorze anos foram enviadas para se jogar nos campos de minas iraquianos.
[10] Muitos anos depois, Osama bin Laden repetiria que o islã derrotará o Ocidente porque seus crentes preferem a morte à vida.
[11] "A República Islâmica do Irã [...] apoia as justas lutas dos *mustadhafin* contra os *mustakbarin* em cada esquina do globo." Constituição, artigo n. 154. Os *mustakbarin* são os ricos e poderosos opostos ao regime do Imã.
[12] Olivier Roy, Le "post-islamisme"? In: *Revue des mondes musulmans et de la Méditerrannée*, n. 85/86, 1999, pp.11-30.
[13] Taheri, op. cit., pp. 72-76.
[14] No norte do Iraque há ainda uma importante população curda, majoritariamente sunita, de cerca de cinco milhões de pessoas.

A TERCEIRA ONDA ISLAMISTA

[1] Olivier Roy. *L'échec de l'Islam politique*. Paris: Seuil, 1992. em inglês: *The failure of political Islam*. Cambridge: Harvard University Press, 1996. Ele retoma e expande o argumento no *L'islam mondialisé*. Paris: Seuil, 2002. Gilles Kepel, *The Political Sociology of Islamism* (25 de novembro de 1998); *Jihad: Expansion et déclin de l'islamisme*. Paris: Gallimard, 2003. Em inglês: *Jihad: The Trail of Political Islam*. Cambridge: Harvard University Press, 2002. Gilles Kepel, *The Political Sociology of Islamism* (25 de novembro de 1998).
[2] Samuel Huntington, "The Clash of Civilizations?" In: *Foreign Affairs* 72,3 (verão 1993); tradução em português "Choque das civilizações?" In: *Política Externa* 2,4 (março-1994).
[3] Tony Walker in *Financial Times*, 10 de janeiro de 2001. Citado por Bassam Tibi, *Die fundamentalistische Herausforderung*. 2002, p. 258 n. 30.
[4] Cerca de 25 milhões de curdos sunitas, povo de origem controversa e falando um idioma indo-europeu, espalhados entre a Turquia, a Síria, o Iraque e o Irã, constituem a maior etnia destituída de Estado independente. A maior parte (treze milhões) mora na Turquia, onde no processo da turcificação, a língua e cultura curdas foram proibidas. Entre 1984 e 1999, uma guerrilha curda no sudeste da Turquia provocou uma brutal opressão por parte do governo. A revolta do Partido dos Trabalhadores Curdos (PKK), liderada por Abdallah Öcalan, vitimou 37 mil pessoas; ela só terminou com a sua captura, processo e condenação à morte pelo tribunal turco. A pressão europeia resultou numa transmutação da pena para prisão e num abrandamento da discriminação cultural dos curdos.
[5] Emmanuel Sivan, "The Islamic Resurgence: Civil Society Strikes Back". in: Journal of Contemporary History 25 (1990) pp. 353-64.
[6] Os exemplos são abundantes, como o falecido pensador paquistanês Fazlur Rahman (1919-1988), que depois de deixar o Paquistão ensinou na universidade de Chicago, ou o filósofo argelino Mohammed Arkoun, que leciona na Sorbonne de Paris. Fora dos estudos islâmicos, é possível apontar para importantes intelectuais árabes ativos em outros terrenos, que preferiram buscar um asilo no Ocidente, tais como o cientista político sírio Bassam Tibi, que divide seu tempo entre Göttingen e Harvard; o historiador libanês xiita Fouad Ajami, hoje radicado em Nova York; o professor de literatura e fundador dos estudos pós-coloniais Edward Said (1935-2003), palestino que lecionou na Universidade de Columbia (Nova York); além de autores e poetas

como Anton Shammas, Amin Maalouf, Nizar Qabbani etc. exilados ou autoexilados em Paris, Londres ou Los Angeles. Afora algumas exceções que recebem uma certa proteção graças a sua fama internacional – como o filósofo Sadiq al-Azm em Damasco, o teólogo Abdolkarim Soroush em Teerã, ou o cientista político Saad Eddin Ibrahim no Cairo –, é difícil negar o impacto sufocante do clima político-espiritual sobre a intelectualidade médio-oriental contemporânea. Ibrahim, cientista social ativista democrático, tem dupla nacionalidade egípcia e norte-americana. Ele é fundador-diretor do Centro Ibn Khaldun para Estudos do Desenvolvimento, no Cairo. Em 2002, não obstante, foi condenado a sete anos de trabalhos forçados.

[7] Manuel Castells, *The Information Age: The power of identity*. Malden, Mass / Oxford: Blackwell, 1997. vol. II. Em português: *A era da informação: economia, sociedade e cultura: o poder da identidade*. São Paulo: Paz e Terra, 1999.

[8] Dale F. Eickelman, "The Coming Transformation of the Muslinm World". Philadelphia, PA: Foreign Policy Research Institute *WIRE*, volume 7, number 9, August 1999. Publicação na internet: www.comw.org/pda/muslim799.html. Conforme Roy, op. cit. (2002), pp 165 ss.

[9] Um dos operadores deste ataque, Kozo Okamoto, obteve em 2000 asilo político no Líbano.

[10] Na época, o campo "rejeicionista" também integrou a esquerda secularista, que depois se enfraqueceu.

[11] Como a dos Protocolos dos Sábios de Sião, texto que supostamente desmascara uma conspiração judaica mundial – farsa da polícia czarista que foi depois usada pelos nazistas.

[12] Existem vários nomes paralelos da mesma região, situação que reflete seu *status* controvertido. *Canaã*, "país dos canaanitas" se tornou *Eretz Yisrael* ou seja *Terra de Israel* após sua conquista pelos hebreus ou "Filhos de Israel" (sendo Israel o nome dado ao patriarca Jacó, Gen. 32:28). O cisma após Salomão dividiu o reino numa parte setentrional de 10 tribos (subsequentemente desaparecidas) coletivamente conhecidas como *Israel*; a reino meridional das duas outras tribos, centradas em Jerusalém, se chamava *Judeia*; daí *judeus*. O termo Judeia se confundiu depois com o território inteiro, que no século I d.C. se tornou a província romana *Iudaea*. Após a derrota da revolta judaica no século II d.C., os romanos rebatizaram a província rebelde *Palaestina* (após os filistinos, povo que colonizara o litoral no século XII a.C., mas desaparecera depois); no século VII este nome foi adotado pelos árabes como *Filastin* e sobrevive como *Palestina*, nome dado pelos britânicos a seu mandato de 1920 a 1948. Os habitantes do mandato britânico eram todos (independentemente de sua nacionalidade) "palestinos", mas depois da partilha de 1948 o novo Estado judeu retomou o velho nome de Israel (*Medinat Yisrael* ou Estado de Israel) cujos cidadãos são (independentemente de sua nacionalidade) *israelenses*; enquanto o termo *palestinos* foi adotado pelos árabes originários do território do mandato que até hoje buscam seu próprio Estado independente, a ser chamado *Palestina*.

[13] Em 1972, por exemplo, o grupo Setembro Negro sequestrou e matou onze atletas israelenses nos jogos olímpicos em Munique, Alemanha. Quando a OLP começou, no fim da década de 1970, seu processo rumo a uma solução negociada do conflito com os sionistas, palestinos dissidentes "rejeicionistas" intensificaram seus ataques terroristas. Em 1982, o atentado contra o embaixador israelense em Londres providenciou a Israel o pretexto para lançar sua guerra contra a OLP no Líbano. No mesmo período, atentados ocorreram na Bélgica e na França contra sinagogas e centros comerciais. Tais incidentes se multiplicaram durante os anos 80. Em 1985, a Frente de Libertação Árabe de Abu Abbas sequestrou um navio de cruzeiro italiano e matou um passageiro judaico. Em 1986, terroristas palestinos ligados ao grupo de Abu Nidal assassinaram passageiros que iriam para Israel nos aeroportos de Roma e Viena.

[14] Os arabistas Malcolm Kerr e Michel Seurat foram mortos por seus sequestradores.

[15] Como a Frente Moro, Abu Sayyaf mobiliza a minoria muçulmana em Mindanao; operando a partir de algumas ilhas mais isoladas. O grupo se especializou no sequestro de ocidentais: operações de aniquilação pelo exército filipino, com apoio norte-americano, obtiveram apenas um êxito parcial.

[16] Saddam Hussein foi preso por forças norte-americanas em dezembro de 2003.

[17] Hafez, op. cit., p. 89.

[18] Muhammad Sa'id al-Ashmawi, *al-Islam al-Siyasi* (o islã político), Cairo: Sina, 1987. p. 7. Citado em Nazih Ayubi, *Political Islam: Religion and Politics in the Arab World*. London / New York: Routledge, 1991.

O QUE QUEREM OS ISLAMISTAS?

[1] Mohammad Hashim Kamali. "Law and Society: The Interplay of Revelation and Reason in the Shariah". In: John L. Esposito. *The Oxford History of Islam*. Oxford, 1999. pp. 107-153.

[2] O equivalente da *hakimiyyat Allah*, um neologismo que não se encontra nas fontes do islã clássico: Basam Tibi. *Die fundamentalistische Herausforderung: Der Islam und die Weltpolitik*. München: C.H. Beck. 2002 p. 96-102.

[3] Ou seja, como Karl Marx observou na famosa 11ª tese sobre Feuerbach: "Os filósofos só explicaram o mundo de várias maneiras; é preciso, porém, transformá-lo."

[4] Roy. op. cit., pp. 65-66; cf. Mark Juergensmeyer. *Terror in the Mind of God: The Global Rise of Religious Violence*, Berkeley, Los Angeles and London. Updated ed. University of California, 2001.

[5] Em Teerã e Beirute, mas também em outros lugares – Cairo, Istambul, Bagdá, Karachi e inúmeras outras cidades muçulmanas despojadas dos meios para absorver os recém-chegados –, têm-se constituído o equivalente de nossas favelas. Ali há milhões que têm grandes dificuldades em sobreviver economicamente. O interessante é que essas zonas, formalmente urbanizadas, não exibem (ou não no mesmo grau) os sintomas de colapso de normas, alienação e atomização que infestam as favelas na América Latina: alcoolismo, mães solteiras, narcotráfico, violência de gangues etc. Apesar das condições objetivamente trágicas nestes bairros superlotados, sem ruas calçadas, com esgotos abertos, empoeirados, poluídos, sem água, eletricidade, hospitais, escolas ou esperança, mantêm-se e reproduzem-se ali os laços das aldeias originárias. Os pobres das cidades e megalópoles muçulmanas conseguem, em geral, restabelecer no contexto urbano as conexões de ajuda mútua e de solidariedade – mas também de clientelismo tribal e de religiosidade tradicional – que caraterizavam sua existência rural anterior.

[6] Roy (1992), pp. 49, 84-86.

[7] Tibi. op. cit., pp. 93, 103.

[8] O jornalista inglês David Pryce-Jones enfatiza as divisões internas comuns a todas as sociedades árabes: a tendência de proteger ou conquistar posições avaliadas nos termos pré-islâmicos como sendo de honra ou de vergonha determinaria a atuação de todos, movidos por filiações de parentesco e clientelismo: *The Closed Circle: An Interpretation of the Arabs*. London, etc., 1990. Porém, sua análise tem sido criticada por ser exageradamente antiárabe.

[9] Tibi. op. cit., pp. 125-134.

[10] Lapidus. op. cit., p. 725.

[11] Sivan. op. cit., pp. 83-90.

[12] Emprestamos aqui o termo usado por Tibi. op. cit.

[13] Dilip Hiro. *Islamic Fundamentalism*. London, etc.: Paladin Grafton, 1988. p. 121.

[14] P.e. François Burgat. *L'Islamisme en face*. Paris: La Découverte, 2002.

QUAIS OS MOTIVOS PARA O SUCESSO DO FUNDAMENTALISMO NO ISLÃ?

[1] Cf. Jaime Pinsky e Carla Bassanezi Pinsky (orgs.). *História da cidadania*. São Paulo: Contexto, 2003.
[2] Cf. Geoffrey Parker. *The Military Revolution: Military Innovation and the Rise of the West, 1500-1800*. Cambridge: Cambridge University, 1988. William McNeill. *The Pursuit of Power: Technology, Armed Force, and Society Since A.D. 1000*. Chicago: University of Chicago, 1982. David Landes. *The Wealth and Poverty of Nations: Why Some are so Rich and Some so Poor*. New York: W. W. Norton, 1998.
[3] Jared Diamond. *Guns, Germs, and Steel: The Fates of Human Societies*. New York: W. W. Norton, 1998. Em português: *Armas, germes e aço: os destinos das sociedades humanas*. Rio de Janeiro: Record, 2001.
[4] George Modelski e William R. Thompson. *Leading Sectors and World Powers: The Coevolution of Global Economics and Politics*. University of South Carolina, 1996.
[5] Immanuel Wallerstein. *The Modern World System*. 3 vols. New York, etc.: Academic, 1974.
[6] Na verdade, Roy, que diferencia entre "islamismo" e "neofundamentalismo", coloca os Talebã na segunda categoria: Roy (1992), capítulo "Neofundamentalism", pp. 75-88.
[7] Cf. as obras clássicas da escola frankfurtiano, tais como Erich Fromm. *Escape from Freedom*. New York: Holt, 1941. Em português: *Medo à liberdade*. Rio de Janeiro: Zahar, 1968; Theodor W. Adorno. *The Authoritarian Personality*. New York: Norton, 1950.
[8] Bernard Lewis. op. cit., pp. 156-159. Cf. Edward T. Hall. *The Hidden Dimension*. New York: Anchor: 1982, pp. 154-164.
[9] Cf. Maxime Rodinson. op. cit.
[10] Edward W. Said. *Orientalism*. London: Penguin, 1987. Em português: *Orientalismo: O Oriente como invenção do Ocidente*. São Paulo: Companhia das Letras, 1990.
[11] Roy (1992), p. 14.
[12] Ernest Gellner. *Postmodernism, Reason and Religion*. London: Routledge, 1992, pp. 13-16. Em português: *Pós-modernismo, Razão e Religião*. Lisboa: Instituto Piaget, 1992.

CHOQUE DAS CIVILIZAÇÕES OU DIÁLOGO TRANSCULTURAL?

[1] Lewis (2002).
[2] Esta corrente é historicamente associada com orientalistas tais como Hamilton Gibb e Gustave von Grunebaum. É importante frisar, portanto, que nosso esboço é necessariamente grosseiro. Não se trata de um "movimento" coerente e entre os autores associados à escola internalista existem grandes diferenças em grau de seriedade e sofisticação.
[3] Edward Said, *Orientalism*. London: Penguin, 1987. Em português: *Orientalismo: o Oriente como invenção do Ocidente*. São Paulo: Companhia das Letras, 1990.
[4] A escola externalista conta, além dos nomes citados, com autores como François Burgat, Robert Owen e Shireen Hunter. Ela confina com (e parcialmente integra) abordagens neomarxistas, "sistemas mundiais", pós-modernistas, pós-coloniais e antiimperialistas em geral. Mais uma vez, cabe avisar contra o risco de colocar num conjunto demasiadamente simplificador uma grande variedade de tendências e pensadores.
[5] Muitos dos melhores especialistas tais como Ernest Gellner, Olivier Roy, ou Bassam Tibi usam conceitualizações que não permitem encaixá-los em uma das duas tendências.

⁶ Cf. Tibi, op.cit, p. 49. A primeira reação de Edward Said ao 11 de setembro, "There are many Islams" (16 de setembro de 2001) está reproduzido no site http://www.counterpunch.org/saidattacks.html. Para uma outra visão externalista "defensiva" cf. John L. Esposito, *Unholy War: Terror in the Name of Islam*. Oxford University, 2002. Cf. também Tariq Ali, *Clash of Fundamentalisms: Crusades, Jihads, and Modernity*. London: Verso, 2002. Em português: *Confronto de fundamentalismos*. Rio de Janeiro: Record, 2002, e Geoffrey Wheatcroft, "Two years of gibberish". In: *Prospect Magazine* (September 2003) para uma antologia de reações da esquerda ao 11 de setembro.

O ISLÃ É UMA RELIGIÃO DE VIOLÊNCIA?

¹ Deuteronômio 9:23-24.
² "Se alguém matasse uma pessoa inocente, seria como se tivesse matado toda a humanidade e se salvasse a vida de algum, seria como se tivesse salvo a vida de toda a humanidade." 5: 32; "Goze a vida (enquanto puderes) pois saberás" 16:55.
³ Confira, por exemplo, entre muitos outros, o site do European-Islamic Intercultural Dialogue do *Institut für Auslandsbeziehungen* alemão (http://www.ifa.de/islamdialog/eindex.htm), e o diálogo pós-11 de setembro entre intelectuais estadunidenses e sauditas reproduzido no site do *Institute for American Values* (http://www.americanvalues.org)
⁴ "Assim fala o Senhor dos exércitos: Vou pedir contas a Amalec do que ele fez a Israel, opondo-se-lhe no caminho quando saiu do Egito. Vai, pois, fere Amalec e volta ao interdito tudo o que lhe pertence, sem nada poupar: matarás homens e mulheres, crianças e meninos de peito, bois e ovelhas, camelos e jumentos." (I Samuel 15:2-3). Como se lê no mesmo capítulo, o rei Saul perdeu o governo por não ter adequadamente implementado o ditame divino contra esta tribo.
⁵ Lewis (2002), p. 98.
⁶ Samuel Huntington. *The Clash of Civilizations and the Remaking of World Order*. New York: Touchstone, 1997. p. 254. Em português: *O choque de civilizações – e a recomposição da ordem mundial*. Rio de Janeiro: Objetiva, 1997.
⁷ Cf. V.S. Naipaul. *India: A Wounded Civilization*. Harmondsworth, etc., 1977.
⁸ "A maioria dos muçulmanos não são fundamentalistas, e a maioria dos fundamentalistas não são terroristas, mas a maioria dos terroristas atuais são muçulmanos e se identificam com orgulho como tais". Em Bernard Lewis. *The crisis of Islam: Holy war and unholy terror*. New York: Modern Library, 2003. p. 137.

O ISLÃ CONSTITUI UMA AMEAÇA À CIVILIZAÇÃO OCIDENTAL?

¹ O empenho para conhecer o outro era menos observado do lado muçulmano frente à civilização ocidental do que o contrário, mas nem por isso ausente: Maxime Rodinson. *La fascination de l'Islam: Étapes du regard occidental sur le monde musulman*. Nijmegen: Association néerlandaise pour l'étude du Moyen-Orient et de l'islam, 1978. Em particular pp. 60-64. Cf. também Bernard Lewis. *The Muslim discovery of Europe*. London: Phoenix, 1982.

A REAÇÃO OCIDENTAL: PRECONDIÇÕES PARA O DIÁLOGO COM O ISLÃ

[1] Tibi. op. cit., passim.
[2] Lewis (2002), pp. 155-159.
[3] Cf. Burghat. op. cit.
[4] Cf. Oriana Fallaci. *La rabbia e l'orgoglio*. Milano, Rizzoli, 2001.

OS CINCO DILEMAS DO ISLÃ FUTURO

[1] Anthony Giddens. *The consequences of modernity*, Cambridge, 1990. (Em português: *As consequências da modernidade*, São Paulo, Unesp, 1991) do em Ruthven, p. 388.
[2] Ruthven cita o absurdo de um artigo de 1982 do presidente da Universidade de Medina, o xeique e *mufti* supremo Abdul-Aziz ibn Baz, "comprovando" que o Sol gira em torno da Terra e ameaçando de perseguição muçulmanos que ousassem discordar: op. cit., p. 389.
[3] Tibi. op. cit., pp. 46-71.
[4] Bernard Lewis. *The Crisis of Islam: Holy War and Unholy Terror*. New York: The Modern Library, 2003. p. 112.
[5] Cf. John L. Esposito and John O. Voll, *Islam and democracy*. Oxford University Press, 1996.
[6] Cf. Roy, *L'islam mondialisé. passim*.

BIBLIOGRAFIA

EM PORTUGUÊS

ALI, Tariq. *Confronto de fundamentalismos*. Rio de Janeiro: Record, 2002.
ARMSTRONG, Karen. *Uma história de Deus*. São Paulo: Companhia das Letras, 1998.
ARMSTRONG, Karen. *Em nome de Deus: o fundamentalismo no judaísmo, no cristianismo e no islamismo*. São Paulo: Companhia das Letras, 2001.
ARMSTRONG, Karen. *Maomé: uma biografia do profeta*. São Paulo: Companhia das Letras, 2002.
ARMSTRONG, Karen. *O islã*. Rio de Janeiro: Objetiva, 2001.
GIORDANI, Mário Curtis. *História do mundo árabe medieval*. Petrópolis: Vozes, 1997. 4ª ed.
GELLNER, Ernest. *Pós-modernismo, razão e religião*. Lisboa: Instituto Piaget, 1992.
HAYEK, Samir El. (trad.). *Alcorão Sagrado*. São Paulo: Tangará, 1975.
HOURANI, Albert. *Uma história dos povos árabes*. São Paulo: Companhia das Letras, 1994.
HUNTINGTON, Samuel. *O choque de civilizações – e a recomposição da Ordem Mundial*. Rio de Janeiro: Objetiva, 1997.
LEWIS, Bernard. *Os árabes na história*. Lisboa: Estampa/Imprensa Universitária, 1990.
LEWIS, Bernard. *O Oriente médio do advento do cristianismo aos dias de hoje*. Rio de Janeiro: Jorge Zahar, 1996.
LEWIS, Bernard. *O que deu errado no Oriente Médio?* Rio de Janeiro: Jorge Zahar, 2002.
LEWIS, Bernard. *Os assassinos: os primórdios do terrorismo no islã*. Rio de Janeiro: Jorge Zahar, 2003.
MAALOUF, Amin. *As cruzadas vistas pelos árabes*. São Paulo: Brasiliense, 1994.
MANTRAN, Robert. *Expansão muçulmana: Séculos VII-XI*. São Paulo: Pioneira, 1977.
MERNISSI, Fatima. *Sonhos de transgressão: minha vida num harém*. São Paulo: Companhia das Letras, 1996.
NABHAN, Neuza Neif. *Islamismo de Maomé a nossos dias*. São Paulo: Ática, 1996.
NAIPAUL, V.S. *Entre os fiéis: Irã, Paquistão, Malásia, Indonésia*. São Paulo: Companhia das Letras, 2001.
NAIPAUL, V.S. *Além da fé: Indonésia, Irã, Paquistão, Malásia*. São Paulo: Companhia das Letras, 1999.
OLIVEIRA, Paulo Eduardo. *A mulher muçulmana segundo o Alcorão*. Rio de Janeiro: Palavra & Imagem, 2001.

QUTB, Sayyid. *As normas no caminho do islã*. S.L Federação Internacional Islâmica das Organizações Estudantis, s.d.

RAHMAN, Fazlur. *O islamismo*. Lisboa: Arcádia, 1970.

RASHID, Ahmed. *Jihad*. São Paulo: Cosac & Naify, 2003.

SAADAWI, Nawal El. *A face oculta de Eva*. São Paulo: Global, 2002.

SAID, Edward. *Orientalismo: O Oriente como invenção do Ocidente*. São Paulo: Companhia das Letras, 1990.

SAID, Edward W. *Cultura e imperialismo*. São Paulo: Companhia das Letras, 1995.

WILLIAMS, John Alden. *Islamismo*. Rio de Janeiro: Zahar, 1964.

GERAL

AHMED, Akbar S. *Discovering Islam: Making Sense of Muslim History and Society*. Routledge, 2002 revised ed.

ARMSTRONG, Karen. *Islam: A Short History*. Random, 2000. Em português: *O islã*. Rio de Janeiro: Objetiva, 2001.

ESPOSITO, John L. *Islam: The Straight Path*. New York: Oxford University, 1998. 3ª ed.

GELLNER, Ernest. *Muslim Society*. Cambridge: Cambridge University, 1981.

GILSENAN, Michael. *Recognising Islam: An Anthropologist's Introduction*. London: Croom Helm, 1982.

NASR, Seyyed Hossein. *Islam: Religion, History, and Civilization*. San Francisco: Harper San Francisco, 2002.

NEWBY, Gordon D. *A Concise Encyclopedia of Islam*. Oxford: Oneworld, 2002.

RAHMAN, Fazlur. *Islam*. Chicago, 1979. Em português: *O Islamismo*. Lisboa: Arcádia, 1970.

REJWAN, Nissim (Ed.). *The Many Faces of Islam: Perspectives on a Resurgent Civilization*. Gainesville: University of Florida, 2000.

RUTHVEN, Malise. *Islam in the World*. London, etc.: Penguin, 2000 (new ed.)

SCHIMMEL, Annemarie. *Islam: An Introduction*. Albany, NY: State University of New York, 1992.

SCHUON, Frithjof. *Understanding Islam*. London: George Allen & Unwin, 1963.

WILLIAMS, John Alden. *Islamismo*. Rio de Janeiro: Zahar, 1964.

MAOMÉ

ARMSTRONG, Karen. *Muhammad: A Biography of the Prophet*. San Francisco: Harper San Francisco, 1993. Em português: *Maomé: uma biografia do profeta*. São Paulo: Companhia das Letras, 2002.

RODINSON, Maxime. *Mahomet*. Paris: Club François du Livre, 1961. Em inglês: *Mohammed*. London: Penguin Books, 1971.

WATT, William Montgomery. *Muhammad: Prophet and Statesman*. London: Oxford University, 1961.

ALCORÃO

HAYEK, Samir El (trad.). *Alcorão Sagrado*. São Paulo: Tangará, 1975.
JANSEN, Johannes J.G. *The Interpretation of the Koran in Modern Egypt*. Leiden: E.J. Brill, 1974.
WATT, William Montgomery. *Companion to the Quran*. Oxford: Oneworld, 1994.
WATT, William Montgomery; BELL, Richard. *Introduction to the Quran*. Edinburgh: Edinburgh University, 1970.
WILD, Stefan (Ed.). *The Quran as Text: Islamic Philosophy, Theology and Science*. Leiden: E.J. Brill, 1997.

XIISMO

ARJOMAND, Said Amir. *The Shadow of God and the Hidden Imam*. Chicago: University of Chicago Press, 1984.
ARJOMAND, Said Amir (Ed.). *Authority and Political Culture in Shi'ism*. Albany: State University of New York, 1988.
COLE, Juan R.I.; KEDDIE, Nikki R. *Shi'ism and Social Protest*. New Haven: Yale University Press, 1986.
KHUMAYNÎ, Ayatu'llah Seyyid Ruhu'llâh. *Islam and Revolution: Writings and Declarations of Imam Khomeini*. Berkeley: Mizan, 1981. (Hamid Algar, trad. e ed.).
KRAMER, Martin S. (Ed.). *Shi'ism, Resistance and Revolution*. Boulder, CO: Westview, 1987.
MOMEN, Moojan. *An Introduction to Shi'i Islam: The History and Doctrines of Twelver Shi'ism*. New Haven: Yale University, 1985.
SACHEDINA, Abdulaziz A. *Islamic Messianism: The Idea of the Mahdi in Twelver Shi'ism*. Albany: State University of New York, 1981.

SUFISMO

Muhyi al-Din Ibn al-Arabi, Jalad al-Din Rumi e outros clássicos estão disponíveis em tradução inglesa.
MASSIGNON, Louis. (Herbert Mason, trad.). *The Passion of al-Hallaj, Mystic and Martyr of Islam*, 4 vols. Princeton: Princeton University, 1982.
SCHIMMEL, Annemarie. *Mystical Dimensions of Islam*. Chapel Hill: University of North Carolina, 1975.
SEDGWICK, Mark J. *Sufism: The Essentials*. Cairo: American University in Cairo, 2001.

TEOLOGIA E FILOSOFIA

ABOU EL FADL, Khaled et al. *The Place of Tolerance in Islam*. Boston, MA: Beacon, 2002.
ARBERRY, Arthur J. *Revelation and Reason in Islam*. London: George Allen & Unwin, 1977.

COOK, Michael. *Commanding Right and Forbidding Wrong in Islamic Thought*. Cambridge: Cambridge University, 2000.

FAKHRY, Majid. *A Short Introduction to Islamic Philosophy, Theology and Mysticism*. Oxford: Oneworld, 1997.

IBN KHALDÛN (Franz Rosenthal, trad.). *The Muqaddimah: An Introduction to History*, 3 vols. Princeton: Princeton University, 1969.

NETTON, Ian Richard. *Muslim Neoplatonists: An Introduction to the Thought of the Brethren of Purity*. Richmond: Curzon, 2003.

DIREITO E POLÍTICA

BLACK, Antony. *The History of Islamic Political Thought: From the Prophet to the Present*. New York: Routledge, 2001.

BROWN, L. Carl. *Religion and State: The Muslim Approach to Politics*. Columbia University, 2000.

COULSON, Noel. *History of Islamic Law*. Edinburgh: Edinburgh University, 1964.

EICKELMAN, Dale F.; PISCATORI, James. *Muslim Politics*. Princeton: Princeton University, 1996.

ESPOSITO, John L. *Islam and Politics*. Syracuse: Syracuse University, 1984.

GERBER, Haim. *State, Society and Law in Islam: Ottoman Law in Comparative Perspective*. Albany: State University of New York, 1994.

HALLAQ, Wael B. *Authority, Continuity and Change in Islamic Law*. Cambridge: Cambridge University, 2001.

KELSAY, John. *Islam and War: The Gulf War and Beyond – A Study in Comparative Ethics*. Louisville: Westminster John Knox, 1993.

KELSAY, John; JOHNSON, James Turner (Eds.). *Just War and Jihad: Historical and Theoretical Perspectives on War and Peace in Western and Islamic Traditions*. Westport: Greenwood, 1991.

KHADDURI, Majid. *War and Peace in the Law of Islam*. Baltimore: Johns Hopkins University, 1955.

LAWRENCE, Bruce B. *Shattering the Myth: Islam Beyond Violence*. Princeton: Princeton University, 1998.

MALLAT, Chibli. *The Renewal of Islamic Law*. Cambridge: Cambridge University, 2003.

MAYER, Ann Elizabeth. *Islam and Human Rights: Tradition and Politics*. Boulder: Westview, 1999. 3ª ed.

PETERS, Rudolph. *Islam and Colonialism: The Doctrine of Jihad in Modern History*. Berlin: Mouton de Gruyter, 1984.

PETERS, Rudolph. *Jihad in Classical and Modern Islam: A Reader*. Princeton: Markus Wiener, 1996.

PIPES, Daniel. *In the path of God: Islam and political power*. New York: Basic Books, 1983.

SCHACHT, Joseph. *Introduction to Islamic Law*. Oxford: Oxford University, 1964. Reprint: Oxford: Clarendon, 1984.

ZUBAIDA, Sami. *Law and Power in the Islamic World*. London; I.B. Tauris, 2003.

ARTES E LITERATURA

BLOOM, Jonathan; BLAIR, Sheila. *Islamic Arts*. London: Phaidon, 1997.

BURCKHARDT, Titus. *The Art of Islam: Language and Meaning*. London: World of Islam Festival Publ. Co., 1976.

KRITZECK, James (Ed.). *Anthology of Islamic Literature: From the Rise of Islam to Modern Times*. New York: Holt, Rinehart and Winston, 1964.

KRITZECK, James (Ed.). *Modern Islamic Literature from 1800 to the Present*. New York: Holt, Rinehart and Winston, 1970.

MICHELL, George (Ed.). *Architecture of the Islamic World: Its History and Social Meaning*. New York: Thames & Hudson, 1995.

RICE, David Talbot. *Islamic Art*. London: Thames & Hudson, revised ed., 1999.

CIÊNCIA

NASR, Seyyed Hossein. *The Need for a Sacred Science*. Albany: State University of New York, 1993.

HOODBHOY, Perez. *Islam and Science: Religious Orthodoxy and the Battle for Rationality*. London: Zed, 1991.

SARDAR, Ziauddin. *Explorations in Islamic Science*. London: Mansell, 1989.

SARDAR, Ziauddin. *The Future of Muslim Civilization*. London: Mansell, 1987. 2ª ed.

HISTÓRIA

Geral

ESPOSITO, John L. (Ed.), *The Oxford History of Islam*. Oxford University, 2000

CAHEN, Claude. *Der Islam I: Vom Ursprung bis zu den Anfangen des Osmanenreiches*. Fischer Weltgeschichte Band 14. Frankfurt am Main: Fischer Taschenbuch Verlag, 1968.

CHAUDHURI, K. N. *Asia before Europe: Economy and Civilisation of the Indian Ocean from the Rise of Islam to 1750*. Cambridge: Cambridge University, 1990.

GIORDANI, Mário Curtis. *História do mundo árabe medieval*. Petrópolis: Vozes, 1997. 4ª ed.

GRÜNEBAUM, Gustave Edmund von (Hrsg.), *Der Islam II: Die Islamischen Reiche nach dem Fall Konstantinopel*. Fischer Welgeschichte Band 15. Frankfurt am Main: Fischer Taschenbuch Verlag, 1980 1971, 1ª. em espanhol: *El Islam II. Desde la caída de Constantinopla hasta nuestros dias*. Compilado por —. Historia Universal. Siglo Veintiuno. Volumen 15. Mexico, 1975 (1992)

HODGSON, Marshall. *The Venture of Islam*. 3 vols. Chicago and London: University of Chicago, 1974.

HOLT, P. M. et al. (Eds.). *Cambridge History of Islam*, 2 Vols. Cambridge: Cambridge University, 1970.

KEDDIE, Nikki R. (Ed.). *Scholars, Saints and Sufis: Muslim Religious Institutions in the Middle East since 1500*. Berkeley: University of California, 1972.

KENNEDY, Hugh (Ed.). *An Historical Atlas of Islam*. Leiden: Brill, 2002.

LAPIDUS, Ira. *A History of Islamic Societies*. Cambridge: Cambridge University Press, 1995.

LEWIS, Bernard. *The Middle East: 2000 Years of History from the Rise of Christianity to the Present Day*. London: Phoenix, 1995. Em português: *O Oriente médio do advento do cristianismo aos dias de hoje*. Rio de Janeiro: Jorge Zahar, 1996.

ROBINSON, Francis (Ed.). *The Cambridge Illustrated History of the Islamic World*. Cambridge: Cambridge University, 1999.

ROBINSON, Francis. *Atlas of the Islamic World since 1500*. New York: Facts on File, 1982.

SMITH, Wilfred Cantwell. *Islam in Modern History*. Princeton: Princeton University, 1957.

WATT, William Montgomery. *Islam: Short History*. Oneworld Publications, 2000.

Período clássico muçulmano

MANTRAN, Robert. *L'expansion musulmane VIIe-XIe siècle*. Paris: Presses Universitaires de France/ Nouvelle Clio, 1969. Em português: *Expansão muçulmana Séculos VII-XI*. São Paulo: Pioneira, 1977.

VON GRUNEBAUM, Gustave Edmund Katherine Watson. (trad.). *Classical Islam: A History, 600-1258*. London: George Allen & Unwin, 1970.

Idade média muçulmana

CRONE, Patricia. *Slaves on Horses: The Evolution of the Islamic Polity*. Cambridge: Cambridge University, 1980.

GABRIELI, Francesco. *Arab Historians of the Crusades*. Berkeley: University of California, 1969.

LEWIS, Bernard. *The Assassins: A Radical Sect in Islam*. London: Weidenfeld and Nicolson, 1967. Em português: *Os assassinos: os primórdios do terrorismo no islã*. Rio de Janeiro: Jorge Zahar, 2003.

MAALOUF, Amin. *Les croisades vues par les arabes*. Paris: J'ai lu, 1989. Em português: *As cruzadas vistas pelos árabes*. São Paulo: Brasiliense, 1994.

PIPES, Daniel. *Slave Soldiers and Islam: The Genesis of a Military System*. New Haven: Yale University, 1981.

SAUNDERS, J.J. *A History of Medieval Islam*. New York: Routledge, 1990.

Império otomano

INALCIK, Halil et al. *An Economic and Social History of the Ottoman Empire, 1300-1914*, 2 vols. Cambridge: Cambridge University, 1994.

ITZKOWITZ, Norman. *Ottoman Empire and Islamic Tradition*. Chicago: University of Chicago, 1972.

KARSH, Efraim. *Empires of the Sand: The Struggle for Mastery in the Middle East, 1789-1923*. Harvard University, 2001.

KINROSS, Lord. *Ottoman Centuries*. William Morrow, 1988.

QUATAERT, Donald. *The Ottoman Empire, 1700-1922*. Cambridge: Cambridge University, 2000.

SHAW, Stanford Jay. *History of Ottoman Empire and modern Turkey. vol. I: Empire of the Gazis – The Rise and Decline of the Ottoman Empire, 1280-1808. Vol II: Reform, Revolution, and Republic: The Rise of Modern Turkey 1808-1975*. Cambridge: Cambridge University, 1977.

O "OUTRO" NO ISLÃ

Minorias

BAT YE'OR. *Islam and Dhimmitude: Where Civilizations Collide*. Fairleigh Dickinson University, 2001.

COURBAGE, Youssef; FARGUES, Phillippe. *Christians and Jews Under Islam*. London: I.B. Tauris, 1997.

LEWIS, Bernard. *The Jews of Islam*. Princeton: Princeton University, 1987.

Escravos e racismo

LEWIS Bernard. *Race and Slavery in the Middle East: An Historical Inquiry*. Oxford: Oxford University Press, 1990.

SEGAL Ronald, *Islam's Black Slaves: The Other Black Diaspora*. New York: Hill & Wang, 2002.

Mulheres

ABU-LUGHOD, Lila (Ed.). *Remaking Women: Feminism and Modernity in the Middle East*. Princeton: Princeton University, 1998.

AHMED, Leila. *Women and Gender in Islam: Historical Roots of a Modern Debate*. New Haven: Yale University, 1993.

BADRAN, Margot. *Feminists, Islam, and Nation: Gender and the Making of Modern Egypt*. Princeton: Princeton University, 1994.

BECK, Lois Grant; KEDDIE, Nikki (Eds.). *Women in the Muslim World*. Cambridge, MA: Harvard University, 1978.

BROOKS, Geraldine. *Nine Parts of Desire: The Hidden World of Islamic Women*. New York: Anchor, 1996.

KEDDIE, Nikki R.; BARON, Beth (Eds.). *Women in Middle Eastern History: Shifting Boundaries in Sex and Gender*. New Haven: Yale University, 1991.

MERNISSI, Fatima. *Beyond the Veil: Male-Female Dynamics in Modern Muslim Society*. Bloomington: Indiana University, revised ed., 1987.

NASHAT, Guity; TUCKER, Judith E. *Women in the Middle East and North Africa: Restoring Women to History*. Bloomington: Indiana University, 1999.

OLIVEIRA, Paulo Eduardo. *A mulher muçulmana segundo o Alcorão*. Rio de Janeiro: Palavra & Imagem, 2001.

RODED, Ruth (Ed.). *Women in Islam and the Middle East: A reader*. London & New York: I.B. Tauris, 1999.

SAADAWI, Nawal El. *The Hidden Face of Eve: Women in the Arab World*. Boston: Beacon, 1980. Em português: *A face oculta de Eva*. São Paulo: Global, 2002.

O ISLÃ CONTEMPORÂNEO

AL-AZMEH, Aziz. *Islams and Modernities*. London: Verso, 1997 (2ª ed.).

COOPER, John; NETTLER, Ronald L.; MAHMOUD, Mohamed (Eds.). *Islam and Modernity: Muslim Intellectuals Respond*. London: Tauris, 1998.

ESPOSITO, John L.; BURGAT, François (Eds.). *Modernizing Islam: Religion in the Public Sphere in Europe and the Middle East*. New Brunswick, NJ: Rutgers University, 2003.

ESPOSITO, John L.; VOLL, John O. *Islam and Democracy*. Oxford University, 1996.

NAIPAUL, V. S. *Among the Believers: An Islamic Journey*. New York: Alfred A. Knopf, 1981. Título em português: *Entre os fiéis: Irã, Paquistão, Malásia, Indonésia*. São Paulo: Companhia das Letras, 2001.

NAIPAUL, V. S. *Beyond Belief: Islamic Excursions Among the Converted Peoples*. Vintage, 1999. Em português: *Além da fé: Indonésia, Irã, Paquistão, Malásia*. São Paulo: Companhia das Letras, 1999.

RAHMAN, Fazlur. *Islam and Modernity: Transformation of an Intellectual Tradition*. Chicago: University of Chicago, 1984.

RODINSON, Maxime. *Islam et capitalisme*. Paris: Seuil, 1966. Em inglês: *Islam and Capitalism*. Austin: University of Texas, 1978.

TIBI, Bassam. *Islam and the Cultural Accommodation of Social Change*. Boulder: Westview, 1990.

VIORST, Milton. *In the Shadow of the Prophet: The Struggle for the Soul of Islam*. New York: Anchor, 1998.

VOLL, John O. *Islam: Continuity and Change in the Modern World*. Boulder: Westview, 1982; New York: Syracuse University, 1994.

ZUBAIDA, Sami. *Islam, the People and the State: Essays on Political Ideas and Movements in the Middle East*. London: I.B. Tauris, 1993.

Reformismo

HOURANI, Albert. *Arabic Thought in the Liberal Age, 1798-1939*. Cambridge: Cambridge University, 1993.

KEDDIE, Nikki R. *Sayyid Jamâl ad-Dîn "al-Afghânî": A Political Biography*. Berkeley: University of California, 1972.

KEDOURIE, Elie. *Afghani and 'Abduh: An Essay on Religious Unbelief and Political Activism in Modern Islam*. London: Frank Cass, 1966.

KERR, Malcolm. *Islamic Reform: The Political and Legal Theories of Muhammad 'Abduh and Rashîd Ridâ*. Berkeley: University of California, 1966.

LANDAU, Jacob M. *The Politics of Pan-Islam: Ideology and Organization*. Oxford: Clarendon, 1992.

Fundamentalismo muçulmano, islamismo, integrismo, islã político

ARMSTRONG, Karen. *The Battle for God*. New York: Ballantine, 2000. Em português: *Em nome de Deus: o fundamentalismo no judaísmo, no cristianismo e no islamismo*. São Paulo: Companhia das Letras, 2001.

AYUBI Nazih N. *Political Islam: Religion and Politics in the Arab World*. London and New York: Routledge, 1991.

BEININ Joel; STORK, Joe (Eds.). *Political Islam: Essays from Middle East Report*. Berkeley and Los Angeles: University of California, 1997.

BURGAT, François. *L'Islamisme en face*. La Découverte, 1994, 1st. 2002, nouvelle éd.

DAVIDSON, Laurence. *Islamic Fundamentalism*. Greenwood, 1998.

DEKMEJIAN, R. Hrair. *Islam in Revolution: Fundamentalism in the Arab World*. Syracuse: Syracuse University, 1995 2nd ed.

ESPOSITO, John L. (Ed.). *Voices of Resurgent Islam*. New York: Oxford University, 1983.

ESPOSITO, John L. *Unholy War: Terror in the Name of Islam*. New York: Oxford University, 2002.

ESPOSITO, John L. (Ed.). *Political Islam: Revolution, Radicalism or Reform?* Boulder: Lynne Rienner, 1997.

FULLER, Graham. *The Future of Political Islam*. New York: Palgrave Macmillan, 2003.

GELLNER, Ernest. *Postmodernism, Reason and Religion*. London: Routledge, 1992. Em português: *Pós-modernismo, razão e religião*. Lisboa: Instituto Piaget, 1992.

HIRO, Dilip. *Holy Wars: The Rise of Islamic Fundamentalism*. New York: Routledge, 1989.

HIRO, Dilip. *Islamic fundamentalism*. London: Paladin, 1988.

HIRO, Dilip. *War Without End: The Rise of Islamist Terrorism and the Global Response*. New York: Routledge, 2002.

HUNTER, Shireen T. (Ed.). *The Politics of Islamic Revivalism: Diversity and Unity*. Bloomington and Indianapolis: Indiana University, 1988.

KARAWAN, Ibrahim A. *The Islamist Impasse*. Oxford: Oxford University, 1998.

KEPEL, Gilles. *Jihad: Expansion et déclin de l'islamisme*. Paris: Gallimard, 2003. Em inglês: *Jihad: The Trail of Political Islam*. Cambridge, MA: Harvard University, 2002.

LAWRENCE, Bruce B. *Shattering the Myth: Islam Beyond Violence*. Princeton: Princeton University, 1998.

MARTY, Martin E.; APPLEBY, R. Scott (Eds.). "The Fundamentalism Project", i.a. vol. I, *Fundamentalisms Observed*. Chicago: University of Chicago, 1991.

MORTIMER, Edward. *Faith and Power: The Politics of Islam*. London: Faber and Faber, 1982.

MUNSON, Henry, Jr. *Islam and Revolution in the Middle East*. New Haven and London: Yale University, 1989.

RAHMAN, Fazlur. *Revival and Reform in Islam: A Study of Islamic Fundamentalism*. Oxford, England: Oneworld, 1999. Ebrahim Moosa, ed.

ROY, Olivier. *L'échec de l'Islam politique*. Paris: Seuil, 1992. Em inglês: *The Failure of Political Islam*. Cambridge, MA: Harvard University, 1996.

RUBIN, Barry (Ed.). *Revolutionaries and Reformers: Contemporary Islamist Movements in the Middle East*. Albany: State University of New York, 2003.

RUTHVEN, Malise. *A Fury for God: The Islamist Attack on America*. London: Granta Books, 2002.

QUTB, Sayyid. *Milestones*. Delhi, 1988.

SHEPARD, William. *Sayyid Qutb and Islamic Activism*. Leiden: E.J. Brill, 1996.

SIDAHMED, Abdel Salam; EHTESHAMI, Anoushiravan (Eds.). *Islamic Fundamentalism*. Boulder: Westview, 1996.

SIVAN, Emmanuel. *Radical Islam: Medieval Theology and Modern Politics*. Yale University 1985.

TIBI, Bassam. *The Challenge of Fundamentalism: Political Islam and the New World Disorder*. Berkeley: University of California, 1998. updated ed., 2002.

Liberalismo

AN-NA'IM, Abdullahi Ahmed. *Toward an Islamic Reformation: Civil Liberties, Human Rights, and International Law*. Syracuse, NY: Syracuse University, 1996.

ARKOUN, Mohammed. *Pour une critique de la raison islamique*. Paris: Maisonneuve & Larose, 1984.

ARKOUN, Mohammed. *Rethinking Islam: Common Questions, Uncommon Answers*. Boulder: Westview, 1994.

ARKOUN, Mohammed. *The Unthought in Contemporary Islamic Thought*. London: Saqi/The Institute of Ismaili Studies, 2002.

BINDER, Leonard. *Islamic Liberalism: A Critique of Development Ideologies*. Chicago: University of Chicago, 1988.

KURZMAN, Charles (Ed.). *Liberal Islam: A Sourcebook*. Oxford: Oxford University, 1998.

SOROUSH, Abdolkarim, *Reason, Freedom, and Democracy in Islam: Essential Writings of Abdolkarim Soroush.*, Mahmoud Sadri and Ahmad Sadri, trad. e eds. Oxford: Oxford University, 2002.

PAÍSES E REGIÕES

Oriente Médio moderno

OWEN, Roger. *The Middle East in the World Economy, 1800-1914*. London: I.B. Tauris, 1993.

Mundo árabe

HITTI, Philip K. *History of the Arabs: From Earliest Times to the Present*. London: Macmillan, 2002.

HOURANI, Albert H. *A History of the Arab Peoples*. London: Faber and Faber, 1991. Em português: *Uma história dos povos árabes*. São Paulo: Companhia das Letras, 1994.

LEWIS, Bernard, *Arabs in History*. New York: Harper and Row, 1967. Em português: *Os árabes na história*. Lisboa: Estampa/Imprensa Universitária, 1990.

Arabismo

AJAMI, Fouad. *The Arab Predicament: Arab Political Thought and Practice since 1967*. Cambridge: Cambridge University, 1992.

BRYNEN, Rex; KORANY, Bahgat; NOBLE, Paul (Eds.). *Political Liberalization and Democratization in the Arab World*, 2 vols. Boulder, CO: Lynne Rienner, 1995-1998.

KEDOURIE, Elie. *Democracy and Arab Culture*. London: Frank Cass., 1994 (2ª ed.).

LAROUI, Abdallah. *Idéologie arabe contemporaine: Essai critique*. Paris: François Maspéro, 1967. Em inglês: *The Crisis of the Arab Intellectual*. Berkeley: University of California, 1977.

TIBI, Bassam. *Arab Nationalism: Between Islam and the Nation-State*. New York: Palgrave Macmillan, 1997 (3ª ed.).

Golfo

FREEDMAN, Lawrence; KARSH, Efraim. *The Gulf Conflict, 1990-1991: Diplomacy and War in the New World Order*. Princeton: Princeton University, 1993.

KHADDURI, Majid; GHAREEB, Edmund. *War in the Gulf, 1990-91: The Iraq-Kuweit Conflict and Its Implications*. Oxford: Oxford University, 2001.

Al-Qaeda

BERGEN, Peter. *Holy War, Inc.: Inside the Secret World of Osama bin Laden*. Touchstone, 2002.

GUNARATNA, Rohan. *Inside Al Qaeda*. Columbia University, 2002.

Palestina

ABU-AMR, Ziyad. *Islamic Fundamentalism in the West Bank and Gaza: Muslim Brotherhood and Islamic Jihad*. Bloomington: Indiana University, 1994.

MISHAL, Shaul; SELA, Avraham. *The Palestinian Hamas: Vision, Violence, and Coexistence*. New York: Columbia University, 2000.

SAYIGH, Yezid. *Armed Struggle and the Search for State: The Palestinian National Movement, 1949-1993*. Oxford: Oxford University, 1999.

TESSLER, Mark. *A History of the Israeli-Palestinian Conflict*. Bloomington: Indiana University, 1994.

Líbano

FISK, Robert. *Pity the Nation: Lebanon at War*. Oxford University, 2001.

JABER, Hala. *Hezbollah: Born with a Vengeance*. New York: Columbia University, 1997.

NORTON, Augustus Richard. *Amal and the Shi'a: Struggle for the Soul of Lebanon*. Austin: University of Texas, 1987.

O'BALLANCE, Edgar. *Civil War in Lebanon, 1975-92*. New York: Palgrave Macmillan, 1999.

SAAD-GHORAYEB, Amal. *Hizbu'llah: Politics and Religion*. London: Pluto, 2002.

SALIBI, Kamal. *A House of Many Mansions: The History of Lebanon Reconsidered*. Berkeley: University of California, 1988.

Iraque

FAROUK-SLUGLETT, Marion; SLUGLETT, Peter. *Iraq Since 1958: From Revolution to Dictatorship*. New York: Palgrave, 2001.

MAKIYA, Kanan. *Republic of Fear: The Politics of Modern Iraq*. Berkeley: University of California, 1998.

NAKASH, Yitzhak. *The Shi'is of Iraq*. Princeton: Princeton University, 2003.

TRIPP, Charles. *A History of Iraq*. Cambridge: Cambridge University, 2002 (2ª ed.).

Arábia Saudita

KOSTINER, Joseph. *The Making of Saudi Arabia, 1916-1936: From Chieftaincy to Monarchical State*. New York: Oxford University, 1993.

NIBLOCK, Tim. *Saudi Arabia*. New York: Routledge, 2003.

Egito

BEININ, Joel; LOCKMAN, Zachary. *Workers on the Nile: Nationalism, Communism, Islam, and the Egyptian Working Class, 1882-1954*. Princeton: Princeton University, 1987.

JANSEN, Johannes J.G. *The Neglected Duty: The Creed of Sadat's Assassins and Islamic Resurgence in the Middle East*. New York: Macmillan, 1996.

KEPEL, Gilles. *Le profète et Pharaon: Aux sources des mouvements islamistes*. Paris: Seuil, 1993 nouvelle éd. – Em inglês: *Muslim Extremism in Egypt: The Prophet and Pharaoh*. Berkeley: University of California, 1993.

MARSOT, Afaf Lutfi al-Sayyid. *A Short History of Modern Egypt*. Cambridge: Cambridge University, 1985.

Argélia

BURGAT, François; DOWELL, William. *The Islamic Movement in North Africa*. Austin: Center for Middle Eastern Studies, University of Texas, 1997.

LAREMONT, Ricardo Rene. *Islam and the Politics of Resistance in Algeria, 1783-1992*. Lawrenceville, NJ: Africa World, 1999.

MARTINEZ, Luis. *The Algerian Civil War, 1990-1998*. New York: Columbia University, 2000.

ROBERTS, Hugh. *The Battlefield: Algeria, 1988-2002 Studies in a Broken Polity*. London: Verso, 2003.

VOLPI, Frederic. *Islam and Democracy: The Failure of Dialogue in Algeria, 1988-2001*. London: Pluto, 2003.

Irã

AKHAVI, Shahrough. *Religion and Politics in Contemporary Iran: Clergy-State Relations in the Pahlavi Period*. Albany: State University of New York, 1980.

ARJOMAND, Said Amir. *The Turban for the Crown: The Islamic Revolution in Iran*. Oxford: Oxford University, 1988.

BAKHASH, Shaul. *The Reign of the Ayatollahs: Iran and the Islamic Revolution*. New York: Basic, 1990.

HOOGLUND, Eric (Ed.). *Twenty Years of Islamic Revolution: Political and Social Transition in Iran since 1979*. Syracuse, NY: Syracuse University, 2002.

KEDDIE, Nikki R. *Iran: Religion, Politics and Society*. London: Frank Cass, 1980.

MACKEY, Sandra. *The Iranians: Persia, Islam and the Soul of a Nation*. New York: Plume/Penguin, 1998.

MOTTAHEDEH, Roy. *The Mantle of the Prophet: Religion and Politics in Iran*. Oxford: Oneworld, 2000.

SHARI'ATI, Ali. *On the Sociology of Islam: Lectures by Ali Shari'ati*. Berkeley: Mizan Press, 1979. (Hamid Algar, trad.).

Turquia

SHAW, Stanford Jay. *History of Ottoman Empire and Modern Turkey. Vol II: Reform, Revolution, and Republic: The Rise of Modern Turkey 1808-1975*. Cambridge: Cambridge University, 1977.

KAYALI, Hasan. *A History of Modern Turkey*. Cambridge: Cambridge University, 2003.

LEWIS, Bernard. *The Emergence of Modern Turkey*. Oxford: Oxford University, 3ª ed., 2001.

MARDIN, Serif. *Religion, Society and Modernity in Turkey*. Syracuse: Syracuse University, 2002.

Ásia meridional

ROBINSON, Francis. *Islam in South Asia*. Cambridge, UK: Cambridge University, 2003.

Índia e Paquistão

AHMAD, Aziz. *Studies in Islamic Culture in the Indian Environment*. Oxford: Oxford University, 1999.

AHMED, Akbar S. *Jinnah, Pakistan and Islamic Identity: The Search for Saladin*. London: Routledge, 1997.

BRASS, Paul R. *The Production of Hindu-Muslim Violence in Contemporary India*. Seattle: University of Washington, 2003.

HARDY, Peter. *The Muslims of British India*. Cambridge: Cambridge University, 1972.

KAPLAN, Robert D. *Soldiers of God: With Islamic Warriors in Afghanistan and Pakistan*. Vintage, 2001.

MALIK, Hafeez (Ed.). *Iqbal: Poet-philosopher of Pakistan*. New York: Columbia University, 1971.

MALIK, Iftikhar Haider. *Islam, Nationalism, and the West: Issues of Identity in Pakistan*. New York: Palgrave Macmillan, 1999.

RICHARDS, John F. *The Mughal Empire*. Cambridge: Cambridge University, 1993.

ROBINSON, Francis. *Islam and Muslin History in South Asia*. Oxford: Oxford University, 2000.

SCHIMMEL, Annemarie. *Islam in the Indian Subcontinent*. Leiden: E.J. Brill, 1980.

TALBOT, Ian. Pakistan: *A Modern History*. London: Hurst & Company, 1998. Palgrave, 1999.

VAN DER VEER, Peter. *Religious Nationalism: Hindus and Muslims in India*. Berkeley: University of California, 1994.

WIRSING, Robert G. *India, Pakistan, and the Kashmir Dispute: On Regional Conflict and Its Resolution*. New York: St. Martin, 1994.

Indonésia

BOLAND, B. J. *The Struggle of Islam in Modern Indonesia*. The Hague: Martinus Nijhoff, 1982.

FEDERSPIEL, Howard M. *Indonesia in Transition: Muslim Intellectuals and National Development*. Hauppauge, NY: New Science, 1998.

GEERTZ, Clifford. *Islam Observed: Religious Development in Morocco and Indonesia*. Chicago: University of Chicago, 1971.

HEFNER, Robert W. *Civil Islam: Muslims and Democratization in Indonesia*. Princeton: Princeton University, 2000.

MOHAMAD, Goenawan. *Conversations with Difference: Essays from Tempo Magazine*. Jakarta: PT Tempo Inti Media, 2002.

PORTER, Donald J. *Managing Politics and Islam in Indonesia*. New York: Routledge Curzon, 2002.

África

CRUISE O'BRIEN, Donal B.; COULON, Christian. (Eds.). *Charisma and Brotherhood in African Islam*. Oxford: Clarendon, 1988.

HISKETT, Mervyn. *The Course of Islam in Africa*. Edinburgh: Edinburgh University, 1994.

LEVTZION, Nehemia; POUWELS, Randall L. (Eds.). *The History of Islam in Africa*. Athens: Ohio University, Center for International Studies, 2000.

VOLL, John O. (Ed.). *Sudan: State and Society in Crisis*. Bloomington, IN: Indiana University, 1991.

China

DILLON, Michael. *China's Muslims Images of Asia*. Oxford: Oxford University, 1996.

ISRAELI, Raphael. *Islam in China: Religion, Ethnicity, Culture, and Politics*. Lanham: Lexington, 2002.

Ásia Central

HIRO, Dilip. *Between Marx and Muhammad: The Changing Face of Central Asia*. London: HarperCollins, 1995.

RASHID, Ahmed. *Jihad: The Rise of Militant Islam in Central Asia*. New Haven: Yale University, 2002. Em português: *Jihad*. São Paulo: Cosac & Naify, 2003.

RASHID, Ahmed. *Taliban: Militant Islam, Oil and Fundamentalism in Central Asia*. New Haven: Yale University, 2000.

ROY, Olivier. *Afghanistan: From Holy War to Civil War*. Princeton: Princeton University, 1995.

Rússia

ALLWORTH, Edward et al. (Eds.). *Muslim Communities Reemerge: Historical Perspectives on Nationality, Politics, and Opposition in the Former Soviet Union and Yugoslavia*. Durham, NC: Duke University, 1994.

BUKHARAEV, Ravil. *Islam in Russia: The Four Seasons*. New York: St. Martin, 2000.

CARRERE D'ENCAUSSE, Hélène. *Islam and the Russian Empire: Reform and Revolution in Central Asia*. Berkeley: University of California, 1989.

DUDOIGNON, Stéphane A.; HISAO, Komatso (Eds.). *Islam in Politics in Russia and Central Asia*. London: Kegan Paul, 2002.

Europa oriental

POULTON, Hugh; TAJI-FAROUKI, Suha (Eds.). *Muslim Identity and the Balkan State*. New York Washington Square: New York University, 1997.

SHATZMILLER, Maya (Ed.). *Islam and Bosnia: Conflict Resolution and Foreign Policy in Multi-Ethnic States*. Montreal: McGill-Queen's University, 2002.

O islã no Ocidente

HADDAD, Yvonne Yazbeck (Ed.). *Muslims in the West: From Sojourners to Citizens*. New York: Oxford University, 2002.

KEPEL, Gilles. *A l'ouest d'Allah*. Paris: Seuil, 1994.

ROY, Olivier. *L'islam mondialisé*. Paris: Seuil, 2002.

Europa ocidental

ALSAYYAD, Nezar; CASTELLS, Manuel (Eds.). *Muslim Europe or Euro-Islam: Politics, Culture, and Citizenship in the Age of Globalization*. Lanham, MD: Lexington, 2002.

HUNTER, Shireen T. (Ed.). *Islam, Europe's Second Religion: The New Social, Cultural and Political Landscape*. Westport: Praeger, 2002.

NIELSEN, Jorgen. *Muslims in Western Europe*. Edinburgh: Edinburgh University, 1995.

ROGERS, Alisdair; VERTOVEC, Steven (Eds.). *Muslim European Youth: Reproducing Religion, Ethnicity, and Culture*. Aldershot: Ashgate, 1998.

Américas

GERGES, Fawaz A. (Ed.). *America and Political Islam: Clash of Cultures or Clash of Interests?* Cambridge: Cambridge University, 1999.

HADDAD, Yvonne Yazbeck (Ed.). *The Muslims of America*. New York: Oxford University, 1993.

HOURANI, Albert. *Islam in European Thought*. Cambridge: Cambridge University, 1991.

DANIEL, Norman. *Islam and the West: The Making of an Image*. Oxford, England: Oneworld, 2000 (reprint ed.).

CURTIS, Edward E. IV, *Islam in Black America: Identity, Liberation, and Difference in African-American Islamic Thought*. Albany: State University of New York, 2002.

SMITH, Jane I. *Islam in America*. New York: Columbia University, 1999.

BLOOM, Harold (ed.). *Alex Haley & Malcolm X's the Autobiography of Malcolm X*. Philadelphia: Chelsea House, 1996.

Relações Ocidente-islã

LEWIS, Bernard. *The Muslim Discovery of Europe*. New York: W.W. Norton, 1985 reissue ed.

RODINSON, Maxime. *La fascination de l'Islam: Étapes du regard occidental sur le monde musulman*. Nijmegen: Association néerlandaise pour l'étude du Moyen-Orient et de l'islam, 1978. Em inglês: *Europe and the Mystique of Islam*. London: I.B. Tauris, 2002.

SAID, Edward W. *Orientalism*. London: Penguin, 1987. Em português: *Orientalismo: O Oriente como invenção do Ocidente*. São Paulo: Companhia das Letras, 1990.

TIBI, Bassam. *Kreuzzug und Djihad: Der Islam und die christliche Welt*. München: William Goldmann, 2001.

O CHOQUE ENTRE AS CIVILIZAÇÕES

AJAMI, Fouad. *The Dream Palace of the Arabs: A Generation's Odyssey*. New York, etc.: Vintage, 1998.

ALI, Tariq. *Clash of Fundamentalisms: Crusades, Jihads, and Modernity*. London: Verso, 2002. Em português: *Confronto de fundamentalismos*. Rio de Janeiro: Record, 2002.

BENJAMIN, Daniel; SIMON, Steven. *The Age of Sacred Terror*. Random House, 2002.

ESPOSITO, John L. *The Islamic Threat: Myth or Reality?* New York: Oxford University, 1999 (3ª ed.).

HAFEZ, Kai et al. (Eds.). *The Islamic World and the West: An Introduction to Political Cultures and International Relations*. Leiden: E.J. Brill, 2000.

HALLIDAY, Fred. *Islam and the Myth of Confrontation: Religion and Politics in the Middle East*. London & New York: I.B. Tauris, 1996.

HUNTER, Shireen T. *The Future of Islam and the West: Clash of Civilizations or Peaceful Coexistence?* Westport: Praeger, 1998.

HUNTINGTON, Samuel. *The Clash of Civilizations and the Remaking of World Order*. New York: Touchstone, 1997 (1996, 1st.). Em português: *O choque de civilizações – e a recomposição da Ordem Mundial*. Rio de Janeiro, Objetiva, 1997.

LEWIS, Bernard. *What Went Wrong: Western Impact and Middle Eastern Response: The Clash Between Islam and modernity in the Middle East*. New York: Perennial, 2002.

LEWIS, Bernard. *The Crisis of Islam: Holy War and Unholy Terror*. New York: The Modern Library, 2003.

MUNOZ, Gema Martin (Ed.). *Islam, Modernism and the West: Cultural and Political Relations at the End of the Millenium*. London: I.B. Tauris, 1999.

MURDEN, Simon W. *Islam, the Middle East and the New Hegemony*. Boulder, CO: Lynne Rienner, 2002.

PIPES, Daniel. *Militant Islam Reaches America*. W.W. Norton, 2002.

PRYCE-JONES, David. *The Closed Circle: An Interpretation of the Arabs*. London, etc.: Paladin Grafton, 1990.

REJWAN, Nissim. *The Arabs Face the Modern World: Religious, Cultural, and Political Responses to the West*. 1998

SAID, Edward W. *Covering Islam: How the Media and the Experts Determine How We See the Rest of the World*. New York: Vintage, 1997 (revised ed.)

SALAME, Ghassan (Ed.). *Democracy Without Democrats?: The Renewal of Politics in the Muslim World*. London: I.B. Tauris, 1994.

SHARABI, Hisham. *Neopatriarchy: A Theory of Distorted Change in Arab Society*. Oxford: Oxford University, 1988.

TIBI, Bassam. *Islam Between Culture and Politics*. New York: Palgrave Macmillan, 2002.

O AUTOR

Peter Demant nasceu em Amsterdã, Holanda, em 1951. Historiador, especialista em questões de Oriente Médio, obteve seu doutorado em 1988, na Universidade de Amsterdã, com dissertação sobre a colonização israelense dos territórios palestinos entre 1967 e 1977. Morou em Jerusalém de 1990 a 1998, onde foi pesquisador sênior do The Harry S. Truman Research Institute for the Advancement of Peace, na Universidade Hebraica, e esteve ativamente envolvido nos diálogos entre acadêmicos israelenses e palestinos. Desde 1999 mora no Brasil, onde é professor-doutor no departamento de História da Universidade de São Paulo (USP), lecionando Relações Internacionais e História da Ásia.

Cadastre-se no site da Contexto
e fique por dentro dos nossos lançamentos e eventos.
www.editoracontexto.com.br

Formação de Professores | Educação
História | Ciências Humanas
Língua Portuguesa | Linguística
Geografia
Comunicação
Turismo
Economia
Geral

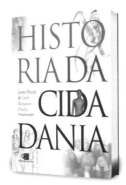

Faça parte de nossa rede.
www.editoracontexto.com.br/redes

GRÁFICA PAYM
Tel. [11] 4392-3344
paym@graficapaym.com.br